COMENTARIOS
BÍBLICOS
CON APLICACIÓN

1CORINTIOS

del texto bíblico
a una aplicación
contemporánea

CRAIG L. BLOMBERG

NVI™

Vida

La misión de Editorial Vida es ser la compañía líder en comunicación cristiana que satisfaga las necesidades de las personas, con recursos cuyo contenido glorifique al Señor Jesucristo y promueva principios bíblicos.

COMENTARIO BÍBLICO CON APLICACIÓN NVI: 1 CORINTIOS

Editorial Vida – ©2012

Publicado en Nashville, Tennessee, Estados Unidos de América.

Este título también está disponible en formato electrónico

Originally published in the U.S.A. under the title:
   The NIV Application Commentary: 1 Corinthians
   Copyright © 2005 by Craig L. Blomberg
Published by permission of Zondervan, Grand Rapids, Michigan.
All rights reserved.

Editor de la serie: *Dr. Matt Williams*
Traducción: *Pedro L. Gómez Flores*
Edición: *Juan Carlos Martín Cobano*
Diseño interior: *José Luis López González*

CATEGORÍA: Comentario bíblico / Nuevo Testamento

Contenido

Introducción de la Serie

Los *Comentarios bíblicos con aplicación NVI* son únicos. La mayoría de los comentarios bíblicos nos ayudan a recorrer el trecho que va desde el siglo XXI al siglo I. Nos permiten cruzar las barreras temporales, culturales, idiomáticas y geográficas que nos separan del mundo bíblico. Sin embargo, solo nos ofrecen un billete de ida al pasado y asumen que nosotros mismos podemos, de algún modo, hacer el viaje de regreso por nuestra cuenta. Una vez nos han explicado el *sentido original* de un libro o pasaje, estos comentarios nos brindan poca o ninguna ayuda para explorar su *significado contemporáneo*. La información que nos ofrecen es sin duda valiosa, pero la tarea ha quedado a medias.

Recientemente, algunos comentarios han incluido un poco de aplicación contemporánea como *una* de sus metas. No obstante, las aplicaciones son a menudo imprecisas o moralizadoras, y algunos volúmenes parecen más sermones escritos que comentarios.

La meta principal de los *Comentarios bíblicos con aplicación NVI* es ayudarte con la tarea, difícil pero vital, de trasladar un mensaje antiguo a un contexto moderno. La serie no se centra solo en la aplicación como un producto acabado, sino que te ayuda también a pensar detenidamente en el *proceso* por el que se pasa del sentido original de un pasaje a su significado contemporáneo. Son verdaderos comentarios, no exposiciones populares. Se trata de obras de referencia, no de literatura devocional.

El formato de la serie ha sido concebido para conseguir la meta propuesta. El tratamiento de cada pasaje se lleva a cabo en tres secciones: *Sentido Original, Construyendo Puentes,* y *Significado Contemporáneo.*

Sentido Original. Esta sección te ayuda a entender el significado del texto bíblico en su contexto del primer siglo. En este apartado se tratan —de manera concisa— todos los elementos de la exégesis tradicional, a saber, el contexto histórico, literario y cultural del pasaje. Los autores analizan cuestiones relacionadas con la gramática, la sintaxis y el significado de las palabras bíblicas. Se esfuerzan asimismo en explorar las principales ideas del pasaje y el modo en que el autor bíblico desarrolla tales ideas.[1]

---

1. Obsérvese, por favor, que cuando los autores tratan el sentido de alguna palabra en las lenguas bíblicas originales, en esta serie se utiliza el método general de transliteración en lugar del más técnico (el que utiliza los alfabetos griego y hebreo).

Tras leer esta sección, el lector entenderá los problemas, preguntas y preocupaciones de los *primeros receptores* y el modo en que el autor bíblico trató tales cuestiones. Esta comprensión es fundamental para cualquier aplicación legítima del texto en nuestros días.

Construyendo Puentes. Como indica el título, en esta sección se construye un puente entre el mundo de la Biblia y el de nuestros días, entre el contexto original y el moderno, analizando tanto los aspectos circunstanciales del texto como los intemporales.

La Palabra de Dios tiene un aspecto *circunstancial*. Los autores de la Escritura dirigieron sus palabras a situaciones, problemas y cuestiones específicas. Pablo advirtió a los Gálatas sobre las consecuencias de circuncidarse y los peligros de intentar justificarse por la ley (Gá 5:2–5). El autor de Hebreos se esforzó en convencer a sus lectores de que Cristo es superior a Moisés, a los sacerdotes aarónicos y a los sacrificios veterotestamentarios. Juan instó a sus lectores a "someter a prueba a los profetas" que enseñaban una forma de gnosticismo incipiente (1Jn 4:1–6). En cada uno de estos casos, la naturaleza circunstancial de la Escritura nos capacita para escuchar la Palabra de Dios en situaciones que fueron *concretas* y no abstractas.

No obstante, esta misma naturaleza circunstancial de la Escritura crea también problemas. Nuestras situaciones, dificultades y preguntas no están siempre relacionadas directamente con las que enfrentaban los primeros receptores de la Biblia. Por ello, la Palabra de Dios para ellos no siempre nos parece pertinente a nosotros. Por ejemplo, ¿cuándo fue la última vez que alguien te instó a circuncidarte, afirmando que era una parte necesaria de la justificación? ¿A cuántas personas de nuestros días les inquieta la cuestión de si Cristo es o no superior a los sacerdotes aarónicos? ¿Y hasta qué punto puede una "prueba" diseñada para detectar el gnosticismo incipiente, ser de algún valor en una cultura moderna?

Afortunadamente, las Escrituras no son únicamente documentos circunstanciales, sino también *intemporales*. Del mismo modo que Dios habló a los primeros receptores, sigue hablándonos a nosotros a través de las páginas de la Escritura. Puesto que compartimos la común condición de humanos con las gentes de la Biblia, descubrimos una *dimensión universal* en los problemas a los que tenían que hacer frente y en las soluciones que Dios les dio. La naturaleza intemporal de la Escritura hace posible que nos hable con poder en cualquier momento histórico y en cualquier cultura.

Quienes dejan de reconocer que la Escritura tiene una dimensión circunstancial y otra intemporal se acarrean muchos problemas. Por ejemplo, quienes se sienten apabullados por la naturaleza circunstancial de libros como Hebreos o Gálatas pueden soslayar su lectura por su aparente falta de sentido para nuestros días. Por otra parte, quienes están convencidos de la naturaleza intemporal de la Escritura, pero no consiguen percibir su aspecto circunstancial, pueden "disertar elocuentemente" sobre el sacerdocio de Melquisedec a una congregación muerta de aburrimiento.

El propósito de esta sección es, por tanto, ayudarte a discernir lo intemporal (y lo que no lo es) en las páginas del Nuevo Testamento dirigidas a situaciones temporales. Por ejemplo, si la principal preocupación de Pablo no es la circuncisión (como se nos dice en Gálatas 5:6), ¿cuál *es* entonces? Si las exposiciones sobre el sacerdocio aarónico o sobre Melquisedec nos parecen hoy irrelevantes, ¿cuáles son los elementos de valor permanente en estos pasajes? Si en nuestros días los creyentes intentan "someter a prueba a los profetas" con una prueba diseñada para una herejía específica del primer siglo, ¿existe alguna otra prueba bíblica más apropiada para que podamos hoy cumplir este propósito?

No obstante, esta sección no solo descubre lo intemporal de un pasaje concreto, sino que también nos ayuda a ver *cómo* lo hace. El autor del comentario se esfuerza en hacer explícito lo que en el texto está implícito; toma un proceso que es normalmente intuitivo y lo explica de un modo lógico y ordenado. ¿Cómo sabemos que la circuncisión no es la principal preocupación de Pablo? ¿Qué claves del texto o del contexto nos ayudan a darnos cuenta de que la verdadera preocupación de Pablo está en un nivel más profundo?

Lógicamente, aquellos pasajes en que la distancia histórica entre nosotros y los primeros lectores es mayor, requieren un tratamiento más extenso. Por el contrario, los textos en que la distancia histórica es más reducida o casi inexistente requieren menos atención.

Una clarificación final. Puesto que esta sección prepara el camino para tratar el significado contemporáneo del pasaje, no siempre existe una precisa distinción o una clara división entre esta y la sección que sigue. No obstante, cuando ambos bloques se leen juntos, tendremos una fuerte sensación de haber pasado del mundo de la Biblia al de nuestros días.

Significado Contemporáneo. Esta sección permite que el mensaje bíblico nos hable hoy con el mismo poder que cuando fue escrito. ¿Cómo podemos aplicar lo que hemos aprendido sobre Jerusalén, Éfeso, o Corinto a nuestras necesidades contemporáneas en Los Ángeles, Lima o Barcelona? ¿Cómo podemos tomar un mensaje que se expresó inicialmente en griego y arameo, y comunicarlo con claridad en nuestro idioma? ¿Cómo podemos tomar las eternas verdades que en su origen se plasmaron en un tiempo y una cultura distintos, y aplicarlos a las parecidas pero diferentes necesidades de nuestra cultura?

Para conseguir estas metas, esta sección nos ayuda en varias cuestiones clave.

En primer lugar, nos permite identificar situaciones, problemas o preguntas contemporáneas que son verdaderamente comparables a las que la audiencia original hubo de hacer frente. Puesto que las situaciones de hoy rara vez son idénticas a las que se dieron en el siglo primero, hemos de buscar escenarios semejantes para que nuestras aplicaciones sean relevantes.

En segundo lugar, esta sección explora toda una serie de contextos en los que el pasaje en cuestión puede aplicarse en nuestro tiempo. Buscaremos aplicaciones personales, pero seremos asimismo estimulados a pensar más allá de nuestra situación personal considerando cuestiones que afectan a la sociedad y a la cultura en general.

En tercer lugar, en esta sección seremos conscientes de los problemas o dificultades que pueden surgir en nuestro deseo de aplicar el pasaje. Y caso de que existan varias maneras legítimas de aplicar un pasaje (cuestiones en las que no exista acuerdo entre los cristianos), el autor llamará nuestra atención al respecto y nos ayudará a analizar a fondo las implicaciones.

En la consecución de estas metas, los colaboradores de esta Serie intentan evitar dos extremos. El primero, plantear aplicaciones tan específicas que el comentario se convierta rápidamente en un texto arcaico. El segundo, evitar un tratamiento tan general del sentido del pasaje que deje de conectar con la vida y cultura contemporáneas.

Por encima de todo, los colaboradores de esta serie han realizado un diligente esfuerzo para que sus observaciones no suenen a perorata moralizadora. Los *Comentarios bíblicos con aplicación NVI* no pretenden ofrecerte materiales listos para ser utilizados en sermones, sino herramientas, ideas y reflexiones que te ayuden a comunicar la Palabra de Dios con poder. Si conseguimos ayudarte en esta meta se habrá cumplido el propósito de esta serie.

Los editores

Prefacio del editor

Aunque separados por casi dos mil años de historia, el mundo de nuestros días y la iglesia de Corinto tienen mucho en común. Cuando leemos la primera carta de Pablo a esta iglesia y el excelente comentario de Craig Blomberg, se destaca especialmente un aspecto de esta analogía: la iglesia corintia estaba atenazada por facciones que amenazaban con destruirla. Pablo hubo de manejar fuertes diferencias de opinión entre cristianos sobre temas como el matrimonio, los litigios ante tribunales seculares, la carne sacrificada a los ídolos, las reuniones de adoración y cuestiones de doctrina cristiana. Asimismo, el mundo de nuestros días —y con demasiada frecuencia también la iglesia— corren el peligro de sufrir una fragmentación terminal, una nueva forma de tribalismo.

¿Pueden acaso algunas de las soluciones que Pablo propone a los corintios ayudarnos en nuestros dilemas de hoy? ¡Sin lugar a dudas! Para Pablo, promover la división era un modo de proceder mundano e inmaduro. Lo que necesitaba por encima de todo la iglesia de Corinto era una sabiduría capaz de unificarles, una sabiduría que, aunque al mundo pudiera parecerle necia, débil e ingenua, encontraba no obstante su fuente en el Dios de toda gracia.

A lo largo de su comentario sobre esta magnificente carta, el profesor Blomberg detalla las cuestiones que Pablo plantea y las analiza con maestría. En cada caso, la sabiduría del mundo —la razón humana, la libertad desenfrenada, los litigios, el divorcio sin determinación de culpabilidad, son equivalentes modernos— se contrastan con los valores de la sabiduría que procede de Dios, a saber, la pureza, el perdón, la reconciliación y la fidelidad. Los creyentes de entonces y de ahora han de saber que las decisiones no deben tomarse siguiendo los criterios de limitados sistemas éticos humanos, sino más bien preguntándonos si contribuirán o no a la edificación del reino de Dios.

El acercamiento general de Pablo produce también una actitud menos hipócrita y moralista que ve las cosas con una actitud que dice más bien: "estamos en el mismo barco e intentamos resolver este problema". Para él, reconocer la fuente última de nuestras alianzas nos daría una oportunidad mucho mayor de salir adelante.

Puede que la imagen que mejor personifica el propósito de este libro sea la hermosa ilustración que utiliza Pablo de "un solo cuerpo y muchos miembros". No podemos negar que, en muchos sentidos, somos distintos de los demás. Pero Jesucristo nos enseñó que, en definitiva, todos procedemos de y pertenecemos a una misma fuente. Es a esta fuente, a este cuerpo, al que le debemos todo lo que somos y podemos ser. Y esto es lo que, a fin de cuentas, nos une.

Terry Muck

Prefacio del autor

En nuestra cultura, la Primera Carta de Pablo a los Corintios bien podría titularse "Patatas calientes cristianas". Muchas de las controversias que dividen a la iglesia contemporánea se tratan con detalle en esta carta; concretamente, la inmoralidad sexual, el matrimonio y el divorcio, el ministerio de las mujeres y los dones espirituales. Aunque la mayor parte de mi trabajo publicado se ha centrado en los Evangelios, he estado enseñado con regularidad las dos cartas de Pablo a los corintios en seminarios y universidades, y también a personas laicas en distintos contextos. Algunos pasajes de 1 Corintios han formado la base de varias series de sermones que he tenido la oportunidad de predicar recientemente. Acepté, pues, con gran deleite la invitación de contribuir a la serie de comentarios con aplicación de la NIV/NVI comentando uno de mis libros bíblicos preferidos. Espero que el formato de esta serie sirva para realzar de manera singular la relevancia de esta carta para el mundo de hoy.

La Introducción de la Serie establece los objetivos generales de estos comentarios y explica su formato característico. Sin embargo, no hay duda de que cada autor interpretará estas directrices de manera hasta cierto punto distinta. He intentado reducir al mínimo la extensión de las secciones llamadas *Sentido Original*. En ellas consigno una breve idea general de la estructura de cada unidad de la carta de Pablo, analizo el flujo narrativo del pensamiento del autor, reflexiono sobre el sentido de palabras y expresiones importantes, y parafraseo y resumo los puntos más relevantes del texto. Incluyo también comentarios sobre el marco del pasaje en el contexto del siglo I y, ocasionalmente, breves apuntes sobre cuestiones interpretativas o teológicas clave.

En las secciones *Construyendo Puentes*, ofrezco la información que considero necesaria para ayudar al lector a trasladarse desde la Corinto del siglo I hasta otros periodos y culturas. Dependiendo del texto, puedo hablar de su interpretación en algún otro periodo de la historia, compararlo con otra enseñanza bíblica sobre el tema, plantear cuestiones clave para la interpretación que las aplicaciones válidas han de tener en cuenta, o comentar la forma del pasaje y el modo en que esta nos ayuda a entender lo que Pablo está remarcando. Mi meta principal es formular los principios intemporales que trascienden la situación original del pasaje en cuestión. Esta sección contiene cualquier material que no se circunscribe al sentido original del primer siglo o a la aplicación en el siglo XX (o XXI).

La última sección, *Significado Contemporáneo*, comenta la relevancia del texto para la iglesia y para nuestro mundo al final del segundo milenio de la era cristiana. He intentado eludir aquellas cuestiones un tanto localistas para tratar las que son pertinentes a un amplio sector de la iglesia de Jesucristo, especialmente en el mundo occidental, aunque en modo alguno limitadas a él. No obstante, la experiencia que cualquier comentarista tiene del mundo es necesariamente limitada. No dudo, pues, que los lectores podrán reconstruir muchos aspectos de mi vida a partir de mis comentarios, reconocer algunas inquietudes recurrentes y pensar, probablemente, en muchas aplicaciones importantes que ni siquiera he considerado.

En pocas palabras, he intentado seguir el modelo en tres pasos de Jack Kuhatschek para aplicar la Biblia: entender la situación original, determinar los principios generales que refleja la aplicación bíblica y aplicar dichos principios a las situaciones que experimentamos en el día a día.[2] Inevitablemente, hay un cierto traslape en este proceso. Soy consciente de que se podrían presentar buenos argumentos para ubicar ciertos comentarios en una sección distinta de la que se encuentran, pero por diferentes razones he pensado que están mejor donde están. Los lectores del comentario pueden leerlo sin un orden determinado, sin embargo, para entender completamente un determinado pasaje, deberían consultar al menos sus tres secciones. He intentado ofrecer abundantes notas a pie de página para que el lector pueda seguir un buen número de comentarios con tratamientos más extensos de los temas en cuestión, aunque limitándolos para no ser engorroso o excesivamente "académico". Sin embargo, tras este comentario subyace, ciertamente, el estudio académico, porque he realizado mi propia traducción y diagramas de todo el texto griego de 1 Corintios y, antes de pasar a leer en detalle lo que otros han escrito sobre cada pasaje, he llevado a cabo un estudio inductivo basado en mis propias reflexiones personales.

Quiero dar las gracias a todos aquellos que han hecho que esta obra sea mejor de lo que hubiera sido sin su ayuda. Todos los miembros de mi comité editorial leyeron todo el manuscrito y la mayoría de ellos lo comentaron en detalle: Terry Muck, Jack Kuhatschek, Scot McKnight, Marianne Meye Thompson y Klyne Snodgrass. Los estudiantes de las

---

2. Jack Kuhatschek, *Taking the Guesswork out of Applying the Bible* (Downers Grove, Ill.: InterVarsity Press, 1990), 33.

clases de julio en el Southern Baptist Seminary de Louisville, Kentucky, donde enseñé 1 y 2 Corintios como profesor invitado en 1993, interactuaron con una buena parte de estos materiales tanto en forma de disertación como de debate y me ayudaron de distintas formas a precisar mejor mis ideas. Durante los tres años que impartí la asignatura "Tensiones en la exégesis contemporánea" en el Denver Seminary realizamos una intensa revisión de las porciones más pequeñas. Estoy también agradecido a la Facultad y al consejo rector del Seminario por concederme un periodo sabático durante el primer trimestre de 1994 para que pudiera terminar este proyecto. Poco antes de su publicación me llegó el manuscrito de Ben Witherington sobre la correspondencia corintia en formato de preedición. Como indico en mi bibliografía, creo que este comentario se convertirá inmediatamente en uno de los más valiosos sobre las cartas de Pablo a los corintios. Lamentablemente, no tuve tiempo de incorporar referencias formales a esta obra en el cuerpo del texto, pero me ha animado mucho ver que, aunque con algunas importantes excepciones, normalmente compartimos la misma posición en los pasajes que plantean difíciles problemas de interpretación.

Otras dos obras han llegado a mi escritorio en días aún más recientes. De nuevo, solo puedo cumplimentarlas añadiéndolas a mi bibliografía en el último momento: el breve pero confiable comentario de Kevin Quast y el útil estudio de la retórica antigua con especial referencia a 1 Corintios 1–4 de Duane Litfin. Por lo demás, la bibliografía refleja las obras que me eran conocidas hasta mayo de 1994.

El día de Acción de Gracias de 1993, mi padre, John W. Blomberg, falleció repentinamente de un ataque al corazón a la edad de 75 años. La pasión de toda su vida fue la educación: fue maestro de la escuela pública durante treinta y cinco años y profesor en una escuela cristiana diurna durante otros diez, y la mayoría de ellos se dedicó a instruir a estudiantes de secundaria en español. Seguía con pasión mi carrera docente y, en años más recientes, esperaba con expectación la publicación de cada uno de mis libros. Había leído y comentado en detalle mis tres manuscritos anteriores y, sin duda, habría hecho lo mismo con este. Era el perfecto ejemplo de "laico cultivado" que las editoriales cristianas tanto se esfuerzan por atraer como consumidores de libros que están a medio camino entre los enjundiosos tomos académicos y las ediciones populares. Me ayudó a centrarme en lo práctico sin rebajar nunca la importancia de la rigurosa erudición. Me gustaría pensar que este libro refleja este equilibrio más que ningún otro que haya escrito. Es, pues, a mi padre a quien dedico este comentario. Él está ya disfrutando de maravillosa felicidad en presencia de nuestro Señor y en compañía de los redimidos. Si esta obra puede servir para que algunos adquieran una mayor comprensión y certeza de la propia salvación y vivan la vida cristiana de tal manera que atraigan a otras personas a la fe, será un apropiado tributo a su vida. Sin embargo, ¡a Dios sea toda la gloria!

Abreviaturas

ABR	*Australian Biblical Review*
Bib	*Biblica*
BibRev	*Bible Review*
BSac	*Bibliotheca Sacra*
BT	*Bible Translator*
BTB	*Biblical Theology Bulletin*
CBQ	*Catholic Biblical Quarterly*
CTM	*Currents in Theology and Mission*
CTR	*Criswell Theological Review*
EvQ	*Evangelical Quarterly*
GTJ	*Grace Theological Journal*
HTR	*Harvard Theological Review*
Int	*Interpretation*
JBL	*Journal of Biblical Literature*
JETS	*Journal of the Evangelical Theological Society*
JSNT	*Journal for the Study of the New Testament*
JTS	*Journal of Theological Studies*
LouvStud	Louvain Studies
Louw y Nida, *Lexicon*	Johannes P. Louw y Eugene A. Nida, *Greek-English Lexicon of the New Testament,* vol. 1 (New York: UBS, 1988)
Neot	*Neotestamentica*
NIDNTT	Colin Brown, ed., *The New International Dictionary of New Testament Theology*, 3 vols. (Grand Rapids: Zondervan, 1975–78)
NovT	*Novum Testamentum*
NTS	*New Testament Studies*

PRS	*Perspectives in Religious Studies*
RB	*Revue Biblique*
RevExp	*Review and Expositor*
RestQ	*Restoration Quarterly*
RSR	*Revue de sciences religieuses*
SJT	*Scottish Journal of Theology*
SWJT	*Southwestern Journal of Theology*
TrinJ	*Trinity Journal*
TynB	*Tyndale Bulletin*
VC	*Vigilae Christianae*
ZNW	*Zeitschrift für die neutestamentliche Wissenschaft*

Introducción

Imaginémonos una iglesia devastada por las divisiones, en la que influyentes dirigentes se autopromocionan y se enfrentan unos a otros, cada uno de ellos con su grupo de leales seguidores. Uno de sus miembros tiene una aventura amorosa con su madrastra y, en lugar de disciplinarle, muchos se jactan de su libertad en Cristo para comportarse de este modo. Algunos creyentes demandan a sus hermanos ante los tribunales seculares y otros tienen relaciones con prostitutas. En respuesta a esta rampante inmoralidad, una de las facciones de la iglesia promueve el celibato —completa abstinencia sexual para todos los creyentes— como ideal cristiano. Y esto no es todo, porque se producen también enconados debates sobre el grado en que los nuevos cristianos han de romper con su pasado pagano. Los desacuerdos sobre los roles de hombres y mujeres en la iglesia aumentan la confusión. Y por si todo esto fuera poco, hay una constante expresión de supuestas profecías y mensajes en lenguas, pero no siempre de forma constructiva. ¡Un importante número de estos inmaduros cristianos ni siquiera cree en la resurrección corporal de Cristo!

¿Has oído alguna vez algo parecido? Es probable que ninguna iglesia de nuestro tiempo experimente a la vez esta misma combinación de situaciones conflictivas. Sin embargo, todas estas cuestiones siguen siendo sorprendentemente actuales. Naturalmente, la descripción anterior no corresponde a alguna iglesia contemporánea, sino a la iglesia corintia del siglo I. No obstante, si conseguimos entender la naturaleza de estos problemas y de las instrucciones divinamente inspiradas de Pablo como respuesta, comprenderemos mucho mejor numerosos debates que amenazan con dividir a la iglesia de hoy e impedir que tenga el impacto transformador en el mundo que Dios desea para ella.

Sin embargo, una cosa es comprender el mensaje de Pablo a la iglesia corintia del primer siglo y otra encontrar aplicaciones válidas para comunidades que viven en lugares del mundo y periodos de la historia diferentes. Pablo condena la desunión que había en Corinto, pero ¿hemos acaso nosotros de condenar las divisiones denominacionales que se produjeron por la herejía o apostasía de un grupo de iglesias? Puede que el ideal sea que los creyentes nunca se lleven unos a otros ante los tribunales, ¿pero qué hay que hacer si estos no se sujetan a la mediación cristiana? ¿Cómo pueden las iglesias de nuestro tiempo excomulgar a alguno de sus miembros cuando estos pueden denunciarles y ganar importantes litigios contra tales congregaciones? ¿Cómo aplicamos la evidente preferencia de Pablo por la vida célibe en un mundo en que prácticamente nadie promueve la soltería como estado deseable para todos los creyentes? ¿Deberían acaso los predicadores de nuestro tiempo seguir el ejemplo de Pablo y rechazar la ayuda económica de las iglesias a las que están ministrando en ese momento?

Pero encontrar aplicaciones válidas no es la única dificultad. También parecen abundar las aplicaciones inconsistentes. Los cristianos del Tercer Mundo que recién han oído y respondido al evangelio, se preguntan a menudo por qué los misioneros occidentales no parecen ver ninguna relevancia contemporánea en 1 Corintios 11:3–16 (sobre los asuntos del velo y el cabello de hombres y mujeres) y, sin embargo, subrayan la seriedad del pasaje siguiente, los versículos 17–34 (que hablan de no profanar la Cena del Señor). Por otra parte, la mayoría de los occidentales parecen encontrar toda clase de aplicaciones para la enseñanza de Pablo sobre comer carne sacrificada a los ídolos, aunque este sea un asunto prácticamente irrelevante en las secularizadas culturas de nuestro tiempo. No obstante a las congregaciones cristianas se les señala repetidamente este texto como fuente de instrucción sobre el consumo de alcohol o la elección de espectáculos apropiados. ¿Son legítimas esta clase de aplicaciones?

Por otro lado, los dirigentes de muchas de estas mismas iglesias parecen sentirse libres para desobedecer flagrantemente la clarísima enseñanza de Pablo sobre un asunto que es una constante preocupación en nuestro mundo, a saber, la manifestación de los dones carismáticos. Concluyendo su exposición de este tema, Pablo afirma terminantemente: "Así que, hermanos míos, ambicionen el don de profetizar, y no prohíban que se hable en lenguas" (14:39). Sin embargo, muchas iglesias conservadoras hacen precisamente esto prohibiendo el ejercicio de lo que se ha dado en llamar "dones especiales", al menos en la adoración pública. Por su parte, las iglesias que evitan este error parecen con frecuencia repudiar la siguiente afirmación de Pablo: "Pero todo debe hacerse de una manera apropiada y con orden" (v. 40) lo cual, en su contexto, incluye órdenes como: "si se habla en lenguas, que hablen dos —o cuando mucho tres—, cada uno por turno; y que alguien interprete" (v. 27). ¿Cómo podemos explicar tales inconsistencias?

Probablemente no hagan falta más ejemplos para convencernos de la relevancia de 1 Corintios y de la necesidad de pensar cuidadosamente sobre cómo aplicar esta epístola. Sin embargo, antes de comenzar el comentario sobre el sentido original de la carta y su significado contemporáneo, hemos de esbozar las circunstancias que llevaron a Pablo a escribirla. Los siguientes comentarios no constituyen una introducción completa que el lector podrá encontrar en comentarios más tradicionales como los que se recomiendan en la bibliografía (p. 32). No obstante sí representan la información de trasfondo esencial que necesitamos para entender el marco de la carta y para avanzar al cuerpo del comentario propiamente dicho.

La ciudad de Corinto

Varios siglos antes del tiempo de Cristo, la antigua Corinto[3] se había convertido en una destacada ciudad-estado, situada al sur de la provincia griega conocida como Acaya. Ya en esta era, Corinto había eclipsado a Atenas en lo que a prominencia se refiere. Pero las fuerzas armadas romanas atacaron y destruyeron importantes sectores de la ciudad en el año 146 a.C., dejándola como una ciudad relativamente pequeña e insignificante hasta que Julio César la reconstruyó y estableció como colonia romana en el año 44 a.C. La Corinto romana tenía aproximadamente ochenta mil habitantes y otros veinte mil repartidos en las zonas rurales adyacentes.[4] Por su estratégica ubicación cerca de un istmo, que permitía a los marineros arrastrar sus barcas por una pequeña franja de tierra en lugar de navegar una considerable distancia bordeando la peligrosa costa del sur de Grecia, esta recobró rápidamente su notoriedad. En el tiempo de Pablo, era probablemente la ciudad más rica de Grecia y un importante centro urbano multicultural. Cada dos años, Corinto albergaba en su monumental estadio los Juegos Ístmicos, una competición solo superada en importancia por los Juegos Olímpicos. En un gran teatro con aforo para dieciocho mil personas y una sala de conciertos con capacidad para tres mil se representaban constantemente obras dramáticas y se celebraban actuaciones musicales de muchos tipos. Los agricultores de las inmediaciones podían encontrar un amplio mercado para sus productos en la ciudad que, por su parte, ofrecía los necesarios servicios para las zonas rurales.

---

3. Jerome Murphy-O'Connor, *St. Paul's Corinth: Texts and Archaeology* (Wilmington: Glazier, 1983) recopila y comenta los textos, inscripciones y artefactos más relevantes del antiguo mundo grecorromano relacionados con el estudio de Corinto durante el tiempo de la fundación de la iglesia de esta ciudad por parte de Pablo y el periodo inmediatamente anterior.

4. Donald Engels, *Roman Corinth* (Chicago: University of Chicago Press, 1990), 84.

En la cima del enorme monte que se eleva sobre la ciudad —que recuerda en cierto modo al Stone Mountain de Atlanta, o en menor medida al monte Rushmore de Dakota del Sur— había un templo dedicado a Afrodita, la diosa del amor. El edificio del tiempo de Pablo era más pequeño de lo que había sido el anterior, destruido por las fuerzas romanas, pero ni siquiera el primer templo parece haber sido lo suficientemente grande para albergar a las mil prostitutas sagradas que, según Estrabón, el antiguo geógrafo griego, habían trabajado en él. Otros escritores dan fe de la presencia de un considerable contingente de este tipo de prostitutas en la ciudad, lo cual hace comprensible que la palabra griega que significa "muchacha corintia" llegara a denotar a una mujer libertina en jerga coloquial. Corinto albergaba también otros santuarios religiosos, el más notable de ellos era el templo de Asclepio, el dios griego de la salud, pero también había lugares para la adoración de Isis, diosa egipcia de los marineros, y de Poseidón, su homólogo griego. Los ideales griegos del individualismo, la igualdad, la libertad y la desconfianza ante a la autoridad, aun no siendo de naturaleza religiosa, estaban muy extendidos.

Se han conservado también las ruinas de una sinagoga judía, con una inscripción fragmentaria que demuestra su identidad. Aunque la antigüedad de estos hallazgos no se remonta probablemente al tiempo de Pablo,[5] no hay razón para dudar de la presencia en Corinto de una pequeña comunidad judía anterior, presente a mediados del siglo primero, tal como se describe en Hechos 18:1–6. Pero la mayoría de los miembros de la iglesia, como los de la sociedad corintia, provenían probablemente de trasfondos gentiles y paganos de diversas culturas (cf. vv. 7–17). Tampoco había muchos miembros del sector rico y poderoso de la antigua sociedad romana que tendía a proliferar en Corinto, sino de las filas de comerciantes y obreros corrientes (1Co 1:26). Pero el hecho de que Pablo pidiera a toda la iglesia que aportara generosamente a la ofrenda para los necesitados de Jerusalén (16:1–2) sugiere que tampoco había muchos miembros de las clases más pobres. La iglesia de Corinto era probablemente una de las pocas congregaciones del mundo antiguo en que predominaba la clase media, sin embargo, hemos de recordar que la "clase media" de entonces representaba un nivel de vida muy inferior al que hoy denota generalmente esta expresión.

---

5. Esta es una cuestión que rara vez se observa en los principales comentarios, pero que Richard E. Oster, Jr. pone de relieve en "Misuse and Neglect of Archaeological Evidence in Some Modern Works on 1 Corinthians (1 Cor 7,1–5; 8, 10; 11, 2–16; 12, 14–26)", *ZNW* 83 (1992): 55–58.

Sin embargo, los pocos miembros ricos de la congregación corintia parecían ejercer una influencia completamente desproporcionada con respecto a su número. Corinto era bien conocida por sus muchos "patrones", una palabra romana que designaba a personas influyentes y de buena posición que adoptaban como "clientes" a individuos, familias y grupos de personas. Los patrones proporcionaban tierras, trabajos, dinero y protección legal a los menos acomodados y se esperaba que ellos, por su parte, correspondieran con distintos servicios, entre ellos su apoyo político y unas buenas relaciones públicas, algo no muy distinto de lo que hoy sucede en el nepotismo político de gobiernos corruptos en muchas ciudades importantes del mundo. Hay una buena cantidad de datos que apuntan que las divisiones de la iglesia corintia, la desatención de los pobres por parte de los ricos en la celebración de la Cena del Señor, la reacción ante la negativa de Pablo a aceptar dinero por su ministerio y quizá hasta la proliferación de los litigios y la inmoralidad sexual tenían mucho que ver con esta reticencia de los patrones a romper las convenciones sociales de su comunidad que tanto convenían a sus intereses y reputaciones.[6] Es posible que cada congregación doméstica de Corinto tuviera al frente al menos a uno de estos patrones. Sus enfrentadas lealtades a dirigentes cristianos como Pablo, Pedro y Apolos (1:12) podrían haber exacerbado unos conflictos ya presentes por las divisiones de clase. En cualquier caso, es probable que la minoría de miembros pertenecientes a la élite social de la iglesia corintia estuvieran detrás de un gran porcentaje de los problemas que trata Pablo, fueran o no patrones en el sentido estricto del término.[7] No es, pues, extraño que, en vista de la mundanalidad acumulada en la Corinto de la antigüedad, un comentarista compare esta ciudad con una mezcla de las modernas "Nueva York, Los Ángeles y Las Vegas".[8] Para otro, los principios de Pablo al dirigirse a la iglesia corintia son un paradigma para los ministerios urbanos en el mundo moderno.[9]

---

6. Ver especialmente, Gerd Theissen, *The Social Setting of Pauline Christianity: Essays on Corinth* (Filadelfia: Fortress, 1982); John K. Chow, *Patronage and Power: A Study of Social Networks in Corinth* (Sheffield: JSOT, 1992).

7. David W. J. Gill, "In Search of the Social Elite in the Corinthian Church", *TynB* 44 (1993): 323–37.

8. Gordon D. Fee, *The First Epistle to the Corinthians* (Grand Rapids: Eerdmans, 1987), 3.

9. William Baird, *The Corinthian Church: A Biblical Approach to Urban Culture* (Nashville: Abingdon, 1964).

Las circunstancias de la Carta

Pablo estableció la iglesia de Corinto durante su segundo viaje misionero, poco después de predicar un poco por la costa en Atenas (Hch 18:1–17). Para sostenerse económicamente trabajaba en la fabricación de tiendas, un oficio que compartía con sus compatriotas judíos Aquila y Priscila, a quienes había conocido en Corinto (vv. 2–3). Según su costumbre, Pablo comenzó predicando a Cristo a los judíos locales en su sinagoga, pero, tras reiterados rechazos, trasladó su actividad a la vivienda cercana de un gentil, donde ministró principalmente a los no judíos del pueblo (vv. 4–7). Aun así, el gobernante de la sinagoga (el dirigente laico que ayudaba al rabino a dirigir los servicios y que funcionaba como una especie de "presidente del consejo de ancianos") se convirtió y se unió a la joven iglesia con su familia (v. 8).

Una noche, el Señor habló a Pablo en una visión y le animó a quedarse en Corinto, porque muchos iban a acercarse al Señor. De manera que Pablo permaneció por espacio de un año y medio, bastante más tiempo del que se había quedado en ninguna otra localidad que hubiera evangelizado hasta la fecha (vv. 9–11). No sabemos cuántos se unieron a la iglesia. Las congregaciones domésticas podían probablemente albergar un máximo de cincuenta personas, pero no sabemos cuántas de estas congregaciones podía haber habido.

Durante este periodo, algunos de los judíos que habían rechazado a Pablo intentaron conseguir que este fuera encarcelado por Galión, sin embargo, el gobernador romano de la provincia entendía que Pablo y su mensaje no suponían ninguna amenaza legal para Roma y, por ello, se negó a hacerlo. El antisemitismo gentil, siempre a flor de piel en el mundo antiguo, surgió como un resorte cuando algunos de la multitud utilizaron la absolución de Galión como pretexto para atacar a las autoridades judías que habían hostigado a Pablo (vv. 12-17). Puesto que solo hacía un año, más o menos, que Galión ocupaba aquella plaza, probablemente desde el verano del año 51 d.C. hasta el mismo periodo del 52 d.C., podemos fechar con bastante precisión la estancia de Pablo en Corinto coincidiendo con este periodo. Es también posible que estas fechas deban retrasarse un año, situando a Galión en Corinto desde el año 50 al 51 d.C., pero esta opción parece menos verosímil.[10]

La Primera Carta a los Corintios fue escrita aproximadamente tres años más tarde, probablemente en la primavera del año 55 d.C. (o en

---

10. Aquellos que deseen considerar la exposición más reciente, pueden ver Jerome Murphy-O'Connor, "Paul and Gallio", *JBL* 112 (1993): 315–17.

el 54 d.C., si fechamos la estancia de Galión un año antes), puesto que la siguiente parada prolongada de Pablo se produjo en Éfeso, casi al comienzo de su tercer viaje misionero. Y Hechos 19:10–22 sugiere que Pablo se quedó allí entre dos y tres años, mientras que 1 Corintios 16:5–9 parece dar a entender que el apóstol escribió a Corinto durante las últimas semanas o meses de su estancia en Éfeso, antes de la fiesta judía de Pentecostés, que normalmente se celebraba en el periodo correspondiente a nuestro mes de mayo. Esto hace de 1 Corintios la cuarta carta que redactó Pablo, después de Gálatas y 1 y 2 de Tesalonicenses. Hay que observar, sin embargo, que entre el viaje inicial de Pablo a Corinto y la redacción de esta carta se produjeron varios acontecimientos importantes.

En primer lugar, 1 Corintios no es la primera carta que Pablo remitió a Corinto. En 5:9, el apóstol alude a una comunicación anterior que los corintios habían entendido mal. No sabemos nada de su contenido, a excepción de que Pablo había dicho a la iglesia que no se relacionara con las personas inmorales. Los corintios lo habían entendido como una alusión a los no cristianos cuando, en realidad, el apóstol se refería a creyentes notoriamente inmorales e impenitentes (vv. 10–11).

¿Por qué no se preservó esta carta? Probablemente no contenía suficiente enseñanza sobre suficientes temas de relevancia permanente como para ser suficientemente valiosa para la iglesia en general. Recordemos que los autores bíblicos solo estaban inspirados cuando escribían lo que ahora forma la Escritura, pero no en todo lo que decían o escribían.

En segundo lugar, a Pablo le llegaron noticias de algunos miembros no identificados de la familia de una mujer corintia llamada Cloé (1:11a). Es posible que estos individuos fueran Estéfanas, Fortunato y Acaico, tres hombres que, según explica el propio apóstol, llegaron con ánimo de la iglesia de Corinto (16:17), pero es también posible que no se tratara de ellos. En cualquier caso, Pablo se enteró de varios aspectos preocupantes de la situación en aquella congregación, especialmente de las divisiones internas (1:11b–12). Puesto que entre estas facciones había grupos que se alineaban con Pablo y con Apolos, y puesto que Apolos había ministrado en Corinto después de Pablo (Hechos 18:27–19:1), es posible que el tercer líder cristiano que se menciona —Cefas (o Pedro)— hubiera también estado en la ciudad. Es asimismo posible que algunos judaizantes que predicaban que los cristianos gentiles tenían la obligación de guardar las leyes judías, hubieran llegado a la ciudad en supuesta representación de Pedro y de los apóstoles de Jerusalén. Es de suponer que estos visitantes habrían también informado a Pablo sobre los problemas de la inmoralidad sexual y los litigios entre creyentes que el apóstol trata en los capítulos 5–6.

En tercer lugar, Pablo recibió una carta de toda la iglesia o parte de ella con preguntas sobre temas específicos que estaban dividiendo a la congregación. Es posible que Estéfanas y sus compañeros fueran también los portadores de esta misiva, pero una vez más no tenemos forma de saberlo con seguridad. El modo en que Pablo introduce su referencia a esta carta sugiere que los capítulos 7–16 tratan, por orden, las cuestiones que va desarrollando ("Paso ahora a los asuntos que me plantearon por escrito [...]", 7:1).[11] Probablemente podemos deducir las posiciones de varios grupos dentro de la iglesia corintia sobre la mayoría de estas cuestiones, porque Pablo comienza muchas veces declarando un punto de vista que después pasa a matizar de manera sustancial. Esta es la razón por la que la NIV ofrece, por ejemplo, traducciones alternativas en sus notas marginales de 7:1 y 8:1, que acota algunas de las palabras de Pablo entre comillas [la NVI solo ofrece tales lecturas alternativas en 7:1. N. del T.]. Parece que Pablo está citando un eslogan corintio para después analizarlo de un modo crítico. Esta estrategia se ve aun más claramente en 6:12 y 13, donde Pablo responde a los informes orales y la NIV inserta las comillas directamente en el texto y no solo en las notas a pie de página.[12]

---

11. Algunos comentaristas han asumido que solo aquellos temas introducidos ulteriormente con la fórmula "En cuanto a..." (7:1, 8:1, 12:1, 16:1, 12) estaban de hecho en la carta que recibió el apóstol, y que temas intermedios (como el uso del velo, la Cena del Señor, la resurrección) fueron resultado de la información verbal que recibió Pablo. No es, sin embargo, probable que el propósito de la cláusula "en cuanto a" sea especificar cuáles eran los elementos procedentes de la carta escrita, sino simplemente introducir un nuevo tema (es una de las varias maneras de hacerlo). Ver especialmente, Margaret M. Mitchell, "Concerning PERI DE in 1 Corinthians", *NovT* 31 (1989): 229–56.

12. La reconstrucción más detallada de los acontecimientos que motivaron la redacción de 1 Corintios, que incluye también sugerencias sobre el contenido de las distintas comunicaciones anteriores, es la de John C. Hurd, *The Origin of 1 Corinthians* (Nueva York: Seabury, 1965). Aunque el trabajo de Hurd es, sin duda, especulativo en algunos sentidos, su acercamiento general es persuasivo, a excepción de su peculiar datación de la epístola en relación con el concilio de Jerusalén de Hechos 15.

La esencia de los problemas corintios

A primera vista, parece poco probable que todos los variados problemas corintios pudieran tener una sola causa subyacente. Sin embargo, una mirada más detenida sugiere que sus divisiones surgían probablemente de una fuente común. No hay duda de que su desunión se caracterizaba por una arrogancia e inmadurez recurrentes. Como sucede con frecuencia, los más inmaduros piensan a menudo que son muy maduros. En un pasaje que rezuma sarcasmo, Pablo exclama: "¡Ya tienen todo lo que desean! ¡Ya se han enriquecido! ¡Han llegado a ser reyes, y eso sin nosotros!" (4:8a). Y por si alguien no hubiera captado el tono de sus palabras, el apóstol añade con cierta pesadumbre: "¡Ojalá fueran de veras reyes para que también nosotros reináramos con ustedes!" (v. 8b). Como mínimo podemos, pues, decir que los corintios tenían una idea equivocada de su verdadera madurez. "Consideraban haber alcanzado lo más elevado del potencial humano".[13] En relación con esto está la tendencia natural de la humanidad "a quitarle importancia al desafío del evangelio y a subrayar de manera exagerada su consuelo".[14]

Esta arrogancia podría haber tenido relación con la popularidad de que gozaba entre los filósofos griegos una clase de retórica elevada y florida, especialmente entre los sofistas, que con frecuencia valoraban más la forma que el contenido. Una buena parte de los capítulos 1–4 encajan muy bien como la respuesta de Pablo a una iglesia que se había dejado impresionar excesivamente por los engañosos argumentos de su cultura.[15] Otras veces, su retórica era menos elevada, pero aun así los sofistas valoraban la posición social y los privilegios de maneras que perpetuaban las distinciones de clase.

El papel de los patrones como traficantes de influencias de la iglesia corintia representa otro factor que contribuía a los problemas de esta congregación. Los principios de liderazgo secular fueron trasladados a la iglesia, cuando los ricos seguían intentando comprar la amistad de las clases inferiores, realzando su reputación a través de los litigios

---

13. John M. G. Barclay, "Thessalonica and Corinth: Social Contrasts in Pauline Christianity", *JSNT* 47 (1992): 64.
14. Nigel Watson, *The First Epistle to the Corinthians* (Londres: Epworth, 1992), xxxiii.
15. D. A. Carson, Douglas J. Moo y Leon Morris, *An Introduction to the New Testament* (Grand Rapids: Zondervan, 1992), 281–82. Stephen M. Pogoloff presenta un estudio fundamental de la retórica grecorromana más general, que subraya su diferencia de la filosofía *en sí*, y que reconstruye el contexto histórico de Corinto en términos de una iglesia apasionada por la posición y los privilegios sociales, (*Logos and Sophia: The Rhetorical Situation of 1 Corinthians* [Atlanta: Scholars, 1992]).

en los tribunales, y buscando el aplauso del mundo no cristiano que les rodeaba. Todas estas y otras prácticas se basaban en modelos que impregnaban la sociedad romana pero que eran inconsistentes con un evangelio centrado en la cruz. Pablo debe pues eludir las intrincadas relaciones de patronazgo e insistir en modelos de liderazgo servicial.[16]

De hecho, recién salidos de su inmersión en las numerosas religiones paganas de la sociedad, la mayoría de los cristianos corintios no había roto adecuadamente con numerosas formas de inmoralidad de la cultura que les rodeaba. Y, aunque esta cultura y religiones reflejaban una asombrosa diversidad, el mundo grecorromano tenía ciertas perspectivas generales predominantes.

Más digno de mención, quizá, era un dualismo entre el mundo material y el espiritual. Profundamente integrado en la filosofía griega, en especial desde los días de Platón y culminando finalmente en un gnosticismo completo en las décadas posteriores al ministerio de Pablo, este dualismo insertó una profunda cuña entre el espíritu y la materia. Solo el primero era potencialmente bueno y redimible, mientras que la última era intrínsecamente mala. ¿Qué había, pues, que hacer con los apetitos y deseos del cuerpo? La mayoría de los filósofos intentaron negarlos y optaron por una moralidad ascética. Sin embargo, una mayoría del pueblo común adoptó el enfoque contrario y se entregó a tales apetitos y deseos. Si la materia era irredimible por naturaleza, si la religión era principal o exclusivamente un asunto del espíritu, ¿por qué, entonces, no disfrutar de los placeres sensuales mientras era posible? La vida después de la muerte, desde esta perspectiva, se limitaba a la inmortalidad del alma y no contemplaba la resurrección del cuerpo. Por ello, muchos comentaristas sostienen que el trasfondo filosófico de los problemas corintios estaba más profundamente arraigado en la sabiduría helenista y judeohelenista de lo que permiten explicar por sí solos la sofistería o el patronazgo.[17]

Todos los problemas importantes de la iglesia corintia pueden, pues, considerarse como secuelas de alguna de estas dos extensiones del pensamiento dualista: el ascetismo o el hedonismo. En la última categoría aparecen naturalmente la inmoralidad sexual (cap. 5; 6:12ss), comer

---

16. Quienes estén interesados en un estudio detallado de este asunto, ver Andrew D. Clarke, *Secular and Christian Leadership in Corinth: A Socio-Historical and Exegetical Study of 1 Corinthians 1–6* (Leiden: Brill, 1993).

17. Ver especialmente James A. Davis, *Wisdom and Spirit: An Investigation of 1 Corinthians 1.18–3.20 Against the Background of Jewish Sapiential Traditions in the Greco-Roman Period* (Lanham, Md.: University Press of America, 1984).

comida sacrificada a los ídolos (caps. 8–10) y la embriaguez en la mesa del Señor (11:17–34), todo lo cual implica la gratificación de los apetitos corporales. Otras supuestas manifestaciones de libertad en Cristo —afirmar los propios derechos con poca consideración por los demás— probablemente también habría que clasificarlas en esta misma categoría del hedonismo: litigios ante los tribunales (6:1–11), hacer alarde de convenciones sociales con respecto al velo de las mujeres (11:2–16) y la competición y el caos en el ejercicio de los dones espirituales (caps. 12–14). En la primera categoría (ascetismo) aparecen claramente la promoción de la soltería tras el capítulo 7 y la incrédula negación en la resurrección corporal tras el capítulo 15, que en ambos casos niegan la potencial excelencia del cuerpo y sus deseos. Aquí también habría que situar probablemente las exageradas pretensiones de conocimiento y sabiduría, como atributos inmateriales, que exacerbaban las divisiones tratadas en los capítulos 1–4.[18]

Desde un punto de vista teológico, este grupo de errores podría calificarse como una "escatología excesivamente consumada". La expresión "escatología consumada" alude a las bendiciones del reino de Dios que están al alcance de los creyentes en este tiempo. Una escatología excesivamente consumada implica, pues, que los corintios creían que todas las bendiciones de la era venidera estaban a su disposición de manera inmediata, sin una adecuada apreciación del vacío que existía aún entre lo que eran y lo que solo serían tras el regreso de Cristo.[19] Desde un punto de vista conductual, podemos calificar este fenómeno de excesivamente "triunfalista".

Nuestra introducción termina, pues, donde comenzó, con una apabullante consciencia de la relevancia de esta carta. La iglesia de Jesucristo hoy, especialmente en Occidente, parece excesivamente triunfalista en muchos sentidos. Da la impresión de que es externamente fuerte, y lo es, si los únicos criterios que se tienen en cuenta son el número de miembros y el valor de los bienes y recursos materiales que posee. Sin embargo, se ha dicho que la iglesia de los EE.UU. tiene cinco mil kilómetros de anchura, pero solo un centímetro de profundidad. Muy pocos

---

18. Probablemente, es mejor llamar protognosticismo o gnosticismo incipiente a la manifestación característicamente corintia de este dualismo, en lugar de hablar de pleno gnosticismo o de una sabiduría especulativa puramente helenista. Ver especialmente, R. McL. Wilson, "Gnosis at Corinth" (pp. 102–14) y John Painter, "Paul and the pneumatikoi, at Corinth" (pp. 237–50), ambos en *Paul and Paulinism*, eds. M. D. Hooker y S. G. Wilson (Londres: SPCK, 1982).

19. Ver especialmente, Anthony C. Thiselton, "Realized Eschatology at Corinth", *NTS* 24 (1977–78): 510–26.

occidentales han experimentado la severidad de la persecución que sufrió la iglesia primitiva, o que hoy siguen padeciendo muchos cristianos en ciertas partes del mundo, algo que en última instancia demuestra si su fe es o no auténtica (cf. 1P 1:6–7). Las encuestas afirman repetidamente que más de un ochenta por ciento de los norteamericanos afirman ser cristianos y entre un treinta y un cuarenta por ciento declaran haber "nacido de nuevo"[20] y, sin embargo, se ven muy pocos frutos de la verdadera conversión o de la práctica de la verdadera espiritualidad. Lo que sí vemos son muchas conductas análogas a la inmoralidad y a la actitud de exigir los propios derechos que tanto caracterizaba a los cristianos corintios.

Las normas seculares para el liderazgo afligen también a nuestras iglesias. Podemos aprender modelos de planificación y eficiencia del mundo empresarial. Sin embargo, nos equivocamos cuando no dejamos espacio para que el Espíritu nos redirija o cuando no expresamos compasión y perdón en las relaciones personales. Y cuando los márgenes de beneficios o pérdidas sustituyen a las demandas del evangelio en la elucidación de nuestras prioridades de ministerio hemos sustituido al cristianismo por la idolatría.

Las actitudes casi gnósticas se extienden también por nuestro mundo de hoy, desde los descendientes directos del gnosticismo como la Ciencia Cristiana, la Escuela de la Unidad del Cristianismo y otras sectas de "ciencia religiosa", hasta sus primos panteístas —las religiones orientales del hinduismo y el budismo— que proponen la liberación de este cuerpo como el bien supremo. Surgen paralelismos más sutiles si cabe en una forma privatizada de cristianismo que relega la fe a los tiempos devocionales personales y a ciertas actividades aisladas de la iglesia, pero tiene poco efecto en el entorno laboral, la palestra pública o en una moralidad y santidad observables.

Una frecuente respuesta contra el hedonismo preponderante de nuestro tiempo es una radical reacción ascética que ordena la abstención absoluta de varias prácticas y establece requisitos legalistas como la clave de un estilo de vida cristiano. Tampoco es evidente que la mayoría de las personas de nuestro tiempo, y entre ellos muchos cristianos, esperen una resurrección *corporal*. La expectativa popular de vida después de la muerte, que está experimentando un renovado interés en una era de numerosas reivindicaciones de experiencias fuera del cuerpo y cerca-

---

20. Cf., p. ej., George Gallup, Jr. y Sarah Jones, *100 Questions and Answers: Religion in America* (Princeton: Princeton Religion Research Center, 1989), 68, 166.

nas a la muerte, imaginan casi sin excepción un más allá incorpóreo y lo presentan por regla general como una perspectiva relativamente insípida y aburrida.

El triunfalismo está por todas partes. Este ha caracterizado en cierto sentido y de manera singular la experiencia cristiana norteamericana.[21] Pero en nuestros días ha dado origen al evangelio de la "salud y la prosperidad" con su herejía que afirma "nómbralo y reclámalo". Esta tendencia aparece en los sectores más materialistas de la iglesia que, desde comienzos de la década de 1980, ha sido hallada más frecuentemente en el entorno evangélico del cristianismo que en el liberal. El triunfalismo emerge con el resurgimiento de la escatología postmilenial —el punto de vista que afirma que los cristianos, con la ayuda del Espíritu, pueden entrar en el reino de Dios consumado en la tierra antes del regreso de Cristo— que por su parte presenta frecuentemente un calendario excesivamente optimista para el cumplimiento de la Gran Comisión, a menudo completado con fechas incluidas. Está también presente en las formas más extremas de reconstruccionismo, cuyos adherentes creen que es posible y deseable crear entidades políticas verdaderamente cristianas antes de la Segunda Venida de Cristo. El triunfalismo invade incluso los manuales de iglecrecimiento y las guías de autoayuda para nuestra era terapéutica, fomentando explícita o implícitamente la idea de que, si seguimos las fórmulas correctas que se nos esbozan, los problemas se superarán y el éxito o la madurez espiritual están garantizados. Pero ha llegado el momento de recurrir al antídoto para este tipo de mentalidades, a saber, esta Primera Carta de Pablo a los Corintios. Que Dios nos ayude a interpretarla de manera adecuada para poder ordenar nuestras vidas de acuerdo con sus prioridades.

---

21. Ver Martin E. Marty, *Protestantism in the United States: Righteous Empire* (Londres: Macmillan; Nueva York: Charles Scribner's Sons, 1986).

Bosquejo

I. Introducción: Saludo y acción de gracias (1:1–9)

II. Cuerpo de la carta (1:10 – 16:4)

A. Pablo responde a los informes orales sobre la iglesia corintia (1:10–6:20)

1. Divisiones en la iglesia (1:10–4:21)

   a. El problema: facciones rivales (1:10–17)

   b. La cruz como necesario centro del evangelio (1:18–2:5)

   c. La sabiduría cristiana como necesario crecimiento (2:6–3:23)

      i. Contraste entre personas espirituales y naturales (2:6–16)

      ii. Contraste entre cristianos espirituales y carnales (3:1–23)

   d. La correcta actitud hacia los apóstoles (4:1–21)

2. Un caso de incesto (5:1–13)

3. Litigios entre creyentes (6:1–11)

4. La seriedad de la inmoralidad sexual en general (6:12–20)

B. Pablo responde a la carta de los corintios (7:1–16:4)

1. Sobre el matrimonio (7:1–40)

   a. A quienes se casan o están casados (7:1–16)

   b. Analogías con la circuncisión y la esclavitud (7:17–24)

   c. A quienes no se han casado o se plantean el matrimonio (7:25–40)

2. Sobre la comida sacrificada a los ídolos (8:1–11:1)

A. Introducción al problema y la solución: templar el conocimiento con el amor (8:1–13)

   b. Una segunda aplicación: dinero para el ministerio (9:1–18)

   c. El motivo subyacente: salvar a todos los que sea posible (9:19–27)

Bibliografía Comentada

La siguiente es una lista selecta de comentarios y obras relacionadas con 1 Corintios, clasificadas grosso modo en orden descendente según su valor general. Cada una de ellas va seguida de un breve comentario sobre su propósito, perspectiva o contenido. Las obras que aparecen en esta lista se citan con una referencia exhaustiva la primera vez que aparecen en las notas a pie de página de este comentario y con breves alusiones después. Todas las demás obras que se citan en este trabajo reciben una referencia exhaustiva la primera vez que aparecen en alguna perícopa y breves alusiones después en dicha perícopa.

Comentarios de 1 Corintios

Fee, Gordon D. *The First Epistle to the Corinthians. New International Commentary on the New Testament*, rev. Grand Rapids: Eerdmans, 1987. Firmemente evangélico y monumental en lo que a detalles se refiere. Probablemente es el comentario más importante de 1 Corintios desde cualquier perspectiva.

Witherington, Ben III. *Conflict and Community in Corinth: A Socio-Rhetorical Commentary*. Grand Rapids: Eerdmans, 1994. Una mina actualizada de información sobre el trasfondo histórico de todas las secciones de 1 y 2 Corintios, con una sensibilidad específica hacia la estructura literaria y sociológica.

Barrett, C. K. *A Commentary on the First Epistle to the Corinthians*. Harper's New Testament Commentary. New York: Harper, 1968. Un acercamiento moderado de uno de los mejores maestros británicos. Era la obra de referencia antes de los trabajos de Fee y Witherington.

Robertson, A. y Plummer, A. *A Critical and Exegetical Commentary on the First Epistle of St. Paul to the Corinthians*. International Critical Commentary. Edimburgo: T & T Clark, 1911. Un modelo permanente por lo que respecta al texto griego.

Morris, Leon. *The First Epistle of Paul to the Corinthians*. Tyndale New Testament Commentary. Grand Rapids: Eerdmans, 1985, rev. La mejor exposición evangélica breve, considerablemente mejorada en su revisión.

Bruce, F. F. *1 and 2 Corinthians*. New Century Bible. Londres: Marshall, Morgan & Scott, 1971. Un comentario mucho más breve que todos los anteriores, pero con un sobresaliente sentido exegético por parte del decano de la erudición evangélica del siglo XX.

Prior, David. *The Message of 1 Corinthians*. The Bible Speaks Today. Downers Grove, Ill.: InterVarsity Press, 1985. El mejor volumen de aplicación contemporánea por parte de un erudito pastor que nos ofrece reflexiones de alcance internacional y transcultural.

Watson, Nigel. *The First Epistle to the Corinthians*. [Epworth] Londres: Epworth, 1992. Una exposición breve, actualizada y rigurosa hecha por un profesor australiano situado durante mucho tiempo en primera línea.

Kistemaker, Simon. *Exposition of the First Epistle to the Corinthians*. New Testament Commentary. Grand Rapids: Baker, 1993. Detallado estudio del texto, con secciones especiales sobre cuestiones interpretativas clave, palabras griegas y consideraciones prácticas. Abre pocos nuevos horizontes y tiende a leer en el texto la teología reformada, pero es firmemente evangélico y concienzudo.

Snyder, Graydon F. *First Corinthians: A Faith Community Commentary*. Macon, Ga.: Mercer, 1992. Una obra nueva escrita por un autor menonita con útiles secciones sobre teología bíblica e importancia histórica además de sentido original.

Talbert, Charles H. *Reading Corinthians*. Nueva York: Crossroad, 1987. Un importante estudio breve que se centra en los trasfondos judío y grecorromano y en las estructuras literarias.

Conzelmann, Hans. *1 Corinthians*. Hermeneia. Filadelfia: Fortress, 1975. Una traducción del moderno modelo crítico alemán. Contiene una gran cantidad de detalles históricos que no es fácil conseguir en otros trabajos es, sin embargo, tan sistemáticamente idiosincrásico en su acercamiento interpretativo que hace que su valor sea muy irregular.

Ellingworth, Paul and Howard Hatton. *A Translator's Handbook on Paul's First Letter to the Corinthians*. Nueva York: United Bible Societies, 1985. Es especialmente útil para aquellos que no conocen el griego; compara y comenta los textos de la RSV y la TEV con sugerencias de traducciones y clarificaciones alternas.

Barclay, William. *The Letters to the Corinthians*. Daily Study Bible rev. Filadelfia: Westminster, 1975. Una exposición y aplicación clásicas por parte de uno de los grandes predicadores de Escocia.

Murphy-O'Connor, Jerome. *1 Corinthians.* New Testament Message. Muy breve, pero basado en numerosos y detallados estudios por parte de uno de los principales eruditos de 1 Corintios de esta generación. Católico romano moderadamente conservador.

Quast, Kevin. *Reading the Corinthian Correspondence: An Introduction.* Nueva York: Paulist, 1994. Confiable y breve exposición evangélica, ¡de una editorial predominantemente católica!

Chafin, Kenneth L. *1, 2 Corinthians.* Communicator's Commentary. Waco: Word, 1985. Como el de Prior, muy útil por lo que respecta a la aplicación. Menos exégesis, pero algunas excelentes ilustraciones homiléticas.

Harrisville, Roy A. *1 Corinthians.* Augsburg. Minneapolis: Augsburg, 1987. Una exposición de nivel medio de un importante erudito luterano contemporáneo.

Ruef, John. *Paul's First Letter to Corinth.* Westminster Pelican Commentary. Filadelfia: Westminster, 1971. Conciso y legible, pero con comentarios selectos en lugar de prosa corriente en muchos lugares. Pocos distintivos exegéticos.

Grosheide, F. W. *Commentary on the First Epistle to the Corinthians.* New International Commentary, orig. Grand Rapids: Eerdmans, 1953. Predecesor de Fee antes de que la serie fuera revisada. Con frecuencia anticuado, pero aun así útil en ocasiones.

Héring, Jean. *The First Epistle of Saint Paul to the Corinthians.* Londres: Epworth, 1962. Traducción de una importante obra francesa antigua, pero ahora cada vez más anticuada y menos útil.

Orr, William F. y James A. Walther. *1 Corinthians.* Anchor Bible. Garden City: Doubleday, 1976. Uno de los volúmenes menos sustanciosos de una serie ilustre, pero ocasionalmente ofrece reflexiones útiles.

Patterson, Paige. *The Troubled Triumphant Church.* Nashville: Thomas Nelson, 1983. Tiende a interpretar en exceso, pero es generalmente sólido. Una exposición popular por parte de un influyente bautista del sur.

Vines, Jerry. *God Speaks Today.* Grand Rapids: Zondervan, 1979. Otro importante bautista del sur expone 1 Corintios, pero se trata de meros sermones en forma impresa y muchas de las ilustraciones son ya bastante anticuadas.

Mare, W. Harold. "1 Corinthians". en *The Expositor's Bible Commentary*, ed. Frank E. Gaebelein, vol. 10. Grand Rapids: Zondervan, 1976, pp. 173–297. Una de las aportaciones más débiles de una serie por lo demás importante. A veces simplemente erróneo, Mare, no obstante, aporta su útil experiencia arqueológica para exponer ciertos pasajes.

MacArthur, John F. *1 Corinthians*. Chicago: Moody, 1984. Sermones en forma impresa de uno de los predicadores más destacados de los Estados Unidos, pero su dispensacionalismo es en ocasiones un lastre para una sana exégesis.

Exposiciones de partes de 1 Corintios

Carson, D. A. *The Cross and Christian Ministry: An Exposition of Passages from 1 Corinthians*. Grand Rapids: Baker, 1993. Una exégesis y aplicación clásicas de 1 Corintios 1–4 y 9 por parte de uno los principales eruditos evangélicos norteamericanos del Nuevo Testamento.

Carson, D. A. *Showing the Spirit: A Theological Exposition of 1 Corinthians 12–14*. Grand Rapids: Baker, 1984. Lo mismo que en la entrada anterior sobre las cuestiones controvertidas acerca de los dones espirituales; puede que sea el acercamiento interpretativo más equilibrado disponible.

Liftin, Duane. *St. Paul's Theology of Proclamation*. Cambridge: University Press, 1994. Un tratamiento erudito de los capítulos 1–4 en vista de la retórica antigua.

Martin, Ralph P. *The Spirit and the Congregation: Studies in 1 Corinthians 12–15*. Grand Rapids: Eerdmans, 1984. No tiene exactamente la misma calidad del segundo volumen de Carson mencionado antes, pero se acerca mucho.

Estudios de temas clave de 1 Corintios

Ellis, E. Earle. *Pauline Theology: Ministry and Society*. Grand Rapids: Eerdmans, 1989. Estos capítulos contienen el tratamiento del cuerpo de Cristo, los dones espirituales, la "mujer escatológica", etcétera, por parte de un evangélico norteamericano extraordinariamente prolífico e influyente.

Green, Michael. *To Corinth with Love*. Londres: Hodder & Stoughton, 1982. Estudios temáticos sobre la mayoría de los asuntos relevantes de 1 y 2 Corintios por parte de un importante pastor y erudito anglicano.

Grudem, Wayne A. *The Gift of Prophecy in 1 Corinthians*. Washington, D.C.: University Press of America, 1982. Se trata de una tesis de Cambridge revisada, una exposición exhaustiva y equilibrada del tema.

Hemphill, Kenneth S. *Spiritual Gifts*. Nashville: Broadman, 1988. Una obra sumamente legible que refleja una sólida erudición, un excelente equilibrio y redactada por uno de los pastores-eruditos más destacados de nuestro tiempo entre los bautistas del sur.

Hurley, James B. *Man and Woman in Biblical Perspective*. Grand Rapids: Zondervan, 1981. Esta obra surge de una tesis presentada en Cambridge sobre 1 Corintios. Sigue siendo el mejor tratamiento del tema desde una perspectiva jerárquica.

Keener, Craig S. *Paul, Women and Wives*. Peabody, Mass.: Hendrickson, 1992. La exposición del tema más sana desde un punto de vista exegético e históricamente detallada escrita por un igualitario. Keener es un autor muy prometedor en el horizonte de los bautistas norteamericanos.

Schatzmann, Siegfried. *A Pauline Theology of Charismata*. Peabody, Mass.: Hendrickson, 1987. Excelente teología bíblica desde una perspectiva ligeramente carismática.

1 Corintios 1:1–9

Pablo, llamado por la voluntad de Dios a ser apóstol de Cristo Jesús, y nuestro hermano Sóstenes, ² a la iglesia de Dios que está en Corinto, a los que han sido santificados en Cristo Jesús y llamados a ser su santo pueblo, junto con todos los que en todas partes invocan el nombre de nuestro Señor Jesucristo, Señor de ellos y de nosotros:

³ Que Dios nuestro Padre y el Señor Jesucristo les concedan gracia y paz.

⁴ Siempre doy gracias a Dios por ustedes, pues él, en Cristo Jesús, les ha dado su gracia. ⁵ Unidos a Cristo ustedes se han llenado de toda riqueza, tanto en palabra como en conocimiento. ⁶ Así se ha confirmado en ustedes nuestro testimonio acerca de Cristo, ⁷ de modo que no les falta ningún don espiritual mientras esperan con ansias que se manifieste nuestro Señor Jesucristo. ⁸ Él los mantendrá firmes hasta el fin, para que sean irreprochables en el día de nuestro Señor Jesucristo. ⁹ Fiel es Dios, quien los ha llamado a tener comunión con su Hijo Jesucristo, nuestro Señor.

Sentido Original

Las cartas convencionales en el mundo grecorromano de la antigüedad comenzaban con una salutación, en la que el autor se identificaba, consignaba sus receptores y daba un breve saludo.[1] Esta carta procede de Pablo, el judío fariseo convertido a Cristo (Hch 9:1–31), que llegó a ser el principal fundador de iglesias en el mundo no judío durante la primera generación del cristianismo (Hch 13–28).[2] Pablo se identifica como "llamado" (v. 1) o comisionado a ser "apóstol", no en el sentido en que Lucas utiliza este término para aludir a uno de los doce discípulos de Jesús (Hch 1:21–26), sino denotando a alguien divina-

---

1. Quienes deseen considerar un análisis excelente de la redacción de cartas en la antigüedad grecorromana y una valoración de las Epístolas del Nuevo Testamento desde este punto de vista, pueden ver la obra de Stanley K. Stowers, *Letter-Writing in Greco-Roman Antiquity* (Filadelfia: Westminster, 1986).
2. Richard N. Longenecker nos ofrece una excelente y breve perspectiva general en *The Ministry and Message of Paul* (Grand Rapids: Zondervan, 1971).

mente enviado con la misión de establecer iglesias. Más adelante, Pablo identificará el apostolado como un don espiritual (1Co 12:29). Este llamamiento no fue algo que escogiera Pablo, como queda claro en su experiencia del camino de Damasco, sino algo debido por completo a "la voluntad de Dios". Se dice que la carta procede también de "nuestro hermano" Sóstenes, posiblemente el jefe de la sinagoga de Hechos 18:17, si se convirtió más adelante. Esta expresión no parece indicar su participación en la redacción de la carta, solo el acompañamiento de Pablo en el momento de su composición.[3]

Los receptores de la carta son los cristianos corintios. Estos están probablemente repartidos en varias congregaciones domésticas, pero Pablo se dirige a ellos como un todo colectivo: "la iglesia" o comunidad cristiana de aquellos que Dios ha salvado. La palabra "santificados" del versículo 2 no significa "hechos santos", como denota muchas veces en los escritos de Pablo, sino separados para Dios. Es prácticamente sinónimo de la siguiente expresión: "llamados a ser su santo pueblo". Pablo está recordando a los corintios el propósito general de la vida cristiana. A continuación generaliza e incluye a todos los cristianos de cualquier lugar, aunque obviamente no todos leerán inmediatamente su carta. La expresión "Señor de ellos y de nosotros" subraya la unidad espiritual que todos los creyentes comparten en Jesucristo.

El término "gracia" (v. 3) refleja la forma grecorromana convencional de saludo, mientras que "paz" es la típica salutación judía. Sin embargo, ambas palabras sugieren también connotaciones teológicas. La gracia es un don gratuito; la paz es integridad en cada aspecto de la vida. Pablo cristianiza estos saludos convencionales añadiendo una referencia al origen de la gracia y la paz, a saber, el Dios vivo, único y verdadero que se ha revelado en Jesucristo.

La segunda sección de las antiguas cartas grecorromanas eran una oración o una acción de gracias. Generalmente se daba gracias a Dios o a los dioses por saber que el receptor estaba bien de salud o que su familia había prosperado. Pablo adopta también esta convención en la mayoría de sus cartas, pero se centra principalmente en las bendicio-

---

3. Así lo entienden la mayoría de comentaristas, puesto que la utilización que hace Pablo de la primera persona del plural implica, por regla general "yo y otros apóstoles", "yo y otros cristianos" o se trata sencillamente de un "nosotros" de carácter editorial. Jerome Murphy-O'Connor, "Co-Authorship in the Corinthian Correspondence", *RB* 100 (1993): 562–79, cree que tras el uso de la primera persona del plural en 1:18–31 y 2:6–16 subyace la aportación de Sóstenes.

nes espirituales.[4] Cuando Pablo dice que "siempre" da gracias a Dios (v. 4a), quiere significar "repetidamente" o "siempre que oro". Su gratitud por la "gracia" de Dios (v. 4b; de la misma raíz que la palabra "don") prepara el camino para sus alusiones, en los versículos 5–7, a los dones espirituales. Pablo está agradecido de que los cristianos corintios hayan sido enriquecidos o llenados "de toda riqueza" (v. 5), específicamente en relación con los dones espirituales de palabra y conocimiento, en especial palabras de conocimiento y sabiduría, profecía y lenguas (12:8–10). Esto sucedió cuando respondieron a su predicación con fe y arrepentimiento y recibieron con ello al Espíritu, quien comenzó a distribuir sus dones entre ellos. La verdad del mensaje de Pablo fue así confirmada (vv. 6–7). La expresión "no les falta ningún don espiritual" (v. 7) puede también significar "no son deficientes en el ejercicio de ningún don".

¿Cómo puede Pablo estar tan agradecido y ser tan positivo acerca de una iglesia plagada de divisiones y excesos aun en el uso de estos mismos dones? Los versículos 8–9 nos dan la respuesta: el carácter de Dios es la garantía. Él seguirá siendo fiel a sus promesas para, en última instancia, perfeccionar a su pueblo, por inmaduro que en ocasiones parezca ser (vv. 8a, 9). Cuando él regrese, cuando llegue el tiempo del cumplimiento de todas las promesas bíblicas, entonces los creyentes serán hechos completamente irreprensibles (v. 8b). Absueltos de sus pecados pasados, estarán completamente preparados para la vida futura. En este momento, iniciando una relación personal con Jesús, su pueblo está en un proceso de remodelación, que avanza aunque sea de forma arrítmica.

Construyendo Puentes

Cuando intentamos aplicar todos los aspectos de los libros bíblicos, es fácil subrayar algunos relativamente periféricos concediéndoles más valor del que tienen en realidad. Esta tentación demuestra ser especialmente fuerte para aquellos predicadores que quieren comenzar una serie de sermones sobre una determinada carta con un golpe de efecto, en la exposición de los primeros versículos. La solución a este problema consiste en determinar lo que en un saludo y acción de gracias determinado

---

4. Ver especialmente, Peter T. O'Brien, *Introductory Thanksgivings in the Letters of Paul* (Leiden: Brill, 1977); hay una incisiva y popular exposición en la obra de D. A. Carson, *A Call to Spiritual Reformation: Priorities from Paul and His Prayers* (Grand Rapids: Baker, 1992).

el autor de la epístola estaba subrayando y lo que era meramente convencional.

Como ya hemos visto, el nombre del autor, el de los receptores y una breve salutación eran elementos convencionales de la correspondencia antigua. En esta etapa inicial de la carta no hemos, pues, de atribuir un contenido teológico excesivo a palabras como "gracia" y "paz", como tampoco, en nuestro tiempo, pensamos que alguien esté diciendo conscientemente "que Dios esté contigo" cuando nos dice "adiós", aunque esta sea la etimología del término. Tampoco deberíamos cargar demasiado las tintas en el saludo de Pablo a "la iglesia de Dios que está en Corinto", como si esta declaración demostrara algo sobre la plenitud de la iglesia en cada una de sus manifestaciones locales. Hemos más bien de buscar aquellas formas en que Pablo rompe con las convenciones y subraya estos aspectos.

Al hacer esto, percibimos el interés de Pablo por acentuar su autoridad en el versículo 1, por la conjunción de los términos "llamado", "apóstol" y "la voluntad de Dios". No sería nada convencional añadir todas estas descripciones a la identidad de un autor. Pero muchos de los corintios han rechazado su autoridad (1:12) y, por ello, ya en el comienzo de su carta, el apóstol comienza a buscar maneras de reafirmarla. Su utilización del término "llamado" es relativamente rara. Por regla general, Pablo aplica esta palabra a lo que Dios hace con todos los creyentes cuando son salvos, designándolos como propiedad suya.[5] No hay evidencia bíblica de que, en su conversión, todos los cristianos reciban un llamamiento o comisión singular que hayan de esforzarse en descubrir, aunque este sí pueda ser el caso de algunos como Pablo. Pablo mostrará brevemente en el capítulo 12 que cada creyente recibe al menos un don espiritual. Descubrir nuestros dones es la forma apropiada de determinar nuestra singular forma de servicio o "función específica" en el reino. Los singulares añadidos de Pablo en el versículo 1 subrayan más su autoridad, pero lo hacen con suavidad, una estrategia que Pablo sigue con solo ocasionales desviaciones a lo largo de sus cartas.

Otro elemento que es también poco corriente en este saludo son las declaraciones de Pablo sobre el estado espiritual de los corintios y los propósitos de Dios para ellos, especialmente cuando sabemos más sobre

---

5. Ver especialmente, William W. Klein, "Paul's Use of Kalein : A Proposal", *JETS* 27 (1984): 53–64; ídem, *The New Chosen People* (Grand Rapids: Zondervan, 1990), 199–209.

ellos queda claro que parecen lejos de ser santos o "santificados" en el sentido más tradicional de esta palabra. Pablo insinúa aquí una parte de la solución: reconocer que la iglesia es "de Dios" (v. 2) y no pertenece a un dirigente o congregación específicos. Los corintios deben también reconocer que no son el centro de su universo religioso, sino simplemente una pieza en el gran engranaje de "todos los que en todas partes invocan el nombre de nuestro Señor Jesucristo". El mismo Señor es Señor sobre todas las cosas, lo cual ha de inspirar a los cristianos en todos los tiempos y lugares a buscar la unidad y no las divisiones.

Las acciones de gracias de Pablo son generalmente más largas y teológicas de lo que era habitual en su tiempo. Evidentemente, estas le ofrecen al apóstol una oportunidad de alabar a Dios por sus muchas bendiciones y de preparar el terreno y el tono para los temas que desarrollará en la carta. Como en el caso de sus saludos, hemos de buscar de nuevo lo poco convencional o inesperado para ver dónde están los acentos de Pablo y saber lo que debemos subrayar en la aplicación contemporánea.

El rasgo más sorprendente de esta acción de gracias es, sin duda, lo positivo que Pablo puede ser al dirigirse a una iglesia dividida por las disputas y los excesos de los mismos dones por los que da gracias de que Dios los haya impartido a sus miembros. Las sorpresas se extienden a las propias palabras que utiliza Pablo. La expresión "siendo enriquecidos" (v. 5 NIV) reaparecerá en 4:8 en un pasaje que rezuma sarcasmo: "¡Ya se han enriquecido!". En este texto, Pablo arremete contra sus descaminadas ideas sobre su propia madurez, aunque aquí alaba genuinamente a Dios por el multiforme enriquecimiento de los corintios. Los capítulos 12–14 dejan claro que los dones de palabra y conocimiento forman una parte fundamental del problema de los corintios con los dones espirituales, sin embargo, aquí está agradecido de que los hayan recibido. El "conocimiento" está estrechamente relacionado con la "sabiduría", que algunos dentro de la iglesia definen de modo un tanto elitista y esotérico, anticipando el desarrollo de un gnosticismo completo. No obstante, Pablo puede dar gracias por cuanto los dones espirituales son señal de la presencia del Espíritu. No es cristianismo nominal: profesión sin realidad; tampoco es ortodoxia muerta. El Espíritu está activo entre los corintios, aunque estén empleando sus dones de un modo hasta cierto punto caótico.

El versículo 7b es crucial en tres sentidos. En primer lugar, la escatología excesivamente consumada en Corinto (ver Introducción, p. 27) significaba probablemente que la mayoría de los creyentes no estaba "esperando con expectación" el regreso de Cristo. Es posible que la afirmación de Pablo refleje lo que una minoría estaba haciendo fielmente o que se refiera a su estado objetivo más que a su conducta subjetiva. De nuevo, pues, Pablo habla de lo que deberían estar haciendo más que de lo que está haciendo la mayoría, intentando encaminarles en una dirección positiva. En segundo lugar, esta cláusula sugiere fuertemente que todos los dones espirituales durarán hasta que regrese. La ocupación de los cristianos hasta que su Señor regrese ha de ser el fiel ejercicio de sus dones; esta es la forma característica que adopta el ministerio de los creyentes en esta era.[6] En tercer lugar, al recordarles la Segunda Venida de Cristo, Pablo prepara el camino para lo que el versículo 8 implica aún más claramente: la iglesia en general no ha sido todavía perfeccionada y esta en particular tiene un largo camino aún por recorrer.

Nuestro enfoque en la fuerza de Dios más que en las flaquezas humanas y en lo que va bien más que en lo que va mal ha de producir reacciones de alabanza a Dios por su gracia y fidelidad. Esta alabanza ha de producirse en privado, pero también en público, a fin de que aquellas personas por las que damos gracias a Dios puedan ser fortalecidas al escucharnos y al saber que estamos hablando bien de ellas delante del Señor. "Deleitarse en Dios por su obra en las vidas de otros, incluso en las de aquellos con quienes nos sentimos obligados a disentir, es segura evidencia de nuestra percepción de ser receptores de las misericordias de Dios".[7] Haciendo esto, no abdicamos de nuestra responsabilidad de corregir amablemente a otros (Gá 6:1), especialmente a aquellos que están bajo nuestra autoridad y responsabilidad espiritual. Sin embargo, es de esperar que, por nuestra parte, preparemos el camino para que nuestra corrección sea recibida de la mejor manera, aunque la libertad humana para rechazar nuestras propuestas hace que nunca podamos garantizar el éxito.

El principio transcultural esencial que surge del saludo y acción de gracias de Pablo es que, antes de tratar los problemas que requieren atención, hemos de hablar de las cosas que van bien. Esto es posible cuando ponemos la mirada en la fidelidad de Dios más que en la ligereza de los seres humanos, incluyendo a los cristianos que todavía esperan ser perfeccionados. Los dirigentes cristianos de todas las épocas han de imitar la combinación de autoridad y tacto que vemos en Pablo (ver su

---

6. E. Earle Ellis, *Pauline Theology: Ministry and Society* (Grand Rapids: Eerdmans, 1989), 26–52.

7. Fee, *First Corinthians*, 37.

clásica carta a Filemón), evitando el autoritarismo de mano dura, por un lado, y un despreocupado *laissez faire* por otro.

Significado Contemporáneo Todos los acentos teológicos del saludo de Pablo (vv. 1–3) se repiten de nuevo, de forma más explícita e intencionada, a medida que el apóstol va desarrollando su carta, de manera que es mejor reservar las aplicaciones detalladas para comentarios posteriores. Podemos, sin embargo, hacer aquí algunas observaciones generales y comentar algunas aplicaciones específicas de la acción de gracias (vv. 4–9).

Las palabras de Pablo en el versículo 7 nos presentan importantes reflexiones para el debate actual sobre los dones espirituales. Para comenzar, puesto que hasta los creyentes más inmaduros han sido, de algún modo, dotados, cada cristiano es inmediatamente útil a Cristo y a su iglesia con oportunidades únicas de ministrar. No es necesario que busquemos otros dones o experiencias, como hacen muchos en nuestro tiempo, aunque sí puede que necesitemos formación en el uso de los dones que ya tenemos. Y es posible que Dios decida, generosamente, concedernos otros a medida que crecemos espiritualmente. Sin embargo, nuestra tarea principal es la de vivir en fiel obediencia a Dios y servicio a su pueblo con lo que ya se nos ha dado.

En segundo lugar, lo que es cierto de manera individual lo es también en el plano colectivo. Por una parte, "por lo que se refiere al conocimiento, la iglesia como cuerpo tiene acceso a toda la sabiduría, profundidad, discernimiento y verdad que necesita; no precisa de ningún gurú especial que le proporcione estas cosas".[8] Por otro lado, si todos los dones son para la era cristiana en su totalidad, hay que hacerse entonces serias preguntas sobre las congregaciones actuales que están cerradas a algunos de los que se ha dado en llamar dones de señales. Parecen correr el serio riesgo de perder bendiciones que el Espíritu quiere impartirles. Naturalmente, este tipo de conclusiones siguen siendo polémicas. Probablemente estoy más de acuerdo con quienes opinan que, sean o no carismáticas, las congregaciones que yerran por un ejercicio abusivo de sus dones y talentos y una mala utilización de ellos desagradan menos a Dios que las que yerran en sentido contrario. Los niños que, aunque

---

8. David Prior, *The Message of 1 Corinthians* (Downers Grove, Ill.: InterVarsity Press, 1985), 24–25.

inmaduros, crecen deleitan a sus padres mucho más que aquellos que se niegan a madurar en algunas áreas de sus vidas.[9]

Por otra parte, hemos de velar y guardarnos de falsas afirmaciones de madurez, en el sentido de haber llegado, o conseguido una perfección libre de pecado durante un periodo sustancial de tiempo, como pretenden algunos modernos descendientes de los movimientos wesleyano y de santidad.[10] Esto solo se producirá cuando Cristo regrese (v. 8b). A la mayoría de nosotros, este recordatorio debería ofrecernos un gran ánimo y consuelo teniendo en cuenta que, en nuestro complejo mundo, tan lleno de presiones, es más normal que los cristianos se enfrenten a una persistente conciencia de pecado en sus vidas y a sentimientos de inadecuación e inmadurez. No obstante, Dios sigue siendo fiel: "el que comenzó tan buena obra en ustedes la irá perfeccionando hasta el día de Cristo Jesús" (Fil 1:6).

Los versículos 8–9 tienen también importantes implicaciones para el llamado debate de "la seguridad eterna". Aquellos en quienes habita genuinamente el Espíritu experimentarán transformación. Quienes comienzan este proceso pueden tener la seguridad de que Dios será fiel en completarlo. Por supuesto, este tipo de versículos no ofrecen ninguna certeza para aquellos que, aunque profesan ser creyentes, nunca han mostrado ninguna evidencia de los dones del Espíritu. La doctrina de la seguridad eterna no debe aplicarse con ligereza a todos los que pretenden ser cristianos aunque su compromiso haya demostrado ser muy superficial.

Es también importante observar que Pablo se dirige a la iglesia como colectivo. En nuestro tiempo en que hay tantos cristianos que van por libre, es importante recordar que ni aquí ni en ningún otro pasaje contempla la Escritura la posibilidad de cristianos desvinculados de una iglesia local. Dios está, pues, en proceso de perfeccionar a su pueblo, tanto de manera individual como colectiva.

---

9. Quienes estén interesados en una exposición reciente y razonablemente equilibrada de algunos de estos temas, pueden ver la obra de Jack Deere, *Surprised by the Power of the Spirit* (Grand Rapids: Zondervan, 1993).

10. De hecho, está afirmación se refuta prácticamente a sí misma, puesto que, como dice Dale Moody (*The Word of Truth* [Grand Rapids: Eerdmans, 1981], 324), "Es bueno esforzarse por una santificación perfecta, pero es seguro que la petulancia acompañará a cualquiera que afirme haberla logrado".

1 Corintios 1:10–17

Les suplico, hermanos, en el nombre de nuestro Señor Jesucristo, que todos vivan en armonía y que no haya divisiones entre ustedes, sino que se mantengan unidos en un mismo pensar y en un mismo propósito. ¹¹ Digo esto, hermanos míos, porque algunos de la familia de Cloé me han informado que hay rivalidades entre ustedes. ¹² Me refiero a que unos dicen: «Yo sigo a Pablo»; otros afirman: «Yo, a Apolos»; otros: «Yo, a Cefas»; y otros: «Yo, a Cristo.» ¹³ ¡Cómo! ¿Está dividido Cristo? ¿Acaso Pablo fue crucificado por ustedes? ¿O es que fueron bautizados en el nombre de Pablo? ¹⁴ Gracias a Dios que no bauticé a ninguno de ustedes, excepto a Crispo y a Gayo, ¹⁵ de modo que nadie puede decir que fue bautizado en mi nombre. ¹⁶ Bueno, también bauticé a la familia de Estéfanas; fuera de estos, no recuerdo haber bautizado a ningún otro. ¹⁷ Pues Cristo no me envió a bautizar sino a predicar el evangelio, y eso sin discursos de sabiduría humana, para que la cruz de Cristo no perdiera su eficacia.

Sentido Original Con el versículo 10 comienza el cuerpo de la carta propiamente dicho, que se divide en dos partes principales: la respuesta de Pablo a la información recibida de palabra sobre los corintios (1:10–6:20) y su respuesta a una carta que le enviaron los corintios (7:1–16:4).

En la primera parte, Pablo alude a cuatro problemas que se le han mencionado y que afligen a la iglesia corintia: facciones (1:10–4:21), incesto (5:1–13), litigios (6:1–11) e inmoralidad sexual en general (6:12–20). Los miembros de la familia de Cloé, un grupo del que no hay más noticias, pero que, según parece, eran una familia corintia, le han llevado noticias del primero de estos problemas (1:11). Estos emisarios, que podrían ser Estéfanas, Fortunato y Acaico (16:17), le habrían también hablado de los otros tres problemas, puesto que en 7:1 Pablo pasa a tratar cuestiones que los corintios le habían planteado por carta.

Pablo dedica más espacio al primero de los cuatro problemas, quizá porque la actitud divisiva de los corintios subyace, en grados distintos, en todos los demás asuntos. En 1 Corintios 1:10–17 se declara tanto el problema esencial (facciones rivales) como la solución básica que propone Pablo (un llamamiento a la unidad). En 1 Corintios 1:18–4:21, el apóstol desarrolla por qué la unidad es tan crucial y cómo puede hacerse realidad. Esta sección ofrece, en esencia, cuatro métodos para conseguir la unidad: poner la mira en la cruz de Cristo (1:18–2:5), comprender la verdadera sabiduría espiritual (2:6–16), reconocer la igualdad fundamental de todos los creyentes (3:1–23) y tratar a los dirigentes cristianos de manera apropiada (4:1–21).

El llamamiento básico de Pablo a la unidad (v. 10) conlleva varias expresiones clave. El apóstol exhorta a la iglesia en el "nombre" (poder o autoridad) de Jesús a que todos se pongan de acuerdo, una expresión que significa literalmente que todos "digan lo mismo". Han de erradicar las "divisiones", un término político para aludir a las partes rivales.[1] Han de estar "perfectamente unidos", un verbo probablemente mejor traducido como "restaurados a la unidad",[2] en "mente" y "pensamientos", términos que incluyen las ideas de consejo y elección. El uso conjunto de estas dos expresiones incluye tanto la volición como la cognición.

A continuación, los versículos 11–12 nos dan más detalles sobre la naturaleza de las facciones corintias: hay altercados porque los creyentes apoyan a distintos dirigentes cristianos. De Cloé solo sabemos que es un nombre de mujer, que con frecuencia está vinculado a las clases acomodadas. Es natural asumir que era miembro de la iglesia de Corinto; los de su casa bien podrían ser sus hijos o esclavos. Algunos han especulado que Cloé podía ser una dirigente de algún tipo dentro de la iglesia. Pero ni siquiera sabemos con seguridad que fuera cristiana y cabe la posibilidad de que viviera en Éfeso y de que algunos mensajeros de su parte hubieran viajado a Corinto y regresado de nuevo a Pablo con estas noticias.

Las razones de los posicionamientos no son mucho más claras. En vista de la disputa que se produjo en Antioquía entre Pedro y Pablo (Gá 2:11–14), muchos han visto también aquí un debate teológico entre un evangelio más legalista y otro más libre de la ley. Apolos, nos dice Hechos 18:24–28, era un elocuente orador. Es posible que quienes apreciaban la retórica elevada y la sabiduría especulativa se agruparan con él. Pero hay pocas pruebas de que, en ese momento, hubiera algún tipo de conflicto entre Pablo, Pedro y Apolos. Y las diferencias entre

---

1. Margaret M. Mitchell, *Paul and the Rhetoric of Reconciliation* (Tübinga: Mohr, 1991), 75.
2. C.K. Barrett, *The First Epistle to the Corinthians* (Nueva York: Harper & Row, 1968), 42.

ricos y pobres manifestadas en la Cena del Señor (11:17–34) sugieren que un factor aún más fundamental de estas divisiones podría haber sido la polarización entre los pudientes (¿con Apolos?) y los pobres (¿con alguno de los dirigentes de los otros grupos? [Ver Introducción, p. 21]) dentro de la iglesia.

Es también digno de observación que tres de las cuatro facciones no se alinearan con Pablo. Su autoridad era seriamente cuestionada por un considerable número de personas dentro de la iglesia. ¿Qué podemos decir sobre el grupo de Cristo? ¿Acaso se negaba noblemente a exaltar de manera impropia a ningún dirigente humano, o se había convertido también en un círculo faccioso? El que Pablo lo incluya con el resto parecería sugerir esto último. De manera similar, Pablo no parece estar muy complacido de que algunos le profesen una especial lealtad que les enfrenta a otros. Si la iglesia de Corinto estaba formada por múltiples congregaciones domésticas que se reunían en distintas partes del pueblo, las semillas de la rivalidad habrían podido ser sembradas también por estas divisiones geográficas.

La respuesta inicial de Pablo a estos informes consta de tres preguntas retóricas, todas las cuales implican un "no" (v. 13). Cristo no está dividido, ¿cómo, pues, puede estarlo su pueblo? Ni Pablo ni ningún otro dirigente humano fueron crucificados por los pecados del mundo, ¿cómo pues pueden estos cristianos exaltar así a autoridades meramente mortales? El bautismo cristiano era en el "nombre" (implicando de nuevo poder o autoridad) de Jesús (Hch 2:38), no en el de Pablo, Pedro o Apolos. Los versículos 14–16 amplían después esta última observación, cuando Pablo intenta recordar a cuántas personas bautizó personalmente en Corinto. La respuesta es: a muy pocos.

Puede que aquí encontremos otra clave de la naturaleza de las rivalidades: es posible que estos jóvenes cristianos estuvieran idolatrando a los dirigentes que les llevaron al Señor. Sabemos que Apolos predicó en Corinto después de Pablo (Hch 19:1), y es bastante posible que Pedro o alguno de sus discípulos también lo hiciera. Crispo es probablemente el jefe de la sinagoga de Hechos 18:8. Y casi con toda seguridad Gayo es el anfitrión de la iglesia a quien Pablo alaba en Romanos 16:23 (hay que distinguirlo del receptor de 3 Juan). De Estéfanas no sabemos nada aparte de lo que se dice en 1 Corintios 16:15–17.

El bautismo desempeñaba un importante papel en la vida de la iglesia primitiva, como rito externo que expresaba arrepentimiento del pecado e iniciación en la comunidad cristiana. Aun así, como sucede a lo largo del Nuevo Testamento, pasa aquí a ocupar un segundo plano a favor del ministerio de la proclamación y la respuesta de la conversión. Al decir que no bautizó a muchas personas, Pablo quiere decir, seguramente, que delegó esta responsabilidad en otros. La referencia a "la familia" de Estéfanas (v. 16) recuerda a los bautismos de familia de Hechos 16:15 y 32. El versículo 17a ha de entenderse, pues, como una referencia a prioridades relativas. El principal llamamiento de Pablo no era bautizar, sino predicar.

El versículo 17b introduce el pensamiento que va a formar la idea principal de 1:18–2:5. El foco de la proclamación cristiana ha de seguir claramente centrado en el mensaje de la crucifixión más que en el bautismo o en cualquier otra doctrina, por muy importante que esta pueda ser intrínsecamente. La expresión de la NVI: "discursos de sabiduría humana" interpreta correctamente la frase más literal "sabiduría de una palabra", utilizando el término "humana" como una referencia a aquello que es meramente "humano" y, por consiguiente, distinto del mensaje divinamente transformador de la expiación.[3]

Pablo está sin duda subrayando que no hay lugar para demostraciones pirotécnicas de virtuosismo retórico como las que ofrecían los sofistas itinerantes que discurseaban en los mercados de cualquier ciudad mediterránea. Este tipo de destreza retórica dejaría a sus oyentes boquiabiertos ante su ingenio y despojaría a la cruz de su fuerza.[4]

Sin embargo, aun cuando la retórica grecorromana no fuera tan florida, se basaba igualmente en una cosmovisión esencialmente anticristiana que Pablo no podía aceptar, ya que veneraba a la poderosa élite de aquel tiempo otorgándole una posición de influencia social.

Construyendo Puentes   De este pasaje surgen varios principios para tratar con las divisiones, que son susceptibles de aplicarse en muchas culturas. Al comenzar con un "ruego", Pablo evita los errores gemelos de exigir, por un lado, que se haga lo que uno dice, o ignorar los problemas, por otro. La autoridad que él pueda tener procede únicamente de "nuestro Señor Jesucristo" (v. 10). Las iglesias del primer

---

3. Ver especialmente, Richard A. Horsley, "Wisdom of Word and Words of Wisdom in Corinth ", *CBQ* 39 (1977): 224–39.

4. Watson, *First Corinthians*, 8. 5. Hay un ejemplo excelente de este tipo de aplicación en D. A. Carson, *The Cross and Christian Ministry: An Exposition of Passages from I Corinthians* (Grand Rapids: Baker, 1993), sobre 1:18–4:21 y 9:19–27.

siglo no operaban ni mediante decisiones autocráticas impuestas por las autoridades eclesiásticas ni por un voto de la mayoría. En el libro de los Hechos se perfila el ideal con sus repetidas alusiones a las decisiones que tomaba la iglesia solo cuando estaban "unánimes" (en griego *homothumadon*. Cf. Hechos 1:14; 4:24 [cf. v. 32]; 15:25).

Pablo no se pone del lado de ninguna facción en concreto (con ello exacerbaría el problema), sino que procura más bien hacer lo que sea necesario para disipar las actitudes divisivas y crear armonía. Sin embargo, no puede estar pidiendo unanimidad de criterio en cada asunto ni requiriendo uniformidad de acción, puesto que su acento en la diversidad de dones espirituales en los capítulos 12–14 excluye cualquier demanda de "clonación" cristiana. Los antídotos positivos para las actitudes divisivas son la cooperación, la preocupación mutua, la coexistencia apacible, la edificación en amor y este tipo de cosas.

Lo más probable es que Pablo no precisara la naturaleza de los posicionamientos divisivos porque sus oyentes ya sabían cuáles eran. Sin embargo, esta omisión fue sin duda providencial. Al dejar sin especificar el contenido de las posiciones rivales, podemos generalizar ampliamente cuando pretendemos aplicar el texto. Si supiéramos con certeza, por ejemplo, que el grupo de Cefas eran los judaizantes, podríamos sentirnos tentados a solo aplicar esta enseñanza de Pablo en nuestros días a grupos semejantes. Tal como está el texto, Pablo sigue comprometido con la unidad sean cuales sean los conflictos, y al aplicar este pasaje hemos de entender que los principios trascienden a los problemas específicos.[5]

Sin embargo, nosotros podemos seguir subrayando especialmente aquellas situaciones paralelas a nuestras mejores suposiciones sobre lo que representaba cada grupo. El legalismo ha ahogado el crecimiento en muchos círculos cristianos a lo largo de los siglos. La tentación de elevar la forma por encima de la esencia parece igualmente intemporal. Siempre habrá fieles seguidores del fundador de una iglesia, pero estos pueden ser tan divisivos al ceñirse estrechamente a la tradición como los más vanguardistas. Asimismo, las iglesias que rechazan las etiquetas que conectan a las denominaciones con sus fundadores humanos (p. ej., luteranos, wesleyanos, menonitas) a menudo han llegado a ser igualmente denominacionales o incluso sectarias en sus pretensiones

---

5. Hay un ejemplo excelente de este tipo de aplicación en D. A. Carson, *The Cross and Christian Ministry: An Exposition of Passages from I Corinthians* (Grand Rapids: Baker, 1993), sobre 1:18–4:21 y 9:19–27.

exclusivas de servir solo a Cristo (p. ej., Discípulos de Cristo, Iglesia de Cristo, Iglesia de Jesucristo de los Santos de los Últimos Días).

El recordatorio de Pablo en el versículo 13 sobre el carácter único de la expiación sigue siendo útil contra las recurrentes rivalidades que se puedan suscitar. Más en concreto, teniendo en cuenta la cantidad de detalle que dedica a este asunto, los versículos 13–17 contienen una advertencia crucial en contra de elevar el bautismo al nivel de importancia que solo ha de ocupar la salvación.

Por una parte, el bautismo desempeñó un papel más fundamental en la iglesia primitiva del que a menudo se le ha dado en ciertas tradiciones protestantes. Este se producía inmediatamente después de la conversión (ver p. ej. Hch 8:36), y los autores bíblicos utilizaron a menudo el término bautismo como metonimia (se sustituye un objeto por otro estrechamente relacionado) del propio arrepentimiento (p. ej. Ro 6:3–4). E incluso los más elocuentes exponentes del bautismo infantil reconocerán que no hay datos bíblicos claros para sustentar sólidamente esta práctica, que es más un corolario teológico de otras doctrinas que se desarrollaron tras la primera generación de la iglesia.[6] El elemento específico que encontramos en Hechos sobre los bautismos de familias, por ejemplo, procede del relato del carcelero filipense en el que Lucas da a entender que todos eran lo suficientemente mayores como para poder "creer" (Hch 16:34).

Por otra parte, en esta misma carta de 1 Corintios, Pablo deja claro que el bautismo en sí no regenera a nadie ni garantiza su salvación (1Co 10:1–12). Y cuando se convierte en objeto de división, como al parecer había sucedido en Corinto, se debe a que este ha sido subrayado en exceso. La doctrina de la regeneración bautismal (hay que ser bautizado para ser salvo) no es bíblica. Como tampoco lo es el establecimiento de rígidas fronteras entre bautistas y paidobautistas que impiden el desarrollo de un ministerio amoroso, vibrante y cooperativo a favor del reino.

El versículo 17 prepara el camino para la exposición que sigue y establece un contraste que adoptará dos formas: (1) aquello que solo es, obviamente, humano frente a lo que es claramente de Dios; y (2) aquello que pretende ser cristiano —pero que es inmaduro en el mejor de los casos y absolutamente falso en el peor, porque no se centra en la cruz— frente a un cristianismo auténtico y maduro con la crucifixión

---

6. Ver, por ejemplo, Geoffrey W. Bromiley, *Children of Promise* (Grand Rapids: Eerdmans, 1979).

en su corazón. Lo que habría dejado atónito a los corintios, como ha dejado desde entonces a muchos supuestos creyentes, es la afirmación de Pablo en el sentido de que su forma de cristianismo cae en la categoría de inmaduro e incluso, posiblemente, falso.

En pocas palabras, en los versículos 10–17 Pablo introduce la clave para promover la unidad y evitar las divisiones: centrarse en Cristo más que en exaltar a los dirigentes humanos. Hacer esto nos conduce a la cruz, lo cual promoverá también la humildad en lugar de la arrogancia y la rivalidad. Cuando reconocemos la cruz y todo lo que representa —el sacrificio expiatorio y sustitutorio del Dios-hombre a favor de los pecadores necesitados de salvación, vindicado por su resurrección corporal y exaltación— hemos identificado el racimo de verdades complementarias y fundamentales que debe formar siempre el núcleo de la fe cristiana. Reconocemos también que la mayoría de las otras doctrinas retroceden a la periferia, muy especialmente los signos externos de verdades interiores, como por ejemplo el bautismo. Deberíamos proponernos no permitir que estas cuestiones menos fundamentales levanten barreras contra la comunión y el servicio entre el pueblo de Dios en su mundo.

Significado Contemporáneo

Es muy difícil que alguien reflexione en detalle sobre los versículos 10–17 sin hacerse algunas importantes preguntas sobre la historia del denominacionalismo cristiano. Sin duda ha habido momentos en que ciertos sectores de la iglesia han llegado a ser tan heréticos o desobedientes que los fieles discípulos de nuestro Señor han tenido que distanciarse de ellos y comenzar de nuevo. Los protestantes han señalado a menudo la Reforma como el clásico ejemplo de este tipo de situaciones, aunque ciertos historiadores de la iglesia se preguntan qué habría sucedido si Lutero hubiera trabajado más pacientemente dentro de la Iglesia Católica, durante otra generación, teniendo en cuenta los vientos de cambio anunciados ya por Erasmo y sofocados, quizá, por la intransigencia táctica de Lutero.

Pero no hay duda de que la mayoría de las denominaciones cristianas, particularmente los numerosos subgrupos en que se han dividido la mayor parte de las principales ramas del protestantismo, se han iniciado, al menos en gran parte, por rivalidades personales, hostilidad y un espíritu de intolerancia, que muchas veces han tenido que ver con cuestiones geográficas o étnicas. En palabras de Snyder: "… la pluralidad teológica no ha sido un problema tan grave como la conducta alienante, una conducta que ha llevado a algunas personas a desarrollar un sentido de inflexible rectitud".[7]

La falta de unidad de la iglesia de Jesucristo sigue siendo uno de los mayores escándalos que menoscaban su testimonio en nuestro tiempo. En Juan 17, Jesús pidió al Padre que sus discípulos pudieran estar unidos. En Efesios 3, Pablo se sirve de las mayores divisiones sociológicas del antiguo Oriente Medio —a saber, la de judíos frente a gentiles— para exponer la unidad de la iglesia. El potencial evangelizador de una iglesia unida se extiende a las fuerzas anticristianas más poderosas del universo (Ef 3:9–10). La única manera en que esta unidad puede tener un impacto sobre un mundo no cristiano es que sea visible.

La iglesia debería ser el lugar donde las personas que no tienen otra razón natural para relacionarse entre sí se reúnen en amor; sin embargo, sigue siendo muchas veces el espacio más segregado de la sociedad occidental de nuestro tiempo.[8] Sean cuales sean los beneficios que tienen los grupos homogéneos para ciertas clases de evangelización, una congregación completamente madura ha de integrar a personas de distintas razas, nacionalidades, estratos socioeconómicos y posición social.[9] Probablemente debería también esforzarse por tomar el menor número posible de decisiones por el voto de un cincuenta y uno por ciento y utilizar un acercamiento de consenso para las decisiones cruciales, en el que una mayoría sustancial de miembros pueden ponerse de acuerdo y los demás están dispuestos a subordinar sus intereses a la voluntad de la mayoría.[10]

Al margen de cuales sean las fuerzas que obran dentro de una determinada congregación fomentando rivalidades entre dirigentes humanos, las divisiones sobre cuestiones no fundamentales para preservar el ver-

---

7. Graydon F. Snyder, *First Corinthians: A Faith Community Commentary* (Macon, Ga.: Mercer, 1992), 25.

8. Uno de los portavoces más elocuentes de nuestro tiempo contra este tipo de segregación y que pastorea personalmente una iglesia que encarna una diversidad transcultural es Anthony T. Evans. Ver especialmente su libro, *America's Only Hope: Impacting Society in the '90s* (Chicago: Moody, 1990).

9. Quienes estén interesados en considerar una perspectiva más equilibrada desde dentro del movimiento de iglecrecimiento, y en contraste con los modelos anteriores, vean Thom S. Rainer, *The Book of Church Growth: History, Theology, and Principles* (Nashville: Broadman, 1993).

10. La obra de Luke T. Johnson, *Decision-Making in the Church: A Biblical Model* (Filadelfia: Fortress, 1983) nos ofrece útiles sugerencias para facilitar esta unidad, siguiendo los ejemplos de la iglesia primitiva.

dadero evangelio de Jesús han de ser disipadas de manera amorosa pero firme. En nuestro tiempo esto puede significar que, muchas veces, los vacíos y disputas generacionales sobre filosofías de ministerio pueden resolverse mediante diferentes servicios y programas para distintos grupos dentro de la congregación. Sin embargo, se produce un testimonio mucho más poderoso todavía cuando las personas acceden a aprender un tipo de música que naturalmente no les gusta y están dispuestas a apoyar actividades que no son sus prioridades más elevadas. Por su parte, el liderazgo de la iglesia ha de procurar una mezcla de ministerios y experiencias en la adoración que satisfaga finalmente las necesidades de todos en un cuerpo unificado.

El fenómeno de las celebridades cristianas plantea también grandes peligros, creando grupos de fans que escuchan atentamente todas las palabras (o canciones) de predicadores o cantantes de la radio y la televisión sin analizar sus mensajes según las Escrituras con la misma atención con la que examinan lo que dicen sus pastores y dirigentes.

El movimiento ecuménico contemporáneo, especialmente el auspiciado por el Consejo Mundial de Iglesias, ha suscitado temor en muchos evangélicos y les ha disuadido de participar en la creación de nuevas estructuras externas visibles para expresar la unidad cristiana. No hay duda de que Pablo nunca hubiera tolerado la popular forma de ecumenismo del "mínimo común denominador" que promueve únicamente lo que pueden aceptar todos los cristianos profesantes. Pero esta no es la meta del Consejo Mundial de Iglesias, y no pocos evangélicos han participado de su propuesta.

Es más, algunos cristianos conservadores se han destacado en la creación de organizaciones *paraeclesiales* con declaraciones doctrinales que preservan los fundamentos de la fe al tiempo que permiten la plena participación de miembros de prácticamente todas las iglesias protestantes. Con los movimientos de renovación que se han producido en círculos católicos y ortodoxos, algunas organizaciones *paraeclesiales* reconocerán también a ciertos miembros de estas ramas de la cristiandad. Pero si reconocemos esta distinción entre los fundamentos de la fe y sus aspectos periféricos fuera de la Iglesia institucional, ¿cuánto más tendremos que reconocerla dentro de ella?

Nuestros puntos de vista sobre el bautismo, la Cena del Señor, el milenio o el arrebatamiento, el ministerio de la mujer, los dones espirituales y muchas otras cuestiones no deberían ser obstáculo para una intensiva interconexión y cooperación entre una gran variedad de iglesias en una determinada comunidad o región para los propósitos más extensos del reino.[11] Muchas iglesias nuevas y también congregaciones más antiguas pero dinámicas están quitando los rótulos denominacionales de sus edificios y cambiándolos por otros en la línea de "iglesia de la Comunidad". Muchas veces, las congregaciones interdenominacionales crecen más que aquellas que permanecen limitadas por anacrónicas formas de ministerio heredadas de sus denominaciones. Otras siguen afiliadas a las denominaciones tradicionales, pero minimizan aquellas alianzas denominacionales potencialmente divisivas. Todos estos modelos han de extenderse y ser imitados.[12]

Las denominaciones han de considerar en serio las posibles ventajas de fusionarse con sus primos más cercanos y hacerse después las difíciles preguntas sobre aquello que les separa de familiares más distantes. La Iglesia de la India del Sur es un testimonio contemporáneo de cómo pueden unas denominaciones marcadamente distintas asociarse formalmente sin comprometer los fundamentos de la fe. Después de la revolución comunista, la Iglesia nativa de China demostró la necesidad de erradicar la mayoría de las distinciones denominacionales occidentales y la vitalidad para hacerlo, aunque, como era previsible, acabaron creando otras nuevas según sus propias idiosincrasias.

Las organizaciones misioneras que trabajan en las partes del mundo menos evangelizadas suelen sentir la necesidad de cooperar y unir sus fuerzas. En esfuerzos recientes, estas han llegado incluso a compartir bases de datos de donantes.

¿Cuándo pondrá a un lado la iglesia institucional, y en especial la iglesia del individualizado Occidente, sus mezquinas disputas y comenzará a demostrar de un modo visible esta unidad ordenada por la Biblia? No son pocos los no creyentes de ayer y de hoy que han rechazado el evangelio asumiendo que una religión tan visiblemente dividida como el cristianismo no puede reflejar la verdad.

---

11. Hay muy buenas sugerencias sobre cómo bautistas y paidobautistas podrían superar muchos de los obstáculos que siguen separándoles en la obra de David Bridge y David Phypers, *The Water That Divides* (Downers Grove, Ill.: InterVarsity Press, 1977).

12. Quienes deseen considerar un incisivo tratamiento de muchos de los asuntos afectados, pueden ver la obra de Leith Anderson, *Dying for Change* (Minneapolis: Bethany, 1990).

Me explico: El mensaje de la cruz es una locura para los que se pierden; en cambio, para los que se salvan, es decir, para nosotros, este mensaje es el poder de Dios. ¹⁹ Pues está escrito: «Destruiré la sabiduría de los sabios; frustraré la inteligencia de los inteligentes.»

²⁰ ¿Dónde está el sabio? ¿Dónde el erudito? ¿Dónde el filósofo de esta época? ¿No ha convertido Dios en locura la sabiduría de este mundo? ²¹ Ya que Dios, en su sabio designio, dispuso que el mundo no lo conociera mediante la sabiduría humana, tuvo a bien salvar, mediante la locura de la predicación, a los que creen. ²² Los judíos piden señales milagrosas y los gentiles buscan sabiduría, ²³ mientras que nosotros predicamos a Cristo crucificado. Este mensaje es motivo de tropiezo para los judíos, y es locura para los gentiles, ²⁴ pero para los que Dios ha llamado, lo mismo judíos que gentiles, Cristo es el poder de Dios y la sabiduría de Dios. ²⁵ Pues la locura de Dios es más sabia que la sabiduría humana, y la debilidad de Dios es más fuerte que la fuerza humana. ²⁶ Hermanos, consideren su propio llamamiento: No muchos de ustedes son sabios, según criterios meramente humanos; ni son muchos los poderosos ni muchos los de noble cuna. ²⁷ Pero Dios escogió lo insensato del mundo para avergonzar a los sabios, y escogió lo débil del mundo para avergonzar a los poderosos. ²⁸ También escogió Dios lo más bajo y despreciado, y lo que no es nada, para anular lo que es, ²⁹ a fin de que en su presencia nadie pueda jactarse. ³⁰ Pero gracias a él ustedes están unidos a Cristo Jesús, a quien Dios ha hecho nuestra sabiduría —es decir, nuestra justificación, santificación y redención— ³¹ para que, como está escrito: «Si alguien ha de gloriarse, que se gloríe en el Señor.»

¹ Yo mismo, hermanos, cuando fui a anunciarles el testimonio de Dios, no lo hice con gran elocuencia y sabiduría. ² Me propuse más bien, estando entre ustedes, no saber de cosa alguna, excepto de Jesucristo, y de éste crucificado. ³ Es más, me presenté ante ustedes con tanta debilidad que temblaba de miedo. ⁴ No les hablé ni les prediqué con palabras sabias y elocuentes sino con demostración del poder del Espíritu, ⁵ para que la fe de ustedes no dependiera de la sabiduría humana sino del poder de Dios.

Sentido Original   1 Corintios 1:18–2:5 explica el versículo 17b, mostrando que el cristianismo genuino y completo se opone a los valores fundamentales de un mundo caído y pecaminoso, pero proporciona el necesario antídoto contra el espíritu egocéntrico y divisivo de los corintios. En 1 Corintios 1:18–25 se plantea el contraste esencial entre la sabiduría de Dios y la del mundo. En 1 Corintios 1:26–2:5 se defiende, a continuación, la afirmación de Pablo en el sentido de que el verdadero evangelio es el mensaje centrado en la cruz y lo hace apelando a la experiencia personal de los corintios, tanto en su trasfondo precristiano (1:26–31) como en su recepción del ministerio inicial de Pablo entre ellos (2:1–5).

1 Corintios 1:18 representa la tesis que resume la idea del primer párrafo de esta sección (vv. 18–25). El versículo 19 nos da el apoyo bíblico para la tesis de Pablo. Acto seguido, los versículos 20–25 comienzan a explicar la razón por la que el mundo rechaza de manera tan rotunda un evangelio centrado en la cruz y por qué, sin embargo, los corintios han de creerlo.

Pablo afirma en su tesis que en el mundo hay solo dos clases de personas: quienes van camino de perecer y aquellos que van camino de ser salvos (v. 18). Cada uno de ellos responderá al mensaje del evangelio de maneras diametralmente opuestas. En el versículo 19, el apóstol cita como apoyo las palabras de Isaías (29:14) en un contexto en que el profeta está proclamando las intenciones de Dios de juzgar a Israel por su religión superficial e hipócrita. "Frustrar" en este versículo traduce un término que significa "rechazar, resistir, ignorar, invalidar, poner a un lado, romper".[1] El versículo 20a reprende a los aparentemente entendidos. Las palabras "sabio", "erudito" y "filósofo" pretenden ser aproximadamente sinónimas; literalmente, las dos últimas significan más bien "escriba" y "polemista" respectivamente.[2] Es posible que con estos términos Pablo pretenda dirigirse tanto a los sabios judíos como a los griegos.[3]

---

1. Barclay M. Newman, *A Concise Greek-English Dictionary of the New Testament* (Londres: United Bible Society, 1971), 4.
2. Markus Lautenschlager, "Abschied vom Disputierer: Zu Bedeutung von συζητητής in 1 Kor 1, 20", *ZNW* 83 (1992): 276–85, prefiere utilizar el término "investigador filosófico" antes que "polemista".
3. Menos verosímil, aunque posible, es el punto de vista de que esta tríada de títulos corresponde a los tres dirigentes de las escuelas farisaicas (*bet midrash*): el sabio (*hakam*), el escriba (*soper*) y el comentarista (*darsan*). Ver Martin Hengel, *The Pre-Christian Paul* (Filadelfia: Trinity, 1991), 42.

El versículo 20b deja claro que el apóstol no está menospreciando la sabiduría, inteligencia, erudición o filosofía cristianas (de hecho en 2:6–16 expondrá la sabiduría apropiada para los creyentes). Lo que hace es más bien pronosticar la desaparición final de los sabios, expertos en leyes y oradores "de esta era" o "de este mundo" (expresiones paralelas para hacer referencia a la humanidad pecaminosa separada de Cristo).

El versículo 21 explica cómo se produjo la situación descrita en el versículo 18. Siguiendo su sabiduría caída y mundana, las personas rechazaron a Dios, por lo cual él confirmó a la humanidad en su rebeldía con un plan de salvación que parecería necio (cf. Ro 1:18–32). Sin embargo, en su omnisciencia, Dios lo había anticipado desde el principio, para que todo el plan estuviera "en la sabiduría de Dios".

Acto seguido, el versículo 22 especifica dos sentidos clave en que los principales grupos étnicos del mundo de Pablo creían que el cristianismo era necio. Muchos judíos esperaban una confirmación dramática y milagrosa de las afirmaciones de Jesús, algo que él se negó a ofrecer (p. ej. Mt 12:38–42). Muchos griegos consideraban que las filosofías especulativas representaban los ideales humanos más elevados, con sus concomitantes acentos en la retórica, las materias esotéricas y el elitismo. Para este tipo de personas, la cruz era una piedra de tropiezo (literalmente un "escándalo") y algo absolutamente absurdo (v. 23). Para muchos judíos, la crucifixión era la prueba definitiva de que Jesús había sido maldecido por Dios por algún pecado propio (Dt 21:23). Muchos griegos encontraban absurdos muchos aspectos de la historia de la muerte de Cristo: un Dios que sufre, la destrucción del ideal del orden perfecto, un Mesías criminal y un camino a Dios no basado en especulaciones humanas.

Sin embargo, aquellos que, procedentes de cualquier trasfondo étnico, son tocados y convencidos por el Espíritu de Dios encontrarán en la cruz una piadosa sabiduría y el poder para transformar sus vidas (v. 24). El hecho de que el evangelio parezca necio según las normas humanas no ha ponerse en su contra. Desde luego, es de esperar que los caminos de un Dios omnisciente y omnipotente estén muy por encima de los caminos humanos. Por ello, la NIV rellena correctamente las elipsis del versículo 25, que más literalmente dice: "… porque lo necio de Dios es más sabio que los hombres y lo débil de Dios más fuerte que los hombres". Aquello que es menos inteligente o poderoso de Dios sobrepasa en gran manera los logros más extraordinarios de la humanidad.

1 Corintios 1:26–31 contrasta la posición de la mayoría de los corintios en su sociedad cuando fueron salvos ("llamados"). No había muchos de ellos entre los sabios filósofos o retóricos, o entre los poderosos ("influyentes") en términos políticos, militares o religiosos, ni tampoco eran muchos los que habían nacido en el seno de familias ricas (v. 26). Muchos esclavos y libertos se habían trasladado a Corinto. Aunque la mayoría de los miembros de la iglesia no procedían de los estratos más necesitados de la sociedad (ver la Introducción, pp. 20-21), sí estaban fuera del círculo de los fuertes y poderosos. Por ello, Pablo podía llamarles "lo insensato", "lo débil" y "lo más bajo" (vv. 27–28), en directa oposición a los tres atributos del versículo 26.

A continuación, Pablo añade la idea que tienen los poderosos sobre tales personas: para ellos son "lo más bajo y despreciado" y "lo que no es nada". Estas son, sin embargo, personas que Dios escogió en su mayor parte para que fueran salvos, a fin de avergonzar a los sabios y fuertes y "reducir a nada" (NRSV) a quienes pretenden ser algo. En pocas palabras, Dios elimina cualquier motivo de enorgullecimiento en la propia autosuficiencia (v. 29). Y si el mundo considera desafortunados a quienes no pueden jactarse en sus propios logros, las bendiciones en Cristo les compensan con creces. En él, los creyentes reciben la verdadera sabiduría: la sabiduría de la cruz y todos sus beneficios (v. 30): una correcta posición ante Dios ("justificación"), purificación moral ("santificación") y rescate de la esclavitud del pecado ("redención"). Los cristianos pueden jactarse correctamente, no en sus propios logros, sino en el Señor (v. 31), como en Jeremías 9:24, el versículo que Pablo cita en este pasaje. Curiosamente, esta cita sigue a un versículo que afirma: "Así dice el Señor: 'Que no se gloríe el sabio de su sabiduría, ni el poderoso de su poder, ni el rico de su riqueza'" (Jer 9:23). Y estas son precisamente las tres categorías que Pablo ha enunciado en 1 Corintios 1:26.[4]

Las alusiones de Pablo a la jactancia, tanto las positivas como las negativas, forman un importante tema a lo largo de sus cartas. La jactancia propia desempeñaba un papel crucial en la sofistería grecorromana y entre los dirigentes seculares más en general.[5] Algunos filósofos criticaron sus formas más exageradas; otros aplaudían sus florituras

---

4. Quienes deseen un interesante estudio sobre el papel determinante de los versículos de Jeremías sobre todo este párrafo pueden ver Gail R. O'Day, "Jeremiah 9:22–23 and 1 Corinthians 1:26–31: A Study in Intertextuality", *JBL* 109 (1990): 259–67.

5. Andrew D. Clarke, *Secular and Christian Leadership in Corinth* (Leiden: Brill, 1993), 95–99.

retóricas. Casi todos estaban de acuerdo en que la única forma de jactancia que estaba generalmente justificada era la que tenía por objeto las propias debilidades. Este tema adquiere especial notoriedad en la correspondencia de Pablo con la iglesia de Corinto, especialmente en 2 Corintios 10–13.[6]

1 Corintios 2:1–5 redondea esta sección recordando a los corintios el contenido y estilo del ministerio de Pablo cuando estuvo con ellos. La palabra "gran" ("superior" NIV) en la primera parte del versículo 1 modifica probablemente tanto a "elocuencia" como a "sabiduría". Pablo no niega que se esforzara por presentar su mensaje del modo más persuasivo posible, solo que según las normas del mundo su exposición era corriente, en el mejor de los casos. En 2 Corintios 10:10 se confirma esta idea, cuando Pablo observa que algunos de Corinto afirmaban: "Sus cartas son duras y fuertes, pero él en persona no impresiona a nadie, y como orador es un fracaso". En el texto griego del versículo 1b los manuscritos antiguos están divididos de manera bastante uniforme entre "testimonio" y "misterio". Si Pablo consignó "misterio", estaría entonces preparando el camino para la reaparición de este término en el versículo 6, pero es quizá un poco más probable que el original sea "testimonio". No puede entenderse el versículo 2 como una afirmación absoluta de que la única doctrina que Pablo enseñó en Corinto fue la crucifixión (cf. 1Co 15:3–8, donde este presenta la resurrección como igualmente crucial), sino que se refiere más bien a la centralidad de este tema en su predicación. Especialmente en Corinto, la iglesia tenía que aceptar más de la humildad de la cruz y suavizar el triunfalismo de la resurrección.[7]

El versículo 3 subraya el sentir de Pablo sobre su propia inadecuación personal y encaja con el ánimo que el Señor le había impartido para que no tuviera miedo (Hch 18:9–10). En este texto su "debilidad" podría también aludir al aguijón en la carne (2Co 12:7), a saber, alguna persistente dolencia física. Las "palabras sabias y elocuentes" que se mencionan en el versículo 4 deben aludir nuevamente a la sabiduría y persuasión mundanas, puesto que estas cosas se contrastan con "el poder del Espíritu". El versículo 5 repite las razones de su estrategia, complementando el contraste entre 1:29 y 31. Podemos parafrasear como sigue el propósito de Pablo en los versículos 4–5:

---

6. Ver especialmente Christopher Forbes, "Comparison, Self-Praise, and Irony: Paul's Boasting and the Conventions of Hellenistic Rhetoric", *NTS* 32 (1986): 1–30.

7. Sobre la teología paulina de la cruz más en general, ver Charles B. Cousar, *A Theology of the Cross: The Death of Jesus in the Pauline Letters* (Minneapolis: Fortress, 1990).

Aunque mis palabras y proclamación les convencieron de modo que ahora tienen πίστις [fe], su πίστις no es un tipo de γνῶσις [conocimiento] conseguido por medio de la retórica que les convenció por las opiniones de aquellos a quienes se honra como poseedores de una elocuencia sabia y superior. Su fe se fundamenta en algo mucho más seguro que los inteligentes argumentos que reflejan la opinión de una persona. Esta se basa en la forma de prueba más absoluta: la segura prueba del Espíritu y el poder de Dios.[8]

En pocas palabras, los corintios llegaron a la fe poniendo la mirada en la cruz de Cristo que a todos los demás les parecía una gran insensatez. Ahora han de volver a este enfoque en lugar de dividir a la iglesia exaltando a los dirigentes humanos.

Construyendo Puentes   Los problemas que Pablo trata en este pasaje aparecen de nuevo en casi todas las sociedades, puesto que son un reflejo de la naturaleza humana y no solo rasgos peculiares de unas culturas específicas. El egoísmo que está en el corazón de este rechazo del "evangelio de Pablo" es la esencia del pecado humano. Por ello, de este texto surgen numerosos principios intemporales. Pablo plantea tres cuestiones en particular, cuyas respuestas han de equilibrarse con la enseñanza del apóstol en 2:6–3:23: (1) ¿Deberían los cristianos esforzarse en adquirir sabiduría? (Respuesta: solo si está centrada en la cruz. Cf. 1:18–2:5 con 2:6–16); (2) ¿Merecen una posición especial los cristianos que tienen una sabiduría piadosa? (Respuesta: no, pero recibirán una alabanza mayor en el día del juicio. Cf. 1:26–31 con 3:1–23); (3) ¿Podemos reconocer la verdadera sabiduría a través de nuestras palabras? (Respuesta: sí, si dirige a las personas hacia la cruz; no, si esta se revela en su propia retórica [2:1–5]).[9]

Los versículos 18–25 equilibran el asombroso éxito de Jerusalén en el día de Pentecostés (Hch 2:1–41) o el de Tesalónica veinte años más tarde (1Ts 1:4–10) y nos recuerdan que no podemos esperar que todas las personas, quizá ni siquiera una mayoría, respondan positivamente al evangelio. Al contrario, si el cristianismo se hace demasiado popular,

---

8. Stephen M. Pogoloff, *Logos and Sophia* (Atlanta: Scholars, 1992), 140.
9. Debo la formulación de estas preguntas a James A. Davis, "1 Corinthians 1–6" (Manuscrito no publicado, 1993): s.v. 1:18–2:5, "Form/Structure/Setting", pero la formulación de las respuestas es mía.

es mejor verificar el mensaje que predicamos, no sea que lo hayamos diluido tanto que haya desaparecido la ofensa de la cruz.

Este párrafo pone también a la apologética en su debido lugar. Siempre hay que formular persuasivos argumentos para defender la fe, pero solo la obra del Espíritu hará uso de ellos para llevar a las personas a Cristo. El escándalo de la cruz no es una excusa, ni en la predicación ni en la apologética, para poner tropiezos innecesarios ante las personas, como por ejemplo la falta de tacto o de amor. No obstante, Murphy-O'Connor ofrece el saludable recordatorio de que "cualquier intento de hacer atractivo el evangelio, adaptándolo a los gustos de aquellos a quienes se les predica, lo deforma, porque en este caso las expectativas de la humanidad caída se convierten en el criterio a seguir".[10] Al hacer esto, el evangelio pierde su poder.

Puesto que la sabiduría contra la que Pablo se queja es la "del mundo" (v. 20), no hay nada en este párrafo que pueda considerarse como un motivo para el antiintelectualismo. No obstante, Pablo se opone, sin duda y de manera resuelta, al intelectualismo profano. Los versículos 21–25 señalan que este tipo de ateísmo puede adoptar tres formas distintas, cada vez más sutiles. En la primera, hay un rechazo categórico de Dios (v. 21). En la segunda se le busca de manera errónea, se le exigen señales milagrosas o se adoptan filosofías de carácter especulativo (vv. 22–23). En la tercera se le rehace según la propia imagen, sin reconocer la diferencia cualitativa entre Dios y la humanidad (v. 25). Con respecto a las señales, puede que Dios decida concederlas con la esperanza de que ayuden a la fe (Jn 20:31), sin embargo, rara vez o nunca las imparte cuando las demandan, e insiste en que hay suficientes pruebas para creer sin ellas (Jn 20:29).

El versículo 21 presenta una interesante tríada de instrumentos de salvación y condenación. En primer lugar, los seres humanos son directamente responsables de su destino: el mundo no conoció a Dios "mediante la sabiduría humana", mientras que "los que creen" son salvos. A continuación está el método de "la predicación" frente a procedimientos rivales que pretenden salvar o reivindican que la salvación es innecesaria. Sin embargo, en última instancia todo se atribuye a Dios ("ya que en la sabiduría de Dios..."). La doctrina de la elección que presenta la Escritura permite sistemáticamente que Dios sea soberano sin que ello afecte a la libertad o responsabilidad humanas. De hecho, los

---

10. Jerome Murphy-O'Connor, *1 Corinthians* (Wilmington: Glazier, 1979), 14.

propósitos de Dios con respecto a la elección se llevan precisamente a cabo mediante esta libre actividad, en la proclamación de la palabra.

En términos generales, 1:18–25 demuestra una estrecha congruencia entre las pretensiones corintias de sabiduría religiosa y la sabiduría que es de hecho el dominio de la humanidad caída.[11] La religión falsa, especialmente aquella que se disfraza de cristianismo, es tan vacía como el secularismo puro y duro, y más peligrosa, por cuanto esconde sus verdaderos colores. Pablo se detiene sin llegar a completar la ecuación, puesto que el Espíritu ha venido a morar en estos creyentes. Sin embargo, pronuncia un serio recordatorio en el sentido de que "la cruz representa, pues, la negación última de todos los intentos humanos de llegar a Dios. Su verdad no puede conseguirse mediante lo mejor del intelecto y la fuerza humanos, sino que ha de recibirse como un don en la humilde sumisión de la fe y la confianza".[12]

A los ricos y poderosos de todos los periodos de la historia de la iglesia les gusta señalar que la deducción lógica de los versículos 26–31 es que si no ha habido muchos sabios, influyentes o ricos, debe, entonces, haber habido algunos. Antes hemos visto (pp. 20-21) que entre los corintios podría haber habido un número de cristianos pudientes considerablemente mayor que en muchas de las primeras iglesias. Pero movernos por estos derroteros es lo contrario del principal acento de Pablo en este pasaje. Naturalmente, es posible ser rico y cristiano, pero con frecuencia, en los tiempos en que la iglesia ha estado menos comprometida con la cultura y la política, la mayoría de los creyentes no han procedido de las clases acomodadas del mundo.[13] Desde el periodo preconstantino hasta la Reforma, o desde la inmigración religiosa a Norteamérica en los siglos pasados hasta la rápida propagación del cristianismo en los terceros mundos de nuestros días, esta tendencia ha demostrado ser sorprendentemente recurrente. Esto sucede porque son precisamente las clases pudientes quienes menos perciben su necesidad de Dios, creyendo poder satisfacer todas sus necesidades mediante el dinero que poseen o la influencia que ejercen.[14]

---

11. Peter Lampe, "Theological Wisdom and the 'Word About the Cross'", *Int* 44 (1990): 117–31.

12. John B. Polhill, "The Wisdom of God and Factionalism: 1 Corinthians 1–4", *RevExp* 80 (1983): 330.

13. Cf., e.g., Bruce L. Shelley, *The Gospel and the American Dream* (Portland: Multnomah, 1989).

14. Quienes estén interesados en toda la historia, pueden ver la obra de Robert G. Clouse, Richard V. Pierard, y Edwin M. Yamauchi, *The Two Kingdoms: The Church and Culture through the Ages* (Chicago: Moody, 1993). Para otras implicaciones, cf. L. L. Welborn,

Pero la Escritura no garantiza en ninguna parte la salvación de todas las personas de cierto nivel socioeconómico, aunque sí refleja constantemente la especial preocupación de Dios por los pobres, oprimidos y marginados. Las palabras de Santiago 2:5 se corresponden con 1 Corintios 1:26–31, señalando la estructura sociológica de una buena parte del cristianismo primitivo. Sin embargo, en este texto, los pobres que Dios escogió son también "los que le aman" y reconocen su necesidad de ayuda, su incompetencia personal y, por ello, se convierten al Dios vivo y verdadero. Una de las principales palabras hebreas para aludir a los "pobres" (*anawim*), combina precisamente estos dos elementos en su sentido: pobreza material y devoción espiritual.[15] Históricamente, los cristianos han tenido que evitar dos errores gemelos: espiritualizar estas referencias a los "pobres", como si estos pudieran incluir a los materialmente ricos y politizar este término, como si pudiera haber salvación aparte de una explícita fe en Cristo.

Para evitar serias tergiversaciones del cristianismo en general y de Pablo en particular hay que leer 1 Corintios 2:1–5 en su contexto más amplio. La crítica retórica está demostrando cada vez más la gran formación literaria de Pablo. El versículo 1 no puede entenderse de manera absoluta, puesto que la propia epístola de 1 Corintios está redactada de manera muy cuidadosa, utilizando numerosos recursos que pretenden persuadir a los lectores de Pablo de su mensaje.[16] El apóstol está, pues, "dispuesto a utilizar la elocuencia humana, ya que esta es intrínsecamente neutral, siempre que permanezca supeditada al mensaje del evangelio y a la divina obra del Espíritu". Sin embargo, incluso en este uso limitado, el apóstol se distancia de muchos de sus coetáneos, al contender "contra un método de predicación que no utiliza las figuras

---

"On the Discord in Corinth: 1 Corinthians 1–4 and Ancient Politics", *JBL* 106 (1987): 110: "Lo cierto es que el intento [de Pablo] de eludir cualquier complicidad en los asuntos de este mundo, de separar al máximo la religión de la política práctica, demostró ser trascendendental desde un punto de vista histórico. Sus repercusiones se evidencian en la negativa evaluación que hace Agustín de la *civitas* terrena y en el naturalismo político de Maquiavelo y Rousseau".

15. Cf. Mt 5:3 con Lc 6:20. La razón por la que estos versículos no se contradicen entre sí está precisamente en este doble sentido del término "pobre".

16. Sobre los capítulos 1–4 en particular, ver especialmente, K. E. Bailey, "Recovering the Poetic Structure of 1 Cor. 1,17–2,2", *NovT* 17 (1975): 265–96 (más convincente en los comentarios sobre 1:18–30 que en el resto); J. Bradley Chance, "Paul's Apology to the Corinthians", *PRS* 9 (1982): 145–55 (sobre la función de 1:4–6:20 como defensa del apostolado de Pablo); y Benjamin Fiore, "'Covert Allusion' in 1 Corinthians 1–4", *CBQ* 47 (1985): 85–102 (sobre la proliferación de figuras literarias y sus funciones retóricas en estos capítulos).

literarias como una forma de transmitir mejor el mensaje del evangelio, sino como ornamentos que pretenden agradar y entretener a la congregación".[17] Este párrafo tampoco concede a los predicadores el derecho de no preparar los mensajes de manera concienzuda. Pero nos recuerda que las técnicas homiléticas por sí solas no nos preparan para predicar con poder espiritual. Solo tenemos derecho a predicar a otros lo que el Espíritu nos habla primero utilizando un texto determinado.

1 Corintios 2:2 no debe tomarse como un cambio de política debido a la frustración de Pablo por su pobre recepción en Atenas, visto que Hechos 17:22–31 representa, de hecho, un magistral ejemplo de la efectiva contextualización del evangelio. Sin embargo, teniendo en cuenta que los filósofos urbanos no son normalmente una audiencia muy receptiva al mensaje cristiano, solo algunos respondieron positivamente en aquella ciudad. Los versículos 3–5 desempeñan un papel fundamental en la formulación de una teología paulina de la predicación. "Proclamar" es actuar como un heraldo y declarar con autoridad (en este caso, con la autoridad del Señor) las noticias de las que se es portador. "Sin embargo, teniendo en cuenta que, según las normas humanas, la autoridad de Dios no es evidente, el predicador, como heraldo, está en una posición vulnerable. La predicación es, por tanto, un medio débil tanto en el contenido como en la forma".[18] Aun así, esta demuestra su poder cuando las personas son salvas y se establecen iglesias.

Los contrastes de 1:18–2:5 podrían resumirse en términos de una teología de gloria frente a una teología de la cruz. La primera de ellas conduce a ciertas ecuaciones entre el verdadero cristianismo y determinados partidos o proyectos políticos, riquezas materiales o dirigentes de mano dura. La segunda pretende vender a los quebrantados de corazón, dar poder a los discriminados y amar a los menos amables de nuestro mundo.[19] En pocas palabras, 1:18–2:5 lleva a las personas a adoptar una actitud humilde al pie de la cruz. Si realmente entendemos que Cristo experimentó la agonía que nosotros merecíamos, ¿cómo podemos exaltarnos a nosotros mismos o a algún dirigente humano?

Cuando intentamos aplicar este pasaje a nuestro tiempo, hemos de preguntarnos quiénes son en nuestro mundo los altos y poderosos, tanto

---

17. Timothy H. Lim, "'Not in Persuasive Words of Wisdom, but in the Demonstration of the Spirit and Power'", *NovT* 29 (1987): 149.
18. J. W. Beaudean, *Paul's Theology of Preaching* (Macon, Ga.: Mercer, 1988), 118.
19. Cf. la exposición particularmente incisiva de estos temas que hace Molly T. Marshall en "Forsaking a Theology of Glory: 1 Corinthians 1:18–31", *Ex Auditu* 7 (1991): 101–4.

dentro como fuera de la iglesia y pararnos a pensar si están utilizando verdaderamente su poder para propósitos desinteresados. También hemos de identificar a los oprimidos, de nuevo, tanto cristianos como no cristianos y valorar si les estamos prestando una atención amplia y apropiada. Algunos pobres, por ejemplo, están tan centrados en ellos mismos como algunos ricos. Por otra parte, hemos de tener cuidado de no prestar solo ayuda a los "pobres dignos", puesto que Dios nunca espera que nosotros lo seamos para ayudarnos.[20] Por encima de todo, hemos de buscar maneras de comunicar persuasivamente la trascendencia de la muerte expiatoria de Cristo a las culturas contemporáneas.

Significado Contemporáneo

Uno se pregunta qué porcentaje de la predicación contemporánea está, de hecho, centrada en la cruz. En nuestra época, las técnicas que se usan para el crecimiento de la iglesia suelen ser muy intuitivas y centradas en los no creyentes. Algunas de ellas afectan solo a la forma del evangelio pero no a su sustancia, pero otras son más sospechosas. Muchos han rechazado el pecado humano y la responsabilidad personal por las malas acciones desviando la culpa a las influencias sociales corruptoras. Tales personas tienen una gran necesidad de escuchar el verdadero significado de la crucifixión de Cristo. Es posible que el pensamiento positivo y posibilista tenga cierto lugar para las personas que tienen una imagen excesivamente baja de sí mismos,[21] pero no son un adecuado sustituto para el arrepentimiento y la confianza en Jesús.

Naturalmente, esta clase de actitudes contraculturales siguen siendo consideradas insensatas, incluso por un sector de la iglesia. Los eruditos religiosos seculares y de mentalidad liberal, los filósofos autodidactas y los gurús encabezan el grupo de los que se burlan más sistemáticamente del cristianismo evangélico. Toleran las ideologías más estrambóticas e inmorales, pero se niegan a incluir a los cristianos nacidos de nuevo en sus campañas antidiscriminación. No deberíamos sorprendernos de ello, pero sí eludir el constante peligro de intentar imitar las normas seculares de la sabiduría cuando procuramos que nuestras instituciones cristianas se parezcan a sus homólogas seculares. Hay ciertos ejemplos que ilus-

---

20. Ver el desafiante tratamiento de este tema en la obra de Robert Lupton, *Theirs is the Kingdom* (San Francisco: HarperCollins, 1989), 60–61.
21. Esta es la fuerza, por ejemplo, de los ministerios a menudo denigrados pero pasmosamente fructíferos de personas como Norman Vincent Peale y Robert Schuller.

tran claramente los peligros de esta clase de imitación como un acento excesivo en la profesionalidad del pastorado, la consideración de la erudición como criterio dominante para trabajar en la educación superior, la utilización de estrategias puramente mercantilistas de crecimiento eclesial o los modelos terapéuticos de aconsejamiento cristiano que eluden deliberadamente la oración, el estudio bíblico y la confesión de pecado. En cada caso, hay algo que pasa de manera impropia a ser el centro de atención, desplazando a la franca admisión de nuestra impotencia espiritual aparte del Cristo crucificado obrando a través de nosotros.[22]

La iglesia contemporánea lucha también intentando formular una equilibrada teología de las señales y los prodigios. En los capítulos 12–14 ampliaremos este tema, pero aquí hay que decir al menos que no nos atrevemos a encasillar a Dios, ni exigiéndole que lleve a cabo milagros (o afirmando que si no lo hace es porque alguien tiene una fe inadecuada) ni pretendiendo saber que Dios ya no lleva a cabo actos milagrosos.[23] Con respecto a la pasión griega por la sabiduría, vemos aplicaciones directas en un gnosticismo moderno que se refleja en varias ramas del movimiento de la Nueva Era,[24] y de manera indirecta en nuestra sociedad ávida de titulaciones académicas y saturada también de seminarios y estuduis de autoayuda para quienes quieren una educación más informal.

En relación con los criterios para la popularidad, estos siguen siendo los mismos, a saber, sabiduría, poder y dinero. Estas cosas determinan quiénes reciben la adulación de sus compañeros en nuestras escuelas y están en el meollo de la mayoría de campañas publicitarias. Siempre hay que evitar la entrada de estas cosas en la iglesia. Una buena parte del cristianismo occidental ha caído en lo que podríamos llamar una "cautividad convencional" que domestica el evangelio y pasa por alto la centralidad que conceden las Escrituras a los pobres y necesitados de este mundo, tanto física como espiritualmente. Las iglesias saludables combatirán esta tendencia dedicando importantes partidas de sus presupuestos y atención personal a la evangelización y la acción social, en

---

22. Cf. la solo ligeramente exagerada crítica de Os Guinness, *Dining with the Devil: The Megachurch Movement Flirts with Modernity* (Grand Rapids: Baker, 1993).

23. Si se desea considerar una perspectiva equilibrada, ver el libro de Lewis B. Smedes, ed., *Ministry and the Miraculous* (Pasadena: Fuller Theological Seminary, 1987).

24. Ver especialmente, Douglas Groothuis, *Revealing the New Age Jesus* (Downers Grove, Ill.: InterVarsity Press, 1990).

proporciones equilibradas, tanto a nivel mundial como local.[25] Y 1:30 dirige nuestra atención a otro par de prioridades que no pueden separarse: un conocimiento adecuado y una conducta adecuada. En nuestro tiempo hay demasiados, tanto dentro como fuera de la iglesia, que se parecen a los antiguos filósofos griegos que crearon una separación entre la espiritualidad interior y la moralidad externa.

En 1 Corintios 2:1–5 se nos fuerza a plantear la cuestión de los estilos de predicación y liderazgo cristianos. Los asuntos fundamentales de la fe requieren una enérgica proclamación, mientras que los periféricos demandan un acercamiento más tentativo. La autoridad de la Palabra no debe ser suplantada por estilos autoritarios de proclamación y administración. Los refinados juegos de palabras no deben nunca oscurecer la claridad y corrección del mensaje esencial. En muchas congregaciones grandes y con muchos dones necesitamos más adoración y menos espectáculo.

Es interesante comparar a los que han sido, posiblemente, los tres evangelistas más importantes de Norteamérica durante los últimos 150 años: D. L. Moody, Billy Sunday y Billy Graham. Ni Moody ni Graham eran famosos por impresionar a sus audiencias con una elevada retórica; sus sermones se consideraban a menudo simplistas. A Sunday se le conocía por usar un estilo llamativo, sin embargo, él predicaba un evangelio muy básico. No obstante, los tres se centraban en la cruz y en la necesidad de una conversión personal. Como consecuencia, todos ellos animaron a millones de "destituidos" y un número incontable de personas se convirtió a través de su predicación.

Por otra parte, las misiones occidentales siguen recuperándose todavía de una perspectiva imperialista y triunfalista que a menudo no ha sabido tratar como iguales a los cristianos nativos de otras tierras, o a las minorías de los barrios pobres en nuestro propio país. Sin embargo, Pablo alienta grandemente a quienes, en cualquier parte del mundo, sienten la punzada de su incapacidad e incompetencia, diciéndoles que Dios puede utilizar poderosamente incluso a personas como ellos, cuando no dependen de sus propios recursos, sino de él.[26]

---

25. Para más detalles, ver Ronald J. Sider, *One-Sided Christianity* (San Francisco: HarperCollins; Grand Rapids: Zondervan, 1993).

26. Quienes estén interesados en un estudio más académico de este tema, pueden ver David A. Black, *Paul: Apostle of Weakness* (Nueva York: Lang, 1984). Hay aplicaciones prácticas y desafiantes del modo en que los cristianos occidentales llevan a cabo el ministerio en Alice F. Evans, Robert A. Evans, y William B. Kennedy, *Pedagogies for the Non-Poor* (Maryknoll, N.Y.: Orbis, 1987).

1 Corintios 2:6-16

En cambio, hablamos con sabiduría entre los que han alcanzado madurez, pero no con la sabiduría de este mundo ni con la de sus gobernantes, los cuales terminarán en nada. ⁷ Más bien, exponemos el misterio de la sabiduría de Dios, una sabiduría que ha estado escondida y que Dios había destinado para nuestra gloria desde la eternidad. ⁸ Ninguno de los gobernantes de este mundo la entendió, porque de haberla entendido no habrían crucificado al Señor de la gloria. ⁹ Sin embargo, como está escrito: «Ningún ojo ha visto, ningún oído ha escuchado, ninguna mente humana ha concebido lo que Dios ha preparado para quienes lo aman.»

¹⁰ Ahora bien, Dios nos ha revelado esto por medio de su Espíritu, pues el Espíritu lo examina todo, hasta las profundidades de Dios. ¹¹ En efecto, ¿quién conoce los pensamientos del ser humano sino su propio espíritu que está en él? Así mismo, nadie conoce los pensamientos de Dios sino el Espíritu de Dios. ¹² Nosotros no hemos recibido el espíritu del mundo sino el Espíritu que procede de Dios, para que entendamos lo que por su gracia él nos ha concedido. ¹³ Esto es precisamente de lo que hablamos, no con las palabras que enseña la sabiduría humana sino con las que enseña el Espíritu, de modo que expresamos verdades espirituales en términos espirituales. ¹⁴ El que no tiene el Espíritu no acepta lo que procede del Espíritu de Dios, pues para él es locura. No puede entenderlo, porque hay que discernirlo espiritualmente. ¹⁵ En cambio, el que es espiritual lo juzga todo, aunque él mismo no está sujeto al juicio de nadie, porque ¹⁶ «¿quién ha conocido la mente del Señor para que pueda instruirlo?». Nosotros, por nuestra parte, tenemos la mente de Cristo.

Sentido Original

Hasta ahora podría parecer que Pablo tiene poco bueno que decir sobre la "sabiduría", introducida en 1:24. Esta sección corrige esta impresión, pero clarifica que la sabiduría que es beneficiosa ha de ser compatible con las verdades del cristianismo. El apóstol desarrolla este punto contrastando dos pares de personas: cristianos frente a no cristianos (2:6–16) y cristianos espirituales frente a cristianos mundanos (3:1–23). Existe una sabiduría que todos los cristianos poseen por el simple hecho de que el Espíritu vive en ellos, sin embargo, es solo apropiada cuando se rinden al Espíritu en lugar de obrar según los deseos de la carne, es decir, su naturaleza humana caída.

Aunque es cierto que el evangelio lleva consigo una cierta necedad (1:18–25), hay también en él una sabiduría que los corintios han de entender para vencer sus actitudes divisivas. El contenido de esta sabiduría sigue siendo un cristianismo profundamente centrado en la cruz (recordar 1:23). 1 Corintios 2:6–10a introduce el tema de esta sabiduría, su aceptación por parte de los creyentes y el rechazo de quienes no creen (es un pasaje análogo a los contrastes de 1:18–25). A continuación, los versículos 10b–16 detallan tales respuestas contrastando a quienes tienen el Espíritu con aquellos que no lo tienen.

Los "que han alcanzado madurez" del versículo 6a se contrastan con los "gobernantes [de este mundo]" (v. 6b) así como la "sabiduría" (v. 6a) se contrapone a la "sabiduría de este mundo" (v. 6b). Teniendo en cuenta que los que no son maduros son los que no creen, en este contexto los que han alcanzado madurez han de ser, al menos en teoría, todos los cristianos y no solo una cierta élite entre ellos. Pero la ironía es que los corintios no viven según esta realidad y siguen conduciéndose como si todavía no fueran salvos, como si estuvieran atrapados por los valores de este mundo.

La expresión los "gobernantes" se refiere como mínimo a las autoridades religiosas y políticas del momento, personas como Caifás y Pilato, que crucificaron a nuestro glorioso Señor (v. 8). Pero pueden también aludir a los poderes diabólicos que subyacen tras la oposición al evangelio (cf. Ef 2:2, donde Satanás es "el que gobierna las tinieblas").[1] La frase "terminará en nada" al final del versículo 6 se refiere, pues, a la transitoriedad de esta era y sus poderes (cf. NRSV: "condenados a perecer").

---

1. Wesley Carr, "The Rulers of this Age—1 Corinthians II.6–8", *NTS* 23 (1976–77): 20–35, pone en seria cuestión esta posibilidad, observando que en el Nuevo Testamento nunca se utiliza de esta manera la forma plural de este sustantivo. Sin embargo, ha de minimizar la posible influencia del gnosticismo incipiente (que utilizaba habitualmente el término ἄρχοντες para aludir a seres casi angélicos o diabólicos) así como el grupo de conceptos neotestamentarios que rodean la expresión "los poderes de este siglo" o "este mundo", que muchas veces incluyen a las fuerzas diabólicas.

"El misterio de la sabiduría de Dios" (v. 7a) es literalmente "sabiduría en un misterio". En el Nuevo Testamento, no obstante, el término misterio se refiere casi siempre a aquellos elementos del evangelio que antes estaban ocultos pero que ahora han sido revelados.[2] El concepto de un Mesías crucificado no se entendía claramente en el tiempo del Antiguo Testamento y en los días de Pablo seguía siendo ininteligible para quienes rechazaban a Jesús (v. 8). Pero esto no es de extrañar; el propio Isaías había profetizado inesperados prodigios asociados con la futura salvación de Dios (Is 64:4; 52:15, que Pablo cita y parafrasea en el v. 9). Y desde el principio Dios había planeado estos sorprendentes acontecimientos para beneficio de aquellos que iban a responder positivamente (v. 7b). El Espíritu Santo que conduce a las personas a Cristo les revela ahora lo que antes era desconocido (v. 10a).

El contraste entre los que poseen el Espíritu y los que no lo tienen (vv. 10b–16) comienza con un silogismo (un argumento en tres partes en la que las dos primeras premisas, siendo ciertas, llevan lógicamente a cierta conclusión (vv. 10b–12). (1) La premisa principal observa que solo el propio espíritu o mente de la persona conoce sus pensamientos, a no ser que tal persona decida revelarlos a otro (v. 11a), una afirmación que se aplica tanto a Dios como a los humanos (vv. 10b, 11b). Por tanto, la expresión "examina" (v. 10b) equivale a "conoce los pensamientos de" (v. 11b). (2) La premisa menor reitera que en los cristianos habita el Espíritu de Dios (v. 12a). "El espíritu del mundo" (v. 12a) se refiere a la naturaleza e ideologías humanas caídas, no a cosas directamente diabólicas. (3) La conclusión lógica es, pues, que los cristianos pueden conocer los pensamientos de Dios, al menos en la medida en que su Espíritu se los revela (v. 12b).

Los versículos 13–16 reiteran el contraste fundamental de 1:18–2:5. La expresión "sabiduría humana" (v. 13a) debe, pues, aludir a aquello que es simplemente humano, es decir, no regenerado. El versículo 13b es notoriamente difícil de traducir, pero la NVI ha captado probablemente el sentido. La lectura alternativa de esta versión representa la siguiente traducción más probable: "interpretamos verdades espiritua-

---

2. Ver especialmente, Raymond E. Brown, *The Semitic Background of the Term "Mystery" in the New -Testament* (Filadelfia: Fortress, 1968). Chrys C. Caragounis, *The Ephesian "Mysterion"* (Lund: Gleerup, 1977), ha presentado convincentes argumentos en el sentido de que este término alude también al aspecto inescrutable de los caminos de Dios.

les a personas espirituales".[3] Afortunadamente, el sentido general se mantiene intacto en cualquiera de las dos lecturas (cf. 1Ts 4:9).

La frase: "El que no tiene el Espíritu" (v. 14) interpreta el adjetivo *psychikos*, que procede del sustantivo *psyche*, que significa "alma" o "vida". La versión King James es bien conocida por su traducción como "el hombre natural" [que también consigna nuestra Reina Valera. N. del T.]. En otras palabras, se trata de una persona en su estado normal, no redimido, de existencia terrenal que heredó de la caída. Tal persona "no acepta" las verdades cristianas. Esta expresión deja claro que el "entendimiento" del que se habla en el versículo 14b) no es principalmente de carácter cognitivo sino volitivo.

Por el contrario, la expresión "hombre espiritual" (v. 15a) alude simplemente a una persona que tiene el Espíritu, y, por tanto, a cualquier cristiano (cf. 12:13). La palabra "juzga" procede del mismo verbo que "está sujeto al juicio" y ayuda a interpretar su sentido. Los creyentes tienen la capacidad de llevar la perspectiva de Dios a cada aspecto de la vida.[4] El versículo 15b ha de interpretarse en vista de todo el contexto: los cristianos no están sujetos a las evaluaciones simplemente humanas, es decir, perspectivas que no tomen en consideración el punto de vista de Dios. Pero es también posible que Pablo esté anticipando su argumento de 4:3–5, en el sentido de que incluso la evaluación de otros creyentes es de carácter provisional; el único juez que en última instancia cuenta es Dios. El versículo 16 redondea el pasaje citando Isaías 40:13. Este texto alude al carácter inescrutable de los caminos de Dios, pero se hace eco del pensamiento de los versículos 7 y 10–12 afirmando que una parte de este misterio ha sido revelada ahora, en la era mesiánica en que el Espíritu, viviendo en los creyentes, les transmite los pensamientos de Cristo.

---

3. El griego dice *pneumatikois pneumatika sunkrinontes*. El segundo adjetivo es claramente neutro; el primero de ellos podría ser neutro (haciendo referencia a *logois* —"palabras"— en el versículo 13a) o masculino (aludiendo a personas y mirando hacia delante al versículo 14). Una tercera posibilidad es traducir *sunkrino* como "comparar", con lo cual la traducción sería: "comparar cosas espirituales con [otras] cosas espirituales". Cf. Simon J. Kistemaker, *Exposition of the First Epistle to the Corinthians* (Grand Rapids: Baker, 1993), 90–91.

4. Harold Mare, "1 Corinthians", en *The Expositor's Bible Commentary* , ed. Frank E. Gaebelein (Grand Rapids: Zondervan, 1976), 10:203, ofrece una útil definición de *anakrino* en ambos usos como "tomar decisiones inteligentes y espirituales".

Construyendo Puentes

Aquí aparece el tercer método de Pablo para conseguir la sanación de las heridas de las divisiones (1:10–17). Además de los dos primeros métodos —los cristianos han de centrarse en las cosas que van bien (1:1–9) y en Cristo, y éste crucificado (1:18–2:5)— ahora Pablo propone que pongan su mirada en la verdadera sabiduría (2:6–16). En esta sección, Pablo utiliza un buen número de palabras técnicas que los corintios empleaban para justificar su elitismo espiritual ("sabiduría", "madurez", "secreto", "espiritual") y las redefine para que su sentido exprese aquello que está al alcance de todos los creyentes.[5] Por consiguiente, una de las claves para aplicar esta sección es entender correctamente cómo aplicó el propio Pablo estos términos y, después, cómo pueden trasladarse al mundo de hoy.

Lo que el apóstol quiere, claramente, expresar es que "todos los cristianos son potencialmente perfectos o maduros en Cristo, aunque solo algunos lo son en realidad".[6] Las redefiniciones de Pablo deberían, por tanto, descartar una frecuente y errónea interpretación del texto que afirma que en él se establecen dos categorías de creyentes en función de su conocimiento o dones. En 3:1–4, el apóstol introducirá una terminología que permite distinguir dos clases de cristianos, sin embargo, el contraste es entre el hombre "carnal" y el "espiritual", no entre el "natural" y el "espiritual". En otras palabras, Pablo utilizará el término espiritual con un sentido más estrecho en el capítulo 3 que en el 2. Aquí hemos de evitar el error hermenéutico de interpretar un pasaje en vista de lo que su autor todavía no ha dicho y puede, por tanto, que todavía no esté pensando. En 2:6–16, la persona espiritual (o madura) es aquella que acepta al Cristo crucificado como Salvador, frente a la persona natural (y, por tanto, inmadura) que le rechaza. La conducta de los cristianos de cualquier época ha de estar a la altura de su posición; estos han de aprender la verdad de que "nunca […] vamos más allá de la cruz de Cristo, solo avanzamos hacia una comprensión más profunda de ella".[7]

---

5. Quienes deseen considerar cómo habrían podido ser utilizados estos términos en círculos helenistas o judíos, influenciados por tendencias pregnósticas, pueden ver especialmente los trabajos de, Birger A. Pearson, *The Pneumatikos-Psychikos Terminology in 1 Corinthians* (Missoula, Mont.: Scholars, 1973); Richard A. Horsley, "Pneumatikos vs. Psychikos: Distinctions of Spiritual Status Among the Corinthians", *HTR* 69 (1976): 269–88.

6. Barrett, *First Corinthians*, 69.

7. Prior, *1 Corinthians*, 51.

Si entre los gobernantes de este mundo de que habla Pablo están también las fuerzas diabólicas, entonces el versículo 6 plantea un importante matiz de Romanos 13:1–7. Aunque los gobiernos sean ordenados por Dios, los gobernantes no cristianos pueden también cumplir las órdenes del diablo. Por ello, los creyentes pueden encontrarse ante el dilema de tener que obedecer a Dios antes que a las autoridades humanas (Hch 5:29; cf. Dn 1, 3, 6). Pero los cristianos tienen razones para cobrar ánimo, puesto que aun las autoridades profanas más poderosas serán finalmente condenadas y despojadas de toda su capacidad de dañar al pueblo de Dios.

El misterio del que hablan los versículos 7–8 es claramente un "secreto abierto" para todos los creyentes. El versículo 9 ha de interpretarse en vista del 10: lo que en otro tiempo era inconcebible ha sido ahora revelado. Por ello, la utilización de estos versículos para justificar la promoción de ciertos conocimientos esotéricos no conocidos por la iglesia en general es por completo gratuita. Así también, el versículo 9 no pueda aplicarse legítimamente a la Segunda Venida de Cristo para apoyar la última reconstrucción de los acontecimientos del fin. Tampoco puede usarse lícitamente para apoyar los planes o propuestas humanas que parecen diferir del consenso general de la iglesia. De hecho, el versículo 10a advierte contra cualquier intento de llegar a Dios por medio de especulaciones humanas.

Frecuentemente, a los versículos 10b–12 se les ha atribuido más enseñanza sobre las doctrinas de la naturaleza humana y el Espíritu Santo de la que Pablo pretendía impartir. Por supuesto, de este pasaje pueden sacarse algunas conclusiones válidas. El "espíritu" de la persona (normalmente sinónimo en el Nuevo Testamento del "alma") es la parte invisible e inmaterial del ser humano que sobrevive a la muerte del cuerpo. Pero, durante la vida y después de reunirse con el cuerpo de la resurrección, el espíritu está integralmente relacionado con el aspecto material de la existencia humana. Dicho sencillamente, en el ser humano hay una dicotomía final entre el cuerpo y el espíritu/alma, pero también una reciprocidad fundamental de ambos elementos. La filosofía helenista olvidó a menudo esto último, mientras que la psicología contemporánea pasa muchas veces por alto lo primero.[8]

El hecho de que el Espíritu de Dios sea análogo a los espíritus humanos como revelador de los pensamientos demuestra también que el Espíritu

---

8. Sobre este dualismo antropológico, ver especialmente la obra de John W. Cooper, *Body, Soul, and Life Everlasting* (Grand Rapids: Eerdmans, 1989).

Santo es un una parte integral de la Trinidad, con características de una persona y no meramente una fuerza. Sin embargo todas estas observaciones antropológicas y pneumatológicas son en el mejor de los casos corolarios de lo que Pablo enseña, no su foco principal. Menos aún hay en estos versículos alguna referencia o deducción legítima de una doctrina de la inspiración de la Escritura. En su contexto, Pablo solo quiere decir que el único que conoce sus pensamientos es el propio individuo y, por ello, la única forma de comunicarnos con Dios y conocer sus pensamientos es por medio de su Espíritu que habita en nosotros. Y que, aun en este caso, únicamente podemos conocer lo que él mismo decida revelarnos ("lo que por su gracia él nos ha concedido" [v. 12b]).

A lo largo de la historia de la iglesia se ha hecho un mal uso de los contrastes que nos presentan los versículos 13–16. Como en el caso de 1:18–20, estos no pueden utilizarse para legitimar una postura antiintelectualista, aunque, ciertamente, se oponen a cualquier forma de intelectualismo profano. Tampoco justifican los intentos de interpretar la voluntad de Dios, incluyendo su revelación en las Escrituras, aparte de los principios normales y juiciosos de la hermenéutica.

Estos versículos sí nos recuerdan, no obstante, que para entender la religión bíblica en sus niveles más profundos se hace necesaria una favorable lectura de la Escritura o una positiva valoración del cristianismo, es decir, abierta a las premisas de la existencia de Dios y de su salvación a través de la fe en Cristo.[9]

Pero el Espíritu nunca enseña aquello que es contrario al sencillo significado de pasajes interpretados en su contexto histórico y literario original. Y este significado es accesible para cualquiera —creyente o no— dispuesto y capaz de invertir el necesario tiempo de estudio.[10] Muchos no cristianos, conocedores de los idiomas bíblicos y de la historia y literatura antiguas, pueden decirnos lo que un determinado pasaje de la Escritura significa de manera tan adecuada como el mejor comentarista cristiano, y muchas veces mejor que algunos comentaristas cris-

---

9. Cf. especialmente, Peter Stuhlmacher, "The Hermeneutical Significance of 1 Cor 2:6–16", en *Tradition and Interpretation in the New Testament* , ed. G. F. Hawthorne y O. Betz (Grand Rapids: Eerdmans, 1987), 328–47.

10. Quienes deseen considerar una excelente introducción para laicos a los principios de la interpretación bíblica pueden ver el libro de Gordon D. Fee y Douglas Stuart, *How to Read the Bible for All It's Worth* (Grand Rapids: Zondervan, rev. 1993). Aquellos que estén interesados en un estudio más detallado, cf. William W. Klein, Craig L. Blomberg, y Robert L. Hubbard, Jr., *Introduction to Biblical Interpretation* (Dallas: Word, 1993).

tianos menos competentes. El "entendimiento" que estos no cristianos no poseen es lo que la Biblia considera sistemáticamente la clase más completa de sabiduría: una disposición a vivir según la Palabra de Dios y a obedecerla (cf. v. 14a).

El versículo 15 es también susceptible de importantes malentendidos. Incluso en otros pasajes de esta misma carta, Pablo ordena a los creyentes que juzguen a los que, entre ellos, desobedecen de manera flagrante (5:3–5), que evalúen a quienes afirman ser portadores de palabras de parte del Señor (14:29) y que se examinen a sí mismos para ver si se están conduciendo de manera apropiada para tomar la Cena del Señor (11:27–32). Aquí, pues, el apóstol está pensando principalmente en ser injustamente evaluado por no cristianos (o por cristianos que se guían por criterios de este mundo), que no tienen autoridad para criticar a los creyentes por su desorden, puesto que ellos mismos no aceptan las normas que utilizan para hacer sus juicios. Los cristianos, por otra parte, pueden evaluar legítimamente la verdad o el error de creencias y conductas no cristianas, aunque su principal preocupación ha de ser mantener el orden en su propia casa (5:12–13).

Significado Contemporáneo

Esta sección de la carta de Pablo "ha sufrido una triste historia de aplicaciones muy desafortunadas en la iglesia. ... Casi todas las formas de elitismo espiritual (como 'el movimiento de la vida más profunda' y la doctrina de la 'segunda bendición') han apelado a este texto", aunque todos ellos están a "casi 180 grados" del propósito de Pablo.[11] Esta triste tendencia continúa, especialmente en círculos sectarios que subrayan ciertas doctrinas que no son ampliamente aceptadas en el cristianismo en general (como el mormonismo, por ejemplo[12]) y en algunos círculos carismáticos que relacionan la sabiduría secreta de los versículos 6–10a con experiencias especiales de ciertos dones espirituales.

Pero las actitudes de elitismo están mucho más extendidas. En una era caracterizada por la especialización, se nos bombardea con afirmaciones en el sentido de que la clave para vivir un cristianismo feliz y saludable, de manera individual o colectiva, está en una novedosa técnica de evangelización, la práctica de ciertas disciplinas espirituales, deter-

---

11. Fee, *First Corinthians*, 120.
12. Cf., p. ej., Stephen E. Robinson, *Are Mormons Christians?* (Salt Lake City: Bookcraft, 1991), 96–97.

minadas estrategias para el crecimiento de la iglesia, terapias de autoa-yuda, el programa de la escuela dominical, una cierta forma de música o estilo de adoración, etc. Cuando estas supuestas "claves" establecen sus programas en contra de la mayoría de las creencias y prácticas de los creyentes y se apartan de la aleccionadora y fundamental referen-cia de la cruz de Cristo, se han convertido en elitistas y potencialmente divisivas y han de ser rechazadas.

Así, también en la iglesia hay cada vez más personas con una men-talidad monotemática, centradas en un solo aspecto; algo parecido a lo que sucede en el mundo de la política con aquellos cuyo trabajo o apoyo gira alrededor de una única causa. Uno se desgañita constante-mente proponiendo la apologética como la cura de todos los males de la iglesia; otro insiste repetidamente en que las misiones extranjeras han de eclipsar a todos los demás compromisos. Un tercero está cautivado por los escritos de un famoso personaje cristiano y los promueve como si fueran inerrantes. Un cuarto solo habla de activismo social.

Esta lista podría extenderse indefinidamente, pero ilustra cómo comienzan las facciones y, en última instancia, las herejías. Esto sucede cuando un aspecto del programa de Dios por la humanidad se subraya tanto que se ignoran otras cuestiones cruciales que equilibran la pers-pectiva. El hecho de que tantos cristianos de nuestro tiempo toleren este tipo de desequilibrio es una acusación de la carencia de ministerios de enseñanza efectivos y completos en nuestras congregaciones locales, semana tras semana, una carencia que deja a los creyentes con la idea de que necesitan seminarios y especialistas que les enseñen aquello que no creen poder aprender por sí mismos.[13]

Los versículos 10b–16 nos llaman a andar por el estrecho camino que separa los pantanos igualmente peligrosos del superintelectualismo y el antiintelectualismo. En general, las iglesias evangélicas siguen cayendo con más frecuencia en este último, mientras que las liberales tienden a hacerlo en el primero. Hay, sin embargo, excepciones clave en estas dos principales tradiciones. En los círculos intelectuales, el estudio aca-démico de la Escritura ha sustituido muchas veces a la fe, aun en los ámbitos más conservadores. O al menos dividimos en compartimentos

---

13. La obra de Robert M. Bowman, Jr., *Orthodoxy and Heresy* (Grand Rapids: Baker, 1992) es un sencillo manual introductorio con constructivos consejos para discernir la verdad cristiana del error.

la verdad religiosa y olvidamos "subrayar que Cristo es el principio que cohesiona todos los departamentos de la vida".[14]

Por otra parte, a nivel de la gente común, muchos cristianos de a pie, aun en las iglesias liberales, siguen leyendo las Escrituras sin ninguna idea sensata de hermenéutica. En términos generales, el antiintelectualismo es probablemente el peligro más corriente: "… con mucha frecuencia, en debates que nos afectan a todos, la iglesia ha desempeñado el papel de una institución asustada e insegura y no la de las personas que se reúnen cada semana para adorar al Dios de toda verdadera sabiduría".[15]

La definición que William Barclay hizo de la persona que no tiene el Espíritu (*psychikos*) sigue siendo tanto intemporal como oportuna. Esta clase de individuo "vive como si no hubiera nada fuera de la vida física ni necesidades aparte de las materiales". Tal persona "piensa que no hay nada tan importante como la satisfacción del deseo sexual" y por ello "no puede entender el significado de la castidad". Alguien "que considera la acumulación de cosas materiales como el supremo fin de la vida no puede entender la generosidad", y el que "nunca tiene un pensamiento aparte de este mundo no puede entender las cosas de Dios".[16] Sin duda, la inmoralidad sexual, el materialismo y el ateísmo prevalecen de manera incluso más profunda en nuestro mundo occidental de hoy que en la Escocia de mediados del siglo XX donde Barclay redactó estas palabras.

Los versículos 14–16 también nos llaman a mantenernos en un camino que discurre entre dos extremos. El primero es una forma de evangelización y misiones que cree que, con tal que utilicemos los métodos y argumentos apropiados, las personas responderán con fe. El segundo es un ingenuo individualismo que afirma tener "línea directa" con el cielo y que le aleja de la verdad consensuada a lo largo de la historia de la iglesia.

La constante utilización de la primera persona del plural a lo largo de todo este pasaje es una decisión deliberada. Pablo comparte con los corintios más inmaduros aquello que hoy comparten, por tanto, todos los cristianos: una capacidad para tener comunión con Dios, entender su voluntad y dar sentido a las verdades fundamentales de la Escritura.[17]

---

14. Michael Green, *To Corinth with Love* (Londres: Hodder & Stoughton, 1982), 90.

15. Kenneth L. Chafin, *1, 2 Corinthians* (Waco: Word, 1985), 47.

16. William Barclay, *The Letters to the Corinthians* (Filadelfia: Westminster, 1956, rev. 1975), 28.

17. Wendell Willis, "The 'Mind of Christ' in 1 Corinthians 2,16", *Bib* 70 (1989): 110–22, subraya correctamente que el versículo 16 es un llamado implícito a una apropiada vida en comunidad.

Es profundamente irónico que la generación que cuenta con un mayor número de traducciones de la Biblia exactas y comprensibles, repletas de ayudas para el estudio, que van desde breves anotaciones a monumentales comentarios, sean al tiempo una de las sociedades más ignorantes bíblicamente de la historia de la iglesia. Hacernos dependientes de un pequeño número de dirigentes importantes nos incapacita para rechazar las falsas doctrinas o para disciplinar la conducta inmoral de unos líderes que respetamos.

Si los cristianos forman una comunidad interdependiente, hemos entonces de reconocer que una buena parte de la sabiduría que más se acerca a la que Pablo elogió se encuentra hoy en el Tercer Mundo. En estos países, las humildes circunstancias de necesidad y marginación en que se encuentran los cristianos con frecuencia no les dejan otra opción que centrarse en el Cristo crucificado. Los creyentes acomodados harían bien en leer y escuchar lo que dicen sus hermanos y hermanas más pobres y en aprender de sus ideas sobre la sabiduría bíblica, que son muchas veces oscuras para quienes, según las normas generales, están entre los ricos y poderosos (recordemos 1:27).

Las palabras de los Spencer surgen precisamente de este tipo de diálogo y merecen una cuidadosa consideración: "La persona espiritual es la que vive al Cristo crucificado", lo cual incluye "apartarse de una vida de excesiva riqueza y estar dispuesta a ser despreciado o considerado irrelevante si ello es necesario para promover el reino de Dios". Por ello, "los cristianos oprimidos de este mundo, sea en Sudamérica, Norteamérica o en cualquier otro lugar pueden ser más 'espirituales' que los que el mundo considera exitosos, porque están ya más cerca de imitar el ejemplo de Pablo". Es más, "la verdadera opresión evitará el peligro de la arrogancia, que es otro de los engaños del mundo. Para escuchar al Espíritu de Dios hemos de vivir una vida profética, siempre dispuestos a seguir a nuestro Señor crucificado y a escuchar a otras personas que viven esta clase de vida".[18]

---

18. Aída B. Spencer y William D. Spencer, "The Truly Spiritual in Paul: Biblical Background Paper on 1 Corinthians 2:6–16", en *Conflict and Context: Hermeneutics in the Americas*, ed. Mark L. Branson y C. René Padilla (Grand Rapids: Eerdmans, 1986), 247–48.

1 Corintios 3:1–23

Yo, hermanos, no pude dirigirme a ustedes como a espirituales sino como a inmaduros, apenas niños en Cristo. ² Les di leche porque no podían asimilar alimento sólido, ni pueden todavía, ³ pues aún son inmaduros. Mientras haya entre ustedes celos y contiendas, ¿no serán inmaduros? ¿Acaso no se están comportando según criterios meramente humanos? ⁴ Cuando uno afirma: «Yo sigo a Pablo», y otro: «Yo sigo a Apolos», ¿no es porque están actuando con criterios humanos? ⁵ Después de todo, ¿qué es Apolos? ¿Y qué es Pablo? Nada más que servidores por medio de los cuales ustedes llegaron a creer, según lo que el Señor le asignó a cada uno. ⁶ Yo sembré, Apolos regó, pero Dios ha dado el crecimiento. ⁷ Así que no cuenta ni el que siembra ni el que riega, sino sólo Dios, quien es el que hace crecer. ⁸ El que siembra y el que riega están al mismo nivel, aunque cada uno será recompensado según su propio trabajo. ⁹ En efecto, nosotros somos colaboradores al servicio de Dios; y ustedes son el campo de cultivo de Dios, son el edificio de Dios. ¹⁰ Según la gracia que Dios me ha dado, yo, como maestro constructor, eché los cimientos, y otro construye sobre ellos. Pero cada uno tenga cuidado de cómo construye, ¹¹ porque nadie puede poner un fundamento diferente del que ya está puesto, que es Jesucristo. ¹² Si alguien construye sobre este fundamento, ya sea con oro, plata y piedras preciosas, o con madera, heno y paja, ¹³ su obra se mostrará tal cual es, pues el día del juicio la dejará al descubierto. El fuego la dará a conocer, y pondrá a prueba la calidad del trabajo de cada uno. ¹⁴ Si lo que alguien ha construido permanece, recibirá su recompensa, ¹⁵ pero si su obra es consumida por las llamas, él sufrirá pérdida. Será salvo, pero como quien pasa por el fuego.

¹⁶ ¿No saben que ustedes son templo de Dios y que el Espíritu de Dios habita en ustedes? ¹⁷ Si alguno destruye el templo de Dios, él mismo será destruido por Dios; porque el templo de Dios es sagrado, y ustedes son ese templo.

¹⁸ Que nadie se engañe. Si alguno de ustedes se cree sabio según las normas de esta época, hágase ignorante para así llegar a ser sabio. ¹⁹ Porque a los ojos de Dios la sabiduría de este mundo es locura. Como está escrito: «Él atrapa a los sabios en su propia

astucia»; [20] y también dice: «El Señor conoce los pensamientos de los sabios y sabe que son absurdos.» [21] Por lo tanto, ¡que nadie base su orgullo en el hombre! Al fin y al cabo, todo es de ustedes, [22] ya sea Pablo, o Apolos, o Cefas, o el universo, o la vida, o la muerte, o lo presente o lo por venir; todo es de ustedes, [23] y ustedes son de Cristo, y Cristo es de Dios.

Sentido Original

En este pasaje, Pablo sigue desarrollando el tema de la sabiduría piadosa como clave para crecer en la fe cristiana, que introdujo en 2:6–16. Sin embargo, ahora pasa de contrastar a los cristianos (aquellos que tienen el Espíritu) con los no cristianos (los que no lo tienen) a comparar dos clases de cristianos: los que están siendo controlados por el Espíritu con los que no lo están.

A estos últimos los describe en 3:1–4 como facciosos. Sus disputas no son solo una burla del evangelio de la cruz (1:18–2:5) sino que dejan también de reconocer la igualdad fundamental de todos los creyentes cuando se les valora según los atributos y carácter de Dios. Pablo ilustra esta igualdad con metáforas de agricultores en un campo (3:5–9a) y obreros de la construcción trabajando en un edificio, en concreto, uno tan valioso y santo como el templo (3:9b–17). 1 Corintios 3:18–23 forma una *inclusio* (una repetición que delimita el comienzo y el final de una sección de texto) con los versículos 1–4, puesto que los versículos 4 y 22 hacen referencia al apoyo de los corintios a dirigentes rivales. Los versículos 18–23 redondean, pues, el capítulo 3 subrayando el acceso de los creyentes a todas las bendiciones espirituales, haciendo de tal rivalidad algo innecesario y fuera de lugar.

El contraste entre "espirituales" e "inmaduros" que encontramos en 3:1–4 difiere por tanto del que se consigna en 2:6–16. La palabra "inmaduros" del versículo 1 es ligeramente distinta que la que se utiliza en el versículo 3, pero ambas son peyorativas.[1] En la versión King James [también en nuestra Reina Valera. N. del T], ambas se traducen como "carnales", es decir, "de la carne" o dominados por la propia naturaleza pecaminosa, que en este contexto se manifiesta en celos y disputas. El sentido del término "espirituales" ha de ser, pues, no solo tener el Espíritu, sino tenerlo en el control de la propia vida. Al final de su

---

1. En el versículo 1, el término es *sarkinos* ("de la carne" o "con las características de la carne"); en el versículo 3, *sarkikos* ("compuesto de carne" o "lleno de actividad carnal"). Mare, "1 Corinthians", 206.

estancia de un año y medio en Corinto, Pablo esperaba ya que la conducta de estos jóvenes cristianos fuera mucho mejor. Ahora, tres años más tarde, sus altercados son mucho más inexcusables. Su inmadurez les hace parecer personas adultas que actúan como niños, comiendo solo papillas y alimentos para bebés (v. 2). O, cambiando de comparación, se conducen como personas no regeneradas ("según criterios meramente humanos"; v. 3b) en lugar de hacerlo como aquellos en quienes el Espíritu ha venido a residir. El versículo 4 nos recuerda el problema que nos ocupa y reitera dos de las consignas de 1:12.

Los versículos 5–9a clarifican otro problema de las divisiones de los corintios. No es solo que su conducta sea diametralmente opuesta a la que cabría esperar si vivieran mirando al Cristo crucificado (la idea que se subraya en 1:18–2:5), sino que también pasa por alto el hecho de que todos los dirigentes cristianos son simplemente "siervos" (v. 5) que desempeñan papeles relativamente iguales e insignificantes en comparación con el que desempeña Dios al hacer que su iglesia crezca.

El versículo 5b confirma nuestras sospechas de 1:13–17 en el sentido de que una parte del espíritu divisivo implicaba una adhesión a aquellos individuos que habían llevado personalmente al Señor a distintos grupos de corintios.

Los versículos 6–7 comparan a la iglesia con un campo y a sus dirigentes con los labradores que trabajan en él. Especialmente en el siglo I, los agricultores eran muy conscientes de que su aportación a una cosecha fructífera era mínima en comparación con los caprichos de la naturaleza, que se consideraban en mano de Dios o los dioses. El versículo 7a no es, pues, una afirmación absoluta, sino relativa: en comparación con el papel de Dios, el de los seres humanos no es especialmente trascendental. Y aunque hay diversidad de funciones (vv. 5b, 6a, 8b), todos los dirigentes piadosos tienen un propósito común (literalmente "son uno": v. 8a), que es el crecimiento de la iglesia.

El versículo 9a no debe interpretarse, por tanto, en el sentido de que Pablo y Apolos estuvieran al mismo nivel que Dios, sino en el de que estos son colaboradores en su servicio y están, por ello, al mismo nivel el uno del otro.[2] De hecho, en el versículo 9, la posición enfática del

---

2. W. H. Ollrog, "συνεργός, συνεργέω", en *Exegetical Dictionary of the New Testament*, ed. Horst Balz y Gerhard Schneider (Grand Rapids: Eerdmans, 1993), 3:304, define συνεργός en este texto como "una persona que está activa en la 'obra' misionera de la proclamación y que, como Pablo, es representante de Dios, no 'colaborador' de Dios que actúa sinérgicamente, como muestra claramente el contexto".

término *theos* en las tres ocasiones en que aparece deja claro que Pablo está subrayando a Dios como el propietario de los "colaboradores", el "campo" y el "edificio".

La segunda parte del versículo 9 hay que leerla junto a los versículos 10–15 como comienzo de un nuevo párrafo. La NIV omite el verbo "[ustedes] son" que introduce la expresión "edificio de Dios" [no es el caso de la NVI, que sí lo consigna. N. del T.]. Pablo, que en los versículos 6–9a ha descrito a la iglesia y a sus dirigentes con una metáfora agrícola, lo hace ahora volviéndose al mundo de la construcción (vv. 9b–17). Aquí se destaca de nuevo la soberana dirección de Dios (v. 10). Pablo se compara con un "maestro constructor", literalmente "sabio maestro arquitecto" o "jefe de ingenieros". Pablo escoge deliberadamente la palabra que se traduce como "sabio" para contrastar su sabiduría piadosa con las mal encaminadas pretensiones de sabiduría de los corintios. La palabra que se traduce como "constructor" da su origen a nuestra voz "arquitecto" [en realidad el término griego ἀρχιτέκτων originó la palabra latina *architectus* de la que procede nuestro término en español. N. del T.], aunque la palabra griega no aludía tanto a la persona que dibujaba los planos como al supervisor de la obra.[3] El fundamento de cualquier edificio verdaderamente cristiano ha de ser, naturalmente, el evangelio de la cruz de Jesucristo (v. 11).

Sigue habiendo, no obstante, dos formas muy distintas de construir sobre este fundamento. El oro, la plata y las piedras preciosas representan valiosos materiales que no arden con facilidad. Por su parte, la madera, el heno y la paja cuestan menos de encontrar, pero son consumidos con rapidez por el fuego (v. 12). En el mundo antiguo, el primer tipo de materiales se usaba para construir los templos y el segundo, para las casas. El versículo 13 compara precisamente "el día del juicio" con el fuego. La expresión "dejará al descubierto" (v. 13b) alude probablemente al "día", no a la "obra". Cuando Cristo regrese, todos los creyentes tendrán que comparecer delante de él, "para que cada uno reciba lo que le corresponda, según lo bueno o malo que haya hecho mientras vivió en el cuerpo" (2Co 5:10).[4]

---

3. Para este significado y el de los términos relacionados en este párrafo, ver Jay Shanor, "Paul as Master Builder: Construction Terms in First Corinthians", *NTS* 34 (1988): 461–67.

4. Harm W. Hollander ("The Testing by Fire of the Builders' Works: 1 Corinthians 3.10–15", *NTS* 40 [1994]: 89–104) cree que Pablo ha derivado su imaginería del *Testamento de Abraham* 13, pero ha aplicado el lenguaje del juicio de los justos y los malvados a dos clases de creyentes.

La expresión "lo que alguien ha construido" (v. 14a) es más literalmente "la obra que construyó". Pablo no enseña aquí una salvación por obras, sino que hace referencia a la valoración que Cristo hará del modo en que los cristianos han vivido sus vidas después de la salvación (desarrolla el tema del versículo 8b). Estas obras surgen de la fe e incluyen todo lo que agrada a Dios, tienen que ver con las prioridades del reino y llevan adelante sus propósitos en el mundo.[5]

En este texto no se especifica la naturaleza de estas recompensas (v. 14b), pero en 4:5 se describirá como "la alabanza" de Dios. Espontáneamente, nos vienen a la mente, por ejemplo, las palabras del hacendado a los administradores fieles en la parábola de los talentos: "¡Hiciste bien, siervo bueno y fiel!" (Mt 25:21, 23) o las imágenes literarias de Apocalipsis 14:13 donde las buenas obras de los que mueren en el Señor les siguen.[6] Tales personas reciben la recompensa de saber que invirtieron un tiempo sustancial construyendo unas relaciones personales que se prolongarán por la eternidad.

El versículo 15 comienza hablando de la "obra" de cada uno, con lo cual este sustantivo se convierte en el antecedente más cercano y natural del inexpresado objeto del verbo "sufrir pérdida". En palabras de Prior: "No hay duda de que la obra de todos los cristianos está hecha con una mezcla de materiales de distinta calidad; sin duda, todos experimentaremos la impresionante tristeza de ver que una buena parte de nuestra obra se quema".[7] Sin embargo, puede que Pablo tenga también en mente la pérdida de la recompensa, es decir, menor alabanza y mayor vergüenza ante el tribunal de Cristo (cf. 1Jn 2:28, donde evitar la vergüenza delante del Señor es uno de los motivos para vivir ahora una vida fiel) y al darnos cuenta de cuánto de nuestras vidas se desarrolló en actividades carentes de valor eterno.[8] Esta clase de creyentes siguen siendo salvos, pero lo son por los pelos o, por utilizar la metáfora de Pablo, como el que escapa de una casa ardiendo (v. 15b).

---

5. Los comentaristas intentan con frecuencia limitar esta obra a la doctrina o a la enseñanza, al trabajo específico para la iglesia, o a aspectos del carácter cristiano. Pablo no sugiere ninguna de tales limitaciones. Es, pues, más útil la aportación de Leon Morris, *The First Epistle of Paul to the Corinthians* (Grand Rapids: Eerdmans, 1985), 65: "Probablemente ninguna [de estas interpretaciones] está totalmente fuera de lugar y es mejor ver esta referencia como bastante general".

6. Cf. Gaston Deluz, *A Companion to 1 Corinthians* (Londres: Darton, Longman & Todd, 1963), 40.

7. Prior, *1 Corinthians*, 60. Cf. tev: "But if anyone's work is burnt up, then he will lose it".

8. Cf. especialmente, William F. Orr y James A. Walther, *1 Corinthians* (Garden City: Doubleday, 1976), 173.

Si la imaginería del templo está implícita en la metáfora de edificar con piedras y metales costosos (vv. 9b–15), Pablo la hace explícita en los versículos 16–17. La iglesia no es un edificio cualquiera, sino la más santa y valiosa de las construcciones. Naturalmente, Pablo no hace referencia a un inmueble literal, sino al cuerpo de los creyentes corintios. Todos los pronombres de estos dos versículos están en plural; colectivamente, estos cristianos forman un solo templo. Una mejor traducción de la expresión "en ustedes" al final del versículo 16 sería "entre ustedes". Del mismo modo que para los paganos y los judíos sus templos eran la morada de Dios (o de los dioses), también la comunidad cristiana es el especial lugar de la presencia del Espíritu. Esta es la razón por la que la amenaza del versículo 17a es tan severa. En este texto, Pablo advierte a cualquiera que intente destruir[9] la iglesia. Esta advertencia alude claramente a personas distintas (potencialmente a algunos de los patrones o dirigentes locales de las facciones corintias) de las que, en el párrafo anterior, utilizan materiales de baja calidad para construir. ¡Son personas que intentan echar abajo la estructura! Es comprensible que la respuesta de Dios sea también considerablemente distinta: quien así actúe "será destruido por Dios" (i.e., será eternamente condenado).

En los versículos 18–23, Pablo concluye el capítulo repitiendo su llamamiento a desterrar las divisiones. Los corintios contenciosos se engañan a sí mismos creyéndose sabios al seguir las normas mundanas de la autopromoción, cuando en realidad han de hacerse necios según tales normas y aceptar la sabiduría piadosa que Pablo ha estado exponiendo (vv. 18–19a).

El fútil destino de quienes no asumen esta acción correctiva es de nuevo puesto de relieve por dos pasajes de la Escritura: Job 5:13 y Salmos 94:11, que se citan en los versículos 19b–20. En ambos contextos veterotestamentarios se habla de una conducta profana y pecaminosa, con lo cual queda de nuevo claro que Pablo no está condenando a todas las personas sabias, sino solo a quienes creen poder ser sabios sin Dios.[10]

---

9. El tiempo presente podría tener un carácter conativo (aludiendo al intento de realizar una acción), como lo sugiere Barrett, *First Corinthians*, 91. El término *Phtheiro* podría también traducirse "corrupto" en su primer uso, sin embargo, en el segundo debe traducirse "destruir".

10. El salmista dice de hecho: "… los pensamientos del *hombre* [pecaminoso]". Pablo hace que esta observación sea mucho más incisiva sustituyendo la palabra "sabio" para referirse al subgrupo de Corinto que más tenía que aprender esta lección.

Los versículos 21–23 subrayan una última razón para la futilidad de tales actitudes: los corintios tienen todo cuanto puedan necesitar o querer legítimamente en Jesús. De hecho, Pablo pone sus consignas patas arriba. No son propiedad de dirigentes humanos; tales dirigentes, como siervos que son (v. 5), les pertenecen a ellos, como todo lo demás de la creación, presente y futuro, puesto que estos están en Cristo, quien comparte toda la soberanía del Padre (cf. Ro 8:38–39).

Construyendo Puentes

El tema general del capítulo 3 sugiere una cuarta manera de vencer las divisiones, que es reconocer la igualdad fundamental y humilde posición de todos los cristianos cuando se les compara con las normas infinitamente santas y perfectas de Dios (quienes deseen considerar los otros tres métodos, ver la exposición anterior, p. 48-51, 72). Naturalmente, el pasaje de 3:1–4 se trata a veces junto con 2:16–26, puesto que continúa con el tema de las personas "espirituales". De igual modo, en ocasiones 4:1–5 se añade a 3:5–23 por su referencia al juicio. Sin embargo, a pesar de estas parciales coincidencias temáticas, la inclusión de 3:4 y 22, unida al profundo contraste entre la forma correcta e incorrecta de vivir la vida cristiana, señala el capítulo 3 como una unidad independiente.[11]

El principal asunto que hemos de determinar para la aplicación actual de 3:1–4 es quiénes son, en nuestro cristianismo contemporáneo, los cristianos "carnales" de Corinto. En nuestros esfuerzos por dilucidar la identidad de estos cristianos carnales, hemos de evitar dos peligros siempre presentes. El primero es negar por completo la existencia de esta categoría, contradiciendo totalmente a Pablo. Algunos pretenden que los cristianos carnales no existen.[12] Esta es una manera desafortunada de expresar las cosas, puesto que el término "carnales" procede directamente del texto bíblico.

---

11. Cf. especialmente, Brendan Byrne, "Ministry and Maturity in 1 Corinthians 3", *ABR* 35 (1987): 83–87.

12. A John F. MacArthur, Jr. se le ha vinculado muchas veces con este punto de vista. Lo que MacArthur dice, en *The Gospel According to Jesus* (Grand Rapids: Zondervan, 1988), 97, n. 2, es que 1 Corintios 3:3 "no pretendía instaurar una clase especial de cristianismo". Es fácil entender por qué se le ha interpretado de este modo, sin embargo, el resto de su nota a pie de página explica simplemente que "no eran personas que vivían en una desobediencia estática". Sí añade, no obstante: "Pablo no sugiere que la carnalidad y la rebeldía fueran la norma de sus vidas". Esto es cierto, sin embargo, tampoco lo niega.

El segundo peligro consiste en definir la carnalidad en términos mucho más amplios que Pablo, hasta el punto de que cualquiera que haya hecho alguna vez una profesión de fe, aunque superficial, puede considerarse un cristiano verdadero (pero carnal), con independencia de su estilo de vida posterior.[13] Hemos de recordar que, en este texto, Pablo no está hablando de tales personas. Estos corintios han recibido el Espíritu, ejercido sus dones y crecido en sabiduría y conocimiento (1:7; 12:13), pero ahora están utilizando lo que han entendido y experimentado de un modo más destructivo que constructivo. Es más, en el mundo de Pablo, la espiritualidad estaba mucho más vinculada a la conducta grupal que a la devoción individual.[14] El Nuevo Testamento no sabe nada de cristianos que no forman parte de una comunidad de creyentes. Esto no significa que una persona no pueda ser salva si no asiste nunca a la iglesia, solo que Pablo no tenía probablemente en mente a este tipo de personas cuando hablaba de cristianos carnales.

Una cuestión subordinada es si Pablo considera o no la carnalidad (o la mundanalidad o la conducta inmadura) como algo aceptable para los recién convertidos, pero no para aquellos que ya han tenido tiempo de madurar. Aunque este acercamiento se pregona de una manera amplia, puede que no sea legítimo.[15] Es frecuentemente un resultado de leer el contraste que establece Pablo en el versículo 2 entre la leche y el alimento sólido en consonancia con Hebreos 5:12 o 1 Pedro 2:2, donde la leche tiene connotaciones más positivas. Sin embargo, ninguna de estas dos cartas había sido todavía escrita cuando Pablo redactó 1 Corintios. Y si en el versículo 1 "espiritual" quiere decir ser controlado por el Espíritu, mostrando los frutos del amor, gozo, paz, paciencia, etcétera (Gá 5:22–23), entonces este tipo de espiritualidad es posible para cualquier creyente desde el momento de la conversión y en todas las posteriores etapas de la vida. Y del mismo modo lo es también la carnalidad, siempre que una persona se rebela contra la dirección del Espíritu.[16]

---

13. Aunque Charles C. Ryrie, *So Great Salvation* (Wheaton: Victor, 1989), 59–66, no es tan extremista como algunos, sí defiende la posibilidad de un prolongado periodo de carnalidad en virtud de los cuatro a cinco años que estos corintios llevaban ya como cristianos. Sin embargo, esto se basa en una suposición que no se ciñe al texto, a saber, que estos creyentes estuvieron en un estado ininterrumpido de carnalidad durante todos aquellos años.

14. En su obra *The New Testament World: Insights from Cultural Anthropology* (Atlanta: John Knox, 1981), Bruce J. Malina realiza un tratamiento definitivo de este tema.

15. Ver especialmente, Fee, *First Corinthians*, 124–27.

16. Cf. James Francis, "'As Babes in Christ'—Some Proposals Regarding 1 Corinthians 3.1–3", *JSNT* 7 (1980): 57: "La madurez es posible para todo cristiano que ha reci-

El punto de vista que niega la existencia de la carnalidad subraya correctamente que muchos cristianos han interpretado este concepto fuera de contexto. El cristianismo carnal o mundano no es sino ser controlado por la propia naturaleza pecaminosa, llevando a cabo lo que en Gálatas 5:19–21 se llama "obras de la carne", a saber, inmoralidad sexual, impureza, libertinaje, idolatría, brujería, odio, discordia, celos, ira, ambición egoísta, disensiones, facciones, etc. (cf. la lista de vicios de Ro 1:29–31 y 1Co 6:9–10).

Aquellos que niegan que los cristianos siguen teniendo una naturaleza pecaminosa van en contra del doble acento de Romanos 6–8, en el sentido de que, aunque se promete a los cristianos una tangible victoria sobre el pecado, también se les pide al mismo tiempo que hagan morir el viejo ser que sigue compitiendo con el Espíritu por la lealtad del individuo. No obstante, a aquel que no parece sujetarse nunca a la voluntad de Dios habría que identificarle más bien con el hombre "natural" que se describe en 2:14 (ver traducción alternativa en la nota marginal de la NVI) que con un cristiano carnal, al margen de la profesión que tal persona haya hecho en algún momento del pasado. Una vez más, hemos de recordar 1:6–7, donde Pablo declara que estos corintios habían experimentado una asombrosa transformación y poder espiritual en sus vidas, pero que ahora habían abandonado estas victorias a favor de una mezquina rivalidad interna.

Fee capta con concisión el equilibrio correcto: "No cabe duda de que Pablo considera que sus amigos corintios son creyentes y que están en realidad obrando de manera contraria a su profesión. Sin embargo, la preocupación de Pablo es conseguir que cambien, no permitir tal conducta, puesto que no todos los cristianos son todavía maduros". Una vez más, "las personas espirituales han de andar en el Espíritu. Si hacen lo contrario, son entonces 'mundanos' y se les pide que depongan su conducta. Seguir siendo mundanos no es una de las opciones válidas".[17]

El principal debate interpretativo que afecta la aplicación del resto del capítulo 3 es la controversia acerca de si Pablo enseña distintos grados de recompensa en el cielo. Por lo demás, las metáforas de Pablo siguen siendo bastante universales. En todo tiempo y lugar, los concep-

---

bido el Espíritu y Pablo insta a los corintios a crecer en el sentido de darse de nuevo cuenta de lo que han recibido". Por el contrario, "Pablo no censura a sus lectores por estancarse en su entendimiento (algunos estaban sumamente orgullosos de su conocimiento), sino por no permitir que lo que habían aprendido y comprendido informara su forma de vivir la vida cristiana".

17. Fee, *First Corinthians*, 128.

tos esenciales de la siembra y la cosecha son bien comprensibles. Y los templos siguen en pie y siendo considerados como lugares santos en muchas culturas.

El tema de los versículos 5–9a sobre la igualdad fundamental de los cristianos, y de los dirigentes en particular, ha de subrayarse para entender la enseñanza de Pablo sobre el juicio en los versículos 8 y 12–15. Desde una perspectiva humana, es natural imaginar que los grandes evangelistas y los cristianos que han sufrido por su fidelidad al Señor merecen mucho más que el criminal condenado que se convierte en el corredor de la muerte. Sin embargo, entrar en este terreno de pedir lo que merecemos significa ser derrotados desde el principio. En comparación con la perfección que Dios requiere, las diferencias entre su pueblo son como las diferencias de altura entre el monte Everest en la cordillera del Himalaya y la fosa de las Marianas en el Pacífico occidental: ¡aparentemente enormes desde una perspectiva terrestre, pero insignificantes cuando se consideran desde otro planeta! Naturalmente, hay grandes diferencias de rendimiento (vv. 5b, 8b), pero no cuando se considera este factor nivelador final (v. 7).

¿Por qué solo se nombra a Pablo y a Apolos en el versículo 5? Algunos piensan que la referencia del versículo 11 a construir sobre otro fundamento es un reproche implícito a quienes exaltaban excesivamente a Pedro, en vista quizá de la promesa de Cristo de que el apóstol sería la roca sobre la que se edificaría la iglesia (Mt. 16:18). Pero esto parece excesivamente sutil. Otros sugieren que el partido de Apolos era el más problemático por su aparente vinculación a la (falsa) sabiduría. Aunque esto puede ser más probable, hemos de tener cuidado de no ver más de la cuenta en este sentido. Es posible que Pablo y Apolos fueran los dos únicos dirigentes rivales que habían trabajado personalmente en Corinto. Basándonos en la observación de que Cefas reaparece en el versículo 22, es aún más probable la interpretación de que Pablo no consigna una lista exhaustiva, sino solo representativa de las facciones.

Puesto que Pablo aplica a los dirigentes de la iglesia sus metáforas del ámbito agrícola y de la construcción, algunos somos tentados a limitar la aplicación de esta imaginería a una minoría de creyentes. Hecho esto, es incluso posible identificar el juicio de los versículos 13–15 como un evento separado del juicio final de toda la humanidad.[18] Sin embargo, no es fácil convertir "el día" en algo que no sea el juicio universal y

---

18. P. ej. Craig A. Evans, "How Are the Apostles Judged? A Note on 1 Corinthians 3:10–15", *JETS* 27 (1984): 149–50.

público que todas las personas han de afrontar al regreso de Cristo (cf. Mt 25:31–46, donde los pronunciamientos de salvación y condenación se combinan con una evaluación de unas obras que demuestran la presencia o ausencia de fe). Teniendo en cuenta que todos los creyentes son potencialmente líderes en alguna pequeña esfera de ministerio y que, en última instancia, todos contribuyen, de uno u otro modo, al crecimiento o estancamiento de la iglesia, parece demasiado restrictivo limitar el juicio de estos versículos a algún selecto grupo de cristianos.

A primera vista, el versículo 11 parece contradecir frontalmente Efesios 2:20, donde los apóstoles y profetas son el fundamento de la iglesia. Esta tensión es una de las razones por las que muchos han negado la autoría paulina de Efesios. Estas protestas pasan totalmente por alto la fluidez del lenguaje metafórico. Si Cristo es el fundamento esencial, desde una perspectiva humana, quienes plantan iglesias y proclaman el evangelio forman también una necesaria base para el crecimiento de cualquier nueva congregación (cf. 1Co 12:28). Los muy críticos ven una tensión potencial incluso entre los versículos 10 y 11: ¿Es Pablo quien pone realmente el fundamento (la predicación del evangelio)? ¿O acaso estaba ya puesto (en la obra consumada de Jesús)? No cabe duda de que ambas cosas son ciertas, dependiendo de cuál sea el aspecto de la fundación de iglesias que se desee subrayar.[19]

Quienes interpretan el versículo 12 han de guardarse de alegorizar los seis tipos de materiales de construcción. Su sentido es establecer un contraste colectivo entre tres elementos relativamente a prueba de fuego con otros tres que arden con rapidez. Tampoco puede este fuego interpretarse de manera literal. La partícula "como" del versículo 15b deja claro que Pablo sigue escribiendo a un nivel metafórico. Desde un punto de vista histórico, este ha sido el pasaje más importante del Nuevo Testamento que la teología tradicional católica ha utilizado para apoyar la doctrina del purgatorio. Sin embargo los eruditos católicos modernos reconocen cada vez más que esta interpretación no es legítima. No hay nada en el texto que se refiera a algún proceso de purga que se extienda más allá del día del juicio. Pero esta misma observación convierte en igualmente sospechosa a la doctrina protestante tradicional de distintos grados de posición o jerarquía en el cielo.[20] Sin duda,

---

19. Archibald Robertson y Alfred Plummer, *A Critical and Exegetical Commentary on the First Epistle of St. Paul to the Corinthians* (Edimburgo: T & T Clark, 1929), 61–62.

20. De hecho, esta idea está desarrollada en parte como un intento de rescatar algo del concepto católico del purgatorio. Ver Emma Disley, "Degrees of Glory: Protestant Doctrine and the Concept of Rewards Hereafter", *JTS* 42 (1991): 77–105.

en el día del juicio Cristo determinará distintos grados de alabanza y culpa para cada uno; sin embargo, nada en este pasaje sugiere, ni remotamente, que estas distintas respuestas vayan, de algún modo, a perpetuarse por toda la eternidad. Otros textos del Nuevo Testamento que se han entendido en clave de recompensas eternas, cuando los analizamos más de cerca, resultan aludir, o bien a este mismo tipo de diferenciación temporal ante el tribunal de Cristo, a la dicha celestial sin grados de distinción o a distintos privilegios experimentados en esta vida. La idea de que nuestra felicidad eterna dependa de algún modo de nuestras obras en esta vida sería esencialmente deprimente para todos los que son honestos acerca de su nivel de madurez o crecimiento en la fe.[21]

Las interpretaciones incorrectas del tribunal de Cristo están a menudo relacionadas con ideas erróneas sobre la carnalidad. La aparente injusticia de que alguien pueda profesar una fe que nunca se muestra en frutos y que, aun así, pueda ser salvo parece mejorarse asumiendo que estas personas no van, en cierto sentido, a disfrutar mucho del cielo. Si se reconoce que ni los versículos 1–4 ni 13–15 admiten que tal persona sea cristiana, entonces la tensión se alivia subrayando que tales personas no son ni siquiera salvas.

Hemos, pues, de tener mucho cuidado de no utilizar la categoría de cristianos carnales para dar falsas esperanzas en el sentido de que se puede vivir perpetuamente en pecado y aun así pasar la eternidad con el Señor. Es también importante subrayar que esta conclusión no favorece a ninguna de las perspectivas de la controversia entre calvinistas y arminianos. Ambas posiciones reconocen que aquellos que mueren en incredulidad y rebeldía están perdidos. Solo difieren en cuanto a lo que esto demuestra: para unos tales personas nunca fueron salvas, mientras que para otros pudieron serlo.

---

21. Ver además Craig L. Blomberg, "Degrees of Reward in the Kingdom of Heaven?" *JETS* 35 (1992): 159–72. Cf. John B. Polhill, "The Wisdom of God and Factionalism: 1 Corinthians 1–4", *RevExp* 80 (1983): 335: "Es difícil hacer encajar las recompensas con una doctrina de salvación por gracia y estas pueden convertirse fácilmente en la puerta trasera para una teología de obras". Una vez más, "es mejor no considerarlas en términos de una graduación [cita textual] de rango celestial o en términos materialistas como varios tipos de propiedades celestiales. Es más probable que tanto Pablo como Jesús tuvieran en mente algo como lo que representan las elogiosas palabras del Señor en Lucas 19:17, '¡Hiciste bien, siervo bueno!'"; y Watson, *First Corinthians*, 33: "Puede que la recompensa sea meramente la satisfacción de ver cómo sobrevive la propia obra, y el castigo, la mortificación de ver cómo se deshace en las llamas".

El principal error a evitar en los versículos 16–17 es la interpretación individualista. Más adelante, en 6:19 Pablo enseñará que los creyentes son pequeños templos del Espíritu Santo. Pero este pasaje habla únicamente de la iglesia, colectivamente, como el lugar de la morada de Dios.

Un error subordinado es el que equipara a quienes intentan destruir el templo de Dios con los que en el párrafo anterior construyen con materiales combustibles. Aquellos que edifican con materiales de pésima calidad están al menos levantando algún tipo de edificio, pero los que son advertidos por Pablo en los versículos 16–17 están intentando echarlo abajo.

La transición entre los versículos 9b–15 y 16–17 parece ser como sigue: ciertamente, en el día del juicio, Dios responderá de manera distinta a los distintos tipos de creyentes, pero el verdadero peligro a temer es la eterna destrucción de quienes ahora dividen y destruyen a la iglesia. Pablo no dice nunca que alguno de los corintios hubiera cruzado esta línea sí advierte, sin embargo, claramente, que las actividades en que algunos participan pueden conducir a este extremo. Una vez más, esto no implica necesariamente que los verdaderos cristianos puedan perder la salvación. Pablo estaría posiblemente de acuerdo con Juan en que quienes dividen a la iglesia demuestran por su conducta que nunca han nacido verdaderamente de nuevo, por muchas profesiones de fe que hayan podido hacer (1Jn 2:19). Lo importante es que Pablo no da por sentado que todos los miembros de la iglesia sean verdaderos discípulos de Jesús, especialmente cuando la conducta de alguien sigue siendo esencialmente contraria al espíritu de unidad que promueve el evangelio.

Teniendo en cuenta el consistente testimonio de Pablo en otros pasajes, el resto del Nuevo Testamento, el judaísmo del primer siglo y la enseñanza de los padres apostólicos, el término que se traduce como "destruir" (v. 17) no debe suavizarse convirtiéndolo en mera referencia a un juicio temporal ni considerarse como un apoyo a la doctrina de la aniquilación.[22] La razón por la que Pablo escogió este término, en lugar de decidirse por palabras más comunes para aludir a la condenación eterna, es la de demostrar que el castigo se equipara con el delito. Quienes quieren acabar con el sagrado proyecto de Dios perecerán.

---

22. Ver especialmente, William V. Crockett, "The Metaphorical View", en *Four Views on Hell*, ed. William Crockett (Grand Rapids: Zondervan, 1992), 43–81; y su "Response to Clark H. Pinnock", pp. 171–74. 23. Fee, *First Corinthians*, 146.

En términos generales, estos dos versículos constituyen la advertencia más fuerte de todo el Nuevo Testamento "contra quienes se toman a la iglesia a la ligera y la destruyen mediante la sabiduría mundana y las divisiones".[23]

Los versículos 18–23 llevan la exposición de Pablo a su punto culminante con una nota más positiva. Tanto las divisiones como el temor al juicio demuestran ser cosas innecesarias para los verdaderos creyentes por su acceso —ahora parcial, pero completo en el futuro— a todas las bendiciones espirituales del universo. Esto hace posible que los cristianos perseveren en la fe y la obediencia aun cuando otros ridiculicen sus creencias y su conducta (vv. 18–19a). Pueden relajarse, sabiendo que quienes se exaltan a sí mismos frente a Dios serán finalmente destruidos (vv. 19b–20).

La cita de Job 5:13 ("Él atrapa a los sabios en su propia astucia"), procede de uno de los discursos de Elifaz. Como los otros "amigos" de Job, Elifaz no es siempre un confiable intérprete de la perspectiva de Dios. Sin embargo, esta afirmación en concreto demuestra ser cierta en general, aunque Elifaz parece haberla aplicado equivocadamente a Job.

A continuación, los versículos 21–23 nos dan la razón esencial por la que los creyentes no deben altercar entre ellos: nadie posee una bendición espiritual a la que ellos no tengan también acceso, ahora o en el futuro. En su enumeración, Pablo va más allá de los diferentes dirigentes cristianos que inconscientemente provocaron aquellas rivalidades e incluye a todas las fuerzas cósmicas que las personas tienden a temer, especialmente la incertidumbre sobre el futuro y el carácter inevitable de la muerte. En pocas palabras, en este capítulo, el juicio para el verdadero creyente presenta un carácter consistentemente positivo: como una compensación por su trabajo presente, que muchas veces acarrea afrentas y que solo representa una amenaza para la persona que no está genuinamente vinculada a Cristo.[24]

Significado Contemporáneo

El ministerio *Campus Crusade for Christ* ha popularizado los conceptos de 1 Corintios 2:6–3:4 con sus conocidos diagramas circulares para representar a la

---

23. Fee, *First Corinthians*, 146
24. Este es el tema fundamental del muy provechoso y detallado estudio de David W. Kuck (*Judgment and Community Conflict* [Leiden: Brill, 1992]), subtitulado *Paul's Use of Apocalyptic Judgment Language in 1 Cor. 3:5–4:5*.

persona natural, carnal y espiritual. En el dibujo de la persona natural, la cruz de Cristo no aparece en ningún lugar de su vida; en la vida de esta persona, el ego ocupa el trono. El cristiano carnal tiene la cruz dentro del círculo de su vida, pero el ego sigue estando en el trono. El cristiano espiritual tiene la cruz en el centro de la vida y el ego está destronado.[25] Estos diagramas son útiles y, al tiempo, inducen al error. Nos recuerdan correctamente que Cristo no asume el control de todas las esferas de la vida de los creyentes de manera automática. Los cristianos son libres de retomar una cierta medida de control y, en esencia, es lo que hacen cada vez que pecan conscientemente. Los diagramas captan también de manera correcta la diferencia fundamental entre cristianos y no cristianos, aunque quizá vale la pena observar que el ego no está siempre en el trono de la vida de los no creyentes. Puede que tengan preocupaciones más nobles, centradas en la familia, de carácter humanitario, etc., sin embargo, la cuestión sigue siendo que el centro no es Dios.

Los diagramas tienden, sin embargo, a desfigurar las cosas cuando se interpretan en el sentido de que una habitación llena de cristianos puede dividirse en carnales y espirituales. Si carnalidad, o mundanalidad, significa ceder a la propia naturaleza pecaminosa, y espiritualidad ceder al Espíritu que mora en nosotros, entonces los auténticos creyentes pueden ser espirituales en un momento y carnales poco después, o viceversa. Es posible que algunos permanezcan en un estado más tiempo que otros. Con el paso del tiempo, muchos creyentes han madurado, transformados por el Espíritu de Dios (cf. Ro 12:1–2) de manera que ahora pecan mucho menos, que en otro tiempo, mientras que otros creyentes han madurado menos, siendo su transformación mucho menor. Sin embargo, permanecer en un estado de mundanalidad y rebeldía contra el Espíritu de Dios durante un período excesivo de tiempo pone en tela de juicio la propia salvación, mientras que pretender no haber pecado durante un periodo igualmente extenso trivializa la cantidad de violaciones, conscientes e inconscientes, de las perfectas normas de Dios que todo ser humano comete constantemente.

El debate actual sobre la salvación tal como la presenta la escuela del "señorío" conlleva peligros parecidos.[26] Por una parte, no hay ninguna

---

25. Ver, p. ej., *Sharing the Abundant Life on Campus* (San Bernardino: Campus Crusade for Christ International, 1972), 209–17, que reproduce el tratado de amplia difusión, "¿Has hecho el maravilloso descubrimiento de la vida llena del Espíritu?".

26. Como sucede especialmente en el contraste entre MacArthur, *Gospel According to Jesus*, y Ryrie, *So Great Salvation*.

base bíblica para justificar un proceso en dos etapas en el que alguien acepta a Cristo como Salvador en un determinado momento de su vida, pero le reconoce como Señor más adelante. Nadie puede acercarse a Cristo sin rendir todo su ser en lealtad a un nuevo dueño. Por otra parte, este llamamiento no debe presentarse como si las personas hubieran de entender y conocer de antemano todo lo que implica seguir a Jesús. De manera similar, la incapacidad de vencer al pecado en ciertas áreas específicas no debe llevar automáticamente al cuestionamiento de la propia salvación. La declaración, aparentemente paradójica, que resume el equilibrio bíblico es que la salvación es absolutamente gratuita, pero cuesta la entrega de toda la vida.[27]

El punto de vista de que se puede ser carnal por mucho tiempo y aun así colarse en el cielo con una recompensa inferior sigue siendo prominente en ciertos círculos conservadores. En estos círculos se suelen también plantear agudas diferenciaciones entre las numerosas imágenes bíblicas de juicio. Así, por ejemplo, el tribunal de Cristo se separa a menudo del juicio de toda la humanidad que se producirá a su regreso. Sin embargo, como ya hemos observado, el lenguaje del versículo 13 hace que esto sea improbable. La ausencia de claras indicaciones bíblicas sobre cómo afecta nuestra experiencia con Cristo durante "el estado intermedio" a nuestra futura resurrección y juicio, así como a la plenitud del reino, hace que se nos haga atractivo elucubrar sobre estas cuestiones, pero hemos de resistir la tentación de separar aquello que la Escritura no separa.

Probablemente, para los creyentes, el juicio final sea solo una vindicación pública y una declaración de lo que ellos mismos ya conocían sobre su destino desde el momento de su muerte. Esto refuerza más la idea de que en el día del juicio de los cristianos Dios no pretende separarles en varios rangos o jerarquías por toda la eternidad. Irónicamente, cuando se trata de determinar el destino de los creyentes, aquellos que están más interesados en preservar la doctrina bíblica de la gracia conceden con frecuencia, de manera inconsciente, un mayor valor a las obras que los de la escuela del señorío.[28] Uno de mis estudiantes expresó esto afirmando que una buena parte del cristianismo conservador le recor-

---

27. Quienes deseen considerar una equilibrada valoración y mediación de este debate, ver la obra de Darrell L. Bock, "A Review of The Gospel According to Jesus", *BSac* 146 (1989): 21–40.

28. Como vemos muy especialmente en Zane C. Hodges, *Grace in Eclipse: A Study on Eternal Rewards* (Dallas: Redención Viva, 1985); y Joe L. Wall, *Going for the Gold: Reward and Loss at the Judgment of Believers* (Chicago: Moody, 1991).

daba a un elitista club de campo que intentaba atraer nuevos clientes de otros sectores. Con este propósito, el club ofertó un primer año de membresía absolutamente gratuito. ¡Pero transcurrido este periodo la cuota costaba un ojo de la cara!

Una buena parte de la aplicación de las advertencias de Pablo contra las divisiones en 3:5–23 se ha puesto ya de relieve en nuestra exposición de los capítulos 1–2. El versículo 5 anticipa una definición clave del ministerio —disposición a servir— que explicaré con detalle en la exposición del capítulo 4. La principal distinción de 3:5–23, a saber, la importancia fundamental y relativa igualdad de la aportación de todos los creyentes a la obra de Dios en este mundo, requiere aquí un poco más de exploración.

Las metáforas paulinas del campo de labor y la construcción anticipan la más desarrollada del cuerpo, en los capítulos 12–14, según la cual todos los cristianos ejercen sus dones espirituales para la edificación de la iglesia (cf. Ef 4:11–13). Las iglesias de nuestro tiempo que crecen están retomando progresivamente esta visión del ministerio de cada miembro,[29] sin embargo, dicha visión sigue todavía afectando solo a una minoría de las congregaciones y a una minoría de los miembros dentro de ellas. La imagen de Cristo como fundamento único de la iglesia (v. 11) funciona de manera parecida a Gálatas 1:6–9 advirtiéndonos de los peligros de seguir la proliferación de sectas y organizaciones pseudocristianas que profesan lealtad a Jesús, pero carecen de los principios fundamentales de la fe ortodoxa, en especial, del verdadero Jesús de las Escrituras.

La positiva función del tribunal de Cristo en los versículos 13–15, análoga a la doxología de los versículos 22–23, debería mitigar el temor a la muerte y a la vida después de ella que sigue persiguiendo a muchos cristianos. Nadie debería querer contrariar a Dios o esperar escuchar su censura sobre la propia vida, pero, si en el cielo no existen jerarquías eternas, la motivación de la culpa tendría entonces que perder relevancia en el ministerio cristiano. De hecho, hay buenas señales para pensar que esto está sucediendo cada vez más.[30]

---

29. Hay buenas sugerencias sobre la aplicación de este asunto en Frank R. Tillapaugh, *Unleashing Your Potential* (Ventura: Regal, 1988).
30. Un ejemplo excepcional es el libro de S. Bruce Narramore, *No Condemnation* (Grand Rapids: Zondervan, 1984), aunque en ocasiones puede que el péndulo vaya demasiado lejos en la dirección contraria.

Por otra parte, los versículos 16–17 preservan una advertencia crucial que no se toma suficientemente en serio, a saber, que aquellos poderosos y dinámicos dirigentes de la iglesia que dividen congregaciones una y otra vez, se dedican a la "caza de brujas", celebrando juicios inquisitoriales contra sus hermanos y que, en general, se esfuerzan por construir sus propios reinos en oposición a otros ministros más que en cooperación con ellos pueden estar dirigiéndose a una total apostasía. Como sucedía con los dirigentes de las facciones corintias y sus "grupis", por regla general no se considera que tales personas y sus seguidores sean los principales candidatos de Pablo a la carnalidad o incluso a la condenación eterna; sin embargo, estos son, en muchos sentidos, los equivalentes modernos más cercanos de quienes altercaban en la iglesia corintia y la destruían desde dentro.[31] Incluso en casos menos extremos, el incisivo comentario de Jerry Vines suena veraz: "Hoy hay muchas personas en los Estados Unidos ... que juntan multitudes, pero que no están dispuestos a pagar el precio de construir una iglesia".[32]

La libertad del temor al juicio debería tener profundos efectos en los verdaderos creyentes de otras formas. Cada año que pasa, nuestra cultura valora más los logros y el éxito. La competitividad infecta nuestros juegos, escuelas, deportes y trabajo. Las personas adultas han de someterse cada vez a más horas de trabajo con menos seguridad y valoraciones más exigentes basadas en el rendimiento de lo que se anticipaba hace una generación cuando —con la introducción de toda clase de máquinas y artilugios en el mundo laboral— se preconizaba el inicio de la semana de treinta horas y un enorme aumento del tiempo libre. Aunque no es extraño, no deja de ser trágico que este espíritu de competitividad, de comparación los unos con los otros y de recompensas basadas en los méritos haya también llegado a muchos aspectos de la vida cristiana, tanto en el plano colectivo como en el personal. Demasiados cristianos siguen pensando que Dios se relaciona con ellos como los tiranos que han conocido en sus familias y trabajos, esperando bendiciones o castigos según su nivel de fidelidad y obediencia. ¡Cuán liberador puede ser que la iglesia decida ejemplificar en lugar de

---

31. Cf. Paige Patterson, *The Troubled Triumphant Church* (Nashville: Thomas Nelson, 1983), 55: "En un sentido, la tendencia a identificarse más intensamente con determinados dirigentes cristianos que con Jesús, el propio fundador del cristianismo, es otra segura muestra de la condición de niño en Cristo".
32. Jerry Vines, *God Speaks Today* (Grand Rapids: Zondervan, 1979), 73.

este un estilo de vida contracultural, amando a las personas de manera incondicional, como lo hizo Cristo![33]

Hemos de recuperar también el acento fundamental de la Reforma (especialmente luterano) en la gratitud como principal motivación para vivir la vida cristiana. Las personas necesitan pocos incentivos para ser amigas de alguien que les ha rescatado de morir ahogados. La muerte de Cristo por nosotros en la cruz debería aportarnos toda la motivación que necesitamos para servirle. Si necesitamos más incentivos, es porque no hemos entendido la lógica más fundamental del evangelio (cf. Ro 6:1) y quizá no hayamos hecho realmente nuestro el perdón de Dios. ¡En este caso, el temor, no solo de perder nuestra recompensa, sino de no llegar al cielo, debería ofrecernos una abundante motivación para buscar a Dios![34]

La doctrina de la gracia es, posiblemente, la divisoria que separa el cristianismo de cualquier otra religión del mundo. No debería, pues, sorprendernos que a la iglesia no le sea fácil guardarse de la persistente intromisión de la justicia de las obras. Algo fundamental de la naturaleza humana caída es afirmar que la gracia es injusta y que hemos de recibir lo que merecemos. Sin embargo, nadie que sea realmente honesto sobre su propia pecaminosidad puede jamás desear esto. Lo que hace que el evangelio de la gracia de Dios sea "Buenas Nuevas" es que no hace falta que se nos dé lo que merecemos. Los versículos 12–15 le recuerdan a una sociedad absorta con las estadísticas que, cuando se trata del crecimiento de su iglesia, Dios desea tanto calidad como cantidad. Sin embargo, el verdadero progreso se produce cuando los creyentes le obedecen en gozosa respuesta a la salvación que Cristo ya nos ha dado, más que con la esperanza de ganar una recompensa mayor (cf. Lc 14:12–14; 17:7–10).

---

33. Aquellos que deseen considerar una explicación más detallada de las ideas de este párrafo, pueden ver la excepcional exposición y sugerencias prácticas que nos ofrece Chap Clark, *The Performance Illusion* (Colorado Springs: NavPress, 1993).

34. Hay un importante simposio internacional sobre este y otros asuntos relacionados: *Right with God: Justification in the Bible and the World*, ed. D. A. Carson (Grand Rapids: Baker, 1992). Igual que Santiago, también Pablo enseña a su manera que las buenas obras fluyen necesariamente de la fe que salva. En su artículo titulado, "Justification in Paul and Some Crucial Issues in the Last Two Decades" (pp. 69–95; ver especialmente pp. 89–95), P. T. O'Brien analiza los trabajos publicados recientemente sobre la justificación por la fe y el juicio por las obras en los textos paulinos, y concluye acertadamente que "se trata de dos polos de un mismo asunto" (p. 94).

Es así como recibimos "todas las cosas" (v. 21), y el modo en que Pablo define esta expresión en los versículos 21b–22 deja poco espacio para que algunos creyentes queden excluidos de ciertas bendiciones. Tales promesas pueden capacitar para soportar el dolor a unos discípulos condenados al ostracismo, marginados y sufrientes, que en nuestros días representan quizá la mayoría de cristianos de todo el mundo.

Con demasiada frecuencia intentamos acumular más y más posesiones sin encontrar en ellas una satisfacción permanente. Pero cuando nos damos cuenta de la compensación eterna que hará que las aflicciones presentes palidezcan como cosas insignificantes, no tendremos ya que competir con otros por la posesión de unos bienes de vigencia limitada (cf. 2Co 4:17; Ro 8:18). Los nacidos después de la explosión demográfica reconocen cada vez más lo que el resto de los mortales ya sabe desde hace mucho tiempo: que no hay suficientes recursos materiales para que todos "lo tengan todo" en esta vida. No obstante, desde un punto de vista espiritual, esto es exactamente lo que Cristo promete. ¡Sin duda merece la pena hacerse "ignorante" (v. 18) para ganar la eternidad!

1 Corintios 4:1–21

Que todos nos consideren servidores de Cristo, encargados de administrar los misterios de Dios. ² Ahora bien, a los que reciben un encargo se les exige que demuestren ser dignos de confianza. ³ Por mi parte, muy poco me preocupa que me juzguen ustedes o cualquier tribunal humano; es más, ni siquiera me juzgo a mí mismo. ⁴ Porque aunque la conciencia no me remuerde, no por eso quedo absuelto; el que me juzga es el Señor. ⁵ Por lo tanto, no juzguen nada antes de tiempo; esperen hasta que venga el Señor. Él sacará a la luz lo que está oculto en la oscuridad y pondrá al descubierto las intenciones de cada corazón. Entonces cada uno recibirá de Dios la alabanza que le corresponda.

⁶ Hermanos, todo esto lo he aplicado a Apolos y a mí mismo para beneficio de ustedes, con el fin de que aprendan de nosotros aquello de «no ir más allá de lo que está escrito». Así ninguno de ustedes podrá engreírse de haber favorecido al uno en perjuicio del otro.

⁷ ¿Quién te distingue de los demás? ¿Qué tienes que no hayas recibido? Y si lo recibiste, ¿por qué presumes como si no te lo hubieran dado? ⁸ ¡Ya tienen todo lo que desean! ¡Ya se han enriquecido! ¡Han llegado a ser reyes, y eso sin nosotros! ¡Ojalá fueran de veras reyes para que también nosotros reináramos con ustedes! ⁹ Por lo que veo, a nosotros los apóstoles Dios nos ha hecho desfilar en el último lugar, como a los sentenciados a muerte. Hemos llegado a ser un espectáculo para todo el universo, tanto para los ángeles como para los hombres. ¹⁰ ¡Por causa de Cristo, nosotros somos los ignorantes; ustedes, en Cristo, son los inteligentes! ¡Los débiles somos nosotros; los fuertes son ustedes! ¡A ustedes se les estima; a nosotros se nos desprecia! ¹¹ Hasta el momento pasamos hambre, tenemos sed, nos falta ropa, se nos maltrata, no tenemos dónde vivir. ¹² Con estas manos nos matamos trabajando. Si nos maldicen, bendecimos; si nos persiguen, lo soportamos; ¹³ si nos calumnian, los tratamos con gentileza. Se nos considera la escoria de la tierra, la basura del mundo, y así hasta el día de hoy.

¹⁴ No les escribo esto para avergonzarlos sino para amonestarlos, como a hijos míos amados. ¹⁵ De hecho, aunque tuvieran ustedes

miles de tutores en Cristo, padres sí que no tienen muchos, porque mediante el evangelio yo fui el padre que los engendró en Cristo Jesús. [16] Por tanto, les ruego que sigan mi ejemplo. [17] Con este propósito les envié a Timoteo, mi amado y fiel hijo en el Señor. Él les recordará mi manera de comportarme en Cristo Jesús, como enseño por todas partes y en todas las iglesias. [18] Ahora bien, algunos de ustedes se han vuelto presuntuosos, pensando que no iré a verlos. [19] Lo cierto es que, si Dios quiere, iré a visitarlos muy pronto, y ya veremos no sólo cómo hablan sino cuánto poder tienen esos presumidos. [20] Porque el reino de Dios no es cuestión de palabras sino de poder. [21] ¿Qué prefieren? ¿Que vaya a verlos con un látigo, o con amor y espíritu apacible?

Sentido Original Con este capítulo, Pablo concluye su llamamiento a la unidad entre las facciones corintias. La exposición vuelve a su punto de partida: tras comenzar hablando sobre el modo erróneo de tratar a los apóstoles (exaltándoles excesivamente), Pablo explica ahora con mayor detalle las formas correctas de considerarlos. Son fieles siervos (vv. 1–5), han de ser juzgados por la Escritura (vv. 6–7), sufren injustamente (vv. 8–13), aunque tienen una especial relación con ellos (vv. 14–21).

El versículo 1 retoma uno de los temas de 3:5–23 con dos palabras clave para referirse a la disposición a servir de los apóstoles. En lugar de ver a los predicadores cristianos como dirigentes rivales, los corintios han de reconocerles como consejeros y supervisores. La palabra "siervo" (v. 1) no es la misma de carácter general que se ha utilizado antes (3:5), sino un término que alude a "un ayudante de alguien en una posición oficial".[1] La expresión "los que reciben un encargo" (v. 2) traduce el sustantivo griego *oikonomos* ("administrador"): el siervo con más alta graduación de los hacendados, que tenía a su cargo la administración de toda la finca en ausencia de su dueño. Juntas, estas dos palabras comparan a Pablo, Apolos, Pedro y sus iguales con siervos res-

1. Paul Ellingworth y Howard Hatton, *A Translator's Handbook on Paul's First Letter to the Corinthians* (Nueva York: United Bible Societies, 1985), 75. Muchos comentarios caen en la falacia de definir esta palabra (*huperetes*) de acuerdo con su etimología (como "remero de la galera inferior"), pero en la literatura griega de la antigüedad no se le conoce este uso. Ver la obra de D. A. Carson, *Exegetical Fallacies* (Grand Rapids: Baker, 1984), 27–28.

ponsables principalmente ante Dios, pero con autoridad para el desempeño de sus encargos. La expresión "las cosas secretas" (v. 1b) alude a "los misterios", como en 2:7, y son aquellos aspectos del evangelio que en otro tiempo estaban ocultos pero que ahora han sido revelados y se centran en la cruz de Cristo.

La tarea clave de un administrador es la fidelidad a su dueño, no la de satisfacer todas las demandas de sus subordinados (v. 2). El versículo 3 debe, pues, mantenerse en su contexto. El punto de vista que los corintios puedan tener sobre Pablo es relativamente poco importante comparado con el que tiene Dios. Aun su propia apreciación pierde valor cuando se la compara con este juicio de Dios. La expresión "la conciencia no me remuerde" (v. 4) traduce libremente una frase que dice más literalmente: "no soy consciente de nada contra mí". El verbo "ser consciente de" procede de la misma raíz que "conciencia", una palabra griega muy común "que en general tenía un sentido moralmente negativo que denota el dolor que sentimos cuando hacemos algo indebido".[2]

Cualquier juicio humano no solo carece de la perspectiva omnisciente de Dios, sino que es también prematuro (v. 5). El propio texto define la expresión "antes de tiempo" como "cuando venga el Señor", es decir, el día del juicio. Solo entonces se conocerán todos los hechos y se revelarán todos los pensamientos e intenciones de los corazones humanos (cf. Mt 10:26), permitiendo una evaluación completamente ecuánime de la conducta de los cristianos. Estas cosas no solo están ocultas de los jueces humanos, lo cual produce errores y prejuicios, sino que "hay una positiva oscuridad que envenena y desencamina la mente", como en la evaluación que de Pablo hacían los corintios. "Si se tratara únicamente de dar a conocer unos hechos que sus acusadores desconocían, esto tendría fácil solución".[3]

Una vez más, Pablo habla especialmente de sí mismo y de Apolos (cf. 3:5 y los anteriores comentarios, p. 73). Ambos han intentado ejemplificar un principio que, al parecer, los corintios conocían bien, y que Pablo desea que siga toda la iglesia (v. 6).[4] Para Pablo, la expresión "como está escrito" alude por regla general a sus Escrituras, nuestro

---

2. Colin Brown, "Conscience", en *New International Dictionary of New Testament Theology*, vol. 1 (Grand Rapids: Zondervan, 1975), 351.

3. Nigel Turner, *Grammatical Insights into the New Testament* (Edimburgo: T & T Clark, 1965), 132.

4. La palabra que se traduce "aplicado" en el v. 6 significa normalmente "transformado". Esto ha sugerido a algunos autores que Pablo está hablando realmente a los líderes locales de las facciones corintias, pero "transforma" sus alusiones para dirigirlas a sí

Antiguo Testamento. Pero no hay ningún versículo que afirme específicamente: "no [vayan] más allá de lo que está escrito", de modo que,
probablemente, está haciendo referencia más en general a la necesidad de permanecer dentro de las normas bíblicas y, por tanto, a no
ser jactanciosos (NVI "engreírse"). Es también posible que Pablo esté
citando algún popular proverbio de aquel tiempo mediante la expresión "lo que está escrito", haciendo referencia a las reglas de arbitraje
entre facciones en liza o a niños que trazan cuidadosamente las letras
cuando aprenden a escribir.[5] En cada caso, no obstante, la sensación
general sigue siendo la misma: observar el comportamiento adecuado y
poner fin a las rivalidades. El versículo 7 subraya este llamamiento con
tres preguntas retóricas que requieren las respuestas "nadie", "nada" y
"por ninguna buena razón". La primera de ellas transmite el sentido de
"¿Quién te ha hecho superior a otras personas?" (TEV). En conjunto, las
tres preguntas recuerdan a los corintios que todos sus dones espirituales
y bendiciones naturales proceden de Dios y no representan, por tanto,
motivos para el orgullo.

Con el versículo 8, Pablo cambia abruptamente de tono y da rienda
suelta a una amarga invectiva que rezuma ironía y sarcasmo. Las tres
preguntas del versículo 7 dan paso a tres exclamaciones. La segunda
parte del versículo 8 deja claro que no hay que entender literalmente la
primera. La mayoría de los corintios no eran ni ricos ni, por supuesto,
había ningún rey entre ellos. Lo que hace Pablo es reflejar las propias
ideas arrogantes y mal encaminadas que ellos tenían sobre su madurez.
Aunque, posiblemente, la descripción que Pablo hace de los corintios
como ricos e ilustres solo se aplicaba en el plano material a una minoría
de la iglesia (a una mayoría de los dirigentes facciosos),[6] esta tiene que
ver de manera más directa con sus propias valoraciones espirituales de
sí mismos.

---

mismo y a Apolos a fin de ser menos directo. Ver especialmente David R. Hall, "A
Disguise for the Wise μετασχηματισμός in 1 Corinthians 4.6", *NTS* 40 (1994): 143–49.

5. Quienes quieran considerar cada uno de estos tres puntos de vista, pueden ver, respectivamente, Morna D. Hooker, "'Beyond the Things Which Are Written': An Examination
of 1 Cor. IV.6", *NTS* 10 (1963–64): 127–32; L. L. Welborn, "A Conciliatory Principle
in 1 Cor. 4:6", *NovT* 29 (1987): 320–46; C. H. Talbert, *Reading Corinthians* (Nueva
York: Crossroad, 1987), 8. Hay que reconocer que el versículo 6b es bastante difícil,
porque dice literalmente: "Para que ustedes puedan aprender en nosotros el no más allá
de lo que está escrito". Las enmiendas de carácter conjetural que se han hecho del texto,
aunque agudas, carecen de evidencia textual y por consiguiente no son convincentes.

6. Sobre este asunto, ver esp. Peter Marshall, *Enmity in Corinth: Social Conventions in
Paul's Relations with the Corinthians* (Tubinga: Mohr, 1987), 209.

Este es uno de los principales textos en que se pone de relieve la "escatología excesivamente consumada" (la idea de que todas las bendiciones de la era mesiánica ya habían llegado) que afectaba a la iglesia de Corinto. La expresión "tienen todo lo que desean" traduce a un verbo que significa "saciados", como cuando se come en exceso. De manera más literal, la frase "han llegado a ser reyes" dice "reinan". Si, realmente, todas las bendiciones de la era mesiánica habían ya irrumpido, entonces Pablo y sus compañeros estarían ya experimentando la misma libertad de la imperfección que afirmaban disfrutar estos corintios.

Lejos de ello, los versículos 9–13 presentan un incisivo catálogo del sufrimiento de los apóstoles. La expresión "por lo que veo" alerta al lector de que, en el versículo 9, Pablo va a utilizar dos metáforas. En primer lugar, el apóstol se imagina a sí mismo y a sus compañeros como prisioneros de guerra en un victorioso desfile del ejército enemigo (cf. 2Co 2:14–15). En segundo lugar, Pablo visualiza el frecuente resultado de esta clase de captura que consistía en ser arrojado a la arena del circo, a merced de gladiadores o animales salvajes, y que solía acabar con la muerte. El texto griego del versículo 9 omite numerosas palabras que la NIV consigna (literalmente, "Porque parece que Dios nos ha exhibido a nosotros los apóstoles como últimos, como condenados a muerte, porque nos hemos convertido en espectáculo [...]"), pero las inserciones parecen reflejar las intenciones de Pablo. En el versículo 10, Pablo vuelve a utilizar la ironía para burlarse del modo en que le ven los corintios, como muy distinto de ellos. En un sentido, naturalmente, sus afirmaciones son correctas: según las normas del mundo, él es necio, débil y vilipendiado (recuérdese 1:26). Sin embargo, desde un punto de vista espiritual, es exactamente lo contrario, y la que está enferma, necesitada y en un estado de ignominia es la iglesia de Corinto.

Los versículos 11–12a presentan una enumeración más directa de las penalidades de Pablo. Algunas de ellas son resultado de la hostilidad hacia el evangelio, y otras del difícil estilo de vida de los ministros itinerantes de la antigüedad (cf. 2Co 11:23b–29). El versículo 12a anticipa las críticas del ministerio de Pablo que se desarrollarán en el capítulo 9. Los versículos 12b–13a nos ofrecen un notable modelo de respuesta piadosa a un trato injusto y son un eco de varios dichos de Jesús en el Sermón del Monte (cf. Mt 5:38–48 y especialmente Lc 6:28).

El versículo 13b introduce una cierta hipérbole. Irónicamente, el punto de vista que los corintios tienen de Pablo se parece mucho al del mundo no cristiano. Las palabras "escoria" y "basura" aluden a lo que sobra tras realizar un proceso de limpieza: suciedad, desperdicios, dese-chos. Algunos han querido ver en este texto alusiones al lenguaje expia-torio del Antiguo Testamento, pero no son demostrables. En el texto griego, la frase "hasta el momento" está al final de la oración gramati-cal y con ella termina este párrafo, dando a entender que la plenitud del reino todavía no ha llegado, contrariamente a lo que afirman muchos en Corinto. En pocas palabras, mientras los corintios piensan que su condición de relativa prosperidad refleja la bendición de Dios, Pablo apunta a sus sufrimientos por causa del evangelio como una medida más acertada de fidelidad cristiana.[7]

Del mismo modo abrupto con que inició su sarcasmo, Pablo da paso ahora a palabras más tiernas (vv. 14–17). La iglesia de Corinto ha de ver a sus apóstoles en general, y a Pablo en particular, como parien-tes especiales. Sus dirigentes locales son meros "tutores" (literalmente, "pedagogos"; en griego, esclavos con el cometido de acompañar a los niños de casa a la escuela y de la escuela a casa), pero Pablo es su padre espiritual (v. 15). Esta imaginería paternal unifica todos los versículos 14–21 y explica la preocupación de Pablo y sus fuertes advertencias. La expresión "miles" del versículo 15 traduce la palabra griega *murios* ("miríada"), la unidad numérica más elevada, y equivale al término "incontables" utilizado por la antigua RSV. La expresión "no muchos" es igualmente figurativa. De hecho, solo tienen un padre, Pablo (a no ser que el apóstol esté también pensando en otros evangelistas que habían trabajado en Corinto después de él).

El versículo 16 introduce el llamamiento de Pablo a imitarle, como los hijos imitaban a los padres del mundo antiguo cuando, a menudo, estos les enseñaban un oficio llevándoles a a trabajar con ellos en calidad de aprendices. En 11:1, Pablo repetirá y matizará este llamamiento: "como yo imito a Cristo". Por su singular relación con esta congregación, de la que fue fundador e instrumento para la conversión al Señor de muchos de sus miembros, Pablo tiene una responsabilidad y autoridad únicas para supervisar su crecimiento espiritual. Le gustaría estar de nuevo presente entre ellos para serles un ejemplo de la verdadera vida cris-tiana, sin embargo, el apóstol cree que el Señor quiere que se quede en Éfeso por un poco más de tiempo (1Co 16:8–9). De modo que, el

---

7. Quienes deseen considerar una excelente expresión de la teología paulina de la perse-cución, con 1 Corintios 4:10–13 como punto de partida, ver Anthony T. Hanson, *The Paradox of the Cross in the Thought of St. Paul* (Sheffield: JSOT, 1987). Cf. también John S. Pobee, *Persecution and Martyrdom in the Theology of Paul* (Sheffield: JSOT, 1985).

apóstol ha enviado a Timoteo como representante suyo (cf. 16:10–11; Hch 19:22), quien es de esperar que consiga vencer su timidez y llegue pronto hasta ellos.

A Timoteo, uno de los compañeros de viaje y discípulos más entrañables de Pablo, se le menciona por primera vez en Hechos 16:1–4; fue enviado en misiones similares en otras ocasiones (1Ts 3:2; Fil 2:19), y se convirtió finalmente en pastor de la iglesia de Éfeso (1 y 2 Timoteo). Por medio de su ejemplar conducta, Timoteo recordará, pues, a los cristianos corintios, de qué manera deben conducirse, algo que Pablo describe como "mi manera de comportarme en Cristo" (v. 17).[8]

Con los versículos 18–21, Pablo concluye esta sección de cuatro capítulos con una advertencia final. El apóstol va a volver pronto a Corinto, si Dios quiere (cf. 1Co 16:5–7), aunque algunos de la ciudad quieren hacer creer que no cumplirá lo que dice (vv. 18–19a). Él está de acuerdo con ellos, sabe que hablar es fácil, pero cuestiona lo que dicen en el sentido de que "sus cartas son duras y fuertes, pero él en persona no impresiona a nadie y como orador es un fracaso" (2Co 10:10). Si en persona les habla amablemente, es porque les ama (v. 21b). Pero, si es necesario, Pablo irá a Corinto provisto de una vara (metafórica [NVI "látigo"]), como hacían los fieles padres de aquel tiempo que se servían moderadamente del castigo corporal como herramienta disciplinaria para sus hijos.

Lo que cuenta en última instancia es, sin embargo, la presencia del verdadero poder espiritual propio del reino de Dios (vv. 19b–20). Este poder real no debe concebirse de un modo excesivamente estrecho. Consiste en la edificante manifestación de los dones espirituales, en ganar y discipular a personas para Cristo, en vivir una vida moral y en una idea de uno mismo apropiada y humilde, todo lo cual contrasta sorprendentemente con los regios roles que los corintios creían estar desempeñando (v. 8).

Construyendo Puentes

Con el capítulo 4, Pablo presenta el quinto y último método para combatir las divisiones y promocionar la unidad: una correcta comprensión de los dirigentes de la iglesia como siervos de sus congregaciones según los propósitos de Dios. No deben ser excesivamente exaltados, pero sí respeta-

---

8. Ver además, Boykin Sanders, "Imitating Paul: 1 Cor 4:16", *HTR* 74 (1981): 353–63.

dos como las autoridades que Dios ha designado para su atención pastoral. (Quienes deseen considerar las cuatro primeras razones, pueden ver la exposición anterior al respecto).

La clave para aplicar este capítulo consiste en identificar el modo en que Pablo corrige un desequilibrio en el acercamiento de los corintios a los dirigentes. Visto en sí mismo, el correctivo de Pablo podría llevar a un desequilibrio igual pero contrario. Sin embargo, a la luz de toda la Escritura, podemos ver a los dirigentes de la iglesia como siervos que tienen autoridad (vv. 1–5), como ejemplos que merecen ser seguidos pero no puestos en un pedestal (vv. 6–7), y como sufridores que reciben también alivio de la aflicción (vv. 8–13). El equilibrio de los padres entre firmeza y ternura ha sido ya ampliamente ilustrado en este capítulo (vv. 14–21).

Las dos palabras que se consignan en el versículo 1 para "siervo" transmiten acertadamente un apropiado equilibrio entre la autoridad y sumisión de los dirigentes de la iglesia, aunque en este pasaje Pablo se centra más en la última cuestión. Por una parte, las congregaciones no deben agobiar a sus pastores controlando tan estrechamente todas sus decisiones que inhiban su visión, pasión, liderazgo y crecimiento. Por otra parte, los dirigentes han de responder a las normas de un evangelio centrado en la cruz, no descuidando los deseos de la mayoría de aquellos que están bajo sus cuidados siempre que estos sean compatibles con este evangelio. La idea de "ministerio servicial" se ha definido de varias maneras, pero, en cualquier caso, el núcleo antiautoritario del concepto es profundamente bíblico y agudamente necesario en todas las esferas de la vida eclesial.[9] Andrew Clarke lo resume como una percepción del liderazgo orientada hacia una labor, evitando el acento de la sociedad secular sobre el estatus de las personas que ostentan el liderazgo.[10]

---

9. Uno de los tratamientos más equilibrados de este tema es el de James E. Means, *Leadership in Christian Ministry* (Grand Rapids: Baker, 1989). En la p. 58, Means define el liderazgo espiritual como el "desarrollo de relaciones personales con personas de una institución u organismo cristiano de tal manera que tanto estas como el grupo en sí son capacitados para formular y conseguir metas bíblicamente compatibles que satisfagan las necesidades reales. Por su influencia ética, los líderes espirituales motivan y capacitan a otras personas para que consigan metas que de otro modo nunca habrían logrado".

10. Andrew D. Clarke, *Secular and Christian Leadership in Corinth* (Leiden: Brill, 1993), 119.

El versículo 2 subraya otro criterio crucial para el ministerio, que es la fidelidad. Dios no nos pide que tengamos éxito, no, desde luego, según las normas de este mundo, y muchas veces, ni siquiera a nivel espiritual, nos concede todo el éxito que nos gustaría. Nos llama, por el contrario, a una constante fidelidad sin consideración de los resultados externos. El versículo 3 contrasta agudamente con 2:15 y, al igual que este versículo, ha de considerarse en su contexto.[11]

Como hemos observado en el comentario de 2:15, 1 Corintios incluye un buen número de alusiones a una serie de apropiadas formas de juicio que la comunidad cristiana ha de ejercer (ver exposición anterior). Los dos capítulos siguientes ilustrarán dos importantes ejemplos de este tipo de juicio: la disciplina en la iglesia (5:1–13) y el arbitraje cristiano en las disputas de carácter legal entre miembros de la iglesia (6:1–11). Aquí, sin embargo, Pablo está subrayando que, cuando se trata de la conducta de las personas, el juicio humano es relativamente insignificante en comparación con la opinión que tiene Dios al respecto. El equilibrio se parece al de Mateo 7:1 en comparación con los versículos 2–6. Por una parte, no hemos de ser injusta o hipócritamente críticos; sin embargo, cuando somos honestos y estamos dispuestos a enfrentarnos a nuestros propios problemas es entonces conveniente y vital que tratemos también, aunque de manera cortés, con los pecados de los demás (cf. Gá 6:1).

Similares requisitos se aplican a los versículos 3b–4a. La conciencia o el discernimiento moral pueden desempeñar un papel muy positivo para convencer de pecado a las personas y llevarles al arrepentimiento. Sin embargo, la conciencia, como todas las demás facultades del ser humano, ha sido corrompida por el pecado. Se puede tener la conciencia tranquila simplemente por una mala memoria o, lo que es peor, por negar o eludir los propios fracasos morales. Por otra parte, algunas personas se sienten falsamente acusadas por su conciencia (cf. 1Jn 3:20), que les agobia con una culpa indebida.

Las salvedades implícitas en los versículos 3–4 repercuten también en el versículo 5. Constantemente nos vemos en la necesidad de hacer valoraciones preliminares de la conducta humana, dentro y fuera de la iglesia. Recordemos, sin embargo, que estas han de estar siempre sujetas a la corrección de una información que en ocasiones puede no

---

11. Robertson y Plummer, *First Corinthians*, 76, citan la explicación que ofrece T. C. Edwards (1885) sobre la diferencia entre estos versículos: "El conocimiento de uno mismo es más difícil que la verdad revelada".

salir a la luz hasta el día del juicio. Un ejemplo clásico de este tipo de valoraciones es la cuestión de quiénes van, en última instancia, a ser salvos. Parafraseando a C. S. Lewis, en el cielo habrá tres tipos de sorpresas: las personas que están, las que no están, ¡y el hecho de que estés tú! Como en el capítulo 3, Pablo pone aquí de relieve el papel positivo del juicio para los creyentes, aunque algunas de las cosas ocultas en la oscuridad serán inevitablemente negativas. No obstante, cada uno recibirá "alabanza de Dios". "La implicación puede ser que, en su omnisciencia, el Señor encontrará razones para la aprobación allí donde otro juez no encontraría ninguna".[12]

Teniendo en cuenta el incierto significado del versículo 6a, hay que tener cuidado de no plantear aplicaciones excesivamente dogmáticas a partir de este medio versículo. Sin embargo, el versículo 6b deja bien claro el propósito de este dicho. La presunción implícita en el caso de "ir más allá de lo que está escrito" conduce naturalmente a la ingratitud, igualmente implícita, en el versículo 7. Este versículo demostró ser crucial para Agustín en su debate con Pelagio y en el desarrollo de sus conceptos de la depravación humana, la gracia irresistible y la predestinación. Sin embargo, aunque, a grandes rasgos, se trata de legítimas inferencias teológicas, estas van mucho más allá del inmediato propósito de Pablo de tratar con la arrogancia de los corintios. Ciertamente, el versículo 7 ofrece, sin embargo, más apoyo a la interpretación del capítulo 3 que ve a todos los creyentes como esencialmente iguales ante Dios, puesto que nada de lo que posean o hayan hecho, después aún de la conversión, merece recompensa.

Los versículos 8–13 subrayan rotundamente la ironía de la aflicción. El Nuevo Testamento nunca manda a los creyentes que vayan en busca del sufrimiento o el martirio; de hecho, tanto Jesús como Pablo lo evitaron a menudo. Y Cristo ordenó específicamente a sus discípulos que huyeran de la persecución cuando les fuera posible (Mt 10:23). La Escritura tampoco asigna en ninguna parte valor expiatorio alguno al sufrimiento cristiano. En este sentido, la obra de Cristo en la cruz fue absolutamente singular. Las palabras de Pablo en Colosenses 1:24 cuando afirma que va "completando en [sí] mismo lo que falta de las aflicciones de Cristo, en favor de su cuerpo, que es la iglesia" aluden probablemente a una cierta medida de sufrimiento que los creyentes han de experimentar en Cristo, no a ningún defecto en la expiación.

---

12. F. F. Bruce, *1 and 2 Corinthians* (Londres: Marshall, Morgan & Scott, 1971), 48.

Por otra parte, la Escritura señala sistemáticamente el valor positivo de la aflicción. Precisamente, la siguiente carta de Pablo a los corintios aporta un verdadero catálogo de razones por las que Dios permite el sufrimiento de su pueblo: capacitarle para consolar a otras personas con el consuelo que imparte Dios (2Co 1:4), ayudar a un mundo que nos observa a reconocer el origen sobrenatural de nuestra capacidad de sobrellevar el sufrimiento (4:7–12), la gloriosa compensación que les espera (4:17; 5:1–10) y el hecho de que el poder de Dios se perfecciona, a menudo, en la debilidad humana (12:9).

En el Sermón del Monte, Cristo afirmaba: "Dichosos los perseguidos por causa de la justicia, porque el reino de los cielos les pertenece" (Mt 5:10). La expresión "por causa de la justicia" nos recuerda que la bendición de Dios no se extiende a quienes son perseguidos por su mala conducta, falsas doctrinas o falta de tacto (cf. 1P 3:13–17). ¡Hemos de evitar la falacia de asumir que toda persecución religiosa demuestra automáticamente que nuestra causa es justa!

Por otra parte, teniendo en cuenta los comentarios de Pablo sobre su "aguijón en la carne" (2Co 12:7–10) —que casi con toda seguridad alude a cierta aflicción de carácter físico— es probablemente legítimo extender los principios de Pablo sobre el sufrimiento a los desastres naturales, las enfermedades y las discapacidades, en la medida en que estas cosas no sean fruto de nuestro propio pecado o negligencia. E incluso en estos casos, Dios puede controlar generosa soberanamente nuestros errores para ayudarnos a aprender de ellos y a crecer.[13]

En este texto (4:11), tres de las cuatro aflicciones que Pablo menciona no surgen de su predicación en sí ("se nos maltrata" sería la única excepción), sino más en general de los peligros del ministerio itinerante en el mundo antiguo, cuando se confiaba en la provisión de otras personas. En ciertos lugares de nuestro mundo donde el ministerio es menos itinerante, donde viajar es una experiencia menos peligrosa, y donde hay menos pobreza, no cabe esperar mucha hambre, sed, problemas de alojamiento o duro trabajo manual. Sin embargo, estas condiciones siguen dándose en muchas partes del mundo. En estos lugares, los pastores saben que tendrán que compartir su mal remunerado ministerio cristiano con un trabajo secular para poder sostenerse, y viajar

---

13. Quienes deseen considerar un excepcional tratamiento introductorio de varios de estos temas, pueden ver D. A. Carson, *¿Hasta cuándo, Señor? Reflexiones sobre el sufrimiento y el mal* (Barcelona: Andamio, 1995).

largas distancias para visitar a pequeños grupos diseminados de creyentes, ministrando en pobres condiciones con pocos recursos materiales.

No obstante, tarde o temprano, todos los creyentes fieles que dan testimonio con valentía van a encontrar oposición y hostilidad hacia su testimonio (2Ti 3:12). Participar en los sufrimientos de Cristo se convierte de este modo en un prerrequisito para compartir su gloria (Ro 8:17). La naturaleza de esta oposición variará ampliamente y puede que en ocasiones sea menos severa físicamente que para Pablo (mientras que para otros puede ser aun peor). Es normal, sin embargo, que se nos considere necios, débiles y despreciables (v. 10) y que se nos calumnie y denigre (vv. 12–13). Los ministros y otras personas destacadas en el liderazgo cristiano han de esperar los embates de este tipo de oposición y responder a ella de manera apropiada y generosa. Esta es otra de las razones por las que la posición, el poder, el prestigio o la prosperidad económica no pueden ser motivos válidos para entrar en un ministerio de plena dedicación.

En marcado contraste con esto, la preocupación de índole paternal constituye, probablemente, la motivación más fundamental y legítima para el desempeño de la labor cristiana. La imaginería paternal de los versículos 14–21 reaparece en 1 Tesalonicenses 2:11, donde se equilibra con imágenes maternales (v. 7). El hecho, pues, de que Pablo se presente como un padre para los corintios no pretende subrayar ninguna cuestión relativa al género, sino más bien la autoridad y el amor que sobre sus hijos ejercen los padres y las madres piadosos.[14]

Más sorprendente es la imagen del ejemplo de sus padres que los hijos han de imitar. El que Pablo pida a los corintios que le imiten (v. 16) puede ser el colmo de la presunción o constituir una de las reflexiones más profundas y desafiantes de todos los tiempos sobre cómo

---

14. Este asunto se ve a menudo opacado en nuestro entorno contemporáneo, que ha sido especialmente sensibilizado hacia las cuestiones de género. De ahí que, p. ej., Eva M. Lassen ("The Use of the Father Image in Imperial Propaganda and 1 Corinthians 4:14–21", *TynB* 42 [1991]: 127–36) subraye correctamente el acento jerárquico y paternalista en la Corinto romana en contraste con su trasfondo griego más democrático. Sin embargo, cuando concluye que la invocación de Pablo de una figura paternal subraya su autoridad sobre la congregación, Lassen pierde de vista el hecho de que la que está invocando es una autoridad paternal en su sentido genérico (no masculina). Por otra parte, y en sentido contrario, Prior (*1 Corinthians*, 67–68) tira el grano con la paja cuando insiste con vehemencia en que el papel de Pablo como padre no tiene connotaciones de autoridad y que pretender lo contrario es una ¡"falsa doctrina" que "muy posiblemente sea la mayor barrera para el crecimiento y salud de la iglesia de nuestro tiempo"!

reproducir discípulos cristianos. Teniendo en cuenta el resto de la vida y enseñanza de Pablo, la última opción es la más probable. El avance de los nuevos creyentes en el camino de la santificación demanda que tengan modelos consistentes y positivos que imitar en todos los aspectos de la vida práctica. Esto implica, a su vez, que los cristianos más maduros han de hacerse accesibles y transparentes para los creyentes más jóvenes que les rodean. Lo ideal, como en el caso de Jesús y los Doce, o en el de Pablo y sus acompañantes, es que los creyentes trabajen y hasta vivan con aquellos que están discipulando, hasta tal punto que estos puedan observar verdaderamente un estilo de vida piadoso. Esto no implica que tales creyentes tengan que ser perfectos. El modo de enfrentar el propio pecado —arrepintiéndonos y buscando perdón — es tan crucial para este modelo como la conducta virtuosa.

El amor paternal da el derecho a disciplinar, de ahí los versículos 18–21. Pablo nos advierte que nuestra conducta ha de estar a la altura de nuestras palabras. Si no es así, se requiere una acción correctiva. No obstante, esta ha de ser correcta y equilibrada. El amor sin disciplina produce una indulgente permisividad que deja a sus receptores centrados en sí mismos y sin tratar el asunto de sus pecados. Sin embargo, la disciplina no templada por el amor produce un severo autoritarismo que aparta a las personas de la iglesia y a menudo de Dios, tan pronto como tienen ocasión de escapar.

Significado Contemporáneo

En nuestros días, es muy difícil encontrar entre los ministros cristianos el equilibrio perfecto entre los extremos del autoritarismo y el servilismo (v. 1). Muchas iglesias parecen esclavizadas a influyentes dirigentes; otras no permiten que sus pastores les dirijan, otorgando el verdadero poder para la toma de decisiones a otras autoridades eclesiales, oficiales o no. La situación de destacados dirigentes que tras caer en pecado se han negado a sujetarse suficientemente a la disciplina de la iglesia ilustra claramente el primer problema, mientras que el rápido ritmo de renovación del personal de las iglesias, especialmente entre los ayudantes pastorales y pastores adjuntos, es a menudo indicativo del último.

Los criterios seculares para valorar el éxito siguen eclipsando a los bíblicos. Casi cualquier norma imaginable parece exaltarse por encima de la fidelidad que Pablo subraya en el versículo 2 (presupuesto, ingresos, tamaño y aspecto de los edificios eclesiales, la presencia de cristianos célebres, o el número de programas). Incluso en el plano más "espiritual", nos autoengañamos muchas veces pensando que las conversiones, los bautismos o el incremento de los miembros de una iglesia demuestra la presencia de un ministerio maduro y obediente. Solo cuando tomamos nota con igual atención del número de personas que se han apartado del evangelio por nuestra falta de tacto o gusto, y el de los que abandonan la iglesia por "la puerta de atrás", podemos determinar el verdadero alcance del primer grupo de estadísticas.

Es posible que las iglesias que crecen en número no sean tan saludables desde un punto de vista espiritual como aquellos grupos más pequeños en que los miembros están madurando en santidad personal y colectiva. Algunas veces, las fuerzas externas fuera de control explican la falta de crecimiento numérico. Como clásico ejemplo de esto, me vienen a la mente las prolongadas esperas de fruto espiritual que experimentaron William Carey y Adoniram Judson en la India y Birmania, y me pregunto si algunos de los gurús del crecimiento de la iglesia moderna habrían estado dispuestos a permanecer fieles el tiempo necesario para cosechar este fruto.[15]

Es también difícil mantener el delicado equilibrio entre no juzgar a las personas y las congregaciones, ni siquiera de un modo bíblico, y hacerlo en cada pequeño detalle de sus vidas, a menudo con criterios seculares. Asimismo, también nosotros hemos de hacer equilibrios para no caer en el extremo de no tratar nunca con el pecado en la congregación y el de hacerlo de un modo excesivamente severo o crítico en un constante intento de purificarnos (vv. 3–5). Mateo 7:1 ("No juzguen a nadie, para que nadie los juzgue a ustedes") parece haber sustituido a Juan 3:16 como versículo bíblico más conocido de los no cristianos, para citarlo casi siempre fuera de contexto y aplicarlo de un modo erróneo. Por ejemplo, un grupo de manifestantes que apoyaban un estilo de vida homosexual formaron un piquete frente a una convención de hombres cristianos que pretendían recuperar los valores bíblicos para sus familias, y llevaban pancartas con este versículo sin ninguna consideración de las palabras de Mateo 7:5 ("¡Hipócrita!, saca primero la viga de tu propio ojo, y entonces verás con claridad para sacar la astilla del ojo de tu hermano").

---

15. Cf. los resultados contrarios que Juan predice para los cristianos igualmente fieles en Esmirna (Ap 2:9–10) y Filadelfia (3:8–10).

En nuestra sociedad tan democrática y radicalmente individualista, la frase "que tu conciencia sea tu guía" parece decir algo muy cercano a la verdad bíblica. El versículo 4 deja claro que no lo es. Los conceptos teológicos del "sacerdocio de todos los creyentes" y "la responsabilidad personal de cada persona" se han aplicado muchas veces de un modo mucho más amplio de lo que nunca pretendieron quienes los elaboraron durante la Reforma. La Biblia enseña, sin duda, que todas las personas tienen la capacidad de relacionarse directamente con Dios, de entender lo suficiente de la Escritura para poder ser salvas. Asimismo, la Biblia afirma que ante Dios todo ser humano tiene el mismo valor. Sin embargo, estos temas se han desvirtuado progresivamente para apoyar unas interpretaciones de la Biblia, de carácter personal e idiosincrásico, que ponen en tela de juicio el derecho de las instituciones cristianas a mantener unas normas por medio de la disciplina y la exclusión de la comunión de quienes las infringen.[16]

Si el versículo 6 alude realmente a seguir las normas bíblicas, hemos de comentar entonces el horrible analfabetismo bíblico de nuestro mundo, una ignorancia que hace que muchas personas, que asisten incluso a iglesias cristianas, sean incapaces de citar la mayoría de los Diez Mandamientos, el nombre de los cuatro Evangelios, o de identificar al autor del Sermón del Monte.[17] ¡No es de extrañar que la desobediencia a la Biblia se haya hecho, si cabe, más rampante! Sin embargo, en lugar de estar en alza, la educación cristiana parece estar en declive en muchas iglesias. La enseñanza desde el púlpito ha de incluir elementos fundamentales de enseñanza bíblica, lo mismo que las clases de escuela dominical de adultos y niños, las células, los programas de discipulado personal, etcétera.[18]

La corriente principal de la sociedad es contraria a que aprendamos a no jactarnos de nosotros mismos (v. 7). Crecemos aprendiendo a sentirnos orgullosos y hasta a publicitar nuestros logros académicos y profesionales por medio de los *curriculum vitae* y las evaluaciones de

---

16. Cf. esp. Timothy George, "The Priesthood of All Believers and the Quest for Theological Integrity", *CTR* 3 (1989): 283–94.

17. George Gallup, Jr. y Sarah Jones, *100 Questions and Answers; Religion in America* (Princeton: Princeton Religion Research Center, 1989), 42: Solo el 42% de los norteamericanos entrevistados recordaban cinco mandamientos; solo el 46% sabían cuáles eran los cuatro Evangelios, y solo un 42% sabía quién fue el autor del Sermón del Monte.

18. Para la aplicación de este asunto, ver, p. ej., Lawrence O. Richards, *Creative Bible Teaching* (Chicago: Moody, 1970); Howard G. Hendricks, *Teaching to Change Lives* (Portland: Multnomah, 1987).

trabajo. No es, pues, sorprendente que este tipo de publicidad se transmita de manera más o menos inconsciente, a la vida cristiana, cuando nos enorgullecemos de las estadísticas de que se jactan nuestros ministerios e iglesias. Parece que los profesionales que trabajan en el ámbito de la iglesia y las organizaciones paraeclesiales son particularmente proclives a la adicción al trabajo.

En lugar de sucumbir a estas tentaciones, necesitamos recordatorios diarios de que no conseguiremos nada de valor eterno sin la dirección y capacitación de Dios. Esto convierte en hipócrita toda nuestra jactancia por nuestros éxitos y en presuntuosa toda nuestra hiperactividad. Consideremos también el número de norteamericanos que, por su prosperidad y la comodidad con que viven, se creen mejores, de algún modo, que los extranjeros, ¡sin tan siquiera plantearse que no tuvieron absolutamente nada que ver con la elección de su lugar de nacimiento!

Hay numerosas equivalencias contemporáneas del triunfalismo que se esconde tras la descripción que Pablo hace de los corintios en el versículo 8 (además de esta exposición, ver comentarios al respecto en la Introducción). La valoración excesiva de nuestra salud espiritual y de la medida en que podemos progresar en este ámbito (así como en el físico, moral y tecnológico) es algo endémico de la sociedad occidental.

Por otra parte, nosotros, que como cultura experimentamos el mayor bienestar económico de la historia de la humanidad, tenemos una comprensión muy pobre del valor positivo de la aflicción (vv. 9-13). Como los corintios, a menudo no entendemos que el sufrimiento precede siempre a la gloria. Michael Green predice provocativamente que "la iglesia occidental seguirá siendo probablemente fláccida y débil hasta que sea llamada a sufrir. Es también probable que, en nuestro propio caso, aprendamos las lecciones más importantes de nuestras vidas por medio del sufrimiento". Es más, "si Jesús hubo de andar por este camino, difícilmente podrá haber otro distinto para nosotros. Pero esto es algo que, como los corintios, somos muy reacios a aceptar".[19] Teniendo en cuenta la hostilidad cada vez mayor que se percibe hacia el cristianismo evangélico en sectores públicos como la educación, los medios de comunicación, etc., es probable que la iglesia norteamericana sea cada vez más purificada de sus impurezas y aprenda a transitar este camino.

En este momento, no obstante, estamos creando una serie de singulares herejías occidentales, como el llamado "evangelio de la salud y

---

19. Green, *Corinth*, 127.

la prosperidad", repleto de sus políticas de oración "nómbralo y reclámalo". A quienes han vivido en culturas tercermundistas cargadas de pobreza y enfermedad y conocen sus comunidades cristianas les resulta casi incomprensible que alguien pueda creer esta absoluta distorsión de las Escrituras.[20] Las estrategias misioneras se invertirían también considerablemente si nos tomáramos en serio las palabras de 4:1–13, ya que dedicaríamos menos dinero a mantener normas de vida occidentales en comunidades necesitadas y mucho más en suplir las desesperadas necesidades espirituales y físicas de otros.[21]

Naturalmente, la actitud depresiva y derrotista que no cree que Dios pueda hacer milagros en nuestros días, o que actúa sobre este presupuesto, es igualmente injustificada. La oración pidiendo sanación es una respuesta completamente apropiada a un diagnóstico de cáncer (¡mucho más que comenzar inmediatamente con los preparativos del funeral!). Dios puede sanar y lleva a cabo curaciones milagrosas de toda clase de dolencias, pero este tipo de milagros siguen siendo, por definición, la excepción y no la regla. Más extendidos (o al menos más en el centro de atención pública) que la falta de oración por sanación están los predicadores y teleevangelistas que atribuyen toda enfermedad al pecado y culpan a las personas de su falta de fe cuando oran pidiendo curación pero no la reciben. Karl Plank traza sucintamente el necesario equilibrio:

> Ni las palabras de entusiasmo ni las triviales están abiertas a una teología de la aflicción. Sin embargo, entre la ingenuidad de una confianza superficial y la arrogancia de la desesperación se extiende una ironía más generosa. El mundo que celebra la intimidad de la vida y de la muerte demanda una teología para hablar por medio de la paradoja y le permite hacerlo en buena fe.[22]

Plank añade que la teología no debe ni condenar ni glorificar la aflicción. Esta sigue siendo un enemigo y, sin embargo, "puede llevar consigo un gran valor".

---

20. Quienes deseen considerar una crítica extraordinariamente favorable, aunque adecuada, pueden ver Bruce Barron, *The Health and Wealth Gospel* (Downers Grove, Ill.: InterVarsity Press, 1987).
21. Ver especialmente Jonathan J. Bonk, "Doing Mission out of Affluence: Reflections on Recruiting *'End of the Procession'* Missionaries from *'Front of the Procession'* Churches (1 Corinthians 4:1–13)", *Missiology* 17 (1989): 427–52.
22. Karl A. Plank, *Paul and the Irony of Affliction* (Atlanta: Scholars, 1987), 93.

Tampoco manejamos bien la persecución. Una pequeña minoría, especialmente dentro de ciertos círculos sectarios y separatistas, glorifica el rechazo por parte del mundo y otros grupos cristianos, como si ello confirmara necesariamente su fidelidad. La mayoría silenciosa teme tanto al rechazo que apenas da testimonio de su fe. Una posición correcta y conciliadora reconocerá que los cristianos son llamados a adoptar una posición firme y valiente, pero amorosa, a favor de la verdad de Dios en todas las situaciones de la vida, tanto en palabra como en conducta, y a aceptar cualquier consecuencia que se derive de ello. A medida que siguen deteriorándose los factores políticos y sociales favorables al evangelio y la oscuridad va en aumento, la luz, por pequeña que sea, resplandece intensamente. Hay una gran ironía en el hecho de que nuestra sociedad hable tan firmemente contra la discriminación de cualquier subgrupo imaginable de nuestra cultura, menos cuando se trata de los cristianos evangélicos.[23] Esta clase de inconsistencia es de por sí un testimonio indirecto de las singulares pretensiones y poder del cristianismo frente a todas las demás ideologías.

Son, sin embargo, incluso más irónicos e insensatos los llamamientos cristianos a contraatacar con las mismas armas del mundo. Una de las razones por las que tantos militantes negros, judíos, mujeres, gays y otras minorías han conseguido en ocasiones sensibilizar tanto a la sociedad sobre la discriminación que existe contra ellos es la agresiva política y tácticas legales que con frecuencia han adoptado, unas tácticas que estarían fuera de lugar para unos cristianos que pretenden promover la imitación de un evangelio centrado en la cruz. Podemos ganar ciertas batallas con boicots contra los publicistas, afirmando nuestros derechos a la oración y el estudio bíblico públicos, o superando el encorsetamiento de ciertos imperativos para la utilización de lenguaje "políticamente correcto". Puede que en ocasiones, cuando sea posible forjar un consenso social más amplio, una cierta cantidad de este tipo de protestas demuestre ser un recurso útil. Sin embargo, en muchos casos, nos pasamos de la raya y perdemos la guerra, alejando de tal modo a aquellos con quienes nos enfrentamos que podemos perderles para siempre como potenciales ciudadanos del reino.[24]

---

23. Contrástese Stephen L. Carter, *The Culture of Disbelief* (Nueva York: Basic Books, 1993), quien demanda la preservación de un papel especial para las comunidades religiosas en consonancia con la Primera Enmienda y el enriquecimiento de nuestras tradiciones democráticas.

24. Resulta especialmente instructivo estudiar la conducta de Pablo en el libro de los Hechos. Pablo afirma sus derechos legales como ciudadano romano *única y exclusivamente cuando* está en juego el beneficio de otras personas y el avance del evangelio en

El tema del modelo paternal de la conducta cristiana que impregna los versículos 14–21 presenta profundas posibilidades para el discipulado en una sociedad fugaz, fragmentada y orientada hacia los eventos. De nuevo, no obstante, las tendencias de los círculos cristianos parecen seguir de manera casi invariable los patrones de nuestra cultura en lugar de los del evangelio. En lugar de seguir el ejemplo de las instituciones académicas que compartimentan cada vez más el conocimiento y confinan la enseñanza dentro de las aulas, los seminarios han de crear mejores modelos de educación en colaboración con la iglesia.[25] En un tiempo en que la duración media de los pastorados siguen reduciéndose, necesitamos a personas dispuestas a comprometerse, contra viento y marea y a largo plazo, con una comunidad de creyentes. En un tiempo en que los dirigentes cristianos tienden cada vez más a desarrollar ministerios basados en el rendimiento —o en el entretenimiento—, necesitamos a más personas dispuestas a hacerse accesibles y transparentes (y que sean lo suficientemente maduras para que el estilo de vida que entonces se hace visible sea también digno de imitación). Cuando el liderazgo tiende a retener todo el poder en sus manos, ha de recuperar el modelo de crecimiento por multiplicación: derramar la propia vida en un pequeño número de seguidores, quienes, a su vez, reproducirán del mismo modo sus propios seguidores (cf. 2Ti 2:2). En un tiempo en que a las personas que sufren se las manda cada vez más a unos consejeros que limitan el contacto con sus "clientes" a ciertas horas por las que reciben una remuneración, necesitamos a cristianos sensibles y con capacidades para la orientación, que estén disponibles gratuitamente para sus hermanos y hermanas, tanto dentro como fuera de una oficina. Estos tienen que mostrarles por medio del ejemplo lo que implica una vida cristiana madura en numerosas situaciones de la vida. Cuanto más vivan los creyentes en auténtica comunidad, más probable es que sucedan muchas de estas cosas. Algunos aspectos del actual resurgimiento del movimiento de iglesias domésticas tiene el potencial de recuperar estos puntos fuertes del discipulado por imitación.[26]

---

general. Cf. Hechos 16:37 (el apóstol podría haber apelado antes de ser encarcelado, pero no lo hizo), 22:25–29 (Pablo sabía que el principal debate era con los judíos, no con los dirigentes romanos), y 25:10–11 (él ya sabía que Dios quería que fuera a Roma [23:11]). El patrón que Pablo sigue normalmente en el libro de los Hechos es abandonar la región sin protestar una vez que comienza la persecución.

25. Cf. las provocativas sugerencias de Michael Green en *Acts for Today* (Londres: Hodder and Stoughton, 1993), 174.

26. Ver, p. ej., Christian Smith, *Going to the Root: 9 Proposals for Radical Church Renewal* (Scottdale, Pa.: Herald, 1992).

Por encima de todo, ejemplificar la vida cristiana incluirá abrazar el sufrimiento cuando es inevitable: "Hemos de encarnar nuestras enseñanzas en una vida de servicio que pueda invitar o al menos no eluda el sufrimiento por la fe y por los creyentes. Si solo nos limitamos a hablar, no somos entonces mejores que los falsos apóstoles"[27] (cf. vv. 19–20).

Los versículos 18–21 también nos recuerdan el necesario equilibrio entre tolerancia y disciplina, que el capítulo 5 explicará con mayor detalle. Si los padres cristianos se están recuperando de la permisividad que irrumpió en la década de 1960 y "se atreven a disciplinar",[28] las iglesias tienen que emprender una recuperación análoga para ejercer una resistencia bondadosa pero firme contra los arrogantes traficantes de poder, a quienes no les importa dividir congregaciones como lo hicieron en el primer siglo los facciosos en Corinto.

---

27. William D. Spencer, "The Power in Paul's Teaching (1 Cor 4:9–20)", *JETS* 32 (1989): 61.

28. *Atrévete a disciplinar* es el título del libro inmensamente popular de James Dobson, publicado inicialmente por Tyndale House, Wheaton, en 1970, y frecuentemente reeditado y revisado.

1 Corintios 5:1–13

Es ya del dominio público que hay entre ustedes un caso de inmoralidad sexual que ni siquiera entre los paganos se tolera, a saber, que uno de ustedes tiene por mujer a la esposa de su padre. ² ¡Y de esto se sienten orgullosos! ¿No debieran, más bien, haber lamentado lo sucedido y expulsado de entre ustedes al que hizo tal cosa? ³ Yo, por mi parte, aunque no estoy físicamente entre ustedes, sí estoy presente en espíritu, y ya he juzgado, como si estuviera presente, al que cometió este pecado. ⁴ Cuando se reúnan en el nombre de nuestro Señor Jesús, y con su poder yo los acompañe en espíritu, ⁵ entreguen a este hombre a Satanás para destrucción de su naturaleza pecaminosa a fin de que su espíritu sea salvo en el día del Señor.

⁶ Hacen mal en jactarse. ¿No se dan cuenta de que un poco de levadura hace fermentar toda la masa? ⁷ Desháganse de la vieja levadura para que sean masa nueva, panes sin levadura, como lo son en realidad. Porque Cristo, nuestro Cordero pascual, ya ha sido sacrificado. ⁸ Así que celebremos nuestra Pascua no con la vieja levadura, que es la malicia y la perversidad, sino con pan sin levadura, que es la sinceridad y la verdad.

⁹ Por carta ya les he dicho que no se relacionen con personas inmorales. ¹⁰ Por supuesto, no me refería a la gente inmoral de este mundo, ni a los avaros, estafadores o idólatras. En tal caso, tendrían ustedes que salirse de este mundo. ¹¹ Pero en esta carta quiero aclararles que no deben relacionarse con nadie que, llamándose hermano, sea inmoral o avaro, idólatra, calumniador, borracho o estafador. Con tal persona ni siquiera deben juntarse para comer.

¹² ¿Acaso me toca a mí juzgar a los de afuera? ¿No son ustedes los que deben juzgar a los de adentro? ¹³ Dios juzgará a los de afuera. «Expulsen al malvado de entre ustedes.»

Sentido Original

Aquí comienza el segundo tema importante que Pablo trata en respuesta a los informes orales que ha recibido sobre la iglesia corintia. Trata este problema de un modo más breve que el asunto general de las divisiones (1:10–4:21). Aun así, los capítulos 5–6 podrían verse como una sección más extensa, libremente vinculada y estructurada dentro de un patrón ABA que trata sobre el pecado sexual (5:1–13), los litigios (6:1–11) y, de nuevo, el pecado sexual (6:12–20).

Un elemento común en estas tres secciones es la manifestación del ala libertina o hedonista de la iglesia que alardea de su libertad en Cristo. Este grupo menosprecia la trascendencia del mundo físico y exagera la llegada de todas las bendiciones del siglo venidero. Peor aun, la iglesia se niega a supervisar y a juzgar correctamente a sus miembros más inmorales. Como tal, el capítulo 5 se vincula con el final del capítulo 4 a sus repetidas alusiones a la arrogancia corintia (cf. 4:18–19 con 5:2). La exposición de Pablo se divide naturalmente en tres partes: se dicta sentencia (vv. 1–5), se explican las razones (vv. 6–8) y se corrige un malentendido (vv. 9–13).

La terrible situación de la iglesia corintia ha llamado la atención de Pablo. La expresión "es de dominio público" del versículo 1 dice literalmente "se oye". No sabemos hasta qué punto se habían extendido las noticias, pero al menos habían llegado a Pablo. La expresión "inmoralidad sexual" traduce el término griego *porneia*, la más general de todas las palabras que hacen referencia al pecado sexual. En este contexto, no obstante, queda claro que el pecado en cuestión tiene que ver con el incesto. Si el incestuoso fuera uno de los dirigentes de los grupos facciosos o uno de los patrones, sería fácil de entender la reticencia de la iglesia a tomar medidas contra él y la razón por la que Pablo estaba tan molesto.

El tiempo verbal "tiene" sugiere que se trata de una relación sexual continuada, y la expresión "esposa de su padre", que la mujer no es madre biológica del hombre en cuestión, sino su madrastra. Es posible que ella fuera considerablemente más joven que su marido y, por ello, atractiva para su hijo. Si el hijo era uno de los patrones, sería en tal caso un hombre rico, y el amorío habría supuesto un importante beneficio económico para la mujer. Es posible que el padre hubiera muerto, y que sus propiedades hubieran pasado a su hijo en lugar de a su esposa. Es imposible determinar si el hijo se había casado legalmente con la mujer.[1] Esta clase de incesto estaba estrictamente prohibido en la ley judía (Lv 18:8) y, a pesar de la extendida laxitud moral del mundo gre-

---

1. Sobre todos estos detalles, cf. también Andrew D. Clarke, *Secular and Christian Leadership in Corinth* (Leiden: Brill, 1993), 74–85.

corromano, seguía considerándose una forma de pecado sexual relativamente fuera de lo común y ampliamente condenada en este entorno.[2]

La reacción de la iglesia ante este incidente fue igual o peor que el propio lance. En lugar de lamentarse del pecado que había entre ellos,[3] habían desarrollado una actitud arrogante por su recién descubierta y "bien informada" tolerancia como cristianos (v. 2). Pablo expresa su consternación. Lo que tienen que hacer es echar a este hombre de entre ellos ("comunión"). El hecho de que no se diga nada de echar a la mujer sugiere, en primer lugar, que esta no era miembro de la iglesia.

En los versículos 3–4, Pablo afirma su autoridad para pronunciarse sobre la situación y al hacerlo refleja el poder y autoridad del propio Jesucristo. Aunque ausente físicamente, sus pensamientos estaban siempre con ellos, y por medio de esta carta les daba a conocer sus intenciones y deseos. El texto griego del versículo 4 comienza con la expresión "en el nombre del Señor Jesús" y podría modificar tanto a "he juzgado" como a "al que cometió este pecado" en el versículo 3. Si se adopta esta última opción, el problema de Corinto adquiere proporciones más horrendas, si cabe: en este caso, el hombre habría justificado su pecado apelando a la autoridad de Jesús, haciendo referencia a su libertad en Cristo. Sin embargo, en el griego la oración gramatical es demasiado intrincada para saber de cierto si este es su sentido.[4]

Sigue habiendo un acalorado debate con respecto a lo que Pablo pide a los corintios en el versículo 5. Todos concuerdan en que el apóstol tiene al menos en mente la excomunión del incestuoso o que dejen de tener trato con él. Un punto de vista predominante en nuestro tiempo considera que Pablo contempla la muerte física del hombre. Es posible que tuviera una grave enfermedad de transmisión sexual, o que Pablo

---

2. Muchos comentaristas citan las indignadas palabras de Cicerón (ligeramente exageradas) por el matrimonio de una mujer con su yerno: "¡Qué pecado tan terrible el de esta mujer; es algo increíble, un caso único, lo nunca oído!" (*Pro Cluentio* 15). Talbert, *Corinthians*, 13–14, aporta un buen catálogo de otras importantes perspectivas judías y grecorromanas sobre este tema.

3. Brian S. Rosner, "'OYXI MAΛΛON ΕΠΕΝΘΗΣΑΤΕ': Corporate Responsibility in 1 Corinthians 5", *NTS* 38 (1992): 470–73, presenta argumentos verosímiles para ver las palabras de Pablo en un trasfondo hebreo de responsabilidad colectiva, en el que la iglesia debería haberse lamentado "confesando como propio el pecado del hermano descaminado" (p. 472).

4. Una traducción estrictamente literal de los versículos 3–4 podría decir: "Pues yo, ausente en cuerpo pero presente en espíritu, he juzgado ya, como presente, al que ha hecho tal cosa, en el nombre del (nuestro) Señor Jesús, cuando se hayan reunido, y mi espíritu, con el poder del Señor Jesús…".

asumiera que Dios le castigaría de un modo más directo como había sucedido con otros corintios (cf. 11:30) y con Ananías y Safira (Hch 5:1–11). La expresión "entregar a Satanás" aludiría, pues, a la muerte física (cf. nota al respecto de la NVI) y explicaría por qué Pablo da a continuación un salto hacia adelante para hablar del día del juicio: esta severa disciplina tiene como objetivos impedir que este hombre caiga en una apostasía completa y asegurar que sea eternamente salvo.

Por otra parte, la idea dominante de la iglesia primitiva, y que algunos estudios recientes de este pasaje han rescatado, parece más convincente. El texto griego dice literalmente: "… para que su carne sea destruida". Sin embargo, cuando Pablo contrasta carne y espíritu, no alude, por regla general, al cuerpo en contraste con el alma, sino a la antigua naturaleza del creyente frente a la nueva (o al individuo como orientado hacia el pecado y no hacia Dios).[5] En 1 Timoteo 1:20, Pablo afirma que entregó a dos creyentes a Satanás para que aprendan a no blasfemar, de modo que es de suponer que no murieron. Y pueden presentarse buenos argumentos para entender que el pecador arrepentido de 2 Corintios 2:5–11; 7:8–13 es este mismo individuo que se menciona en 1 Corintios 5.[6] En cualquier caso, el propósito de Pablo sigue siendo claramente curativo y reparador.[7]

---

5. Anthony C. Thiselton, "The Meaning of ΣΑΡΞ in 1 Corinthians 5.5: A Fresh Approach in the Light of Logical and Semantic Factors", *SJT* 26 (1973): 204–28, presenta una útil interpretación de la "carne" en este contexto como una referencia a la supuesta "autosuficiencia" o "autosatisfacción" de aquel hombre. Aquellos que deseen ver un buen resumen de los argumentos más importantes a favor de la traducción de la NIV pueden ver Fee, *1 Corinthians*, 210–13; cf. también N. George Joy, "Is the Body Really to Be Destroyed? (1 Corinthians 5.5)", *BT* 39 (1988): 429–36; y James T. South, "A Critique of the 'Curse/Death' Interpretation of 1 Corinthians 5.1–8", *NTS* 39 (1993): 539–61.

6. Se objeta a menudo que el hombre al que se alude en 2 Corintios ha de ser otra persona, puesto que allí se trata de una afrenta personal a Pablo. Sin embargo, en vista de los acontecimientos intermedios entre 1 y 2 Corintios, es perfectamente concebible que Pablo y este hombre tuvieran un "roce", lo que explicaría su lenguaje en su segunda carta. Ver especialmente Colin Kruse, *The Second Epistle of Paul to the Corinthians* (Grand Rapids: Eerdmans, 1987), 41–45, 81–84.

7. Barth Campbell ("Flesh and Spirit in 1 Cor 5:5: An Exercise in Rhetorical Criticism of the New Testament", *JETS* 36 [1993]: 331–42) cree, en vista de las alusiones colectivas de los versículos 6–11, que con el término "la carne" hace referencia al elemento pecaminoso presente en la iglesia y que salvar al espíritu es la restauración de la espiritualidad colectiva. Puede que haya implicaciones secundarias en este sentido, pero es difícil de ver este tipo de definiciones como una expresión de la idea esencial.

Los versículos 6–8 apelan a la práctica judía de purificar las casas y el templo de todo pan leudado antes de la festividad de la Pascua (Éx 12:15). Pablo aplica esta imagen literaria a la pureza moral que Dios requiere de su nueva casa/templo que es la iglesia.[8] Citando en el versículo 6 lo que probablemente era un popular proverbio (cf. Gá 5:9), el apóstol deja claro que los pecados graves pueden infectar a toda la congregación. El pensamiento de la Pascua le recuerda a Cristo como nuestro perfecto sacrificio (v. 7), una imaginería que el autor de la Carta a los Hebreos desarrollará más adelante. La expiación de Jesús no pretendía hacernos libres para que pecáramos, sino liberarnos del pecado. Como le gusta hacer en muchas de sus cartas, Pablo llama, por tanto, a sus receptores a "convertirse en lo que son", es decir, a actuar según el modo en que Dios ha decidido ya considerarles en Cristo (cf. esp. Ro 6–8). Esto significa abandonar todas las formas de mal ("malicia" y "perversidad" son palabras de carácter general que trazan el perfil del pecado) y comportarse de maneras que se conforman genuinamente a las verdaderas normas de Dios (v. 8).

Los versículos 9–13 cierran esta sección clarificando un aparente malentendido, o puede que hasta una deliberada distorsión, de la anterior carta de Pablo (ver Introducción). Los verbos con que comienzan los versículos 9 y 11 están en tiempo pretérito perfecto simple y ambos deberían probablemente traducirse "escribí", haciendo referencia al contenido de aquella carta. Cuando Pablo les dijo que no se relacionaran (literalmente, "mezclaran") con personas notoriamente inmorales (v. 9), se refería a cristianos profesantes, no a reconocidos incrédulos.

Para hacerles entender este punto, Pablo generaliza y enumera varios pecados serios además de la inmoralidad sexual (vv. 10–11). Los avaros y los estafadores, mencionados en primer lugar, deberían considerarse juntos en alusión a quienes se apropiaban de los bienes "de los demás por la fuerza",[9] anticipando quizá el problema de 6:1–11. "Idólatras" es un término de carácter general que Pablo usa para referirse a todos los que adoran falsos dioses. La palabra "calumniador" debería traducirse como "injuriador" y puede hacer referencia en especial a quienes

---

8. Brian S. Rosner, "Temple and Holiness in 1 Corinthians 5", *TynB* 42 (1991): 132–45, sostiene que 1 Corintios 3:16–17 forma el marco de referencia teológico para entender los mandamientos de Pablo: el incestuoso ha contaminado el santo templo de Dios y debe ser expulsado de la congregación del mismo modo que los israelitas ritualmente inmundos eran excluidos de las congregaciones veterotestamentarias del pueblo de Dios.
9. Ellingworth y Hatton, *First Corinthians*, 103.

se oponen y burlan de las autoridades debidamente ordenadas por Dios. El término "borracho", como los demás de estas listas, denota a una persona cuyo estilo de vida se caracteriza por la práctica sistemática de esta conducta. No es solo que los corintios tengan que excluir de su comunión a personas que se niegan repetidamente a arrepentirse de sus pecados, sino que ni siquiera han de relacionarse con ellas en encuentros sociales íntimos fuera de la iglesia, como por ejemplo compartir un tiempo de fraternidad alrededor de una comida.

Los versículos 12–13 explican la lógica de los mandamientos de los versículos 9–11. La jurisdicción de la iglesia se limita a su membresía. Dios se hará cargo de los pecados de los no creyentes; de hecho, su destino ya será bastante funesto como para que los cristianos se dediquen, además, a aumentar su sufrimiento en lugar de llevarles a Cristo. De modo que Pablo concluye donde comenzó, recordándoles a los corintios que han de expulsar al incestuoso. Sin embargo, y puesto que la palabra "hombre" no aparece en el texto griego, Pablo podría estar aquí generalizando y diciéndoles que echen fuera de sus vidas a cualquier persona o cosa que, de manera notoria y persistente, sea perversa.

Construyendo Puentes   La principal cuestión que surge de este capítulo es cómo y cuándo hay que practicar la disciplina en la iglesia en escenarios distintos de la Corinto del primer siglo.[10] En Mateo 18:15–18 se perfilan los pasos preliminares: conversación privada, diálogo en presencia de testigos y enfrentamiento público de toda la congregación. Como aquí en 1 Corintios, la decisión final no ha de tomarla nunca de manera unilateral un pequeño número de dirigentes de la iglesia, sino en acuerdo con el cuerpo de la iglesia en su conjunto. En cada caso, la meta es resolver el problema sin tener que pasar al paso siguiente. Sin embargo, si no funciona ninguna otra cosa, la excomunión es el último paso que Jesús ordena. ¿Asume acaso Pablo que en Corinto ya se ha intentado todo lo demás? ¿O es que se da cuenta, en vista de la actitud de la congregación, que dar los pasos preliminares va a ser imposible, inútil, o ambas cosas? No obstante, sea cuál sea nuestro punto de vista sobre el versículo 5, es incuestionable

---

10. Dos estudios particularmente provechosos son: J. Carl Laney, *A Guide to Church Discipline* (Minneapolis: Bethany, 1985); y, John White y Ken Blue, *Healing the Wounded: The Costly Love of Church Discipline* (Downers Grove, Ill.: InterVarsity Press, 1985).

que la disciplina tiene como propósito la rehabilitación del disciplinado.

Si no es la muerte de este hombre lo que se tiene en mente, ¿cómo debe entonces tratársele con posterioridad? Jesús dice: "trátalo como si fuera un incrédulo o un renegado" (Mt 18:17). Aunque Jesús se relacionaba con tales personas, los judíos ortodoxos no lo hacían y, en su contexto, el comentario del Señor es una clara referencia al ostracismo. Sin embargo, incluso entre los judíos, algunos se esforzaban por convencer a tales personas de sus puntos de vista y ganarles para su causa. El equivalente cristiano sería, pues, presumiblemente, tratar a la persona excomulgada como a un no creyente (aunque sin pretender que, de hecho, lo sea). En otras palabras, a tales personas no ha de permitírseles tomar la Cena del Señor o participar en ninguna otra reunión cristiana reservada solo para los creyentes. Sin embargo, sí se les permitía, probablemente, asistir a aquellas reuniones reservadas para los no creyentes, aunque sin tratarles como si no hubiera sucedido nada.

En estos casos, los amigos y miembros de la iglesia han de seguir tendiéndole la mano e instándole al arrepentimiento, como en la evangelización de quienes no creen. Sin embargo, no puede mantenerse, como si tal cosa, el mismo tipo de íntima relación social. Las relaciones interpersonales serán inevitablemente forzadas mientras la persona en cuestión se niegue a reconocer su mala acción (cf. el equilibrio que se impone en 2Ts 3:14–15). La razón esencial para interrumpir la comunión con tales personas es someterles al impacto de la severa desaprobación de la iglesia, para que sean movidos a cambiar su conducta, cuando acciones menos radicales no han tenido en ellas ningún efecto. En aquellas culturas en que la excomunión no tendrá probablemente este efecto, habrá que buscar formas alternativas de disciplina.[11]

¿En qué tipo de casos habrá que iniciar estas medidas disciplinarias tan potencialmente severas? En la Corinto del primer siglo, el incesto era, evidentemente, un ejemplo extremo. Los versículos 10–11 se caracterizan asimismo por presentar serias ofensas de parte de aquellos que pretenden ser cristianos. En 2 Tesalonicenses 3:6, 14–15, Pablo pide a los creyentes que se distancien de los ociosos que no quieren trabajar y que, en lugar de ello, se dedican a perturbar la vida de los creyentes. En Tito 3:10 y Romanos 16:17 hay que evitar a quienes causan divisiones. ¡Es como si Pablo dijera que hay que separarse de quienes preten-

---

11. Cf., p. ej. Walter A. Trobisch, "Church Discipline in Africa", *Practical Anthropology* 8 (1961): 200–206.

den fraccionar a la iglesia! 1 Corintios 5:6–8 ofrece ciertas directrices implícitas: la disciplina en la iglesia se hace necesaria cuando un determinado pecado conlleva la seria posibilidad de corromper a toda la congregación. Sin perjuicio de todos los ideales bíblicos sobre la unidad de la iglesia, de lo cual Pablo ha hablado ampliamente en los capítulos 1–4, la pureza retiene una prioridad más elevada aún.[12] Sin embargo, con mucha frecuencia se han alegado motivos de "pureza" para justificar la división de iglesias por cuestiones de calado muy inferior. Los capítulos 1–4 nos advierten, sin duda, en contra de apelar a este tipo de razones excepto en las situaciones más serias.

Pasando ahora a considerar por orden algunos de los detalles de este capítulo, vemos en primer lugar, en el versículo 1a, una preocupación por la reputación de la iglesia en su sociedad. Si, aun para los paganos del tiempo de Pablo, el incesto era, normalmente, algo tan ofensivo, tolerarlo entre los cristianos supondría comprometer seriamente el testimonio de la iglesia. Si el ofensor era uno de los dirigentes de la iglesia, entonces se plantearían otras cuestiones sobre la disciplina y restauración de los pastores o ancianos que han caído en pecado. Teniendo en cuenta la influencia que ejercen las personas que tienen un papel tan destacado, pueden darse buenos argumentos para afirmar que la disciplina de tales dirigentes debería ser más firme, y el periodo de prueba previo a su restauración, más extenso que el aplicado a otros miembros de la iglesia.[13]

Los mandamientos de Pablo a ejercer el juicio en estos casos (vv 2–5, 7, 13b) presentan importantes matices de su instrucción en 2:15 y 4:3 (ver su exposición al respecto en la sección correspondiente, [pp. 68, 93–94]). Sin embargo, e independientemente de la naturaleza de este juicio, este sigue siendo consistente con el resto de la enseñanza y práctica cristiana temprana. En un principio, la disciplina de la iglesia pretendía ser siempre reparadora (aunque nunca se garantizaba este resultado) y no solo ni principalmente punitiva.[14] Por consiguiente, no

---

12. Ver especialmente Adela Y. Collins, "The Function of 'Excommunication' in Paul", *HTR* 73 (1980): 251–63.
13. Sobre este asunto, ver especialmente Jack W. Hayford, *Restoring Fallen Church Leaders* (Ventura: Regal, 1988).
14. Sobre este asunto, ver especialmente G. W. H. Lampe, "Church Discipline and the Interpretation of the Epistle to the Corinthians", en *Christian History and Interpretation*, ed. W. R. Farmer, C. F. D. Moule y R. R. Niebuhr (Cambridge: Cambridge University Press, 1967), 337–61.

puede perderse completamente el contacto con los ofensores, aunque las cosas tampoco pueden seguir "como siempre".

El antídoto moral para el pecado es la pureza que se describe en el versículo 8 como "la sinceridad y la verdad". No se trata de términos que hacen referencia a la virtud cristiana en general del mismo modo que "malicia y maldad" aluden al vicio. Por el contrario, nos recuerdan que la hipocresía deteriora la credibilidad del evangelio (de ahí la necesidad de sinceridad), pero que la sinceridad por sí sola es insuficiente para salvar a la persona si la confianza se deposita en aquello que es poco fiable (de ahí la necesidad de verdad). Sin embargo, en Filipenses 1:15–18, Pablo se regocija en que el evangelio sea predicado aun por aquellos que tienen motivos erróneos, mientras que en Filipenses 3:2–11 arremete contra aquellos que de manera sincera promueven la herejía. En otras palabras, la sinceridad y la verdad no son de igual valor. Si tuviéramos que quedarnos solo con una de estas cualidades, hemos de optar entonces por la verdad.

La inversión de las normas de los corintios en los versículos 9–13 tiene profundas implicaciones para el papel de la iglesia en la sociedad. Su primera responsabilidad es siempre ejemplificar las normas contraculturales de Dios ante un mundo que la observa, no tanto intentar imponérselas a la sociedad en general. En el Imperio romano, los cristianos tenían poca oportunidad de influir en las leyes del estado. En las democracias, los creyentes tienen, en tanto que ciudadanos, tanto el derecho como la responsabilidad de promover sus convicciones ideológicas y éticas mediante los procesos legales. Sin embargo, como iglesia, no estamos bajo ningún imperativo de "cristianizar" a las naciones, aunque sí podemos y debemos hablar proféticamente a la sociedad sobre las cuestiones morales de nuestro tiempo. Por otra parte, las palabras de Pablo representan una solemne advertencia contra aquellas formas de separatismo que incapacitan a la iglesia para funcionar como "sal" y "luz" en el mundo que la rodea.[15]

El versículo 11 deja abierta la cuestión de la autenticidad de las profesiones de fe de personas persistentemente inmorales. No cabe duda de que algunos de ellos son verdaderos creyentes que viven en seria rebeldía contra su Señor; sin embargo, y teniendo especialmente en cuenta 6:9–10, Pablo sospecha, probablemente, que muchos están sim-

---

15. Quienes deseen considerar un equilibrado acercamiento, cf. Alan Storkey, *A Christian Social Perspective* (Leicester: InterVarsity Press, 1979) con John Gladwin, *God's People in God's World* (Leicester: Inter-Varsity Press, 1979).

plemente haciéndose pasar por cristianos (ver exposición de este texto en este comentario). Los pecados específicos que se han mencionado eran especialmente característicos de la Corinto pagana de mediados del siglo primero, de manera que entre aquellos que practicaban esta clase de vicios había una notable ausencia de pruebas que acreditaran un estilo de vida transformado.

Muchos seguirán considerando toda la noción de la disciplina en la iglesia, y en especial la excomunión, como una práctica repulsiva y carente de amor. Sin embargo, tales personas no entienden la absoluta repugnancia que Dios siente hacia el pecado, ni sus normas infinitamente perfectas para la santidad. Por otra parte, hemos de eludir una gracia barata que se niega a forzar a los que profesan ser creyentes a enfrentarse con las destructivas consecuencias de la conducta extremadamente inmoral. Permitiendo que el pecado campe por sus fueros, tales personas no solo se hacen daño a sí mismas, sino que también destruyen a la iglesia.

No es de extrañar que la iglesia haya crecido siempre más rápidamente y haya sido más saludable cuando en ella se ha practicado una disciplina amorosa pero firme. Cito a continuación una serie de frases de William Barclay que se aplican sin duda a casi todas las sociedades y expresan el equilibrio de la enseñanza de Pablo en este capítulo: "Cerrar los ojos a las ofensas no es siempre una muestra de bondad; puede ser destructivo"; "Se ha dicho que nuestra única seguridad contra el pecado consiste en que este nos cause horror"; sin embargo, "la disciplina no ha de ejercerse nunca para la satisfacción de quien la administra, sino siempre para enmienda de la persona que ha pecado y por amor a la iglesia".[16]

Significado Contemporáneo

Grandes sectores de la iglesia de nuestro tiempo ignoran completamente 1 Corintios 5. Sin duda, esto es una reacción contra los horribles excesos y abusos de que ha sido objeto este capítulo en épocas pasadas, como por ejemplo en la Inquisición católica española, en la excomunión de los anabaptistas por parte de Lutero y Zwinglio, o en el reciente legalismo fundamentalista protestante contra toda clase de prácticas moralmente neutrales. Pero negarse a administrar disciplina en la iglesia, incluida la excomunión si es necesario, es reaccionar de

---

16. Barclay, *Corinthians*, 44–46.

un modo tan exagerado que supone poner seriamente en peligro la salud de la iglesia.

Trágicamente, la nuestra es una época en la que aun los dirigentes de las iglesias cometen pecados de índole sexual o estafan a sus congregaciones y, a veces, lo hacen con toda impunidad. Y si se establece un período de disciplina y restauración, el dirigente en cuestión puede negarse a aceptar los términos planteados por la iglesia. En otros casos, el periodo de tiempo que se establece parece penosamente inadecuado para demostrar auténticos y permanentes cambios de corazón y de conducta. ¡Hay, incluso, quienes, en el nombre de la gracia y el perdón, llegan a avalar una filosofía de restaurar lo antes posible al ministerio a aquellos dirigentes que han caído en este tipo de pecados! Sin embargo, es importante entender que el perdón y la restauración a la comunión no conllevan automáticamente el privilegio de pastorear o dirigir una congregación. Los criterios para la elección de ancianos y diáconos en 1 Timoteo 3:1–13, que incluyen la fidelidad matrimonial y una saludable vida familiar, se entienden mejor como atributos que en el momento de la elección caracterizan la vida de los candidatos, y que han estado presentes durante un periodo de tiempo tal que permiten asumirlos como rasgos permanentes de carácter (cf. esp. v. 10).[17]

Naturalmente, el problema más importante que surge en nuestro tiempo al replicar esta interrupción bíblica de la comunión es el elemento del ostracismo que estaba inicialmente presente. Las pocas comunidades locales que sí excomulgan a las personas notoriamente inmorales ven, por regla general, cómo tales individuos comienzan a asistir a otra congregación cercana, de la misma ciudad o de otra, y se hacen miembros de ella sin que esta preste demasiada atención a las razones por las que salieron de su anterior iglesia. En ocasiones, las iglesias llegan incluso a contratar como miembros del equipo pastoral a personas que han salido de otros ministerios por haberse conducido, supuestamente, de manera poco ética o ilegal, y lo hacen sin preguntar a quienes pueden dar la información correcta para verificar si tal conducta tuvo o no lugar. Cuando una persona pide ser miembro de una iglesia o desea formar parte de su equipo de liderazgo, la iglesia en cuestión debería informarse lo suficiente sobre su pasado como para poder determinar si tal persona está huyendo de problemas no resueltos. Para que el impacto original del "aislamiento" tenga alguna posi-

---

17. Ver, p. ej., Thomas D. Lea y Hayne P. Griffin, Jr., *1, 2 Timothy, Titus* (Nashville: Broadman, 1992), 109–10; C. H. Dodd, "New Testament Translation Problems II", *BT* 28 (1977): 112–16.

bilidad de ser reproducido en nuestro mundo se convierte en elemento crucial la cooperación sensible pero franca entre las congregaciones.[18]

Por otra parte, en el caso de aquellas personas que solo quieren que sus amigos y conocidos cristianos les dejen tranquilos para no verse forzados a reconocer sus pecados, puede ser necesario un contacto personal amoroso pero persistente para confrontarles con su mal comportamiento.[19] Un pastor ha descubierto que suspender temporalmente a la persona en cuestión de ciertas actividades requiriendo al mismo tiempo que sirva en otras facetas de la vida eclesial ha demostrado ser una forma más efectiva de disciplina.[20]

Llegados aquí, ciertas importantes preguntas del ámbito legal reclaman inmediatamente nuestra atención. La nuestra es una época muy aficionada a los litigios y, muchas veces, los miembros de las iglesias que han sido excluidos de las congregaciones, o incluso los disciplinados en grados inferiores, denuncian a las iglesias añadiendo al pecado que motivó la disciplina el flagrante desafío que se menciona en 1 Corintios 6:1–11. En un tiempo en que muchas fuerzas sociales discriminan a los cristianos evangélicos, los jueces y jurados son muy proclives a dictar indemnizaciones sustanciosas a favor de quienes denuncian a sus antiguas iglesias por cuestiones relativas a la disciplina, dejando muchas veces a tales congregaciones en graves apuros económicos.[21]

Aun así, existen formas legales en que las iglesias pueden y deben practicar la disciplina ordenada bíblicamente.[22] En las constituciones o estatutos de la iglesia han de reflejarse claramente sus procedimientos disciplinarios y quienes quieren ser miembros de ella han de leerlos y aceptarlos. Una condición para la membresía podría ser la firma de un impreso en que el solicitante renuncia al derecho a denunciar a la

---

18. En el libro Jay E. Adams, *Handbook of Church Discipline* (Grand Rapids: Zondervan, 1986), 99–118, encontramos buenas y prácticas sugerencias para aplicar esto.

19. Me vienen a la mente los ejemplos de "amor duro" de padres hacia sus hjos que se nos presentan en Bill Milliken, *Tough Love* (Old Tappan, N.J.: Fleming Revell, 1968). Sin embargo, para que estos ejemplos sean prácticos en la comunión cristiana más en general, deben desarrollarse fuertes vínculos de amistad antes de que surjan los problemas.

20. Michael E. Phillips, "Creative Church Discipline", *Leadership 7*, no. 4 (1986): 46–50.

21. Tal y como lo describe, p. ej., Karl F. Pansler en su artículo, "Church Discipline and the Right of Privacy", en *Christian Ministries and the Law*, ed. H. Wayne House (Grand Rapids: Baker, 1992), 65–78.

22. Ver las valiosas exposiciones de Jay A. Quine, "Court Involvement in Church Discipline", *BSac* 149 (1992): 60–73, 223–36; Laney, *Discipline*, 136–38; y Pansler, "Church Discipline".

iglesia, y después la congregación ha de poner en práctica sus políticas de manera cuidadosa y sistemática. Hay que estudiar a fondo las leyes del estado o país y seguirlas para determinar los privilegios de confidencialidad de los pastores así como sus responsabilidades de dar a conocer a las autoridades locales cualquier conducta de carácter ilegal.

El específico problema del incesto que motivó la redacción de 1 Corintios 5 ha surgido de nuevo de un modo escandaloso en los círculos cristianos de nuestro tiempo. En algunas zonas, su frecuencia dentro de la iglesia rivaliza con los índices en que se da fuera de ella. No es ya el tabú social que casi nadie practica, aunque sí sigue siéndolo en muchas culturas no occidentales. Sin embargo, incluso en nuestro relativista mundo secular, el incesto se considera con frecuencia particularmente ofensivo y distinto de cualquier otro pecado sexual, especialmente cuando afecta a menores. La incongruencia de que este se produzca en círculos cristianos y la seria necesidad de una disciplina amorosa pero firme cuando aparece siguen siendo grandes.[23]

Para muchas personas de nuestro tiempo, el término "inmoral" se circunscribe exclusivamente al terreno sexual. Necesitamos, pues, el recordatorio de Pablo en los versículos 10–11 en el sentido de que la definición bíblica de esta palabra abarca toda la gama de conductas pecaminosas humanas, y que la acción disciplinaria es igualmente pertinente en situaciones de mala administración y fraude económico, clara herejía, reiteradas conductas abusivas y adictivas, prolongada rebeldía contra la autoridad y otros serios pecados de orden social. El hecho de que Pablo recopile estas conductas en sus varias "listas de vicios" ha de servirnos de advertencia para no atribuir a los pecados de índole sexual un nivel de severidad mayor que a los otros, como muchas veces hacemos, o para no pasar por alto los demás pecados que se enumeran como si fueran de algún modo más triviales.

El que los "avaros" aparezcan en la lista del versículo 11, diferenciados de los "estafadores" (ver contraste del v. 10), añade un abrupto recordatorio de lo ajeno a los ideales bíblicos que está muchas veces nuestro mundo moderno. "Mammón" (el dinero y demás recursos materiales) sigue siendo el competidor más importante de Dios en la lucha por la lealtad humana (cf. Mt 6:19–34; Lc 16:1–13; 1Ti 6:3–10). ¡Qué perversión de las prioridades de Dios cuando en Occidente gastamos exorbitantes cantidades de dinero cada semana en el pago de deudas

---

23. Hay útiles consejos tanto para ofensores como para víctimas, en el trabajo de Earl D. Wilson, A *Silence to be Broken* (Portland: Multnomah, 1986).

personales y de las iglesias, derrochando millones de dólares en edificios, comodidades, comida, y en ministerios orientados en gran medida hacia la propia iglesia, mientras millones de personas mueren de inanición física y espiritual por todo el planeta! Con esto no pretendo decir que todas las hipotecas o programas de construcción eclesiales sean pecaminosos. Pero existen numerosas alternativas creativas, menos costosas y más responsables, que al menos deberían tenerse mucho más en cuenta.[24] Como indica Prior: "Si preguntáramos a los cristianos del Tercer Mundo cuál es el pecado más común y destructivo de la iglesia del mundo occidental, la respuesta sería casi invariablemente: la codicia". Y sigue diciendo: "...desde la óptica de los cristianos del Tercer Mundo, la iglesia occidental de nuestro tiempo es igualmente culpable, no solo de laxitud moral, sino también de petulancia. Hay una ceguera culpable sobre la seriedad de ciertos pecados, unida a una perversa negativa a reconocer la estrecha conexión entre esta pecaminosa transigencia y la inefectividad del evangelio".[25]

No obstante, las idolatrías de nuestro tiempo van más allá del materialismo (vv. 10–11). El sincretismo de la Nueva Era, las alianzas masivas con modelos comerciales y administrativos seculares, crecimiento anormal de la iglesia o técnicas de orientación, formas extremas de "religión de poder" (que requieren señales y prodigios milagrosos), confiar en el gobierno para que haga lo que debería estar haciendo la iglesia, y una gran cantidad de otras alianzas erróneas debilitan a nuestras congregaciones robándole la verdadera vitalidad espiritual basada en la Biblia.[26] Por lo que respecta a los "calumniadores" (v. 11), los círculos cristianos están plagados de rebeldía contra la autoridad, distorsión de los puntos de vista del oponente y difamación.

El contraste general que establece Pablo entre relacionarse con los pecadores no cristianos y no hacerlo con los cristianos impenitentes se ha invertido de manera casi exacta en grandes sectores de la iglesia de nuestro tiempo. Promovemos toda clase de separatismo ofreciendo alternativas cristianas a las instituciones y actividades seculares. De este modo podemos pasar confortablemente la mayor parte de nuestra vida en escuelas cristianas, reuniones de la iglesia, ligas deportivas cris-

---

24. Ver Tom Sine, *Wild Hope* (Dallas: Word, 1991), todo el libro en general y particularmente en 282–84.
25. Prior, *1 Corinthians*, 80, 83.
26. Quienes quieran considerar incisivos compendios y críticas un poquito exageradas de estas idolatrías, pueden ver Os Guinness y John Steel, *No God but God* (Chicago: Moody, 1992); y Michael Horton, ed., *Power Religion* (Chicago: Moody, 1992).

tianas, programas de aerobic llevados a cabo en instalaciones eclesiales, etc., en pocas palabras, en grupos de comunión para prácticamente cualquier actividad humana significativa, ¡para no tener que interactuar de ninguna manera íntima con los no cristianos![27] De hecho, la mayoría de adultos norteamericanos que se convierten al cristianismo están tan saturados con las nuevas relaciones y actividades que a los pocos años de su conversión no conocen prácticamente a ningún no cristiano lo suficiente como para poder desarrollar algún tipo de evangelización a través de la amistad.[28]

En marcado contraste con esta situación tenemos la idea más bíblica de Tony Campolo sobre el reino de Dios como una fiesta de cumpleaños para prostitutas con cena nocturna a las 3:00 de la madrugada.[29] Así, existen también un buen número de ministerios urbanos por todo el país y el mundo que se esfuerzan por alojar a los sin techo, encontrar trabajos para los desempleados, ofrecer una atención sanitaria asequible a los indigentes o entretenimiento alternativo a los niños de los barrios conflictivos, todo ello en el nombre de Jesús, con vistas a llevar la luz del evangelio a los sectores de nuestra sociedad donde el pecado es más visible. Pero, naturalmente, en los barrios residenciales y zonas rurales se dan también toda una gama de problemas, con personas igualmente necesitadas de atención y salvación. Al margen, pues, de dónde vivamos, la comunión cristiana debería ser un revitalizador retiro periódico de nuestra habitual implicación con los inmorales e incrédulos de nuestro mundo, y no al revés. Y aquellos que enfrentan un obstáculo mayor por trabajar a todo tiempo en organizaciones cristianas han de redoblar sus esfuerzos para pasar tiempo con sus vecinos no cristianos, como voluntarios en escuelas públicas, organizaciones ciudadanas y actividades de este tipo.

Los versículos 12–13 contrastan, también marcadamente, con el programa político típico de la llamada derecha religiosa. Hemos intentado, a menudo sin éxito, cristianizar a la sociedad mediante leyes antiabortistas, campañas a favor de la oración en las escuelas públicas, la elección

---

27. Cf. Prior, *1 Corinthians*, 83: Hay "una acuciante necesidad de que los cristianos supriman innumerables reuniones de la iglesia para que puedan encontrar el debido tiempo para reunirse con personas que no creen".
28. Sobre este asunto, ver especialmente Joseph C. Aldrich, *Life-Style Evangelism* (Portland: Multnomah, 1981).
29. Anthony Campolo, *El reino de Dios es una fiesta* (Miami, Fl: Ed. Betania, 1993), 3–9. Hay informes contradictorios sobre si la historia que cuenta Campolo es o no un hecho real. Pero, sea como sea, la visión va por buen camino.

de políticos que coinciden más con nuestras clasificaciones evangélica-
mente correctas, muchas veces a expensas de dedicar la mayor parte de
nuestras energías a ser ejemplos de ética cristiana y de estilos de vida
contraculturales en nuestra vida personal e iglesias locales.

Efesios 3:4–11 nos recuerda el enorme potencial evangelizador de
una comunidad cristiana que integra a personas que, desde un punto de
vista humano, tienen pocas o ninguna razón para reunirse, y menos aún
para congeniar, totalmente aparte de cualquier patente activismo político o social. Una congregación santa, que con una actitud misericor-
diosa y generosa limpia su propia casa para preservar su pureza, pero
que no espera las mismas normas de obediencia de los no regenera-
dos, puede producir un profundo impacto en un mundo profano. Por
citar una vez más a Prior: "El mundo está esperando ver una iglesia
así, una iglesia que se toma en serio el pecado, que disfruta plenamente
del perdón, que cuando se reúne combina una gozosa celebración con
un impresionante sentido de la inmediatez y autoridad de Dios". Pero
"esto nunca sucederá si nos negamos a entrar en un contacto costoso y
compasivo con los hombres y las mujeres de este mundo".[30]

---

30. Prior, *1 Corinthians*, 79. Las alternativas son aterradoras. William Pannell presenta
un panorama posible en su obra *The Coming Race Wars?* (Grand Rapids: Zondervan,
1993).

1 Corintios 6:1–11

Si alguno de ustedes tiene un pleito con otro, ¿cómo se atreve a presentar demanda ante los inconversos, en vez de acudir a los creyentes? ² ¿Acaso no saben que los creyentes juzgarán al mundo? Y si ustedes han de juzgar al mundo, ¿cómo no van a ser capaces de juzgar casos insignificantes? ³ ¿No saben que aun a los ángeles los juzgaremos? ¡Cuánto más los asuntos de esta vida! ⁴ Por tanto, si tienen pleitos sobre tales asuntos, ¿cómo es que nombran como jueces a los que no cuentan para nada ante la iglesia? ⁵ Digo esto para que les dé vergüenza. ¿Acaso no hay entre ustedes nadie lo bastante sabio como para juzgar un pleito entre creyentes? ⁶ Al contrario, un hermano demanda a otro, ¡y esto ante los incrédulos!

⁷ En realidad, ya es una grave falla el solo hecho de que haya pleitos entre ustedes. ¿No sería mejor soportar la injusticia? ¿No sería mejor dejar que los defrauden? ⁸ Lejos de eso, son ustedes los que defraudan y cometen injusticias, ¡y conste que se trata de sus hermanos!

⁹ ¿No saben que los malvados no heredarán el reino de Dios? ¡No se dejen engañar! Ni los fornicarios, ni los idólatras, ni los adúlteros, ni los sodomitas, ni los pervertidos sexuales, ¹⁰ ni los ladrones, ni los avaros, ni los borrachos, ni los calumniadores, ni los estafadores heredarán el reino de Dios. ¹¹ Y eso eran algunos de ustedes. Pero ya han sido lavados, ya han sido santificados, ya han sido justificados en el nombre del Señor Jesucristo y por el Espíritu de nuestro Dios.

Sentido Original

Pablo pasa a un segundo ejemplo para explicar que el juicio de lo que sucede en el ámbito de la iglesia ha de llevarse a cabo *dentro* y no fuera de ella. El pecado del grupo libertino que el apóstol trata en este pasaje tiene que ver con la práctica de denunciar a otros cristianos ante los tribunales seculares. En resumen, desarrolla dos puntos principales: (1) si se producen disputas que requieren intervención, esta ha de llevarse a cabo dentro de la comunidad cristiana; y (2) es mejor aceptar el agravio que pedir una indemnización, tanto en un contexto secular como cristiano.

Esta sección comienza con la indignación de Pablo por lo que está sucediendo. El versículo 5 demuestra que las palabras "alguno de ustedes" y "otro" del versículo 1 aluden a otros cristianos. La palabra que se traduce como "pleito" significa literalmente "asunto, práctica, o cosa", pero es evidente que en este contexto implica una queja legal. Los litigios helenistas más comunes eran pleitos sobre la propiedad. El verbo "defraudar" del versículo 8 da a entender que se trata, precisamente, de alguna queja sobre asuntos de propiedades u operaciones comerciales.[1] Si esto es lo que estaba sucediendo en Corinto, los litigantes estaban, entonces, entre la minoría de creyentes ricos de la congregación (y, de nuevo, posiblemente entre sus patrones), puesto que la inmensa mayoría de personas en aquellos días no poseían tierras ni casas.[2] La palabra "santos" alude a los cristianos, no a creyentes especialmente virtuosos, de manera que "impíos" debe referirse a los no cristianos en general. No hay, pues, aquí ninguna crítica concreta de corrupción en los tribunales romanos, aunque tal corrupción era corriente. Es probable que, de hecho, Pablo recordara agradecido el ecuánime trato que había recibido de Galión, el procónsul romano, durante su estancia en Corinto (Hch 18:12–17).

Los versículos 2–3 presentan ejemplos paralelos de la lógica de argumentar "de mayor a menor". Siguiendo Daniel 7:22, Pablo les recuerda a los corintios que ellos ayudarán a Jesús a administrar el juicio al mundo no cristiano (tanto a personas como a ángeles). Sin duda, por tanto, han de ser competentes para administrar las disputas terrenales que puedan darse entre ellos. La expresión "casos insignificantes" (v. 2) no significa que los litigios de los corintios no fueran serias ofensas, sino simplemente que cualquier litigio humano es trivial cuando se lo considera en vista del día del juicio.

La traducción de la NVI en el versículo 4 está lejos de la lectura alternativa de su nota marginal: "¡nombren como jueces aun a los que no cuentan para nada ante la iglesia!" (cf. NASB, RSV, NEB). Si la traducción alternativa fuera correcta, significaría que, cuando se trata de dirimir disputas entre creyentes, es preferible que actúe como juez aun el cristiano menos competente que un no cristiano. Sin embargo, es más pro-

---

1. Una opción menos verosímil es que la "disputa" del versículo 1 hace de nuevo referencia al problema del capítulo 5: aquella inmoralidad habría ocasionado la causa judicial que se presenta aquí. Peter Richardson, "Judgment in Sexual Matters in 1 Corinthians 6:1–11", *NovT* 25 (1983): 37–58, presenta esta sugerencia.

2. Ver especialmente Alan C. Mitchell, "Rich and Poor in the Courts of Corinth: Litigiousness and Status in 1 Corinthians 6.1–11", *NTS* 39 (1993): 562–86.

bable que Pablo haya construido una pregunta paralela al versículo 2b, en que este formula una cláusula "si ... entonces", que culmina con una pregunta retórica. La lectura de la NVI aludiría a los jueces no cristianos. La expresión "los que no cuentan para nada" significa literalmente "los despreciados" y aludiría, por tanto, a la actitud normal de los corintios hacia el sistema judicial no cristiano, excepto, irónicamente, cuando podían obtener algún beneficio económico al recurrir a ellos.[3]

El versículo 5 contrasta con 4:14. Ahora Pablo está dispuesto a avergonzar a los corintios. Sus litigios le indignan aun más que sus divisiones, puesto que comprometen esencialmente su testimonio ante un mundo que les observa y que está presto a ridiculizar y rechazar a la iglesia en tales ocasiones. "¿Acaso no hay entre ustedes nadie lo bastante sabio [...]?" pregunta con aguda ironía, teniendo en cuenta que los corintios pretendían andar sobrados de sabiduría (4:10). Pero Pablo cree también, probablemente muy en serio, que entre los piadosos (¿una minoría?) de la iglesia, algunos llevan las marcas de la verdadera sabiduría cristiana (2:6) y quizá también la formación legal, para poder intervenir de manera constructiva. La palabra "creyente" del versículo 5 es literalmente "hermano", igual que en el versículo 6.

Los versículos 7–8 pasan a desarrollar la más radical de las dos ideas de Pablo. Una mejor traducción de la expresión "haya pleitos" (v. 7) sería "tengan juicios" y no se limita a los litigios dentro de un contexto secular. Tanto dentro como fuera de la iglesia, la actitud de exigir los propios derechos es diametralmente opuesta a la enseñanza y ejemplo de Cristo (Mt 5:39–42; 1P 2:23). Si dos cristianos no consiguen resolver sus desacuerdos sin llegar a un litigio secular o a un arbitraje cristiano, algo anda esencialmente mal. Mejor sufrir el agravio —Dios vindicará un día todas las injusticias— que alejar a otro creyente exigiendo una compensación.

El fraude y la injusticia que suscitan los litigios y que pueden incluso exacerbarse en estos casos llevan automáticamente a Pablo a pensar en los "malvados" de manera más general (v. 9; de la misma raíz griega que "defrauden" y "cometen injusticias" en los vv. 7–8). Así, como en 5:10–11, Pablo advierte sobre el peligro de ser arrastrado por la vorágine de una conducta que, en definitiva, lleva a cuestionarse la propia salvación.

---

3. Cf. la paráfrasis de Reginald H. Fuller, "First Corinthians 6:1–11: An Exegetical Paper", *Ex Auditu* 2 (1986): 100: "¿Están designando a las personas a quienes como iglesia desprecian?".

Aparece otra lista de vicios, singularmente a medida de las perversiones más comunes y ofensivas de los corintios. Reaparecen los mismos elementos que Pablo menciona en el capítulo 5, junto a otros cuatro nuevos. Si algo tienen en común, "parece ser que todos ellos representan alguna forma de implacable autogratificación, que pasa por alto los derechos de los demás".[4] La presencia de "ladrones" no sorprende en una enumeración estimulada por el pensamiento de los litigios existentes en la iglesia. Los "adúlteros" siguen de manera natural a una referencia general a los "fornicarios", lo mismo que los "sodomitas" y "pervertidos sexuales", aunque estos dos términos se entienden mejor como una referencia a los miembros más pasivos y más activos, respectivamente, de los actos homosexuales entre hombres.[5] Al utilizar nombres que solo se aplican a los individuos tras un persistente pecado en una determinada área, Pablo deja claro que las caídas temporales no hacen que las personas pierdan la salvación. Como explica Prior: "Pablo no está hablando de actos aislados de injusticia, sino de la persistente forma de vida de quienes de este modo mostrarían que son ajenos al reino de verdad y luz"[6] (cf. 1Jn 3:4–10).

Pablo concluye con una nota más esperanzadora (v. 11). Esta clase de conducta caracterizó la vida anterior de muchos de los corintios, pero ahora han abandonado, en general, tales prácticas. ¡Por consiguiente, deberían ser también capaces de abandonar la práctica de llevarse ante los tribunales unos a otros! Para acentuar la nueva santidad de carácter que Dios les ha imputado y en la que están creciendo de manera progresiva pero irregular, Pablo termina esta sección con un recordatorio de que han sido lavados (interiormente, pero posiblemente también con el rito externo del bautismo en mente), hechos santos ("santificados") y declarados justos ("justificados"). La intervención de Jesús y del Espíritu de Dios como agentes representa una importante referencia trinitaria implícita que da el toque final al párrafo.

Construyendo Puentes

Al comienzo, es crucial observar tanto las limitaciones contextuales como la ausencia de limitaciones que aparecen en este pasaje. Por una parte, no se dice nada explícito sobre si los cristianos pueden o no demandar a ins-

---

4. Watson, *First Corinthians*, 56.
5. Ver, p. ej., David E. Malick, "The Condemnation of Homosexuality in 1 Corinthians 6:9", *BSac* 150 (1993): 479–92.
6. Prior, *1 Corinthians*, 89.

tituciones no cristianas o seculares como empresas o el propio gobierno. No obstante, los versículos 6–8 implican, sin duda, principios de aplicación más amplios, especialmente sobre el potencial descrédito que los litigios pueden traer para el cristianismo ante aquellos que no creen.

La pregunta clave es si un determinado litigio servirá o no para el avance del evangelio, como demuestra sistemáticamente la utilización condicionada de los tribunales romanos que Pablo hace en los relatos del libro de los Hechos (ver exposición anterior al respecto en la nota 24 de 4:1-21) Hay también una diferencia clave entre reivindicar justicia para otras personas que han sido privadas de sus derechos e intentar vengar los agravios que se han cometido contra nosotros.[7] Por otra parte, dentro de los círculos cristianos no hay restricciones de la prohibición de Pablo. En otras palabras, no sería correcto decir que, puesto que mi queja no tiene que ver con asuntos de propiedades, los principios de Pablo no se aplican a mi situación. La vergüenza que se menciona en los versículos 6–7 seguiría siendo de aplicación.

Los criterios para determinar si hay o no que denunciar a un no cristiano en una determinada situación tienen mucho en común con los que habría que usar para decidir si pedir o no una compensación dentro de la comunidad cristiana por el agravio de otro creyente. En ocasiones, este tipo de quejas demuestran ser legítimas y hay que buscar soluciones, aunque siempre dentro de la iglesia. Su herencia judía proporcionaba a Pablo modelos ya preparados de este tipo de conciliación, desde la designación de jueces por parte de Moisés durante el vagar de Israel por el desierto hasta el uso rabínico de las sinagogas como tribunales y de sus responsables como administradores de justicia. El mundo grecorromano estaba plagado de litigios, pero los judíos tenían prohibido acudir a los tribunales paganos para dirimir sus problemas.

Históricamente, entre los cristianos, el catolicismo medieval puso en práctica con mayor frecuencia modelos parecidos, creando un laberinto de cortes y tribunales eclesiásticos. Sin embargo, desde la Reforma, los protestantes, y cada vez más también los católicos, han utilizado a la iglesia para resolver las contiendas de orden claramente religioso y han permitido a sus miembros utilizar al estado para todo lo demás. El Movimiento Alternativo de Resolución de Disputas (ADR), tanto

---

7. Fee observa en *First Corinthians*, 238, que los litigios deben ser el último recurso aun en el caso de los no cristianos. Solo se justificaría plenamente si el litigio en cuestión "surge de una preocupación por la persona defraudada y por todos aquellos que podrían ser completamente arrastrados".

dentro de las comunidades cristianas como seculares ha comenzado hace poco a cambiar ligeramente esta tendencia. Este es un lugar, sin embargo (contrastar nuestros comentarios sobre 5:9–13), en que las alternativas cristianas no son solo deseables, sino preceptivas.

Las afirmaciones de Pablo en los versículos 2a y 3 (sobre el hecho de que los creyentes tienen que juzgar al mundo y a los ángeles) están subordinadas a sus preguntas de los versículos 2b y 4 (sobre su competencia para generar jueces para la iglesia). Sin embargo, sí nos recuerdan que Mateo 19:28, con su referencia al juicio de las doce tribus de Israel por parte de los doce discípulos, no otorga ningún privilegio especial a los apóstoles, puesto que todos los creyentes participarán en el juicio de la humanidad no redimida.

Los versículos 1–6 ofrecen en su conjunto una importante ilustración de 5:12b. (Los cristianos han de juzgar a los de dentro, no a los que están fuera de sus círculos) y nuevamente nos recuerdan que 2:15 y 4:3 no pueden tomarse como prohibiciones absolutas contra todas las formas de juicio (ver exposición anterior al respecto). La presunta contradicción entre 6:2 (los creyentes juzgarán al mundo) y 5:12a (los cristianos no han de juzgar a los de fuera de la iglesia) desaparece cuando se entiende que el primer versículo alude a algo que sucederá con el regreso de Cristo, mientras que el segundo presenta una restricción que se aplica a lo que no hay que hacer antes de dicho regreso. La motivación por medio de la culpa (v. 5) es difícil de aplicar en culturas que no están tan dominadas por la vergüenza como el antiguo mundo mediterráneo. La autoestima cristiana es importante, y la falsa culpa puede ser muy destructiva. Sin embargo, cuando una persona es objetivamente culpable, una cierta cantidad de vergüenza —que le ayude a reconocer que ha cometido un pecado— puede y debe llevar a tal persona a un apropiado arrepentimiento.[8]

Los versículos 7–8 subrayan de manera más general un elemento cardinal de la vida cristiana, a saber, la voluntaria renuncia de los propios derechos para servir a los demás (cf. Fil 2:1–11). Los capítulos 8–10 desarrollarán este tema con gran lujo de detalle. El versículo 8 nos recuerda que, aun en litigios aparentemente legítimos, los demandantes acaban, a menudo, reivindicando indemnizaciones excesivas. En ocasiones, la teoría legal secular ha reconocido también que el propio

---

8. Cf. S. Bruce Narramore, *No Condemnation* (Grand Rapids: Zondervan, 1984), 26–34; Paul Tournier, *Guilt and Grace* (Nueva York: Harper and Row, 1962), 63–71 [en español, *La culpa y la gracia* (Terrassa, Barcelona: Editorial Clie, 2002)].

proceso de la denuncia deshumaniza, casi inevitablemente, a las partes implicadas.[9]

Como en el caso de 3:16–17, los versículos 9–11 han de considerarse como una advertencia real y no meramente hipotética. El versículo 11 sugiere que Pablo considera a la mayoría de los corintios como realmente salvos, pero la doble afirmación de que los impíos no heredarán el reino (vv. 9–10) no tendría sentido si no temiera que al menos algunos de ellos podían estar haciéndose pasar por creyentes. Naturalmente, ninguno de estos pasajes puede resolver la controversia entre calvinistas y arminianos acerca de la seguridad eterna, y las interpretaciones de ambas tradiciones pueden encajar igualmente bien en este texto.

Sin lugar a dudas, la controversia más importante que rodea la lista de vicios de los versículos 9–10 alude a las dos palabras que describen a los transgresores homosexuales. Como en Romanos 1:24–27, el modo en que se consignan los pecados de índole homo y heterosexual sugiere que ninguno de ellos es mejor o peor que el otro. No se pueden utilizar estos versículos para afirmar que es imposible ser cristiano y, al mismo tiempo, tener relaciones homosexuales, ¡a no ser que se esté dispuesto a decir lo mismo de quienes cometen adulterio o muestran avaricia! En todos estos casos, los verdaderos cristianos han de reconocer que su conducta es pecaminosa e intentar cambiarla. La presencia de una persistente rebeldía hace cada vez más cuestionable cualquier profesión de fe previa. El pasaje de Romanos 1 deja también claro que Pablo considera del mismo modo a todos los homosexuales, hombres y mujeres por igual, aunque aquí solo se mencione a los hombres.

Es más, es importante subrayar que en esta lista predominan las acciones sobre las orientaciones. Aunque no es correcto afirmar que en el mundo antiguo no se conocía la homosexualidad como orientación de la persona, sino solo como práctica,[10] sí es cierto que una predisposición no tiene por qué llevar necesariamente a la práctica del pecado. La soltería sigue siendo la alternativa bíblica al matrimonio heterosexual para las personas de cualquier orientación que no encuentran un cónyuge permanente del sexo contrario. Tampoco es lingüísticamente posible limitar el tipo de conducta homosexual que Pablo describe ni a la pederastia (relaciones sexuales de hombres adultos con

---

9. Robert D. Taylor, "Toward a Biblical Theology of Litigation: A Law Professor Looks at 1 Cor. 6:1–11", *Ex Auditu* 2 (1986): 105–16, esp. 110–13.

10. Como lo demuestra James B. De Young, "The Source and New Testament Meaning of ΑΡΣΕΝΟΚΟΙΤΑΙ, with Implications for Christian Ethics and Ministry", *Master's Seminary Journal* 3 (1992): 191–215.

niños y adolescentes) ni a la prostitución homosexual (sexo esporádico a cambio de dinero entre individuos no comprometidos en una relación permanente).[11]

Todos los pecados enumerados en los versículos 9–10 tienen en común la indulgencia y el fin egoísta que persiguen. Desde una perspectiva espiritual, estos llegan también a ser autodestructivos. Es, por tanto, sumamente importante que los cristianos no se olviden de su pasado (v. 11). Naturalmente, Pablo sabe que no siempre es así, e invoca de nuevo la lógica que tanto le gusta y que dice: "conviértanse en lo que ya son".

Significado Contemporáneo

Como en el capítulo 5, 1 Corintios 6 presenta una enseñanza que no se conoce u obedece tanto como debería en los círculos cristianos. Nuestra sociedad rivaliza y posiblemente sobrepasa a la antigua Corinto en su pasión por acudir a los tribunales. Los cristianos se unen ávidamente a la refriega, denunciando a otros cristianos, y aún más a menudo a iglesias y organizaciones paraeclesiales cuyas compañías de seguros tienen "carteras más abultadas". Los jurados dictan casi siempre veredictos que otorgan sustanciosas indemnizaciones a los demandantes y que dejan, a veces, a las organizaciones en difíciles situaciones económicas.

En un contexto más amplio, el concepto general de renunciar a los propios derechos parece ridículo en una cultura inmersa en defenderlos. Tanto los derechos de la mujer como los derechos civiles, los derechos de los homosexuales, la teología de la liberación e incluso los llamados "derechos inalienables" de la Constitución de los Estados Unidos contienen importantes elementos cristianos, pero también deben su existencia a notorias influencias seculares y hasta anticristianas.[12]

No obstante, hay prometedoras señales en el Movimiento Alternativo de Resolución de Disputas (ADR), que lleva a cabo una campaña en el ámbito secular para la resolución de litigios fuera de los tribunales y la aplicación de innovadores métodos legales para evitar completamente

---

11. Ver especialmente David F. Wright, "Homosexuals or Prostitutes? The Meaning of Arsenokoitai (1 Cor. 6:9, 1 Tim. 1:10)", *VC* 38 (1984): 125–53; cf. Talbert, *Corinthians*, 23–25.

12. Cf. Mark A. Noll, *One Nation Under God?* (San Francisco: Harper and Row, 1988); con Richard A. Fowler y H. Wayne House, *Civilization in Crisis* (Grand Rapids: Baker, 1988).

los litigios formales. En los círculos cristianos han surgido numerosos servicios y sociedades de conciliación, algunos a nivel nacional y otros como ministerios locales.[13]

Las iglesias han de llegar más lejos:

> La comunidad de la fe no solo educa a sus miembros en el arte de la reconciliación, sino que pone al alcance del mundo en general el proceso para conseguirla. Esta clase de proyectos, al igual que los seminarios de gestión de conflictos, programas de reconciliación entre víctimas y ofensores y los departamentos universitarios de pacificación dan testimonio de la vida de la nueva era y ofrecen un nuevo camino para quienes están atrapados en la antigua.[14]

Por otra parte, sigue habiendo muchos cristianos anónimos que persisten en obedecer las palabras de Pablo y se niegan a denunciar a otros creyentes o instituciones cristianas aun cuando tienen quejas legítimas y son animados por otros cristianos a ajustar cuentas. No hay duda de que a los medios de comunicación de nuestros días les encanta, por un lado, lanzarse sobre las historias de confrontación entre cristianos y, por otro, obviar numerosos acontecimientos y ministerios que mostrarían una imagen más positiva de los creyentes.[15] Ciertamente, sigue siendo importante que nos preocupemos por no lavar nuestros trapos sucios en público.

Los versículos 9–11 plantean nuevamente todos los asuntos relativos a las definiciones buenas y malas de la carnalidad que tratamos en 3:1–4. El asunto de la homosexualidad merece de nuevo un comentario especial. El texto bíblico no puede forzarse bajo ninguna circunstancia para defender la frecuente afirmación en el sentido de que Dios creó a las personas homosexuales con esas inclinaciones. La existencia de algún elemento genético que predisponga a la homosexualidad sigue siendo un asunto por determinar, sin embargo, como sucede con las propensiones inherentes al alcoholismo, la violencia o a ciertas enfermedades, tal elemento, de demostrarse, sería una derivación de la caída,

---

13. Ver especialmente H. Wayne House, "Reconciling Disputes Among Christians", en *Christian Ministries and the Law*, ed. H. Wayne House (Grand Rapids: Baker, 1992), 79–88, donde se presenta una descripción del proceso de conciliación cristiano, y el "Apéndice D", 219–20, que ofrece un muestreo de algunos de los ministerios cristianos de conciliación de Norteamérica.

14. Snyder, *First Corinthians*, 77.

15. Esto forma parte de la polarización general del discurso público hábilmente documentada en James D. Hunter, *Culture Wars* (Nueva York: Basic Books, 1991).

no de la creación.[16] Es igualmente crucial entender que las predisposiciones genéticas nunca eximen a los humanos de las normas bíblicas relativas a la conducta moral, ni de su responsabilidad ante Dios en vista de ellas. Por ello, quienes están predispuestos al alcoholismo, por ejemplo, podrían tener que imponerse severas restricciones, como la abstinencia total, que serían innecesarias para otras personas. Pero esto no significa que, para ellos, la embriaguez sea moralmente aceptable. De igual manera, quienes están predispuestos a las prácticas homosexuales pueden tener que controlarse también con mayor cuidado; sin embargo, esto no convierte al pecado en un estilo de vida divinamente ordenado.

Por otra parte, los factores sociales sorprendentemente consistentes que llevan a estas personas a "salir del armario" sugieren que, con demasiada frecuencia, el elemento de la "crianza" en el debate naturaleza / crianza ha sido, probablemente, subestimado.[17] Al fin y al cabo, teniendo en cuenta que la inmensa mayoría de los homosexuales no procrea, las simples leyes de las matemáticas llevan a la inexorable conclusión de que la homosexualidad habría desaparecido sustancialmente a lo largo de los siglos si en ella hubiera un elemento pura o predominantemente genético.

No puede, sin embargo, negarse que los cristianos conservadores han tratado con frecuencia a los homosexuales de un modo mucho más injurioso que a otros pecadores. Existe una clara discriminación contra la comunidad homosexual que hay que combatir cuando, por ejemplo, se limitan las oportunidades de empleo de estas personas en trabajos donde su conducta sexual es irrelevante. Especialmente en nuestras iglesias existe una auténtica homofobia (temor a relacionarse con los homosexuales) que no es lo mismo que tener una opinión sobre la moralidad de la conducta homosexual. No obstante, el movimiento "políticamente correcto" ha exagerado a menudo burdamente la extensión de dicha homofobia y ha aplicado de manera incorrecta esta eti-

---

16. Hay un tratamiento más general y equilibrado de la teología de la homosexualidad, en el libro de Richard F. Lovelace, *Homosexuality and the Church* (Old Tappan, N.J.: Fleming Revell, 1978).

17. En el caso de los homosexuales varones, es especialmente común la ausencia de un modelo positivo de rol masculino. Ver especialmente Elizabeth Moberley, *Psychogenesis: The Early Development of Gender-Identity* (Londres: Routledge, Kegan y Paul, 1983); ídem, *Homosexuality: A New Christian Ethic* (Greenwood, S.C.: Attic Press, 1983).

queta a los creyentes que se esfuerzan de manera amorosa y compasiva por afirmarse en las normas bíblicas.

El versículo 11 nos hace recordar otro punto crucial de este debate, y es que, con la ayuda de Dios, la homosexualidad puede abandonarse. Tanto la experiencia de los corintios como la de personas de nuestro tiempo demuestran que una persona homosexual puede convertirse en heterosexual y vivir en un afectuoso y gratificante matrimonio, aunque este supone, a menudo, un proceso largo y requiere una dura lucha.[18] Como en el caso de los servicios de conciliación, existe un número creciente de ministerios nacionales y locales que facilitan estas conversiones.[19] Estos ministerios deberían ser muy bien recibidos y apoyados con entusiasmo por todos los cristianos.

Estos mismos principios se aplican a menudo a los individuos y organizaciones que trabajan con víctimas del SIDA. También aquí los cristianos han tenido la tendencia de posicionarse en dos extremos no bíblicos. Algunos atribuyen esta epidemia a un juicio directo de Dios contra el pecado y no encuentran, por tanto, muchas razones para intervenir, ni en el campo de la investigación médica ni en el de los cuidados de estos enfermos. Pero esta actitud condena injustamente a inocentes hemofílicos y a otras personas que no han contraído el SIDA por ninguna práctica pecaminosa propia. Por otra parte, esta postura asume también una correlación más directa entre la enfermedad y la intervención de Dios de lo que, por regla general, se presenta en la Escritura. Por lo general, Dios guarda su retribución para el día del juicio.

Por otro lado, se trata de una pandemia que podría erradicarse casi por completo si se siguiera ampliamente una ética sexual bíblica y se practicara la prueba del virus antes del matrimonio. ¡Qué trágico que en una cultura tan comprometida con la educación sexual y con la salud corporal se siga vituperando y rechazando la propuesta de la abstinencia fuera del matrimonio heterosexual! Completamente aparte de sus fundamentos religiosos, esta práctica produciría los resultados que nuestra sociedad secular tanto desea, aunque, esto sí, al "imposible" coste de limitar la libertad humana para ser indulgente con uno mismo.

---

18. Cf., p. ej. William Consiglio, *Homosexual No More* (Wheaton: Victor, 1991); Darlene Bogle, *Strangers in a Christian Land* (Old Tappan, N.J.: Fleming Revell, 1990); y Gerard van der Aardweg, *Homosexuality and Hope* (Ann Arbor, Mich.: Servant, 1985).
19. Tengo sobre todo en mente la red nacional de organizaciones bajo la cobertura de Exodus International. J. Isamu Yamamoto, *The Crisis of Homosexuality* (Wheaton: Victor, 1990) presenta una buena antología de acercamientos para ayudar a la iglesia a "promover la esperanza y las curaciones de gays y lesbianas".

1 Corintios 6:12–20

"**odo me está permitido**», pero no todo es para mi bien.
«   «Todo me está permitido», pero no dejaré que nada me
         domine. ¹³ «Los alimentos son para el estómago y el estó-
mago para los alimentos»; así es, y Dios los destruirá a ambos.
Pero el cuerpo no es para la inmoralidad sexual sino para el
Señor, y el Señor para el cuerpo. ¹⁴ Con su poder Dios resucitó
al Señor, y nos resucitará también a nosotros. ¹⁵ ¿No saben que
sus cuerpos son miembros de Cristo mismo? ¿Tomaré acaso
los miembros de Cristo para unirlos con una prostituta? ¡Jamás!
¹⁶ ¿No saben que el que se une a una prostituta se hace un solo
cuerpo con ella? Pues la Escritura dice: «Los dos llegarán a ser
un solo cuerpo.» ¹⁷ Pero el que se une al Señor se hace uno con
él en espíritu.

¹⁸ Huyan de la inmoralidad sexual. Todos los demás pecados
que una persona comete quedan fuera de su cuerpo; pero el que
comete inmoralidades sexuales peca contra su propio cuerpo.

¹⁹ ¿Acaso no saben que su cuerpo es templo del Espíritu Santo,
quien está en ustedes y al que han recibido de parte de Dios?
Ustedes no son sus propios dueños; ²⁰ fueron comprados por un
precio. Por tanto, honren con su cuerpo a Dios.

Sentido Original   Los versículos 9–11 han sido una transición natural
para regresar a la esfera general de la ética sexual, el
tema que se seguirá desarrollando en los versículos
12–20. Aquí aparece el tercer error de los libertinos
que encontramos en los capítulos 5–6. Después de tratar los problemas
del hombre incestuoso (5:1–13) y los litigios entre creyentes (6:1–11),
Pablo pasa ahora a hablar de la inmoralidad sexual en general, aunque
expresada de manera especial en la prostitución, por la que Corinto era
vergonzosamente conocida.

Con el versículo 12 Pablo da comienzo a un patrón que irá apareciendo de manera recurrente en el resto de la carta, a saber, citar un
eslogan de los corintios, dándole con ello un cierto apoyo, para hacer
a continuación una inmediata e importante puntualización. Estas consignas corintias (que en este pasaje son las tres locuciones de los ver-

sículos 12–13 que la NVI consigna entre comillas) comparten cuatro características: (a) son breves, sucintas y proverbiales; (b) reflejan las creencias del sector libertino de la iglesia; (c) es posible que el propio Pablo las hubiera pronunciado en un contexto específico; y (d) fuera de dicho contexto inducían tanto al error que era casi inevitable que se produjeran conclusiones equivocadas.

En el versículo 12 se cita dos veces el primer eslogan (cf. también 10:23): "Todo me está permitido". Pablo podría haber pronunciado estas palabras en el contexto de la libertad cristiana de la ley. El eslogan del versículo 13 ("Los alimentos son para el estómago y el estómago para los alimentos") podría reflejar una referencia más específica a la libertad de las leyes dietéticas judías. Sin embargo, fuera de estos contextos, tales consignas eran prácticamente una invitación a pecar, que es, según parece, lo que estaban haciendo los corintios. Por ello Pablo explica que los cristianos han de seguir sujetándose a principios morales, no porque hayan de obedecer los 613 mandamientos de la ley mosaica, sino, simplemente, porque muchas cosas no son beneficiosas ni verdaderamente liberadoras. En el texto griego del versículo 12b hay un juego de palabras que en español podría traducirse más o menos como: "Todas las cosas están en mi poder, pero yo no permitiré que nada me subyugue".[1]

No está claro si el siguiente eslogan corintio (v. 13) era como lo consigna la NVI o debería también incluir la frase "pero Dios destruirá ambas cosas" que se pone fuera de las comillas. La NVI omite otro "pero" con el que se inicia la siguiente oración gramatical —pero el cuerpo"— que podría ser la respuesta de Pablo a un eslogan más largo. En cualquier caso, parece que la observación relativamente acertada de que la comida y el estómago estaban hechos el uno para el otro llevó a los corintios a inferir que el cuerpo y la satisfacción sexual se relacionaban de manera idéntica. Bien pensado, tanto comer como tener relaciones sexuales parecen actividades limitadas a esta vida. ¡De ningún modo, dice Pablo! ¡Es posible que unos cuerpos resucitados que no tienen que comer no tengan necesidad de estómago, sin embargo, no hay ninguna duda de que habrá cuerpos de resurrección! Y la inmoralidad sexual afecta a todo el cuerpo de un modo muy distinto a lo que sucede cuando comemos en exceso, como explicará el versículo 18. Por ello, este cuerpo ha de ser dedicado al Señor en santidad y no a la impureza sexual (vv. 13b–14).

---

1. Morris, *First Corinthians*, 96.

Los versículos 15–17 forman un silogismo (un argumento en tres partes con dos premisas y una conclusión que las sigue necesariamente): (1) Los cuerpos de los cristianos son miembros de Cristo. (2) Las relaciones sexuales unen a dos seres humanos (como ya se enseñaba en Gn 2:24). (3) Por consiguiente, mantener relaciones sexuales con una prostituta une a los miembros de Cristo con una prostituta.

Evidentemente, esto no significa que tal persona sea por ello salva. Todo lo contrario: Pablo expresa su más absoluta repugnancia al relacionar algo tan impuro como la prostitución con la perfecta santidad de Cristo. El elemento de la prostitución crea también la grotesca conexión entre Aquel que representa el compromiso más decisivo y el acto que representa la más informal de las relaciones sexuales. Peor aun, se trata de una relación sexual contratada, que tipifica el abuso de un ser humano por parte de aquellos que no tienen ningún compromiso con su bien último.

Pablo reacciona comprensiblemente contra esta monstruosa incompatibilidad con el enérgico mandamiento en tiempo presente (que sugiere una acción continua) de "huir" de la *porneia*. En griego, este es el término que denota el pecado sexual en su sentido más general, aludiendo a cualquier forma de contacto sexual entre dos individuos que no están unidos en matrimonio heterosexual (v. 18a). A primera vista, sin embargo, la siguiente razón que presenta para este mandamiento parece manifiestamente falsa (v. 18b). No hay duda de que tanto la gula como la embriaguez, la propia mutilación o el suicidio son también pecados contra el propio cuerpo. La solución a este problema está en el término "cuerpo" (*soma*), que con frecuencia tiene la connotación de una persona que se comunica corporalmente con otra. Como explica Brendan Byrne:

> La persona inmoral pervierte precisamente su propia facultad interior concebida para ser un instrumento de la comunicación corporal más íntima que tiene el ser humano. Tal persona peca contra su capacidad única de comunicación corporal y en este sentido peca de manera específica "contra su propio cuerpo". Todos los otros pecados están, en este sentido y por comparación, "fuera" del cuerpo, dándole al término "cuerpo" en este versículo las fuertes connotaciones sexuales que parecen estar presentes a lo largo de todo

este pasaje. Ningún otro pecado compromete de un modo tan íntimo el propio poder de la comunicación corporal.[2]

Los versículos 19–20 aplican de nuevo la imaginería del templo, con sus connotaciones de santidad, al cuerpo del creyente. Como en 3:16–17, Pablo escribe literalmente "su [plural] cuerpo [singular]." Pero teniendo en cuenta el contexto de los versículos 12–17, es más probable que el apóstol esté todavía hablando del cuerpo de los creyentes a nivel individual, utilizando lo que los gramáticos llaman una construcción "singular distributiva". El versículo 20 alude a la costosa expiación de Jesús, que ha de hacer que los creyentes quieran glorificar a Dios en agradecimiento por la salvación que él ha comprado para ellos.

Construyendo Puentes Pablo cree, sin duda, que los absolutos morales siguen vigentes en la era cristiana (cf. Gá 5:19–23). Pero el contraste fundamental entre la era de la ley y la del espíritu tiene que ver con vivir con largas listas de normas externas frente a hacerlo amando movidos por actitudes internas que nacen de una correcta relación hacia Dios en Cristo. El sentido en que las consignas corintias siguen siendo válidas lo expresaría más adelante San Agustín en su famoso proverbio "Ama a Dios y haz lo que quieras". ¡Pero también este proverbio puede ser objeto de fáciles tergiversaciones! Los cristianos que actúan movidos por una sincera preocupación por su bienestar y el de los demás entenderán que muchas cosas son intrínsecamente nocivas o incluso adictivas. "El extraordinario hecho de la fe cristiana no es que haga a los hombres libres para pecar, sino que les hace libres para que no pequen".[3] Es más, "aquel que tiene que expresar su libertad es realmente esclavo de la necesidad de mostrar que es un hombre libre. La persona genuinamente libre no tiene nada que demostrar".[4]

La vindicación que Pablo hace del cuerpo contrarresta aquellas formas de dualismo que alegan que el mundo material, incluido el cuerpo humano, es irredimible. Aquí Pablo rebate las derivaciones hedonistas de tal filosofía; en el capítulo 7 combatirá sus contrapartidas ascéticas. Los cristianos han de guardarse siempre de un evangelio truncado

---

2. Brendan Byrne, "Sinning Against One's Own Body: Paul's Understanding of the Sexual Relationship in 1 Corinthians 6:18", *CBQ* 45 (1983): 613.
3. Barclay, *Corinthians*, 56–57.
4. Prior, *1 Corinthians*, 96.

que desea salvar las almas, pero no los cuerpos, o que es indiferente a la responsabilidad de administrar la tierra. En la misma medida en que el reino ha abierto sus puertas, hemos de comenzar a ejemplificar ya en esta vida las prioridades de cuidar unos cuerpos y un planeta que podremos perfeccionar en la vida venidera.

Ciertamente, la inmoralidad sexual y la prostitución en particular han seguido siendo un problema en casi todas las épocas y culturas. Pero el versículo 20 concluye la exposición de Pablo con una generalización que sugiere otras aplicaciones. Cualquier clase de abuso corporal deshonra a Dios. Por otra parte, no nos atrevemos a perder de vista la singular seriedad del pecado sexual que presenta el versículo 18. Los efectos de la gula son normalmente reversibles si aumentamos la sudoración y recortamos las calorías. Algunos efectos del sexo ilícito no pueden nunca anularse (aunque sí pueden, naturalmente, ser perdonados). Los recuerdos, emociones y vínculos permanecen con nosotros de por vida, aunque una promiscuidad excesiva puede, en cierto modo, adormecer o embotar finalmente nuestros sentidos.

La teología sexual de Pablo es profundamente humanizadora, por cuanto trata al ser humano con la atención y dignidad que merecen unas criaturas hechas a imagen de Dios. Pablo entiende que la sexualidad tiene unos efectos únicos en la psique de la persona. Puesto que la expresión sexual es la más íntima de las formas de relación entre seres humanos, debería reservarse para el más permanente de los compromisos interpersonales.[5] Dios estableció la monogamia de por vida como una ordenanza creacional que transciende a todas las culturas y periodos de la historia humana (v. 16). La cita de Génesis ha de leerse en contexto, como una afirmación de la intimidad y el compromiso que han de implicar las relaciones sexuales. No ofrece, ciertamente, ninguna justificación para afirmar que las relaciones sexuales constituyen en sí mismas un matrimonio. El matrimonio requiere también la primera mitad de Génesis 2:24: "Por eso el hombre deja a su padre y a su madre, y se une a su mujer", a saber, una decisiva transferencia de la lealtad de los padres al cónyuge.

El categórico mandamiento de huir constantemente de la *porneia* (v. 18) puede tener que aplicarse de manera literal, como en el caso de José

---

5. Bruce, *1 and 2 Corinthians*, 64, cita a D. S. Bailey: El versículo 16 "expresa un discernimiento psicológico de la sexualidad humana que es completamente excepcional para los parámetros del primer siglo […] Pablo insiste en que se trata de un acto que, por su propia naturaleza, involucra toda la personalidad y la expresa de tal manera que constituye un modo singular de autorrevelación y compromiso".

cuando hubo de escapar de la esposa de Potifar (Gn 39:12). Pero puede también demandar el rechazo de una amistad íntima con personas por las que uno puede sentirse impropiamente atraído, abstenerse durante el noviazgo de un contacto corporal que suscita un deseo sexual prematuro y demasiado intenso o evitar aquellos lugares donde puedan verse fácilmente publicaciones o películas pornográficas. Este mandamiento se aplica también en el plano mental cuando pensamos en aquello que no es verdadero, respetable, justo, puro, amable, digno de admiración, excelente o merecedor de elogio (Fil 4:8).

Significado Contemporáneo

Mucho de lo que hemos dicho en la aplicación de 5:1–13 encaja también aquí. En estos versículos persisten temas drásticamente contraculturales. Desde la revolución sexual de la década de 1960-70, grandes sectores de nuestro mundo moderno se han suscrito a la mentalidad que dice: "si lo sientes, hazlo". Sin embargo, cuando las personas adoptan esta clase de ética, las familias se destruyen y las adicciones sexuales acaban agobiando a muchas personas. Otro de los problemas peculiares de quienes vivimos en el mundo occidental es comer en exceso, mientras nuestros hermanos y hermanas por todo el mundo pasan hambre. Otras formas corrientes de abuso de nuestro cuerpo son beber en exceso, fumar compulsivamente, el uso de drogas, la falta de ejercicio o alimentación apropiados y la adicción al trabajo.

El punto de vista cristiano sobre la sexualidad —que propugna la abstinencia fuera del contexto del matrimonio heterosexual— tiene sentido en nuestro mundo, totalmente aparte de las principales razones de Pablo. La epidemia del SIDA se ha extendido por la subcultura de la promiscuidad heterosexual, en especial entre las prostitutas y sus compañeros sexuales. Otras enfermedades de transmisión sexual siguen extendiéndose. Los peligros de embarazos no deseados y potenciales abortos solo complican el problema. Sin embargo, la razón cristiana más fundamental para limitar las relaciones sexuales a maridos y mujeres tiene que ver con el compromiso permanente que debería estar implícito en unas relaciones personales tan íntimas. En nuestro tiempo, hombres y mujeres desafían a Dios de muchas formas y proclaman confiadamente que pueden mantener relaciones sexuales al margen de este compromiso, sin que ello tenga ningún efecto destructivo. Lo cierto es que, una y otra vez, lamentan tales decisiones. Pero este no es un pecado que podamos probar y después apartarnos de él con impunidad; hemos de confiar que Dios sabe mejor lo que nos conviene. Una vez que alguien cede a la tentación, por pequeña que parezca, van a quedar cicatrices mentales y emocionales que pueden no desaparecer nunca por completo, aunque la gracia de Dios puede sanar de manera sustancial.[6]

¿Pero qué sucede con aquellas personas que, por una u otra razón, no tienen oportunidad de casarse? ¿Cómo pueden encontrar apropiado alivio sexual para uno de los impulsos corporales más fuertes? Aunque sigue siendo un asunto controvertido y rara vez se habla de ello en los discursos públicos, parece que un limitado uso de la masturbación sería la respuesta más apropiada. Ningún texto bíblico habla directamente de esta práctica; sin embargo, si aquello que tienen en común los pecados de naturaleza sexual es la utilización impropia de otro ser humano con quien no se está completamente comprometido, entonces la propia estimulación parecería estar exenta de esta forma de abuso. Por supuesto, aunque la masturbación puede convertirse en adictiva o lujuriosa, no tiene por qué ser necesariamente así; por otra parte, un limitado uso de esta práctica sí puede evitar una impropia sexualidad interpersonal al aliviar de manera periódica intensos impulsos sexuales.[7]

---

6. Dos excelentes tratamientos de la sexualidad desde una óptica teológica son: Tim Stafford, *The Sexual Christian* (Wheaton: Victor, 1989); y Randy C. Alcorn, *Christians in the Wake of the Sexual Revolution: Recovering Our Sexual Sanity* (Portland: Multnomah, 1985). En las pp. 163–72 de su libro, Alcorn habla de la drástica reacción frente a la permisividad de los sesenta en ciertos círculos seculares más recientes. Quienes deseen ayuda para "sanar y prevenir la infidelidad en los matrimonios cristianos" ver especialmente el trabajo de Henry A. Virkler, *Broken Promises* (Dallas: Word, 1992).

7. Un significativo número de escritores cristianos contemporáneos coinciden en este asunto. Ver, p. ej., Jack O. Balswick y Judith K. Balswick, *The Family: A Christian Perspective on the Contemporary Home* (Grand Rapids: Baker, 1989), 184–87; Clifford y Joyce Penner, *The Gift of Sex* (Waco: Word, 1981), 230–36; Lewis B. Smedes, *Sex for Christians* (Grand Rapids: Eerdmans, 1976), 160–64, 243–46.

Paso ahora a los asuntos que me plantearon por escrito: «Es mejor no tener relaciones sexuales.» ² Pero en vista de tanta inmoralidad, cada hombre debe tener su propia esposa, y cada mujer su propio esposo. ³ El hombre debe cumplir su deber conyugal con su esposa, e igualmente la mujer con su esposo. ⁴ La mujer ya no tiene derecho sobre su propio cuerpo, sino su esposo. Tampoco el hombre tiene derecho sobre su propio cuerpo, sino su esposa. ⁵ No se nieguen el uno al otro, a no ser de común acuerdo, y sólo por un tiempo, para dedicarse a la oración. No tarden en volver a unirse nuevamente; de lo contrario, pueden caer en tentación de Satanás, por falta de dominio propio. ⁶ Ahora bien, esto lo digo como una concesión y no como una orden. ⁷ En realidad, preferiría que todos fueran como yo. No obstante, cada uno tiene de Dios su propio don: éste posee uno; aquél, otro.

⁸ A los solteros y a las viudas les digo que sería mejor que se quedaran como yo. ⁹ Pero si no pueden dominarse, que se casen, porque es preferible casarse que quemarse de pasión.

¹⁰ A los casados les doy la siguiente orden (no yo sino el Señor): que la mujer no se separe de su esposo. ¹¹ Sin embargo, si se separa, que no se vuelva a casar; de lo contrario, que se reconcilie con su esposo. Así mismo, que el hombre no se divorcie de su esposa.

¹² A los demás les digo yo (no es mandamiento del Señor): Si algún hermano tiene una esposa que no es creyente, y ella consiente en vivir con él, que no se divorcie de ella. ¹³ Y si una mujer tiene un esposo que no es creyente, y él consiente en vivir con ella, que no se divorcie de él. ¹⁴ Porque el esposo no creyente ha sido santificado por la unión con su esposa, y la esposa no creyente ha sido santificada por la unión con su esposo creyente. Si así no fuera, sus hijos serían impuros, mientras que, de hecho, son santos.

¹⁵ Sin embargo, si el cónyuge no creyente decide separarse, no se lo impidan. En tales circunstancias, el cónyuge creyente queda sin obligación; Dios nos ha llamado a vivir en paz. ¹⁶ ¿Cómo sabes tú, mujer, si acaso salvarás a tu esposo? ¿O cómo sabes tú, hombre, si acaso salvarás a tu esposa?

Sentido Original　　Con este pasaje comienza la segunda mitad del cuerpo de la carta, en la que Pablo pasa a tratar los asuntos que los corintios le habían planteado por carta, a saber, cuestiones relativas al matrimonio (cap. 7), la comida sacrificada a los ídolos (8:1–11:1), problemas en la adoración pública (11:2–14:40), la resurrección (cap. 15) y la recaudación de la ofrenda para los cristianos de Judea (16:1–4). Es posible que los corintios redactaran sus inquietudes en forma de preguntas o como desafíos, pero, en cualquier caso, Pablo reconoce la presencia de importantes problemas que precisan corrección.

Es posible que el apóstol esté simplemente respondiendo a las inquietudes de los corintios en el mismo orden en que ellos las habían planteado. Pero es también posible que el apóstol colocara deliberadamente su tratamiento de las preocupaciones corintias sobre el matrimonio inmediatamente después de los temas sexuales tratados en los capítulos 5–6. En cualquier caso, ahora tiene que tratar el error contrario al de la promiscuidad abordado anteriormente. Aquí, el sector ascético de la iglesia (ver p. 25) abogaba por las virtudes del celibato.[1]

La clave para una correcta comprensión de este capítulo es el reconocimiento de que 7:1 representa una reticente y matizada refrendación por parte de Pablo de un eslogan o posicionamiento corintio, como en 6:12 y 13, algo que ya reconoció Orígenes alrededor del año 200 d.C.[2] Los versículos 1–16, 17–24 y 25–40 parecen formar una estructura ABA, con dos secciones de respuesta explícita a los proponentes del celibato que encierran una exposición de ciertas situaciones de la vida en la que es bueno que el cristiano permanezca "en la condición en que estaba cuando Dios lo llamó". Aplicado a las cuestiones de celi-

---

1. Algunos autores han creído ver razones para relacionar más este movimiento en pro del celibato con un determinado género. Margaret Y. MacDonald, "Women Holy in Body and Spirit: The Social Setting of 1 Corinthians 7", *NTS* 36 (1990): 161–81, encuentra en estas palabras del versículo 34, y en el posterior ascetismo cristiano grecorromano, evidencias de que las mujeres eran más proclives a abstenerse de las relaciones sexuales. Por otra parte, Jerome Murphy-O'Connor, "The Divorced Woman in 1 Cor. 7:10–11", *JBL* 100 (1981): 601–6, cree que algunos de los maridos que tenían un punto de vista ascético eran un problema clave, al menos tras los versículos 10–11 sobre el divorcio.

2. Ver especialmente Fee, *First Corinthians*, 266–357. Cf. más brevemente, W. E. Phipps, "Is Paul's Attitude Toward Sexual Relations Contained in 1 Cor. 7.1?", *NTS* 28 (1982): 125–31. Quienes estén interesados en una buena y breve exposición de todo este capítulo en la línea que defendemos aquí, pueden ver David E. Garland, "The Christian's Posture Toward Marriage and Celibacy: 1 Corinthians 7", *RevExp* 80 (1983): 351–62.

bato y matrimonio, la idea central de Pablo subraya que los creyentes no deben apresurarse para cambiar su estado civil. Más en concreto, en todas las situaciones de la vida hay lugar para el ascetismo, aunque en ocasiones es un lugar limitado. En el matrimonio, deben prevalecer las relaciones sexuales habituales. El equilibrio de Pablo entre el extremo, por un lado, de abandonarse sin restricción a las relaciones sexuales y, por otro, de refrenarse genera una sensible posición intermedia entre la tendencia en los círculos judíos a subrayar excesivamente la importancia del matrimonio y la propensión griega (y especialmente gnóstica) a idealizar el ascetismo.

Pablo utiliza una lógica "sí, pero" como tesis para todo el capítulo. La nota a pie de la NIV ("es bueno para el hombre que no tenga relaciones sexuales con una mujer") representa el significado más probable del versículo 1b por dos motivos. En primer lugar, reconoce el versículo 1 como un dicho corintio. En segundo lugar, es una mejor traducción del eufemismo griego "tocar", como referencia a las relaciones sexuales, no al matrimonio. En el versículo 2 tenemos el matiz de Pablo: la abstinencia sexual es por lo general inapropiada para las parejas casadas. La frase "debe tener su propia esposa" no significa probablemente que debe buscarla, sino que debe "tener relaciones sexuales" con ella. La expresiones "cada hombre" y "cada mujer" han de significar, pues, "cada persona casada". Siendo muy fácil acceder a las prostitutas y las amantes (recordemos 6:12–20), los hombres corintios que no tenían relaciones sexuales con sus esposas las buscarían a menudo en otra parte.

Los versículos 3–7 presentan esta primera aplicación de la respuesta de Pablo a la facción procelibato de Corinto. Los integrantes de este grupo defendían una abstinencia total de las relaciones sexuales dentro del matrimonio, pero Pablo ve solo un papel muy limitado de tal privación. Las relaciones sexuales entre maridos y esposas deberían ser lo suficientemente frecuentes para que ninguno de los dos se sienta frustrado o tentado a engañar al otro.

La expresión "cumplir su deber conyugal" (v. 3) dice literalmente "devolver lo que debe". La frase "el propio cuerpo" (v. 4) tiene probablemente el sentido más amplio de instrumento de comunicación interpersonal, como en 6:18. "No tiene derecho sobre" debería traducirse "no tiene autoridad sobre". Las personas casadas no controlan ya sus cuerpos, sino que deben entregar a sus cónyuges su autoridad sobre ellos. La expresión "no se nieguen el uno al otro" (v. 5) debería decir probablemente: "dejen de defraudarse" (cf. KJV), es decir, dejen de privar a la otra persona de aquello que es legítimamente suyo. La única excepción legítima que Pablo contempla es el supuesto en que ambos cónyuges, de común acuerdo, se abstienen de mantener relaciones sexuales durante un periodo de tiempo muy limitado, a fin de concentrarse en la comunión con el Señor de manera intensa y excepcional. Pero aun esto Pablo lo dice solo a modo de concesión (v. 6); el apóstol no afirma nunca que las personas casadas tengan que abstenerse de mantener relaciones sexuales.[3]

El versículo 7 presenta el primer indicio de lo que Pablo declarará de manera explícita en el 8: En aquel momento Pablo está soltero y contento de estarlo. Le gustaría que todos pudieran compartir su satisfacción, pero entiende que solo algunos tienen este don, mientras que otros están dotados para el matrimonio.

En los versículos 8–9, Pablo deja de dirigirse a los que están casados en aquel momento y pasa a ocuparse de quienes lo estuvieron. El término "solteros" es, en griego, masculino y plural, y "viudas", femenino e igualmente plural (v. 8). Teniendo en cuenta que los versículos 25–38 se dirigirán a quienes nunca habían estado casados, y puesto que la palabra griega para denotar a los viudos estaba cayendo en desuso en aquel momento, deberíamos entender, probablemente, que el término solteros alude aquí a hombres cuyas esposas habían muerto.

Naturalmente, los ascetas estarían diciéndoles a viudos y viudas que no volvieran a casarse. Pablo afirma de nuevo que este podría ser un buen curso de acción, siempre, no obstante, que no conduzca a la inmoralidad sexual. La expresión "no pueden" (v. 9a) no aparece en el griego y, hasta cierto punto, induce al error. El texto dice de hecho: "si no se están controlando, deberían casarse". La expresión "de pasión" (v. 9b) representa el intento de la NVI de interpretar el verbo griego *puroomai* ("arder") y es probablemente una traducción acertada (cf. la frase de 2Co 11:29 donde Pablo afirma arder de indignación). Pero podría significar igualmente "arder en el infierno" y ser una expresión paralela a 1 Corintios 6:9–10.

---

3. Algunos consideran que el versículo 6 alude de nuevo al versículo 2 o a todo el pasaje de 2–5, en cuyo caso el matrimonio se convierte en una concesión a la preferencia de Pablo por la soltería. Sin embargo, según nuestra interpretación del versículo 2, esto es imposible, y siguiendo las concepciones más tradicionales del versículo 2 es aun menos verosímil, teniendo en cuenta que el versículo 5 es el antecedente más cercano del versículo 6 y contiene en sí una concesión explícita.

Los versículos 8–9 también dejan claro que Pablo no estaba casado. Si sus palabras se limitan aquí a las viudas y los viudos, podría ser, entonces, que también su esposa hubiera fallecido. Los rabinos estaban casi siempre casados, y los miembros del Sanedrín tenían que estarlo. Hechos 22:3 hace referencia a los estudios rabínicos de Pablo en la escuela de Gamaliel, pero no sabemos si el apóstol terminó dicha formación. En Hechos 26:10, Pablo afirma haber dado su "voto" en el Sanedrín, pero podría tratarse de una expresión metafórica para expresar su acuerdo con esta institución. Es quizá probable, por tanto, que Pablo hubiera estado casado, pero no podemos estar seguros de ello.

En los versículos 10–16, Pablo vuelve a dirigirse a quienes están casados, pero ahora lo hace en vista de una propuesta distinta de parte de los ascetas. La facción procelibato animaba al divorcio si el cónyuge no accedía a abstenerse de las relaciones sexuales. Llegados aquí, Pablo se distancia drásticamente de este grupo. Solo cuando un cónyuge no creyente abandona al cristiano puede Pablo autorizar tal ruptura (vv. 15–16). Los versículos 10–11 parecen, pues, dirigidos a aquellos matrimonios en que ambos cónyuges son creyentes.

El paréntesis en que Pablo afirma: "no yo sino el Señor" (v. 10) alude a las palabras del Jesús terrenal bien conocidas en la antigua tradición cristiana (cf. Mr 10:11–12). Quienes ya están divorciados no deben volver a casarse, para dejar la puerta abierta a una posible reconciliación con sus cónyuges. Las palabras que a lo largo de los versículos 10–16 se traducen como "separarse" y "divorciarse" se usan de manera intercambiable. Esto lo demuestra el estrecho paralelismo sinónimo que se establece entre los versículos 10a ("que la mujer no se separe de su esposo") y 11b ("que el hombre no se divorcie de su esposa"), y el paralelismo antitético que hay entre los versículos 12–13 (no deben divorciarse de quienes, aunque no creen, están dispuestos a vivir con el cónyuge cristiano) y 15 (debe permitirse que quienes no creen y desean abandonar al cónyuge creyente lo hagan). En la antigüedad, muchas personas abandonaban el matrimonio sin realizar trámites legales de divorcio, pero el resultado final era el mismo. Si hay alguna diferencia entre la esposa "que se separa" en el versículo 10 y el marido que "se divorcia" en el versículo 11, podría ser que el hombre tenía el derecho legal de divorciarse de su esposa, mientras que a la mujer no le quedaba, frecuentemente, otra opción que abandonar el matrimonio.

En los versículos 12–16, Pablo se dirige, no obstante, a los miembros de matrimonios mixtos. Entre todos los nuevos convertidos de Corinto, habría sin duda muchas parejas en las que solo se había convertido uno de los cónyuges. Algunos creyentes parecían temer que mantener relaciones sexuales con un no creyente les contaminara espiritualmente. Pablo no está de acuerdo con esta idea e insiste en que si el cónyuge no creyente accede a seguir en la relación, el creyente no debe iniciar el divorcio (vv. 12–13). En este texto no puede citar ninguna palabra del Jesús terrenal, pero se apoya directamente en su propia certeza de que Dios le está guiando o inspirando (vv. 25, 40).[4] En el versículo 14, Pablo presenta las razones de su insistencia en preservar el matrimonio: el que un miembro de la familia siga al Señor genera bendiciones indirectas para el cónyuge no cristiano y para los niños. Los términos "santificado" y "santo" no pueden, en este texto, significar "salvos", como demuestra el versículo 16, sino que aluden más bien al "impacto moral y espiritual de la vida del creyente" en el resto de la familia, haciendo que los otros miembros sean "apartados en un lugar muy especial ... como objetos de la devoción de Dios".[5]

Sin embargo, la tensión introducida por uno de los miembros de un matrimonio que, de repente, profesaba una nueva lealtad a Cristo, demostraba ser en ocasiones excesiva para el cónyuge no cristiano. Si tal persona decidía divorciarse (o separarse) de su pareja, el cónyuge cristiano no estaba obligado, en tal caso, a intentar impedir la separación (v. 15a).[6] En cualquier caso, el creyente no podía, con frecuencia, hacer nada para impedirlo. La expresión: "Dios nos ha llamado a vivir en paz" (v. 15b) ofrece otra razón por la que Pablo concede su permiso para que el no creyente abandone la relación. No hay ninguna garantía de que el cónyuge no cristiano vaya a salvarse si permanece dentro del vínculo matrimonial, y la constante tensión creada por unas lealtades divergentes empeorará posiblemente el distanciamiento del no creyente, tanto de su cónyuge como de Dios (v. 16).[7]

---

4. Así lo entienden la mayoría de comentaristas. Para Peter Richardson, "'I Say, Not the Lord': Personal Opinion, Apostolic Authority, and the Development of Early Christian Halakah", *TynB* 31 (1980): 65–86, la distinción está entre la anterior tradición oral (de la enseñanza de Jesús) y la "*halakah*" cristiana (decisiones casi legales requeridas por las nuevas circunstancias). Pero, en cualquier caso, los intentos de diferenciar los niveles de autoridad de las dos clases de afirmaciones no se sostienen.

5. Patterson, *Troubled, Triumphant Church*, 118, 119–20.

6. Ver esp. R. L. Roberts, "The Meaning of Chorizo and Douloo in 1 Corinthians 7:10–17", *RestQ* 8 (1965): 179–84.

7. Es también posible entender el versículo 15b como como nuevas razones para los versículos 12–14, con la primera parte del versículo 15 como un paréntesis. En este caso, Dios estaría llamando a las personas a la paz de preservar los matrimonios. El versículo

Construyendo Puentes	Pocos pasajes de la Escritura han sido tan tergiversados y arrancados de su contexto histórico como 1 Corintios 7. Sin entender el condicionamiento impuesto por el sector ascético de la iglesia corintia, es fácil atribuir

a Pablo una idea excesivamente negativa del matrimonio y las relaciones sexuales. Nunca hemos de perder de vista el hecho de que Efesios 5:21–33 presenta, en contraste, una imagen muy sublime y positiva del matrimonio en el contexto de un documento mucho menos "circunstancial" (i.e., menos vinculado a las inmediatas circunstancias de la iglesia que tiene por destinataria). El genio de la respuesta de Pablo a los corintios es que este evita los extremos ascético y hedonista, y se niega a valorar en demasía la vida matrimonial o la célibe. Aun cuando el apóstol da su matizado asentimiento a la vida célibe, defendiendo que cada uno permanezca en el estado en que está, lo hace por razones completamente distintas a las utilizadas por los corintios (las razones de Pablo son más prácticas que teológicas).

Pablo demuestra su talento pastoral caminando con equilibrio por esta delicada cuerda floja. Teniendo en cuenta su preferencia personal por la vida célibe, le habría sido fácil ceder ante las demandas de la facción que promovía la soltería e insistir en que todos se hicieran como él. Dada su crianza favorable al matrimonio en el judaísmo y la seducción que representaba la oferta sexual de Corinto, habría podido serle igualmente tentador plantear una condenación general de los proponentes de la soltería como legalistas, opuestos a la excelencia de la creación de Dios, y poner una carga imposible sobre el hombro de sus hermanos. No asume, sin embargo, ninguno de estos enfoques y, en lugar de ello, traza una línea central, reconociendo los puntos fuertes y débiles de ambas posiciones. Las modernas controversias teológicas y éticas requieren, normalmente que los dirigentes cristianos hagan lo mismo.

---

16 puede, pues, traducirse de un modo más esperanzador que en la NIV, como, p. ej., en la NRSV: "Esposa, es muy posible que puedas salvar a tu marido. Marido, es muy posible que puedas salvar a tu esposa". Pero esto hace que el "sin embargo" del versículo 17 sea casi incomprensible. Hay que considerarlo como un contraste no con el versículo 16 (inmediatamente anterior) sino con el versículo 15a. Nuestra traducción es mucho más sencilla y verosímil. La partícula *de* con que comienza el versículo 15b (y que no se refleja en la NIV) no tiene por qué traducirse necesariamente como "sin embargo", sino como un conector más impreciso: "y", "ahora bien" o "de hecho". Quienes deseen ayuda en todas estas cuestiones, pueden ver especialmente el trabajo de Sakae Kubo, "1 Corinthians VII.16: Optimistic or Pessimistic?", *NTS* 24 (1978): 539–44.

Cuando entendemos el versículo 2 como la matización de Pablo del eslogan de los corintios del versículo 1, es menos probable que acusemos a Pablo de adoptar una oscura posición sobre el matrimonio y la sexualidad. Aunque el versículo 2 se entiende como una razón para el matrimonio, no es la única, ni siquiera la principal que se menciona en este capítulo (cf. vv. 26–35). Sin embargo, como se ha dicho anteriormente, lo más probable es que el versículo 2 prepare el camino para los versículos 3–7 al ordenar a quienes ya están casados que no nieguen a sus cónyuges los privilegios sexuales. Cabe notar también aquí la primera de las muchas afirmaciones en este capítulo sobre la reciprocidad del matrimonio: maridos y mujeres tienen los mismos privilegios y responsabilidades (cf. vv. 3–5, 8–9, 10a/11b, 12–16, 28, 32–34). De esto se deduce con claridad que esta reciprocidad está implícita en otras declaraciones aun cuando no se exprese de manera directa (p. ej. 10b–11a), y que otras alusiones específicas de género han de tratarse de manera genérica, es decir, aplicándolas por igual a marido y mujer (vv. 1, 7, 25, 29, 36–38, 39–40).

En el marco de las sociedades altamente patriarcales de la antigüedad, esta reciprocidad se destaca marcadamente. La mayoría de maridos no cristianos se habrían horrorizado ante la idea de que sus cuerpos pertenecían a sus esposas (v. 4). Estos versículos no demuestran que Pablo no viera ninguna diferencia de roles (el resultado de este debate tendrá que determinarse mediante otros textos, como por ejemplo Efesios 5:21–33). Pero el acento descansa sin duda en la rotunda afirmación de que, para Dios, ambos cónyuges son esencialmente iguales y deben tratarse con el respeto mutuo que tal igualdad merece.

Los versículos 3–5 demuestran ser decisivos para entender el papel de la sexualidad dentro del matrimonio. Es algo que cada cónyuge "debe" al otro. Por ello, las relaciones sexuales nunca deberían utilizarse como una forma de soborno o recompensa por buena conducta o como algo que se retiene a modo de amenaza o castigo. Marido y mujer han de ser igualmente sensibles a los estados emocionales y físicos del otro y no exigir la relación sexual en ciertas circunstancias. Pero tampoco debería ninguno de los cónyuges rehuir sistemáticamente la satisfacción de las necesidades conyugales del otro. El acuerdo y sumisión mutuos que Pablo ordena aquí han de aplicarse, de hecho, a la mayoría de las esferas del matrimonio (cf. Ef 5:21). Incidentalmente, la excepcional situación en la que Pablo permite la abstinencia temporal de las relaciones sexuales pone de relieve el papel fundamental que deberían desempeñar las disciplinas espirituales (la oración, la meditación, el estudio bíblico, etc.) en la vida de los creyentes. Como sucede con el ayuno, mediante un limitado ascetismo puede conseguirse tiempo y energía para orar de manera particularmente intensiva. Pero, igual asimismo que en el caso del ayuno, el Nuevo Testamento no ordena en ninguna parte el ascetismo sexual como una práctica obligatoria para todos los creyentes y, de hecho, cuestiona seriamente su valor religioso general (ver especialmente Col 2:20–23; 1Ti 4:1–5).

El deseo expresado por Pablo en el versículo 7 de que todos sean como él se parece al deseo que Dios tiene de que todos sean salvos (2P 3:9), en el sentido de que la presencia del mero deseo no significa que este vaya a hacerse realidad. Pero en el caso de la salvación, la alternativa no es deseable. Aquí, Pablo concede enseguida que Dios da diferentes dones a distintos creyentes que resultan en opciones igualmente deseables. La palabra que se traduce como "don" (*charisma*) es la misma que se utiliza en 1:7 y nos recuerda que los dones espirituales no deben limitarse a las representativas listas de los capítulos 12–14. La facultad para vivir soltero o en matrimonio son capacidades que Dios nos otorga de manera generosa e inmerecida para la edificación de su iglesia, exactamente igual que los dones de enseñanza, dar, o hablar en lenguas (cf. también Mt 19:10–12). Como sucede con los otros dones, el del celibato puede durar solo por un tiempo. Por otra parte, es también posible desear el don del matrimonio, pero no obtenerlo. No obstante, la soltería y el matrimonio no son exactamente lo mismo que algunos de los otros dones, porque conllevan también obligaciones no optativas para los creyentes. ¡Nadie, por ejemplo, puede excusar las relaciones sexuales prematrimoniales alegando no tener el don del celibato! Las personas que no están casadas, han de abstenerse de mantener relaciones sexuales, les guste o no.

Si nuestra interpretación del versículo 9 es correcta y Pablo está hablando de aquellos que no consiguen controlarse, entonces el apóstol parece de nuevo mucho menos negativo acerca del matrimonio de lo que muchas veces se pretende. Pero aunque se añada la frase "no pueden", como hacen los traductores de la NVI: "no pueden dominarse", el versículo 9 no deja de ser únicamente una de las razones válidas para el matrimonio entre otras que se ofrecerán más adelante. Aun así, evitar una innecesaria lujuria es una importante consideración. Los humanos fueron creados como seres sexuales y Dios no pretendía que la mayoría de ellos permanecieran solos (Gn 2:18; cf. 1:27–28). Los placeres sexuales deben disfrutarse, pero dentro del correcto ámbito de la relación matrimonial. La declaración de Pablo en el sentido de que normalmente las viudas y los viudos deberían volver a casarse, a pesar de sus preferencias personales, se corresponde con su consejo a las viudas jóvenes en 1 Timoteo 5:14, que está redactado de un modo hasta cierto punto más positivo ("Por eso exhorto a las viudas jóvenes a que se casen y tengan hijos, y a que lleven bien su hogar y no den lugar a las críticas del enemigo").

Aplicar la enseñanza del Nuevo Testamento sobre el divorcio requiere un examen no solo de los versículos 10–16 de este pasaje, sino también de la enseñanza de Jesús en los Evangelios, especialmente en Mateo 5:31–32 y 19:1–12. Jesús permite claramente el divorcio en el caso de *porneia* (Mt 5:32; 19:9), aunque nunca lo ordena. Y, sin lugar a dudas, el significado más común y contextualmente apropiado de *porneia* es "inmoralidad sexual", que entre personas casadas conocemos como adulterio. Aunque la gramática de estos dos textos es menos clara, Jesús permite probablemente también el nuevo matrimonio en este caso.[8]

¿Por qué no menciona Pablo "la cláusula excepcional" de Jesús'? ¿Es que solo conoce la enseñanza de Jesús en la forma en que esta se incorporó al Evangelio de Marcos (Mr 10:11–12)? ¿O acaso la presupone, porque judíos, griegos y romanos por igual aceptaban el divorcio y el nuevo matrimonio en caso de adulterio? No podemos estar seguros. Hay que considerar, sin embargo, una observación hermenéutica que suele pasar desapercibida, y es que Pablo no podía haber interpretado los pronunciamientos de Jesús sobre el divorcio y el nuevo matrimonio como si pretendieran cubrir todas las situaciones posibles, o de lo contrario no se hubiera sentido en libertad para añadir una segunda excepción. Es evidente, especialmente a partir de Mateo 19:1–2, que las palabras de Jesús iban dirigidas de manera distintiva a la controversia judía y no contemplaban la singular situación del mundo helenista, en que cristianos (o judíos) podían casarse con paganos. Pero el contexto de Pablo es igualmente circunstancial, como se evidencia por la ausencia de referencias al adulterio. Y la siguiente exposición sugiere que, en el versículo 15, es el abandono, no el "matrimonio mixto", lo que legitima el divorcio, de modo que el consejo de Pablo debería probablemente aplicarse igualmente a los casos en que es el creyente quien abandona a su cónyuge. La pregunta de si existen o no

---

8. Quienes estén interesados en una explicación más detallada de la perspectiva adoptada en este párrafo y en los dos siguientes pueden ver Craig L. Blomberg, "Marriage, Divorce, Remarriage, and Celibacy: An Exegesis of Matthew 19:3–12", *TrinJ* 11 n.s. (1990): 161–96; sobre 1 Corintios 7:10–16 en particular, ver pp. 186–94.

otras situaciones en las que el divorcio y el nuevo matrimonio son permisibles sigue abierta.

Un prometedor acercamiento para responderla surge cuando nos preguntamos qué tienen en común el adulterio y el abandono del cónyuge que hace aceptable el divorcio en estos dos casos. Si recordamos la definición bíblica esencial del matrimonio (dejar/unirse y convertirse en una sola carne; ver comentarios de 6:16), entonces es digno de mención que el adulterio menoscaba la singular relación como una sola carne y el abandono hace imposible seguir uniéndose al propio cónyuge (así como mantener relaciones sexuales). Esto sugiere que lo que estas dos conductas tienen en común es que ambas disuelven el matrimonio antes incluso de que se produzca un divorcio legal. Para determinar si el divorcio es aceptable en algún otro caso, hemos de preguntarnos si existen otras circunstancias que demuestren ser tan destructivas que a pesar de todas las decisiones y propósitos que puedan hacerse un matrimonio esté ya destruido, y el divorcio no haga sino reconocer legalmente lo que en realidad ya se ha producido.

Más que intentar crear listas de este tipo de circunstancias (algunos, por ejemplo, incluirían el maltrato físico, una prolongada adicción al alcohol o a las drogas, la demencia, una enfermedad de Alzheimer en fase avanzada, etc.), cada situación debe considerarse aparte, incluyendo también los casos de adulterio o abandono de la relación, puesto que aun en tales situaciones el ideal sigue siendo, si es posible, la reconciliación. Naturalmente, abrir la puerta aunque solo sea a la posibilidad de otras circunstancias que legitimen el divorcio es correr el riesgo de abusar gravemente de esta libertad. Sin embargo, rechazar de manera legalista la consideración de tales excepciones puede producir aun más daño físico y emocional a algunas personas.

De los detalles de los versículos 12–16 surgen otros elementos. El paréntesis de Pablo en el versículo 12 ("les digo yo [no es mandamiento del Señor]") refleja "la soberana aplicación de la necesariamente limitada tradición de Jesús a las nuevas y distintas circunstancias por parte del carismático apóstol Pablo. El yo [del versículo 12] y el "no yo, sino el Señor [del versículo 10] son una sola autoridad".[9] En otras palabras, ninguna de estas dos afirmaciones es más o menos vinculante que la otra. Muy a menudo, los lectores han cuestionado incorrectamente la inspiración o autoridad de las instrucciones de Pablo en los versículos 12–16 asumiendo que se trata de las falibles e improvisadas opiniones

---

9. Roy A. Harrisville, *1 Corinthians* (Minneapolis: Augsburg, 1987), 110.

de Pablo. La irónica conclusión de Pablo a este capítulo, consignada en el versículo 40, es de hecho una enérgica declaración de la inspiración de toda la carta por parte del Espíritu Santo.

Es curioso que, a lo largo de la historia, algunos cristianos hayan utilizado el versículo 14 como apoyo del bautismo de infantes, si bien en el propio texto no hay nada relacionado, ni remotamente, con el bautismo. Por otra parte, los defensores del bautismo de creyentes han tratado a menudo a los hijos de padres cristianos como poco menos que paganos. Como mínimo, este texto sugiere que Dios ve las unidades familiares en que al menos un miembro adulto es creyente como especiales receptoras de sus bendiciones. Tales unidades tienen la oportunidad de aprender la Palabra de Dios, de ver un ejemplo de vida cristiana y de tomar decisiones para Cristo. Aun cuando debería animarse a los niños a interiorizar su fe cuando llegan a la edad de responsabilidad, deberían también ser educados, tanto en la iglesia como en casa, en una atmósfera cristiana que les haga sentir parte del círculo cristiano y no ajenos a él.[10] En un sentido más amplio, "hay cierto efecto infeccioso en el cristianismo que envuelve a todo aquel que entra en contacto con él". Y "en una asociación entre un creyente y un no creyente, lo que sucede no es tanto que el creyente entre en contacto con la esfera del pecado, sino que el no creyente es introducido a la esfera de la gracia".[11]

El versículo 15a plantea una importante pregunta. Si el creyente no está obligado a esforzarse por preservar un matrimonio en aquellos casos en que el divorcio es permisible, ¿es entonces libre de volver a casarse? El versículo 39 utiliza un lenguaje similar para aludir al caso de las viudas. Una vez que su marido ha muerto, la viuda no está ya "ligada" a aquel matrimonio y es libre para encontrar otro compañero. Aunque el verbo que se traduce como "ligada" es distinto en este contexto, parece ser, no obstante, sinónimo. Si la facultad de volver a casarse se otorgaba de manera universal a quienes estaban legalmente divorciados, tanto en el ámbito judío como en el grecorromano, da la impresión de que Pablo habría sido mucho más explícito si su intención fuera prohibir tal prerrogativa. El versículo 11a debería, pues, entenderse como una referencia a los divorciados de manera ilegítima. Pero hemos de reconocer que el texto no nos ofrece respuestas inequívocas.

---

10. Son especialmente valiosos para la exégesis y la aplicación del versículo 14 los comentarios de Paul K. Jewett, *Infant Baptism and the Covenant of Grace* (Grand Rapids: Eerdmans, 1978), 122–37.
11. Barclay, *Corinthians*, 63–64.

Una controversia similar rodea al versículo 15b. Si la afirmación "Dios nos ha llamado a vivir en paz" alude a la preservación del matrimonio, es entonces evidente que no podemos utilizarlo como criterio para establecer un divorcio legítimo. Pero si, como hemos propuesto, está hablando de no impedir que uno de los cónyuges abandone la relación cuando no desea continuarla, entonces se plantea la posibilidad de aplicación en otros contextos. Sin embargo, podrían mencionarse toda clase de disputas triviales que perturban la paz de un hogar sin que estas sean motivo de divorcio, de manera que este criterio solo ha de aplicarse en casos extremos.

Significado Contemporáneo Pocos cristianos abogan hoy por una total abstinencia de relaciones sexuales como un ideal para todos los creyentes. Nuestros problemas se parecen mucho más a los del sector hedonista de la iglesia corintia que a los del grupo ascético. Por tanto, cualquier aplicación de 1 Corintios 7 ha de proceder con la prudencia que imponen estas circunstancias distintas. Puede que las analogías más cercanas a este ascetismo sexual sigan estando en los círculos tradicionales católicos, que insisten todavía en el celibato como requisito para los sacerdotes y el ingreso en varias órdenes religiosas. Ni Pablo ni ningún otro escritor bíblico justifica este requisito de carácter general. Los protestantes, no obstante, siguen respondiendo, a menudo de forma exagerada, contra este extremo denigrando impropiamente la vida célibe. ¡Algunas iglesias no contratan pastores si no están casados! Por otra parte, también los laicos solteros se quejan con frecuencia de sentirse como ciudadanos de segunda dentro de la iglesia. El reciente auge de los grupos de solteros ha ayudado a aliviar una buena parte de la soledad de estas personas, sin embargo, es cuestionable que estos grupos hayan conseguido integrar a los solteros dentro del círculo más amplio de los adultos casados y las familias en la iglesia.[12]

El problema específico de abogar por la abstinencia sexual dentro del matrimonio (vv. 2–7) parece también bastante ajeno a nuestra experien-

---

12. Quienes estén interesados en un compendio histórico y sociológico sobre los solteros cristianos en los Estados Unidos pueden ver el trabajo de Carolyn A. Koons y Michael J. Anthony, *Single Adult Passages: Uncharted Territories* (Grand Rapids: Baker, 1991). Hay sugerencias prácticas para vivir una vida cristiana equilibrada como soltero/a en Rhena Taylor, *Single and Whole* (Downers Grove: InterVarsity Press, 1984).

cia moderna. Sin embargo, algunos cristianos siguen viendo la sexualidad como algo intrínsecamente sucio y otros la utilizan de formas inapropiadas dentro del matrimonio (como recompensa o castigo). Los estudios sugieren de manera consistente que las parejas casadas mantienen relaciones sexuales con mucha menos frecuencia (por regla general una vez a la semana y a menudo menos) de lo que duran los ciclos de tres o cuatro días de intenso deseo que normalmente experimentan, al menos, los hombres y mujeres jóvenes y de mediana edad.[13] Teniendo en cuenta las numerosas oportunidades de gratificar los deseos sexuales de manera ilícita que ofrece nuestro mundo moderno, la preocupación de Pablo de que los creyentes eviten la tentación (vv. 2, 5) sigue siendo igualmente apropiada. La opción de una abstinencia temporal para entregarse a la devoción espiritual nos ofrece otro ejemplo de lo distinto que era el mundo de Pablo. No obstante, se están suscitando movimientos que pretenden recuperar el valor de las disciplinas espirituales y en especial la de la oración,[14] y hay que hacer también lugar para esta opción de cultivar una comunión con Dios especialmente intensa.

Los versículos 8–9 reflejan un equilibrio crucialmente necesario entre los cristianos que viven solos habiendo estado previamente casados. Es, tristemente, común en estos días escuchar una reivindicación, especialmente entre divorciados, que insisten en el derecho a la sexualidad, pero se niegan a considerar un nuevo matrimonio. Teniendo en cuenta la opción de una limitada autoestimulación como una salida apropiada para el impulso sexual (ver comentario anterior al respecto), nadie puede afirmar legítimamente que la sexualidad fuera del matrimonio sea ni un derecho ni correcta. Por otra parte, un nuevo matrimonio puede ser bueno, crucial incluso, y no solo para disfrutar de intimidad sexual. Un creciente número de padres solteros necesitan ayuda para criar a sus hijos, hacer frente a los gastos y vencer la soledad. Sin embargo, ninguna de estas razones por sí sola o unida a las demás es suficiente para justificar el nuevo matrimonio, puesto que se contempla al nuevo cónyuge como una forma de suplir las propias necesidades. Solo a partir de un compromiso de todo corazón con el bienestar del otro (v. 4) puede ponerse un fundamento adecuado para un matrimonio saludable.

---

13. Cf., e.g., Herbert J. Miles, *Sexual Understanding Before Marriage* (Grand Rapids: Zondervan, 1971), 72.

14. Muy especialmente en las obras de Richard J. Foster, entre las cuales es particularmente valiosa la más reciente, *Prayer: Finding the Heart's True Home* (San Francisco: HarperCollins, 1992).

Naturalmente, los índices de divorcio y nuevos matrimonios siguen creciendo y son ya asombrosos.[15] Si intentamos sintetizar la enseñanza bíblica sobre estos temas vemos de inmediato al menos cuatro grupos entre los cristianos de hoy: los que creen que ni el divorcio ni el nuevo matrimonio son aceptables bajo ningún concepto, los que creen que a veces es lícito divorciarse, pero nunca lo es volver a casarse, los que autorizan tanto el divorcio como el nuevo matrimonio en los casos de adulterio y abandono de uno de los cónyuges (o de un cónyuge no creyente), y aquellos que autorizan tanto el divorcio como el nuevo matrimonio por una amplia variedad de razones.[16] Sin embargo, desde el tiempo de la Reforma, en los círculos protestantes ha predominado la tercera de estas posiciones y, como antes hemos sugerido, es probablemente la más correcta. Muchos obreros cristianos comprometidos con sólidos principios bíblicos insisten en que, en el mundo moderno, los puntos de vista que prohíben el nuevo matrimonio después del divorcio (o los que prohíben cualquier divorcio) son sencillamente impracticables, desde un punto de vista pastoral.[17]

Pero los proponentes del divorcio como un legítimo recurso final en varios casos han de reconocer que esta "puerta de salida" se adopta con mucha más frecuencia de lo que Dios haya nunca deseado. Quienes contemplan la posibilidad del divorcio sienten muchas veces que han agotado todas las alternativas mucho antes de que esto sea realmente así. Amigos cristianos comprensivos, grupos de comunión e iglesias han de estar al lado de las parejas mucho antes de que lleguen a un punto sin retorno para aportarles ánimo, aliento, confrontación y sugerirles opciones que ellos posiblemente no hayan considerado. Las parejas han de estar, por su parte, abiertas a explorar las opciones en cuestión y a asistir, juntos y por separado, a sesiones de orientación a cargo de cualificados terapeutas cristianos. En nuestras iglesias necesitamos muchas más experiencias de enriquecimiento matrimonial que los meros talleres de recuperación del divorcio, aunque estos sean obviamente necesarios.

---

15. Andrew Cornes, *Divorce and Remarriage: Biblical Principles and Pastoral Practice* (Grand Rapids: Eerdmans, 1993), 7–48, proporciona un actualizado compendio.
16. Ver especialmente H. Wayne House, ed., *Divorce and Remarriage: Four Christian Views* (Downers Grove: InterVarsity Press, 1990).
17. Ver especialmente Craig S. Keener, *... And Marries Another* (Peabody, Mass.: Hendrickson, 1991), cuyas capacidades exegéticas y pastorales hacen de este volumen la mejor obra breve sobre el tema del divorcio y el nuevo matrimonio.

A pesar de nuestros mejores esfuerzos, las personas se divorciarán aun cuando la sabiduría bíblica sugiere que no lo hagan. En tales casos, la comunidad cristiana ha de evitar los errores igualmente nocivos de aceptar a la ligera tales situaciones y de una total falta de perdón que, en nuestros días, tienden a polarizar las respuestas. La presencia o ausencia de una actitud verdaderamente contrita por parte de los culpables será determinante para decidir hacia qué lado del espectro cristiano se dirige la respuesta. Hemos de hacer preguntas difíciles a los candidatos a ser miembros de la iglesia que sirvan para determinar si se han divorciado o vuelto a casar de manera impropia y, de ser así, si están genuinamente arrepentidos.

Hemos de estar dispuestos a ayudar a quienes, mucho después de haberse divorciado, siguen teniendo molestos problemas de carácter personal, y a confrontar (o excluir finalmente de la comunión) a quienes insisten arrogantemente en que ellos nunca hicieron nada equivocado. Sin duda, hay que advertir a los solteros de todas las edades y situaciones sobre los peligros de casarse con demasiada rapidez o por motivos equivocados. Es triste oír en los grupos de solteros de mediana edad que los viudos y divorciados proponen a menudo un nuevo matrimonio muy al comienzo de la nueva relación, y cuán difícil es para muchos solteros encontrar amigos solteros del sexo contrario que quieran ser "solo amigos". Y es aun más triste que esto mismo suceda también en grupos de solteros más jóvenes, formados principalmente por personas que nunca han estado casadas.[18]

Los versículos 12–14 nos recuerdan otra razón para hacer todo lo posible por preservar el matrimonio, a saber, los nefastos efectos del divorcio sobre los niños. Aunque este va más allá de los asuntos específicos que Pablo tenía en mente cuando utilizó la terminología de la pureza ceremonial (inmundos/santos), no hay duda de que los prolongados efectos perjudiciales, especialmente en los niños de menor edad, al perder una interacción regular con alguno de sus progenitores, caen en la categoría de lo malsano y, por tanto, impuro.

Aunque los nuevos matrimonios y las familias formadas con nuevas parejas pueden ser mejores que aquellas en las que hay un solo progenitor, las estadísticas demuestran cada vez más que no son la solución, puesto que se rompen aun con mayor frecuencia que las primeras

---

18. Cornes, *Divorce and Remarriage*, 313–49, ofrece excelentes aplicaciones pastorales de estos temas, aunque no comparto su interpretación de Pablo en algunos lugares.

1 Corintios 7:17–24

En cualquier caso, cada uno debe vivir conforme a la condición que el Señor le asignó y a la cual Dios lo ha llamado. Ésta es la norma que establezco en todas las iglesias. ¹⁸ ¿Fue llamado alguno estando ya circuncidado? Que no disimule su condición. ¿Fue llamado alguno sin estar circuncidado? Que no se circuncide. ¹⁹ Para nada cuenta estar o no estar circuncidado; lo que importa es cumplir los mandatos de Dios. ²⁰ Que cada uno permanezca en la condición en que estaba cuando Dios lo llamó. ²¹ ¿Eras esclavo cuando fuiste llamado? No te preocupes, aunque si tienes la oportunidad de conseguir tu libertad, aprovéchala. ²² Porque el que era esclavo cuando el Señor lo llamó es un liberto del Señor; del mismo modo, el que era libre cuando fue llamado es un esclavo de Cristo. ²³ Ustedes fueron comprados por un precio; no se vuelvan esclavos de nadie. ²⁴ Hermanos, cada uno permanezca ante Dios en la condición en que estaba cuando Dios lo llamó.

Sentido Original

Los versículos 17–24 forman un resumen preliminar del argumento que Pablo ha venido desarrollando hasta ahora en el capítulo 7 y lo aplican a dos situaciones semejantes. Si este capítulo sigue un patrón ABA (ver comentario anterior al respecto), este párrafo no solo ofrece un resumen, sino también el enfoque fundamental (parte B) de su argumento. La idea principal se declara al comienzo (v. 17), mitad (v. 20) y final (v. 24) del párrafo y puede parafrasearse como: "no te des prisa por cambiar ciertas circunstancias externas de tu vida por el mero hecho de que te has convertido en cristiano".

La expresión "vivir conforme a" (v. 17) significa "andar por". Las palabras "la condición que el Señor le asignó" aluden a las circunstancias matrimoniales, socioeconómicas o físicas. La traducción como "a la cual Dios lo ha llamado" induce al error; la frase griega dice, de hecho, "como Dios le llamó". En otras palabras, todo el versículo implica que, sea cual sea nuestro estado cuando llegamos al Señor, hemos de funcionar fielmente dentro de él sin pretender cambiarlo inmediatamente.

familias nucleares.[19] El razonamiento de que es mejor vivir felizmente divorciado que infelizmente casado, aunque cada vez más frecuente, es erróneo por varias razones: (1) la mayoría de quienes piensan que el divorcio les hará más felices descubren que no es así; (2) aun aquellos que tienen una buena experiencia no tienen a menudo en cuenta el efecto que tal decisión tendrá para sus hijos o para su anterior cónyuge; (3) la premisa del argumento es en última instancia egocéntrica y se desvanece directamente ante la naturaleza esencialmente desinteresada de la vida cristiana.

Los versículos 15–16 son relevantes para las prácticas y debates sobre el noviazgo. Aunque ningún texto bíblico prohíbe claramente a todos los cristianos casarse con no cristianos (2Co 6:14–7:1 se refiere probablemente a los yugos desiguales del legalismo o la adoración pagana), el versículo 39 sí pone tales restricciones sobre los cristianos viudos que se plantean un nuevo matrimonio. Y el versículo 16 nos recuerda que alegar razones evangelizadoras no es adecuado para justificar un noviazgo o matrimonio, puesto que no hay garantías de que tal evangelización vaya a tener éxito. No hay duda de que los cristianos necesitan tener buenos amigos no cristianos, aunque solo sea para que su testimonio sea creíble, y puede que en este contexto haya un cierto lugar para salir con personas del otro sexo de manera un tanto informal. Pero un matrimonio próspero demanda compromisos compartidos que pueden ser extraordinariamente difíciles para un cónyuge comprometido de todo corazón en el servicio de Cristo y otro que no es cristiano y no está dispuesto a convertirse.

---

19. Estas situaciones son, naturalmente, susceptibles de recuperación. Quienes deseen considerar excelentes directrices al respecto pueden ver, p. ej., Bet E. Brown, *When You're Mom #2* (Ann Arbor: Servant, 1991).

Los versículos 18–19 ilustran este principio con el ejemplo de la circuncisión frente a la incircuncisión. Los judaizantes querían forzar a los cristianos gentiles a circuncidarse (Hch 15:1), mientras que muchos judíos que querían ser aceptados en el mundo grecorromano se sometían a un sencillo procedimiento quirúrgico para parecer incircuncisos.[1] Aunque la circuncisión era uno de los requisitos rituales más fundamentales del judaísmo, es hoy un asunto moralmente indiferente para los creyentes (cf. Hch 15:1–21). El equivalente neotestamentario a la circuncisión es la salvación, simbolizada por el bautismo (Col 2:11–15).

Para los cristianos, "cumplir los mandatos de Dios" (v. 19) no significa observar los 613 preceptos de la legislación mosaica, al menos no literalmente, aunque, de uno u otro modo, todos ellos tienen relevancia para los creyentes (2Ti 3:16). Pablo se refiere más bien a la reinterpretación y aplicaciones de la ley para una nueva era, en vista de las palabras y obras de Jesús y los apóstoles.[2]

Los versículos 21–23 aportan una segunda ilustración del tema "permanece como estás". Pablo contrasta aquí las experiencias de los esclavos y libertos romanos. Ninguno de los dos estados hace que el servicio al Señor sea en sí más fácil que en el otro caso y hay un sentido espiritual en que los esclavos son libres en Cristo y los libertos, esclavos de Cristo. Sin embargo, Pablo sí añade aquí una excepción que no se aplica en el caso de la circuncisión: "aunque si tienes la oportunidad de conseguir tu libertad, aprovéchala".[3] La esclavitud física es una forma

---

1. Aquellos que deseen información sobre la motivación para someterse a este procedimiento y su naturaleza, pueden ver Robert G. Hall, "Epispasm: Circumcision in Reverse", *BibRev* 8.4 (1992): 52–57. En Roma, los gimnasios eran centros de competición atlética y los baños (muy parecidos a las bañeras de hidromasaje de nuestros centros recreativos) eran normalmente puntos de encuentro para hablar de negocios y política. En ambos lugares, los hombres estaban desnudos y los judíos eran obvia e inmediatamente reconocibles. La intervención conocida como epispasmo consistía en extender hacia delante la piel del cuerpo del pene para que esta cubriera el glande y suturar las heridas de modo que funcionara como una forma de prepucio.

2. Quienes quieran considerar un resumen de las ideas cristianas sobre el papel de la ley del Antiguo Testamento en la era del Nuevo pueden ver Wayne G. Strickland, ed., *The Law, the Gospel, and the Modern Christian* (Grand Rapids: Zondervan, 1993). De las cinco perspectivas presentadas, la más convincente es la de Douglas J. Moo, "The Law of Christ as the Fulfillment of Moses: A Modified Lutheran View", 319–76. Cf. William W. Klein, Craig L. Blomberg y Robert L. Hubbard, Jr., *Introduction to Biblical Interpretation* (Dallas: Word, 1993), 279–83.

3. La frase griega podría de hecho traducirse: "Aunque puedas hacerte libre, permanece en [tu actual condición de esclavitud]". Sin embargo, S. Scott Bartchy, *MAΛΛON XPHΣAI: First-Century Slavery and 1 Corinthians 7:21* (Missoula, Mont.: Scholars,

de opresión que desagrada a Dios, de modo que, si se presenta una oportunidad para la libertad, debe aprovecharse.

Es importante recordar que la esclavitud en la antigua Roma no siempre se parecía a la institución que conocemos por la historia de los estados sureños de Norteamérica a comienzos del siglo XIX. Naturalmente, había amos crueles, sin embargo, en la Europa medieval, algunos esclavos vivían a veces más como los sirvientes contratados de las familias ricas que como esclavos. Otros eran funcionarios del gobierno, maestros, comerciantes o artistas. A diferencia de los esclavos del Sur de los Estados Unidos, muchos estaban en condiciones de comprar su libertad, y una buena parte decidían no hacerlo, optando por la seguridad que representaban sus patrones frente a las incertidumbres que acarreaba la libertad.[4] Aun así, Pablo sabe que la posesión de seres humanos como si fueran objetos contradice su posición en Cristo (cf. Flm 10–16), y recuerda a todos los creyentes que no vuelvan a su esclavitud física o espiritual, de la que la expiación de Cristo quiere salvarles (v. 23).

Construyendo Puentes

Generalizando más allá de los específicos asuntos de las relaciones sexuales y el matrimonio, Pablo indica que hemos de extender ampliamente el ámbito de las aplicaciones de los versículos 17–24. El proverbio: "Florece donde has sido sembrado" puede encajar en una gran variedad de contextos. Una vez más, hemos de admirar la flexibilidad pastoral de Pablo dirigiéndose a tantas personas en distintas situaciones de la vida, minimizando los símbolos de prestigio a los que la sociedad de su tiempo concedía un valor excesivo.

El versículo 21b ("aunque si tienes la oportunidad de conseguir tu libertad, aprovéchala") indica que nuestro llamamiento a permanecer en la condición en que estamos al conocer a Cristo (vv. 17, 20 y 24) no puede convertirse en un absoluto. Sin embargo, como a lo largo

---

1973) ha demostrado decisivamente, tanto en el terreno gramatical como en el histórico, que este punto de vista es muy poco verosímil. Los esclavos no podían negarse a la emancipación si un propietario estaba decidido a concedérsela, y la expresión *ei kai* como "si de hecho" es mucho más natural que con el sentido de "aunque".

4. Carolyn Osiek presenta una descripción breve y equilibrada de la esclavitud en los tiempos del Nuevo Testamento, "Slavery in the Second Testament World", *BTB* 22 (1992): 174–79. Thomas Wiedemann nos ofrece una detallada exposición basada en las fuentes principales en *Greek and Roman Slavery* (Baltimore: Johns Hopkins, 1981).

de todo el capítulo, Pablo procura disuadir a los nuevos cristianos de adoptar medidas precipitadas y drásticas para cambiar sus vidas, como si modificar las circunstancias externas fuera la clave para agradar a Dios. Hechos 16:3 nos recuerda que Pablo consideró oportuno circuncidar a Timoteo, que era medio judío, para no afrentar a sus contemporáneos en su ministerio a la comunidad judía. Sin embargo, cuando los judaizantes querían imponer sus programas como prerrequisito para la salvación, Pablo se opuso firmemente a ellos (Hch 15:1; Gá 2:11–14).

El versículo 19 habría resultado tan categórico para cualquier persona procedente de un trasfondo judío (¡la circuncisión era, sin duda, uno de los mandamientos fundamentales de Dios!) que subraya lo lejos que Pablo está de los judaizantes. Aunque no debemos perder de vista la presencia de absolutos morales en Pablo, su comprensión de la voluntad de Dios está esencialmente arraigada en la dirección del Espíritu, no en la letra de unas leyes impuestas desde afuera (cf. esp. 2Co 3:6–18).[5]

El versículo 21 tiene una larga historia de abusos por parte de los defensores de la esclavitud.[6] A menudo se trazan paralelos con Colosenses 3:22–25 y Efesios 6:5–8. Si Pablo estaba a favor de abolir la esclavitud, ¿por qué, entonces, no daba un paso al frente y lo decía de un modo más directo? Una parte de la respuesta tiene que ver con que el apóstol, como Jesús, estaba principalmente preocupado en modelar una comunidad contracultural de discípulos que no desafiaban directamente al estado, sino que ejemplificaban unos estilos de vida mejores ante un mundo observador. Otra parte de la respuesta es, probablemente, que, en el antiguo Imperio romano, el cristianismo era una institución muy insignificante frente a la enorme magnitud de la esclavitud. El intento de oponerse a la esclavitud de un modo más directo y extenso habría demostrado ser tan contraproducente como para poner en jaque la propia existencia del cristianismo. Pero Pablo sembró las semillas de una revolucionaria alternativa en Cristo que en su momento no podría sino amenazar a las instituciones sociales de la opresión.[7]

---

5. Cf. además Stephen Westerholm, "'Letter' and 'Spirit': The Foundation of Pauline Ethics", *NTS* 30 (1984): 229–48.
6. Ver especialmente Willard M. Swartley, *Slavery, Sabbath, War and Women* (Scottdale, Pa.: Herald, 1983), 31–64, sobre la Biblia y la esclavitud en el debate sobre la abolición.
7. Cf. esp. F. F. Bruce, *Paul: Apostle of the Heart Set Free* (Grand Rapids: Eerdmans, 1977), 401, sobre el impacto de la carta a Filemón acerca de la esclavitud: "Lo que hace esta carta es perfilar una atmósfera en la que esta institución solo podía marchitarse y morir".

Es revelador que, a lo largo de la historia, los movimientos abolicionistas hayan recibido a menudo su mayor vitalidad de los cristianos, aunque la Biblia se limita a adoptar una discreta posición frente al maltrato de las personas y a pesar de que ciertos sectores de la iglesia se han opuesto, también muchas veces, a la emancipación.[8] Esencialmente, sin embargo, el cauteloso acercamiento de la Escritura se debe a que es la libertad espiritual y no la física lo que en última instancia determina el modo en que las personas vivirán en la era venidera, una vida que hace que las circunstancias de este periodo presente pierda, en comparación, toda su importancia (2Co 4:17; Ro 8:18). Basándonos en Filipenses 4:10–19, podemos también aplicar estos principios al nivel de riqueza o pobreza en que nos encontramos.

El ejemplo de la esclavitud frente a la libertad se corresponde más estrechamente con la vida célibe frente al matrimonio que con la circuncisión frente a la incircuncisión, ya que las dos primeras son asuntos de moralidad fundamental y Pablo indica que bajo ciertas circunstancias un estado es preferible al otro. No obstante, los tres contrastes refuerzan el tema fundamental de Pablo en el sentido de que "para Dios, el estatus es en última instancia irrelevante". De modo que, "precisamente porque nuestras vidas están determinadas por el llamamiento de Dios y no por nuestra situación, hemos de aprender a seguir allí como quienes están 'ante Dios' […] y permitir que el llamamiento de Dios santifique la situación en que nos encontramos, estemos solteros o hayamos iniciado un nuevo matrimonio, tengamos una profesión liberal o trabajemos como obreros, sea cual sea nuestro estatus socioeconómico".[9]

Significado Contemporáneo

Snyder resume sucintamente la tensión fundamental que experimentamos cuando intentamos aplicar este pasaje a la sociedad moderna: "El pensamiento de Pablo está en marcado contraste con la autónoma forma de pensar del mundo occidental. Para Pablo no hay libertad sino en paz con la propia red social".[10]

Estos versículos desafían directamente nuestro individualismo contemporáneo, que enseña a las personas a no estar nunca contentas con

---

8. Quienes quieran considerer una historia completa, pueden ver David B. Davis, *Slavery and Human Progress* (Oxford: Oxford University Press, 1984).

9. Fee, *First Corinthians*, 322.

10. Snyder, *First Corinthians*, 109.

la posición que han conseguido, a buscar siempre más dinero, poder, influencia y control de sus vidas. Los resultados de este individualismo son una población muy fugaz, que asciende en la escala social situándose entre los más acomodados y que, generalmente, no se da cuenta de que el número de pobres y desposeídos crece, a menudo, precisamente cuando ellos suben la escalera y echan abajo a otros.

El peligro contrario es la pasividad. El versículo 21a nos anima a intentar mejorar nuestra situación en este mundo, mientras no lo hagamos a costa de otras personas o pensemos que tal cambio de nuestra situación actual es la clave de la felicidad y de una vida cristiana gratificante. Ciertamente, hemos de evitar la tendencia de sugerir a los nuevos cristianos que lo ideal y deseable es —de algún modo y por definición— dejar el trabajo secular para dedicarse plenamente a la obra cristiana.

Los únicos trabajos que los cristianos no pueden desarrollar de manera honorable y productiva son aquellos intrínsecamente inmorales, como la prostitución, el proxenetismo, la extorsión, el crimen organizado, el tráfico de drogas y este tipo de cosas. Naturalmente, algunos trabajos están muy en el límite, como por ejemplo, dirigir un casino o fabricar armas nucleares. Los cristianos seguirán en desacuerdo sobre lo que hay que hacer con estos trabajos, y no está claro que la enseñanza de Pablo en este texto vaya a zanjar tales debates.

Por otra parte, es del todo apropiado que los cristianos procuren liberar a otras personas de opresivas instituciones sociales en el nombre de Cristo, siempre que no transformen el evangelio en un mensaje dirigido exclusivamente a este mundo. Este es el error de ciertas ramas de teologías liberacionistas radicales. Sin embargo, los errores de los extremistas no invalidan las causas que apoyan.[11] La esclavitud sigue existiendo en ciertas zonas del Tercer Mundo, y ha experimentado incluso un resurgimiento en otros lugares, en especial con la venta de mujeres jóvenes para ejercer la prostitución. Las adicciones al alcohol, las drogas, el sexo, y hasta la religión, siguen teniendo a muchos occidentales en sus garras. Idolatrías e ideologías más sutiles cautivan incluso a un mayor número de personas. En este contexto contemporáneo, las palabras de Pablo siguen sonando pertinentes: "Ustedes fueron comprados por un precio; no se vuelvan esclavos de nadie" (v. 23). Y

---

11. Orlando E. Costas, *Liberating News: A Theology of Contextual Evangelization* (Grand Rapids: Eerdmans, 1989), nos ofrece un estudio liberacionista bíblicamente equilibrado. También la obra de Thomas D. Hanks, *God So Loved the Third World* (Maryknoll, N.Y.: Orbis, 1984) es valiosa en general.

aquellos que sufren bajo gobiernos opresivos y que se han empobrecido por estructuras económicas injustas necesitan escuchar que el evangelio les ofrece esperanza tanto para su situación física como para la espiritual. Puede, sin embargo, que los cristianos que se esfuerzan por liberarles tengan que trabajar despacio, con objetivos "a largo plazo", en lugar de intentar la clase de violenta intervención que puede ser contraproducente para sus esfuerzos.[12]

---

12. Cf. las reflexiones generalmente útiles de Andrew Kirk, *The Good News of the Kingdom Coming* (Downers Grove, Ill.: InterVarsity Press, 1983); y John M. Perkins, *Beyond Charity: The Call to Christian Community Development* (Grand Rapids: Baker, 1993).

1 Corintios 7:25–40

En cuanto a las personas solteras, no tengo ningún mandato del Señor, pero doy mi opinión como quien por la misericordia del Señor es digno de confianza. ²⁶ Pienso que, a causa de la crisis actual, es bueno que cada persona se quede como está. ²⁷ ¿Estás casado? No procures divorciarte. ¿Estás soltero? No busques esposa. ²⁸ Pero si te casas, no pecas; y si una joven se casa, tampoco comete pecado. Sin embargo, los que se casan tendrán que pasar por muchos aprietos, y yo quiero evitárselos. ²⁹ Lo que quiero decir, hermanos, es que nos queda poco tiempo. De aquí en adelante los que tienen esposa deben vivir como si no la tuvieran; ³⁰ los que lloran, como si no lloraran; los que se alegran, como si no se alegraran; los que compran algo, como si no lo poseyeran; ³¹ los que disfrutan de las cosas de este mundo, como si no disfrutaran de ellas; porque este mundo, en su forma actual, está por desaparecer.

³² Yo preferiría que estuvieran libres de preocupaciones. El soltero se preocupa de las cosas del Señor y de cómo agradarlo. ³³ Pero el casado se preocupa de las cosas de este mundo y de cómo agradar a su esposa; ³⁴ sus intereses están divididos. La mujer no casada, lo mismo que la joven soltera, se preocupa de las cosas del Señor; se afana por consagrarse al Señor tanto en cuerpo como en espíritu. Pero la casada se preocupa de las cosas de este mundo y de cómo agradar a su esposo. ³⁵ Les digo esto por su propio bien, no para ponerles restricciones sino para que vivan con decoro y plenamente dedicados al Señor.

³⁶ Si alguno piensa que no está tratando a su prometida como es debido, y ella ha llegado ya a su madurez, por lo cual él se siente obligado a casarse, que lo haga. Con eso no peca; que se casen. ³⁷ Pero el que se mantiene firme en su propósito, y no está dominado por sus impulsos sino que domina su propia voluntad, y ha resuelto no casarse con su prometida, también hace bien. ³⁸ De modo que el que se casa con su prometida hace bien, pero el que no se casa hace mejor.

³⁹ La mujer está ligada a su esposo mientras él vive; pero si el esposo muere, ella queda libre para casarse con quien quiera, con tal de que sea en el Señor. ⁴⁰ En mi opinión, ella será más feliz si no se casa, y creo que yo también tengo el Espíritu de Dios.

Sentido
Original

Los versículos 25–40 vuelven al tema de las relaciones sexuales dentro del matrimonio en respuesta a los defensores del celibato en Corinto. Con la excepción de las palabras de Pablo a las viudas en los versículos 39–40, esta parte del capítulo se centra por completo en aquellos que nunca han estado casados. El versículo 25 introduce esta nueva categoría. El término "solteras" alude aquí a jóvenes en edad casadera, no necesariamente a personas que no han mantenido relaciones sexuales. El versículo 25b es paralelo al paréntesis del versículo 12. Aunque Pablo no puede citar palabras del Jesús terrenal para cada caso, está convencido de que Dios le inspira para que sus consejos sean dignos de confianza.

Los versículos 26b y 27b repiten el tema "permanece como estás". Puesto que los jóvenes de quienes habla están solteros, como las viudas y viudos de los versículos 8–9, Pablo puede ser más entusiasta con respecto al celibato. Sin embargo, les recuerda rápidamente que su entusiasmo por la abstinencia no afecta a los casados (v. 27a) y, en contra de quienes enseñaban en Corinto que las relaciones sexuales y el matrimonio eran cosas intrínsecamente pecaminosas, el apóstol afirma: "si te casas, no pecas" (v. 28a). En la primera parte del versículo, Pablo alude, probablemente, a varones jóvenes, mientras que el término "virgen" (que la NVI traduce directamente "una joven") del versículo 28b es femenino y aporta la misma confirmación a las mujeres jóvenes de que, si se casan, no pecan.

Los versículos 25–28 introducen también dos nuevas razones para el consejo de Pablo. La primera tiene que ver con "la crisis actual" (v. 26a), que se explica con mayor detalle en los versículos 29–31; la segunda, con los "muchos aprietos" que tendrán que pasar los que se casan (v. 28c) y se dan más detalles de lo que esto significa en los versículos 32–35. Algunos han pensado que la expresión "crisis actual" tiene que aludir a unas circunstancias históricas singulares de hambre o persecución en Corinto.[1] Sin embargo, hasta donde sabemos, a mediados de la década 50-60 del primer siglo, la ciudad era tan próspera como cualquier otra del mundo romano. Y tampoco hay indicaciones de que los cristianos corintios fueran especialmente perseguidos, al menos no más

---

1. Ver especialmente Bruce W. Winter, "Secular and Christian Responses to Corinthian Famines", *TynB* 40 (1989): 86–106. Es difícil determinar la trascendencia real de ciertos efectos prolongados de anteriores hambrunas y el encaje con los versículos 29–31 hace improbable que tengamos que buscar aquí algún otro referente para el versículo 26.

que la mayoría de los cristianos de aquel tiempo. Es, pues, mejor entender los versículos 29–31 como una explicación del versículo 26a, en cuyo caso la lectura de la NRSV, "la inminente crisis", es más adecuada. Pablo sabe que la Segunda Venida de Cristo podría producirse muy pronto tras la primera ("queda poco tiempo", v. 29a). Esto no significa que Pablo hubiera establecido algunas fechas o que esperara necesariamente la venida del Señor durante el transcurso de su vida, sino más bien que el apóstol, como el resto de autores del Nuevo Testamento, reconocía lo que C. E. B. Cranfield ha expresado con mucho acierto diciendo:

> ... la *parousia* está cerca ... no en el sentido de que esta fuera a producirse, necesariamente, a los pocos meses o años, sino en cualquier momento, y en el sentido de que, puesto que el acontecimiento decisivo de la historia se ha producido ya en el ministerio, muerte, resurrección y ascensión de Cristo, toda la historia posterior es una forma de epílogo, necesariamente corto en un sentido muy real, aunque pueda prolongarse durante un periodo muy extenso.[2]

Todos los cristianos tienen, por tanto, un sentido de urgencia para servir al Señor, producido por la incertidumbre del tiempo del fin, tras lo cual no será ya posible ganar a más personas para Cristo o discipularlas para que alcancen la madurez. Pablo es plenamente consciente de que las distracciones del matrimonio pueden entibiar esta urgencia. De modo que aquellos que deciden casarse no deben estar tan absortos en sus familias que ello les impida servir a Cristo de manera efectiva (v. 29b). Lo mismo se aplica a otras actividades normales como celebraciones y velatorios, comercio y compras (vv. 30-31). Todas ellas son actividades legítimas que, sin embargo, siguen siendo fugaces. El cristiano ha de estar, por tanto, menos implicado en los asuntos de este mundo que el no cristiano. El equilibrio que Pablo quiere conseguir lleva a un escritor a catalogarle de "asceta mundano".[3]

Los versículos 32–35 desarrollan el segundo argumento de Pablo para animar a aquellos que nunca se han casado a permanecer solteros. Aunque Cristo no regrese de inmediato, atender a las necesidades

---

2. C. E. B. Cranfield, "The Parable of the Unjust Judge and the Eschatology of Luke-Acts", *SJT* 16 (1963): 300–301. Sobre la escatología de 1 Corintios 7 en particular, cf. Jeremy Moiser, "A Reassessment of Paul's View of Marriage with Reference to 1 Cor. 7", *JSNT* 18 (1983): 103–22; Guy Greenfield, "Paul and the Eschatological Remarriage", *SWJT* 26 (1983): 32–48.

3. Vincent L. Wimbush, *Paul: The Worldly Ascetic* (Macon, Ga.: Mercer, 1987).

del cónyuge y de los hijos resta tiempo para ministrar las necesidades de otras personas tanto en la iglesia como en el mundo (vv. 32–34). No obstante, Pablo se niega de nuevo a convertir sus preferencias en absolutos, o a respaldar sin reservas la postura de los promotores del celibato. El versículo 35 nos da la clave más crucial del capítulo para determinar cuándo es o no apropiado el matrimonio. Hemos de optar por aquel estado que nos capacite para vivir "con decoro y plenamente dedicados al Señor". Pablo no desea "limitar" a sus receptores (literalmente, "ponerles una soga al cuello") de uno u otro modo.

Los versículos 36–38 describen a una clase específica de persona soltera. Pero, como muestra la nota de la NVI, el lenguaje es lo suficientemente impreciso como para que este texto pueda entenderse de dos formas muy distintas.[4] La iglesia primitiva interpretó casi sin excepción estos versículos con el sentido de la nota, entendiéndolos desde la óptica de un padre que se plantea si dar o no a su hija en matrimonio. La palabra que se traduce "casarse" en el versículo 38 (*gamizo*) es distinta de la que se utiliza en otros pasajes de este capítulo (*gameo*, vv. 9, 10, 28, 33, 34, 36, 39), y en las otras ocasiones, relativamente raras, en que aparece en el texto bíblico significa "dar en matrimonio" (Mt 22:30 [par. Mr 12:25; Lc 20:35]; Mt 24:38 [par. Lc 17:27]). No obstante, este término es asimismo poco utilizado en el griego extrabíblico, y otros verbos con el mismo sufijo (-izo) estaban perdiendo su fuerza causativa en el periodo del Nuevo Testamento.

La expresión "tratar como es debido" (v. 36) traduce una palabra que tiene ciertas connotaciones sexuales y estaría, por tanto, fuera de lugar en el marco de una relación padre-hija. Todo el lenguaje del versículo 37 que alude a un hombre que se mantiene firme en su propósito, sin estar dominado por sus impulsos, siendo dueño de su voluntad, suena extraño aplicándolo a la práctica de los matrimonios concertados, puesto que, normalmente, un padre no vacilaría de esta forma.

Es, pues, probablemente mejor seguir el texto de la NVI y entender que se trata de un hombre y una mujer prometidos para casarse.[5] En el

---

4. La nota marginal dice: "Si alguno piensa que no está tratando a su hija como es debido, y ella ha llegado a su madurez, por lo cual él se siente obligado a darla en matrimonio, que lo haga. Con eso no peca; que la dé en matrimonio. Pero el que se mantiene firme en su propósito, y no está dominado por sus impulsos sino que domina su propia voluntad, y ha resuelto mantener soltera a su hija, también hace bien. De modo que el que da a su hija en matrimonio hace bien, pero el que no la da en matrimonio hace mejor".

5. La defensa más concienzuda de este punto de vista es la de Werner G. Kümmel, "Verlobung und Heirat bei Paulus (1. Cor 7, 36–38)", en *Neutestamentliche Studien für*

siglo I, la tendencia de la sociedad grecorromana era alejarse decididamente de los matrimonios concertados. Sin embargo, aun así, sigue
habiendo ciertas ambigüedades en el lenguaje. Algunos han entendido estos versículos en el contexto de un supuesto matrimonio "espiritual", en el que un hombre y una mujer se pondrían de acuerdo para
vivir juntos sin mantener relaciones sexuales. La palabra que se traduce
como "ha llegado ya a su madurez" puede, de hecho, significar "demasiado interesado en el sexo" y referirse al joven prometido en lugar de a
la mujer. Sin embargo, probablemente la NVI ha captado, en general, el
sentido correcto. Las parejas comprometidas no deben sentirse obligadas a seguir a los promotores del celibato y abstenerse del matrimonio,
aunque, si así lo desean, es también una opción aceptable. De hecho,
como en los versículos 7–8, 26 y 40, Pablo reitera su preferencia por la
vida célibe (v. 38), sin embargo, se niega a poner normas al respecto.

Los versículos 39–40 coronan el capítulo ratificando la monogamia
como un compromiso de por vida. Estos versículos contienen también
la única referencia explícita al nuevo matrimonio de este capítulo. Las
viudas cristianas, y por implicación también los viudos, están libres
para volver a casarse, mientras lo hagan con otros cristianos. Como
en el versículo 8, Pablo reitera su preferencia por la vida célibe, pero
no hace de ello algo absoluto. Con su expresión "creo que yo también
tengo el Espíritu de Dios" (v. 40b), Pablo no está expresando ninguna
duda respecto a lo que afirma; sus palabras son más bien un paréntesis
ligeramente sarcástico y se dirigen a aquellos corintios que creían haber
alcanzado un exclusivo discernimiento espiritual.

Construyendo
Puentes
Pablo sigue trazando su cuidadosa trayectoria entre los hedonistas y ascetas de Corinto.
La mayoría de las cosas que hemos dicho en
los versículos 1–16 sobre el método general
de pasar del sentido original al significado
contemporáneo se aplican también aquí. Por otra parte, otros varios
pormenores reclaman nuestra atención.

En primer lugar, como en el versículo 12, los versículos 25–26 y 40 no
deben considerarse menos inspirados que el resto del escrito de Pablo.
El apóstol se limita a admitir que no puede citar ninguna autoridad cristiana anterior, sino que ha de depender de su sentido de la guía de Dios.

Rudolf Bultmann, ed. Walther Eltester (Berlin: Töpelmann, 1954), 275–95. No existe
ningún tratamiento comparable en inglés de una extensión significativa.

En segundo lugar, si se entiende que "la crisis actual" del versículo 26 hace referencia a cierto problema histórico peculiar de la Corinto del primer siglo, los posteriores comentarios de Pablo cobrarán, naturalmente, una nueva fuerza. Sin embargo, si tenemos razón al ver los versículos 29–31 como una indicación de que la crisis no es más que la característica tensión que experimentan los creyentes entre los dos advenimientos de Cristo, el consejo de Pablo sigue siendo igualmente válido para cualquier momento y lugar, a lo largo de toda la historia de la iglesia. En tercer lugar, el versículo 27 contiene otros dos ejemplos del principio de permanecer en la condición en que estamos cuando nos convertimos; sin embargo, es significativo que el versículo 28 solo puntualiza uno de ellos. En otras palabras, aunque Pablo subraya que quienes deciden casarse no pecan, nunca hubiera escrito "pero si se divorcia no peca", sino bajo las mismas limitadas circunstancias de que antes hemos hablado (ver exposición anterior al respecto).

Los versículos 29–31 no deben utilizarse para promover el mismo ascetismo que Pablo estaba intentando minimizar. No obstante, sí sugieren que los afanes de este mundo han de ocupar un significativo segundo plano en las prioridades del reino.

Vincent Wimbush caracteriza provechosamente este equilibrio como una "ética intermedia" que sigue siendo un bagaje y un desafío para cada posterior modelo de espiritualidad cristiana. Para quienes creen que la fe cristiana demanda en esencia un programa terrenal de agresivos cambios sociales, el camino que presentan Pablo y los cristianos que toman en serio sus palabras parecerá bochornosamente débil e irrelevante. A quienes, por otra parte, piensan que la fe cristiana exige ante todo el desarrollo de una devoción interior, el camino de Pablo y el de los cristianos que siguen sus pasos les parecerá de baja calidad, un compromiso mundano.[6]

Aquellos que se preocupan por obedecer la Palabra de Dios, no obstante, se esforzarán precisamente por conseguir el equilibrio de Pablo de estar en el mundo sin ser de él.

Los versículos 32–35 ofrecen una guía crucial para aquellos que, en cualquier periodo y cultura, se plantean si han de casarse o no. En lugar de adoptar los incontables otros criterios que sugiere la sociedad, los cristianos deberían preguntarse en qué estado, soltero o casado, pueden servir mejor al Señor. Michael Green recomienda hacerse la siguiente pregunta: "¿Podría ser igual de útil al Señor si estuviera casado, o ello

---

6. Wimbush, *Paul*, 97.

reduciría inevitablemente mi utilidad?", Green sigue comentando: "Puede que cuando nos casamos se vea mermada la cantidad de tiempo para el servicio cristiano, pero que su calidad posiblemente mejore. En cualquier caso, no tengo derecho a casarme si no me he planteado honestamente qué impacto tendrá el matrimonio en mi vida y servicio cristiano".[7]

Esta misma serie de preguntas hemos de planteárnoslas ante la decisión de si tener hijos o no (o cuántos), en la medida en que podamos tomar tales decisiones. No tener hijos voluntariamente por causa del reino es una opción que no toman muchas parejas casadas, pero que sin duda merece una detenida consideración delante del Señor.[8] Tanto los cónyuges como los hijos pueden influir para que los cristianos sean reacios a obedecer a Jesús en áreas como ofrendar de manera sacrificada y mantenerse al margen de las cosas del mundo, pero pueden también enriquecer la propia vida personal, fortalecer la capacidad de ministrar a las familias y ofrecer muchas oportunidades para el discipulado en el seno de la propia familia.

Parte de la aplicación de los versículos 36–38 depende, sin duda, de la traducción que se adopte. Si entendemos que se trata de un padre planteándose si dar o no en casamiento a su hija, la aplicación para las sociedades que no practican los matrimonios concertados será mínima. Si estos versículos aluden a una pareja de novios, vemos entonces que, para Pablo, el noviazgo no era un estado tan vinculante como para los judíos (en el judaísmo se requería un divorcio para romper el desposorio). Si la expresión "ella ha llegado ya a su madurez" traduce correctamente el texto griego, entonces el versículo 36 puede sugerir que el tiempo de noviazgo para las parejas de cierta edad debe ser más corto que para las más jóvenes. Sea cual sea la traducción que se adopte, quedan nuevamente claros los matices y condiciones de la lógica de Pablo.

Como conclusión del capítulo, los versículos 39–40 subrayan que el matrimonio conlleva un compromiso de por vida. Esta es otra de las razones por las que no debe contraerse matrimonio o decidirse un divorcio a la ligera (especialmente para evitar las relaciones sexuales). Las palabras de 1 Timoteo 5:11–15 parecen un poco más positivas

---

7. Green, *Corinth*, 116.
8. Ver especialmente Diane Payette-Bucci, "Voluntary Childlessness", *Direction* 17.2 (1988): 26–41.

hacia el nuevo matrimonio precisamente porque Pablo no está tratando el mismo problema que en Corinto.

Cabe, de paso, observar que si Pablo permitió —y hasta en ocasiones animó— a viudas y viudos a volver a casarse, no es, entonces, probable que el criterio para ser líder de la iglesia que normalmente se traduce como "esposo de una sola mujer" (1 Ti 3:2, 12) pretenda excluir a quienes han vuelto a casarse. Pero no hay ninguna justificación lingüística o contextual en 1 Timoteo 3 para permitir que esta expresión incluya a quienes han vuelto a casarse tras la muerte de un cónyuge mientras se excluye a aquellos que han vuelto a casarse tras un divorcio bíblicamente legítimo. Es mejor, por tanto, entender la expresión "esposo de una sola mujer" como el equivalente de "caracterizado por su presente fidelidad matrimonial, si está casado".[9]

Significado Contemporáneo No hay muchos cristianos occidentales que se planteen en serio la posibilidad de quedarse solteros por una devoción sincera y entusiasta a la obra del Señor. Tienen que hacerlo un número mayor. Ejemplos como el influyente pastor anglicano, John Stott, o el elogiado misionero bautista, Lottie Moon, han puesto de relieve lo mucho que puede hacerse en una vida cuando esta no tiene que sujetarse a las demandas de la familia. Muchos predicadores cristianos, como John Wesley o ciertos adictos al trabajo de nuestro tiempo, habrían hecho mejor en quedarse solteros en lugar de vivir la agonía de ver destruirse sus matrimonios tras años de negligencia. El maravilloso ministerio misionero de William Carey ha quedado en cierto modo empañado por los sacrificios que pidió a su esposa, Dorothy, que acabó perdiendo la razón.[10] Una parte de toda esta angustia y dolor habría podido, sin duda, evitarse si aquellas parejas que no estaban dispuestas a contar el precio no se hubieran casado.

Una aplicación para todos, solteros o casados: si el fin del mundo puede llegar verdaderamente en el transcurso de nuestra vida, hemos de dar a la obra del Señor una urgencia que los cristianos de nuestro tiempo rara vez expresamos. Y aunque el Señor retrase su venida, las

---

9. Ver especialmente C. H. Dodd, "New Testament Translation Problems II", *BT* 28 (1977): 112–16.

10. Sobre este asunto, ver especialmente James R. Beck, *Dorothy Carey* (Grand Rapids: Baker, 1992).

muertes repentinas se cobran demasiadas vidas como para que podamos asumir con complacencia que disponemos de un cierto número de años o décadas para servir a Dios de un modo más pausado.

Los versículos 29–31 se seguían más de cerca cuando, en este país, el movimiento evangélico era más pobre y marginal. Hoy, con nuestros grandes números y bienestar económico, muchos cristianos parecen "disfrutar" mucho "las cosas del mundo" (v. 31) y comprar posesiones materiales precisamente como si fueran a "poseerlas" (v. 30). Naturalmente, los cristianos del Tercer Mundo pueden a menudo enseñarnos profundas lecciones sobre la obediencia a los mandamientos de Pablo en estas cuestiones, porque están menos tentados por este tipo de materialismo. Hemos de tener siempre en mente el versículo 31b, recordando, a pesar del mensaje que nos envía nuestra sociedad, que, comparada con la eternidad, esta vida no es más que una infinitesimal gota de agua en el mar. Solo merece la pena invertir nuestras vidas y recursos en aquellas cosas que sobrevivirán a este mundo.[11]

Según el criterio del versículo 35, muchas parejas de nuestro tiempo pueden dar fe honestamente de que están mejor casados. Los cónyuges pueden ministrar en equipo, aportando dones complementarios en un tarea conjunta y apoyarse y estimularse el uno al otro (cf. Ecl 4:12). Sin embargo, es cada vez más frecuente que maridos y mujeres cristianos vivan divididos en distintas direcciones y crezcan cada vez más apartados el uno del otro, especialmente cuando las responsabilidades diarias de cada uno permiten poco o ningún tiempo de familia. Muchos cónyuges de seminaristas parecen no estar hoy comprometidos con el ministerio presente y futuro de sus compañeros, afirmando su propia independencia en otras profesiones. Si esto es cierto en quienes se preparan para ministerios cristianos de plena dedicación, ¿cuánto más lo será para los laicos?

Cuando agregamos a los niños, los problemas se multiplican. Necesitamos desesperadamente modelos de familias enteras participando juntos en el ministerio. Para aquellos que quieren hijos pero no pueden tenerlos, la adopción puede ser una importante forma de compromiso y servicio cristiano. Casi todas las ciudades estadounidenses tienen una larga lista de niños mestizos, de distintas etnias, que han sufrido algún tipo de abuso o tienen alguna incapacidad física, y a

---

11. Quienes deseen toda clase de sugerencias prácticas para implementar estos principios, pueden ver Ronald J. Sider, ed., *Living More Simply* (Downers Grove: InterVarsity Press, 1980).

quienes nadie quiere adoptar. Entretanto, las parejas blancas de clase media que no pueden tener hijos forman largas listas de espera, solo dispuestos a adoptar niños blancos y saludables como posibles miembros de su familia. Sin embargo, criar hijos piadosos, adoptados o biológicos, puede ser en sí un ministerio, aunque, como en el caso de los cónyuges no cristianos (v. 16), no hay ninguna garantía de que los hijos de padres cristianos acepten al Señor. La idea de que los cristianos tengan que tener familias numerosas para contribuir a la cristianización del mundo la refutan las preocupaciones de Pablo en los versículos 25–35 y el triste testimonio de muchos de quienes han intentado esta tarea para luego sufrir viendo a sus hijos dando su lealtad a otros dioses.

Los versículos 36–38 tienen algo que decir sobre los patrones contemporáneos de noviazgo. En comparación con las costumbres internacionales, los norteamericanos tienden a tener periodos de compromiso relativamente breves que muchas veces acompañan a prolongados periodos de relaciones serias y sucesivas con múltiples personas. En muchas otras culturas, los compromisos de noviazgo son prolongados y comienzan temprano con una relación seria, antes de la cual no ha habido, normalmente, más que amistades mucho más informales con miembros del sexo opuesto. Los mandamientos de Pablo no favorecen necesariamente a ninguno de estos dos modelos, pero sí sugieren que el compromiso para casarse es un asunto serio que no puede asumirse con precipitación, aunque, por otra parte, tampoco es el pacto vinculante que representa el matrimonio. Las personas en esta situación han de seguir meditando y orando cuidadosamente para decidir si el matrimonio debe o no consumarse. Ha de llegarse a un equilibrio entre no prolongar tanto el compromiso que lleve a la frustración o al pecado sexual y no hacerlo tan corto que las parejas entren a la vida matrimonial sin la certeza de haber hecho la voluntad de Dios. El reciente surgimiento del asesoramiento prematrimonial e incluso anterior al noviazgo puede ser un buen paso para conseguir este equilibrio.[12]

La aplicación contemporánea de los versículos 39–40 es, en líneas generales, una repetición de lo que hemos dicho en los versículos 8–9. Estos versículos subrayan también el consistente llamamiento bíblico a la fidelidad de por vida que normalmente se promete en los votos nupciales. Hay numerosas razones para preservar el matrimonio incluso cuando no nos apetece hacerlo, pero una que el hombre moderno ignora a menudo es la de mantener nuestras promesas. Ni enamorarse consti-

---

12. Quienes deseen considerar una introducción a este proceso, pueden ver, p. ej., H. Norman Wright, *Premarital Counseling* (Chicago: Moody, 1981).

tuye un motivo adecuado para el matrimonio, ni "desenamorarse" le da a nadie el derecho a divorciarse. Warren Wiersbe sugiere cinco preguntas que deben hacerse quienes se plantean el matrimonio, y que resumen adecuadamente las preocupaciones de Pablo en este capítulo: "¿Cuál es mi don de parte de Dios? ¿Es creyente la persona con la quiero casarme? ¿Son tales las circunstancias que el matrimonio es viable? ¿Cómo va a afectar el matrimonio a mi servicio a Cristo? ¿Estoy dispuesto/a a unirme de por vida a esta persona?".[13] Estas preguntas demandan hoy mucha más atención de las familias cristianas, grupos de jóvenes y reuniones de solteros de la que normalmente se les concede.

---

13. Warren W. Wiersbe, *Be Wise* (Wheaton: Victor, 1983), 85.

1 Corintios 8:1–13

En cuanto a lo sacrificado a los ídolos, es cierto que todos tenemos conocimiento. El conocimiento envanece, mientras que el amor edifica. ² El que cree que sabe algo, todavía no sabe como debiera saber. ³ Pero el que ama a Dios es conocido por él.

⁴ De modo que, en cuanto a comer lo sacrificado a los ídolos, sabemos que un ídolo no es absolutamente nada, y que hay un solo Dios. ⁵ Pues aunque haya los así llamados dioses, ya sea en el cielo o en la tierra (y por cierto que hay muchos «dioses» y muchos «señores»), ⁶ para nosotros no hay más que un solo Dios, el Padre, de quien todo procede y para el cual vivimos; y no hay más que un solo Señor, es decir, Jesucristo, por quien todo existe y por medio del cual vivimos.

⁷ Pero no todos tienen conocimiento de esto. Algunos siguen tan acostumbrados a los ídolos, que comen carne a sabiendas de que ha sido sacrificada a un ídolo, y su conciencia se contamina por ser débil. ⁸ Pero lo que comemos no nos acerca a Dios; no somos mejores por comer ni peores por no comer.

⁹ Sin embargo, tengan cuidado de que su libertad no se convierta en motivo de tropiezo para los débiles. ¹⁰ Porque si alguien de conciencia débil te ve a ti, que tienes este conocimiento, comer en el templo de un ídolo, ¿no se sentirá animado a comer lo que ha sido sacrificado a los ídolos? ¹¹ Entonces ese hermano débil, por quien Cristo murió, se perderá a causa de tu conocimiento. ¹² Al pecar así contra los hermanos, hiriendo su débil conciencia, pecan ustedes contra Cristo. ¹³ Por lo tanto, si mi comida ocasiona la caída de mi hermano, no comeré carne jamás, para no hacerlo caer en pecado.

Sentido Original

Pablo trata ahora el segundo asunto que planteaban los corintios en la carta que le habían dirigido (ver 7:1). La mayor parte de la carne que se vendía en el mercado local procedía de animales que habían sido inmolados en ceremonias oficiadas en el templo pagano. ¿Contaminaban estos rituales, automáticamente, la comida? ¿Podían los cristianos comprar y consumir aquella carne? ¿Podían comer de ella si se la ofrecía en su casa alguno de sus amigos? ¿Y qué de los diferentes acontecimientos sociales —bodas, fiestas, asociaciones, etcétera— que muchas veces utilizaban los comedores del templo para celebrar sus festividades? ¿Podían los cristianos participar en tales acontecimientos y comer la carne que se servía en ellos? ¿Y qué de los ritos más estrictamente religiosos que se celebraban en aquellos templos? Es evidente que el asunto no era tan simple o inocuo como hoy puede parecernos a los occidentales a primera vista.[1]

En 1 Corintios 8:1–13 y 10:14–11:1 se trata claramente este tema. En un principio, 9:1–10:13 no parece hacer lo mismo; no obstante, cuando los analizamos más de cerca, estos versículos forman parte integral del argumento de Pablo. En 1 Corintios 8:1–13 se introduce el problema y su doble solución: libertad por principio para comer cuando no hay implicaciones intrínsecamente anticristianas, pero abstención voluntaria cuando el bienestar espiritual de otros cristianos puede verse perjudicado por la propia libertad. 1 Corintios 9:1–18 ofrece luego una segunda aplicación del principio de la libertad, equilibrada por el amor, en áreas moralmente neutras tratando el asunto de aceptar dinero para el ministerio. En 1 Corintios 9:19–27 el apóstol sigue generalizando y enuncia el principio subyacente que rige toda su conducta en estas "zonas grises de la vida", a saber, obrar del modo que permita que más personas se entreguen a Cristo. 1 Corintios 10:1–13 nos prepara para la prohibición absoluta de Pablo de la próxima sección advirtiéndonos de los peligros de utilizar la propia libertad como licencia para la inmoralidad. 1 Corintios 10:14–22 establece entonces el irrenunciable requisito de Pablo sobre el tema de la carne sacrificada a los ídolos: nunca debe comerse en ritos religiosos abiertamente paganos. Con 1 Corintios 10:23–11:1, la exposición regresa al punto de partida repitiendo los dos principios clave de 8:1–13, pero en última instancia inclina la balanza a favor de la libertad.[2]

Esta sección se divide en tres apartados diferenciados. Los versículos 1–3 ofrecen otra de las tesis "sí, pero", semejante a su acercamiento en 6:12–13 y 7:1–2. Los versículos 4–6 se extienden en el "sí": el tema de la libertad basada en el conocimiento cristiano (cf. v. 1a). Acto

---

1. La información de trasfondo y exposición exegética más detallada y provechosa está en la obra de Wendell L. Willis, *Idol Meat in Corinth* (Chico, Calif.: Scholars, 1985).
2. H. Probst (*Paulus und der Brief* [Tubinga: Mohr, 1991]) observa que 8:1–11:1 forma una unidad integral, casi una epístola en miniatura, siguiendo la secuencia típica de la retórica epistolar grecorromana: 8:1–13 forma la introducción; 9:1–18, la exposición narrativa; 9:19–10:17, la argumentación; y 10:18–11:1, los mandamientos consecuentes.

seguido, los versículos 7–13 elaboran el tema de la moderación voluntaria basada en el amor cristiano (cf. vv. 1b–3). Teniendo en cuenta las explícitas alusiones de Pablo en 10:25–30 tanto al mercado como a las comidas privadas, es razonable asumir que el apóstol tiene en mente, desde el principio, una amplia gama de contextos. Dada su referencia explícita en 8:10 a comer en el templo, en el contexto de aquello que es por principio aceptable para los creyentes, parece claro que también piensa en las reuniones sociales celebradas en el recinto del templo, aun sin ser de naturaleza abiertamente religiosa.[3]

El versículo 1 introduce el asunto. La expresión "lo sacrificado a los ídolos" debe entenderse como una alusión a la "carne", para que el versículo 13 no se vea como un angostamiento del tema. Una parte de la carne de los animales sacrificados se quemaba en el altar del templo, otra se comía en las ceremonias del templo, y una tercera parte se vendía en el mercado corintio para el consumo de la población.

La expresión "es cierto que todos tenemos conocimiento" (v. 1) constituye probablemente otro de los eslóganes corintios, como sugiere la nota de la NVI ("'todos tenemos conocimiento,' como ustedes dicen"). El versículo 7 observará que tal conocimiento es más limitado entre aquellos que Pablo llama hermanos débiles. Lo más probable es, pues, que este eslogan refleje la posición de los corintios "fuertes", entre quienes se contaban posiblemente algunos de los más indulgentes, y no tanto la postura de los integrantes del sector más ascético de la iglesia.

La palabra "conocimiento" traduce el término *gnosis* y ha de interpretarse como en los capítulos 1–4 como una alusión a las arrogantes especulaciones religiosas humanas. Como sucede con las anteriores consignas, Pablo está en un sentido de acuerdo, pero no sin una matización inmediata (vv. 1b–3). Es el amor, no el conocimiento, lo que

---

3. La reconstrucción de los acontecimientos que se adopta en este texto sigue de cerca la exposición de Bruce N. Fisk, "Eating Meat Offered to Idols: Corinthian Behavior And Pauline Response in 1 Corinthians 8–10", *TrinJ* 10 n.s. (1989): 49–70. Tradicionalmente, los comentaristas han limitado a menudo el capítulo 8 a los contextos del mercado y las casas, sin dar debida consideración al versículo 10. Gordon D. Fee, "Εἰδωλόθυτα Once Again: An Interpretation of 1 Corinthians 8–10", *Bib* 61 (1980): 172–97, sostiene que desde el mismo comienzo Pablo tiene solo en mente las actividades ilícitas en el templo. Ambas perspectivas parecen impropiamente truncadas. Talbert, *Corinthians*, 56, ve una estructura ABBA en 8:1–13; 10:14–11:1 (A = carne del mercado [8:1, 4; 10:23–11:1]; B = actividad en el templo [8:10; 10:14–22]), lo cual apoya nuestro acercamiento. Ben Witherington, "Not So Idle Thought About *Eidolothuton*", *TynB* 44 (1993): 237–54, ha organizado recientemente más apoyo para el punto de vista de Fee, pero sin interactuar con Fisk. En apoyo de Fisk, ver Kistemaker, *1 Corinthians*, 269–74.

ha de constituir el núcleo de la conducta cristiana. La expresión "El que cree que sabe algo" (v. 2) se parece a nuestro modismo "creerse alguien". La fuerza de los tiempos verbales del versículo 2 sugiere una paráfrasis: "Si alguien piensa haber alcanzado un cierto nivel de conocimiento, todavía no ha llegado a saber nada en el verdadero sentido de la palabra".[4] El verdadero conocimiento cristiano es inseparable del amor *agape*, que solo puede hacerse realidad por la previa decisión de amarnos que ha tomado Dios (v. 3).

Los versículos 4–6 nos dan el fundamento para la libertad cristiana de comer esta comida que ha sido sacrificada, a saber, los ídolos a los que se dedica la carne no tienen una existencia espiritual objetiva. Impregnado de sus concepciones judías sobre el monoteísmo y la soberanía de Dios (p. ej., Dt 6:4; 10:17) y buen conocedor de las burlas veterotestamentarias de la idolatría (p. ej., Dt 32:15–17; Is 44:6–20), Pablo declara abiertamente que en el universo hay un único Dios verdadero (v. 4). Los cristianos fuertes de Corinto habrían estado de acuerdo con esta afirmación y hasta puede que estuvieran utilizando la misma lógica para apoyar su libertad de comer aquella carne. Pablo sigue reconociendo que no todos creen lo mismo que él. Muchas deidades mitológicas de las religiones mistéricas eran objeto de una ferviente adoración. El gnosticismo creía en "emanaciones" divinas y los emperadores comenzaban a autoproclamarse divinos y a exigir sacrificios (v. 5). Pero, de hecho, y a diferencia del Dios de Israel y Padre del Señor Jesús, ninguno de estos presuntos dioses o señores tenía nada que ver con la creación, sostenimiento o redención del mundo (v. 6).

Los versículos 7–13 desarrollan la limitación que Pablo pone al ejercicio de la libertad cristiana, y es que esta puede corromper la débil conciencia de ciertos hermanos. El amor debe, por tanto, limitar la libertad. Algunos de los cristianos corintios no podían comer carne sacrificada a los ídolos, ni siquiera en las casas, y casi seguramente tampoco en los comedores del templo, sin recordar cierta asociación religiosa que la carne tenía para ellos. Esta habría sido una preocupación especial para algunos de los miembros más pobres de la iglesia, que probablemente no habrían podido comer carne sino en los rituales del templo. Para ellos, la carne seguía teniendo connotaciones intrínsecamente religiosas. Su "débil conciencia" no era un sentido poco desarrollado de moralidad o corrección, según el significado que hoy se da a esta expresión, sino más bien las restricciones excesivamente escrupulosas que

---

4. Ellingworth y Hatton, *First Corinthians*, 160.

estos ponían a la libertad en Cristo de los creyentes. Sus pensamientos interiores les acusaban innecesariamente y les hacían sentir culpables o sucios (v. 7).[5] Puesto que se sentían obligados a hacer algo que no procedía de la fe, para ellos era pecaminoso (Ro 14:23).

El versículo 8 continúa desarrollando la explicación de Pablo; el "pero" introductorio debería traducirse probablemente como "y". Aquí tenemos la primera de tres razones que el apóstol presenta para que los cristianos se abstengan voluntariamente de la carne sacrificada a los ídolos ante quienes no son incapaces de asumir esta práctica. Precisamente porque es un asunto moralmente neutro, no hay ningún beneficio espiritual inherente por comer carne o perjuicio por evitar esta práctica. Por tanto, la preocupación por nuestros hermanos ha de tener prioridad sobre todo lo demás.[6]

El "sin embargo" del versículo 9 ha de traducirse nuevamente como un suave elemento continuativo (p. ej., "además"). Los versículos 9–12 se combinan para explicar que los corintios no han de comportarse de formas que hagan pecar al otro. El versículo 9 presenta la tesis del párrafo. Las expresiones "motivo de tropiezo" y aquello que hace "caer en pecado" (v. 13) son sinónimas y ayudan a explicarse entre sí. El sentido más literal del término "libertad" es "autoridad" o "derecho". En pocas palabras, el versículo 9 insta a los cristianos a no exigir sus derechos de maneras que lleven a nuestros hermanos a pecar.

El versículo 10 se entiende a menudo con el sentido de que los corintios "fuertes" eran capaces de trazar límites apropiados y comer carne del mercado sin ser tentados a ir al templo, mientras que los cristianos "débiles" no eran capaces de conseguirlo. Consecuentemente, lo que era moralmente indiferente llevaba a estos últimos a seguir haciendo aquello que era inherentemente pecaminoso. Lo más probable es, sin embargo, que Pablo vuelva a tener en mente el principio de Romanos 14:23 ("todo lo que no se hace por convicción [fe] es pecado"). Lo que los fuertes practicaban legítimamente (comer en las casas o en el templo sin participar de ningún ritual religioso), los débiles no podían hacerlo con una buena conciencia, de modo que, para ellos, comer aquella carne era pecado. La

---

5. Ver especialmente Paul W. Gooch, "'Conscience' in 1 Corinthians 8 and 10", *NTS* 33 (1987): 244–54.

6. Muchas veces se ha entendido el versículo 8 o parte de él como otro eslogan de los "hermanos fuertes" de Corinto; sin embargo, parece que estos creían realmente que comer les hacía aceptos ante Dios. Es posible, aunque no puede demostrarse fehacientemente, que tales personas afirmaran: "somos peores si no comemos y mejores si lo hacemos", y que Pablo aludiera a este dicho pero negara ambas cláusulas (Willis, *Idol Meat*, 98).

expresión "se sentirá animado" traduce un uso poco común del verbo "edificar". Es bastante probable que aquello que para los fuertes edificaba a los débiles en realidad les estimulaba a hacer algo destructivo.

El versículo 11 explica, pues, la segunda razón para la abstinencia voluntaria que propone el apóstol. Hacer alarde de la propia libertad estaba, de hecho, destruyendo la vida espiritual de los débiles. Una mejor traducción de la expresión "se perderá" es probablemente "está en proceso de destrucción". Es dudoso que Pablo pensara que estas cuestiones intrínsecamente amorales pudieran poner realmente en peligro la salvación de un cristiano. Lo que pensaba era más bien que la conducta de los creyentes fuertes podía ser "un obstáculo para la santificación cristiana"[7] (cf. Ro 14:15). Tales perjuicios se oponen diametralmente al propósito de la expiación. El versículo 12a explica y confirma que el tipo de destrucción que se describe en este pasaje consiste en herir la débil conciencia de ciertos hermanos.

El versículo 12b muestra la tercera razón para la abstinencia, que es evitar pecar contra Cristo. Como en Mateo 10:42 y 25:40, el modo en que tratamos a nuestros hermanos equivale al modo en que tratamos a su Señor. Por tanto, Pablo concluye el capítulo con un absoluto condicional. Cuando hay buenas razones para creer que el ejercicio de nuestra libertad en cuestiones moralmente indiferentes hará que nuestros hermanos pequen, es siempre correcto moderarnos. Pablo ejemplifica este principio mediante su propio ejemplo y lo declara con un acento digno de Marcos 9:42: "Pero si alguien hace pecar a uno de estos pequeños que creen en mí, más le valdría que le ataran al cuello una piedra de molino y lo arrojaran al mar".

Construyendo Puentes Para conseguir un completo entendimiento de los principios y aplicaciones del capítulo 8 tendremos que esperar a que Pablo concluya su argumento en los capítulos 9–10. Para entonces habrá quedado claro que el fundamento de todo lo que Pablo dice en estos tres capítulos es un principio evangelizador de conducta que nos lleva a actuar del modo que más facilite la salvación de otras personas (ver especialmente 9:19–23). Podemos, sin embargo, hacer aquí un importante progreso inicial. Hay tres principios intemporales que dominan este capítulo: aquello que es

---

7. Judith M. Gundry Volf, *Paul and Perseverance: Staying in and Falling Away* (Louisville: Westminster/Knox, 1990), 97.

seguro para un cristiano puede no serlo para otro; el verdadero discernimiento siempre requiere tanto amor como conocimiento; los creyentes no tenemos ningún derecho a exigir el ejercicio de ciertas libertades si estas demuestran ser nocivas para quienes nos rodean.[8]

Las posibles aplicaciones de este principio van mucho más allá de la cuestión específica de la carne sacrificada a los ídolos, pero no incluyen aquellas prácticas que son intrínsecamente buenas o malas. 1 Corintios 8 trata más bien de las zonas grises de la vida cristiana. Algunas veces, la Escritura deja claro que una cuestión es esencialmente inmoral o amoral. El adulterio, por ejemplo, es siempre erróneo, pero el consumo de alcohol solo lo es si lleva a la embriaguez o perjudica a un hermano más débil.

Hay ciertas situaciones, no obstante, en que no hay ningún pasaje que hable explícitamente del asunto en cuestión. En estos casos, los cristianos han de preguntarse si en la práctica que estamos valorando hay algún elemento intrínsecamente pagano (o anticristiano), o si es necesariamente destructivo y nocivo para las personas afectadas. De un modo más positivo, si la práctica en cuestión parece aceptable en vista de las dos pruebas anteriores, podemos hacernos otra pregunta: ¿puede nuestra participación ayudarnos a llegar al mundo no cristiano cultivando amistades y realizando actividades sociales que los no creyentes disfrutan (cf. 9:19ss)? Hay dos peligros siempre presentes: una forma de separatismo que impide que los cristianos sean sal de la tierra y luz del mundo (Mt 5:13–16) y un sincretismo (una mezcla de religiones) que adopta las prácticas paganas con consecuencias destructivas.

Como en 1:18–2:5, las declaraciones de Pablo sobre el conocimiento (vv. 1–3) no deben interpretarse como antiintelectuales. En este contexto, *gnosis* ("conocimiento") es aquello que subraya la libertad y autonomía humana a expensas de la preocupación por los demás, en especial de los cristianos. El centro de la ética de Pablo sigue siendo el amor, no el conocimiento (cf. Gá 5:14). El amor es también la más elevada de las virtudes humanas,[9] sin la cual todos los dones espirituales carecen de verdadero valor (1Co 13). Esta clase de amor no es principalmente un hermoso sentimiento, tierna amistad o simple altruismo, sino un interés abnegado y sacrificado por los demás, centrado en la obra de Cristo en la cruz y modelado por ella. A medida que los cre-

---

8. Cf. Barclay, *Corinthians*, 76.
9. Cf. esp. Victor P. Furnish, *Theology and Ethics in Paul* (Nashville: Abingdon, 1968); ídem, *The Love Command in the New Testament* (Nashville: Abingdon, 1972).

yentes maduran, entienden cada vez más que no dan la talla según las normas divinas y que dependen de Dios y no de sus esfuerzos (v. 3).

Una correcta comprensión de los versículos 4–6 ha de dejar espacio para la prohibición absoluta por parte de Pablo de las comidas idolátricas y para su creencia en la realidad del mundo diabólico (10:18–22). Los demonios son las entidades espirituales que se adoran, normalmente de manera inconsciente, en los rituales religiosos paganos. Estos no residen inherentemente en las imágenes o en la comida. La mera posesión de ídolos o el consumo de la comida que se sacrifica a ellos no pude ser perjudicial a no ser que se añadan a la mezcla actos de devoción religiosa.

Los versículos 4–6 forman también una sólida defensa del monoteísmo contra todas las formas de animismo, politeísmo o henoteísmo.[10] El contraste entre los versículos 5 y 6 no se establece entre dos percepciones subjetivas de la realidad, como el "para nosotros" del versículo 6 puede sugerir, sino entre una percepción falsa y una verdadera. La expresión "para nosotros" se explica por el "sabemos" del versículo 1 ["sabemos que todos tenemos conocimiento" NIV y LBLA. N. del T.]. Los creyentes saben lo que los paganos ignoran, que hay un solo Dios sobre el universo. En el versículo 6 se expresa también una fuerte conexión entre el Padre y el Hijo, y se mencionan importantes atributos de cada uno de ellos. El Padre es Creador y objeto esencial de adoración para los cristianos (cf. 10:26), mientras que el Hijo es agente de la creación y nuestro sustentador diario (cf. 10:31).

El asunto clave para la aplicación de los versículos 7–13 es identificar a aquellos que tienen verdaderamente una conciencia débil. No hay nada en el contexto que justifique una identificación de los "hermanos débiles" con quienes se ofenden por una determinada práctica, a pesar de la equívoca traducción del versículo 13 en la KJV ("si la comida hace que mi hermano se ofenda"). Es aun menos justificada la aplicación de estos principios a los "hermanos débiles profesionales"[11], es decir, a los cristianos legalistas ávidos de prohibir actividades moralmente indiferentes aunque ellos nunca practiquen estas actividades. El hermano o hermana débil es aquel que, probablemente, imitará al creyente fuerte

---

10. Quienes estén interesados en una explicación más detallada, en vista del escenario religioso de la Corinto del primer siglo, pueden ver Bruce W. Winter, "Theological and Ethical Responses to Religious Pluralism—1 Corinthians 8–10", *TynB* 41 (1990): 209–26.

11. Este término lo utiliza Joseph C. Aldrich, *Life-Style Evangelism* (Portland: Multnomah, 1981), en una excelente exposición de la aplicación de los principios de 1 Corintios 8 (pp. 39–76).

en algunas prácticas moralmente indiferentes, pero se sentirá culpable por hacerlo, o peor aún, se sentirá movido a realizar acciones inherentemente pecaminosas o destructivas. La libertad del creyente fuerte tiene, por tanto, consecuencias perniciosas para el crecimiento espiritual y la maduración del hermano débil. Jack Kuhatschek señala que si queremos trazar una adecuada analogía entre alguna situación y 1 Corintios 8, esta debe tener tres elementos: (a) una amenaza para la libertad cristiana; (b) un potencial tropiezo; y (c) un hermano o hermana a quien pueda hacerse pecar.[12]

La aplicación de los versículos 7–13 debe dejar espacio, asimismo, para 10:25–30, donde Pablo pondrá de relieve la libertad de los "fuertes" de manera más explícita que aquí. Si los fuertes no deben dañar a los débiles, tampoco estos últimos han de acusar de pecado a los fuertes. En Romanos 14:1–15:13, el otro pasaje fundamental de Pablo sobre este tema equilibra cuidadosamente estos dos mandamientos. De hecho, el material exhortatorio sigue una probable secuencia que constituye la segunda sección principal de Romanos (12:1–15:13). Primero están las necesarias transformaciones de cuerpo y mente que se piden de todos los creyentes (12:1–2). Después, cada uno ha de descubrir sus dones espirituales y utilizarlos fielmente (12:3–8). Sin embargo, como en 1 Corintios 12–13, los dones espirituales han de ejercitarse en amor (12:9–13:14). Este amor debe estimular a su vez una tolerancia mutua de la diversidad cristiana sobre aquellas cuestiones moralmente indiferentes (14:1–15:13).[13] En el contexto de 1 Corintios 8:7–13, esto significa que lo contrario del versículo 8 es tan cierto como el propio texto: "Pero lo que comemos no nos acerca a Dios; no somos mejores por comer ni peores por no comer", excepto cuando nuestra conducta hace que otras personas pequen. En Gálatas 5 y Colosenses 2:18–23, Pablo da un paso más para poner de relieve las cuestiones de la libertad y la tolerancia.

Este equilibrio crucial entre permisividad y legalismo demuestra ser siempre mucho más difícil de mantener que cualquiera de los dos extremos. Para crear una prohibición general de cierta práctica o para tolerarla de manera indiscriminada no hay que pensar tanto ni ejercer

---

12. Jack Kuhatschek, *Taking the Guesswork out of Applying the Bible* (Downers Grove, Ill.: InterVarsity Press, 1990), 68–70. Kuhatschek observa, p. ej., que quienes se oponen a que los cristianos lleven barba nunca se plantean dejársela, de manera que el tercer elemento de esta lista está ausente y no se aplica el principio del "hermano débil".
13. Ver la exposición especialmente valiosa de este tema en Robert Jewett, *Christian Tolerance: Paul's Message to the Modern Church* (Filadelfia: Westminster, 1982).

tanta sensibilidad. Sin embargo, el camino de Pablo parece mucho más acorde con la realidad y la revelación.

Por medio de sus temores, los débiles habrían convertido la comunidad en un gueto autoimpuesto. Mediante una destructiva utilización de la libertad, los fuertes habrían entregado a la iglesia a un patrón de conducta indistinguible del de su entorno. Si cualquiera de los dos grupos hubiera prevalecido, la identidad y misión de la iglesia se habría visto gravemente comprometida. La respuesta de Pablo fue centrarse en la visión que tenían los corintios sobre sus raíces en Cristo y su responsabilidad mutua y hacia el mundo en general. Su apasionada prudencia es una perfecta ilustración de la frase *"agape oikodomei"* [el amor edifica] (8:1).[14]

Por otra parte, los principios de moderación que presenta Pablo no pueden aplicarse al asesinato, el robo, las relaciones sexuales extramatrimoniales, la gula, las prácticas homosexuales o muchos otros pecados que, sin duda, la Biblia considera siempre erróneos. Tampoco pueden aplicarse, por ejemplo, al uso de ciertos narcóticos que son inmediatamente adictivos y, por consiguiente, destructivos. Y aun cuando la libertad cristiana deje la puerta abierta para ciertas prácticas, y nadie resulte perjudicado, esto no significa que los cristianos tengan forzosamente que participar en ellas, a no ser que, de alguna manera, tal conducta glorifique a Dios (10:31) o beneficie a la persona que la practica o a otras (10:33). La pregunta que hemos de hacernos no es "¿hasta dónde puedo llegar?", sino "¿cuáles son mis motivos?". "La clave parece estar en mantener un equilibrio entre la radical diferencia del creyente y su radical identificación. Nuestra diferencia radical es la santidad (integridad), no el legalismo o externalismo. Solo la santidad hace de la identificación radical una opción legítima para el cristiano".[15]

Es interesante comparar la enseñanza de Pablo en 1 Corintios 8 con otros dos pasajes clave del Nuevo Testamento. Por una parte, Pablo no muestra aquí ninguna apreciación del "decreto" surgido del concilio de Jerusalén (Hch 15:1–29), que concluye con la decisión de pedir a los cristianos gentiles de Antioquía, Siria y Cilicia que se abstengan de la comida sacrificada a los ídolos por consideración de los escrúpulos judíos. Naturalmente, esta resolución, que había sido dictada unos seis años antes (49 d.C.), no se había hecho llegar a Acaya (o a ninguna otra provincia que no contara con una numerosa población judía). Al

---

14. Jerome Murphy-O'Connor, "Freedom or the Ghetto (1 Cor., VII, 1–13; X, 23–XI, 1)", *RB* 85 (1978): 573–74.

15. Aldrich, *Evangelism*, 63.

parecer, Pablo no sentía ninguna necesidad de aplicarla en Corinto, quizá porque pensaba que esta disposición seguía haciendo demasiadas concesiones al legalismo en un contexto en que sus beneficios —preparar el camino para evangelizar a los judíos— no era ya una importante preocupación.

El otro pasaje relevante es Gálatas 1–2, en que Pablo arremete contra una forma más seria de legalismo que ponía en peligro la salvación de las personas. Cuando las conciencias débiles se pervierten hasta el punto de requerir ciertas obras o prohibir otras, como requisitos para la salvación, Pablo no puede mostrarse tan moderado como en 1 Corintios, sino que ha de condenar este tipo de enseñanza en los términos más fuertes.

Significado Contemporáneo

La comida sacrificada a los ídolos sigue siendo una urgente preocupación para los cristianos que viven en distintas culturas africanas, latinoamericanas y asiáticas. Al migrar cada vez más a los países occidentales, las personas de estas culturas llevan consigo estas cuestiones y otras muy similares, como el dilema de participar o no en ciertos ritos que tienen como objeto venerar a los antepasados, o practicar la adoración de maneras que recuerdan a otras religiones (postrándose, por ejemplo, sobre alfombras, en dirección al este), y cosas de este tipo. Sin embargo, para la mayoría de los lectores de este comentario, la carne sacrificada a los ídolos y las prácticas análogas de otras religiones ¡no se situarán, precisamente, entre los cien dilemas morales más importantes de su vida! Aun así, cuando se entienden los principios generales que hay en juego, numerosas aplicaciones demandan nuestra atención.

Algunas situaciones análogas de nuestro tiempo tienen las mismas asociaciones religiosas directas que tenía, a veces, comer carne en los templos paganos. En la masonería, por ejemplo, hay ritos religiosos que son esencial y característicamente no cristianos; no obstante, es posible mantener una intensa implicación con la organización a nivel más superficial y secular, y en este ámbito, la organización desarrolla muchas actividades caritativas y humanitarias que son positivas. Entre los cristianos sigue habiendo, por tanto, un notorio desacuerdo en cuanto a si los creyentes pueden o no implicarse con estas organizaciones, y a qué niveles pueden hacerlo. Hay que dejar espacio para este tipo de desacuerdo,[16] siempre que los cristianos estén de acuerdo en los principios más amplios que están en juego.

Un debate parecido debería permitirse sobre la participación de protestantes en las eucaristías de congregaciones católicorromanas y ortodoxas, y viceversa. En una era de ecumenismo, no todas las iglesias entienden por Sagrada Comunión lo mismo que sus predecesores. Cada cristiano ha de juzgar cada contexto en particular para ver si, en vista de lo que se pretende conseguir con la ceremonia en cuestión, él puede o no participar con buena conciencia.

¿Dónde están los límites que diferencian la meditación cristiana de la secular, o de la meditación hindú o budista (incluida la meditación trascendental)? ¿En qué medida puede un cristiano participar en un juego como Dragones y Mazmorras [Calabozos y Dragones en Hispanoamérica. N. del T.], que al menos en algunos círculos, aunque de ningún modo en todos, puede llevar a la práctica de la brujería o el ocultismo? Las respuestas variarán de uno a otro contexto.[17]

Sin embargo, las aplicaciones contemporáneas más comunes de 1 Corintios 8, no aluden normalmente a actividades susceptibles de llevar a creencias o rituales abiertamente anticristianos, sino más bien a otro tipo que, aunque pueden conducir a excesos y situaciones de pecado, no tienen necesariamente por qué. Algunas de tales aplicaciones son, por ejemplo, el consumo de alcohol; formas de vestir potencialmente provocativas; escuchar cierto tipo de música; fumar o masticar tabaco; participar en juegos que a veces, pero no necesariamente, implican apuestas; comprar lotería que sirve para financiar al gobierno, la educación, parques nacionales y cosas de este tipo; tener contacto físico prematrimonial de cierto tipo, etcétera.[18]

Otras aplicaciones tienen que ver con reglamentaciones sabáticas relativas a lo que puede o no hacerse en domingo, a pesar de que el domingo no es un *sabbat* o día de descanso cristiano, sino un tiempo

---

16. Contrástese, p. ej., Forrest D. Haggard, *The Clergy and the Craft* (N.p.: Missouri Lodge of Research, 1970); con John Ankerberg y John Weldon, *The Secret Teachings of the Masonic Lodge* (Chicago: Moody, 1989).

17. Quienes deseen considerar un análisis de los peligros de este y otros juegos de rol, pueden ver John Weldon y James Bjornstad, *Playing with Fire* (Chicago: Moody, 1984).

18. Garry Friesen y J. Robin Maxson, *Decision-Making and the Will of God* (Portland: Multnomah, 1980), 382–83, ofrece una larga y tristemente divertida lista de tales actividades que él ha experimentado personalmente en contextos nortemaericanos del siglo XX.

para adorar a Cristo y honrar su resurrección (ver especialmente Col 2:16–17, que vincula el sábado con las leyes rituales que los cristianos ya no han de obedecer literalmente).[19] No obstante, en este asunto, muchos cristianos occidentales se parecen a los "fuertes" de Corinto, cuando alardean de su libertad y ni siquiera se plantean en serio la necesidad de reunirse habitualmente para participar de periodos de adoración, comunión y educación cristiana.

Las experiencias transculturales revelan que muchas de las tradiciones que en otro tiempo considerábamos bíblicas, en realidad no lo son, aun cuando tenemos cuidado de no burlarnos de las flaquezas de otros en contextos paralelos. En este sentido, la incomodidad de los evangélicos norteamericanos con el alcohol es casi incomprensible en muchas partes del mundo. Sin embargo, en los países de la antigua Unión Soviética, la mayoría de los evangélicos consideran escandaloso que las mujeres utilicen maquillaje o joyas y es corriente que los hombres insistan en saludarse unos a otros con ósculo santo, ¡en los labios! Gracias a los misioneros occidentales, en algunas partes de África y la India, se considera pecaminoso que un predicador asista a la iglesia, aun en los días más sofocantes, sin llevar camisa blanca y corbata. En algunas culturas donde se sigue practicando la poligamia, se producen encendidos debates entre misioneros sobre qué hay que hacer en aquellos casos en que se convierten hombres que tienen varias esposas.

Dentro del liberalismo occidental, los "fuertes" que deciden beber, fumar e incluso jurar se burlan a menudo de los pobres y "débiles" fundamentalistas que se niegan a participar de estas prácticas. Aunque el legalismo suele asociarse con los extremos del cristianismo conservador, existe un legalismo igualmente rígido en la izquierda. Este legalismo se ve de un modo muy claro en aquellos que son "políticamente correctos" o que mantienen posiciones sobre el compromiso social o las cuestiones medioambientales que no dejan lugar para opiniones distintas.

Algunos cristianos insisten, no obstante, en una forma de legalismo que prohíbe las prácticas moralmente indiferentes alegando que nunca se sabe cuándo lo que hago puede perjudicar a otra persona. En 1 Corintios 10:25–30 se tratan estos asuntos de un modo más directo, pero aquí vale la pena señalar que el legalismo tiene a menudo, de por sí, perniciosas consecuencias. Jerry Vines, por ejemplo, anima a la total abstinencia de bebidas alcohólicas, aun en la privacidad del propio

---

19. Cf. Craig L. Blomberg, "The Sabbath as Fulfilled in Christ", en *The Sabbath in Jewish and Christian Traditions*, ed. Tamara Eskenazi, Daniel Harrington y William Shea (Denver: Denver University Center for Judaic Studies, 1991), 196–206.

hogar, alegando que, de otro modo, podría enseñarse a los niños que beber con moderación es aceptable, sin saber que estos podrían encontrase entre la pequeña minoría de personas con tendencias alcohólicas.[20] Lo que Vines no tiene, sin embargo, en cuenta es el patrón mucho más común de niños procedentes de hogares e iglesias legalistas que se rebelan en contra de los valores en que han sido instruidos, precisamente, por esta clase de rigidez. En general, educar niños y personas adultas para que sepan conducirse de manera responsable y moderada en los asuntos moralmente indiferentes demuestra ser mucho más efectivo para producir cristianos maduros que las prohibiciones absolutas o la indulgente permisividad.[21]

El conocimiento sin amor (v. 1) parece especialmente común en los círculos académicos y administrativos de la iglesia, donde los especialistas bíblicos y teológicos menosprecian fácilmente a los laicos sin estudios. El criterio de contratar u honrar a eruditos y ministros profesionales sigue, no obstante, fomentando este tipo de abusos. Millard Erickson parece muy contracultural, pero fiel a los versículos 2–3, cuando escribe: "Si, alguna vez, al votar sobre el nombramiento de un miembro de la facultad tengo que decidir entre un erudito brillante pero espiritualmente ingenuo, y otro que reúne solo los mínimos requisitos académicos pero vive un compromiso con Cristo cálido y maduro, sin dudarlo un momento me decido por el último".[22] También las iglesias pueden considerar la conveniencia de aplicar idénticos criterios a la búsqueda de un pastor.

Los versículos 4–6 demuestran ser igualmente contraculturales en una era en que, en ocasiones, el único absoluto es el requisito de tolerar el pluralismo. Sin embargo, la Biblia denuncia sistemáticamente la idolatría, que en su sentido más amplio es conceder la propia lealtad a cualquier cosa o persona que no sea el Dios y Padre de Jesucristo. Lesslie Newbigin ofrece un valioso modelo para desarrollar un diálogo constructivo entre cristianos y adherentes de otras religiones o ideologías, pero es igualmente claro en su advertencia de que no nos atrevamos a renunciar a nuestra convicción de que el cristianismo contiene verdades singulares y exclusivas sobre la salvación que no pueden encontrarse en ningún otro lugar.[23]

---

20. Vines, *God Speaks Today*, 133.
21. Cf. además Donald E. Sloat, *The Dangers of Growing Up in a Christian Home* (Nashville: Thomas Nelson, 1986).
22. Millard J. Erickson, *The Evangelical Mind and Heart* (Grand Rapids: Baker, 1993), 48.
23. Lesslie Newbigin, *The Gospel in a Pluralist Society* (Grand Rapids: Eerdmans, 1989).

Puesto que los ídolos no son seres espirituales vivos, hemos de tener también cuidado de no atribuir a Satanás aquello que es mera prestidigitación humana, como sucede, muchas veces, en algunos sectores del movimiento de la lucha espiritual.[24] 1 Corintios 10:20–21, nos advierte, no obstante, del peligro más corriente que caracteriza al secularismo moderno y que consiste en negar por completo la existencia de los demonios y su influencia en las religiones paganas.

Los versículos 7–13 van también contracorriente de las tendencias preponderantes. La sociedad nos bombardea con mil señales que nos instan a reivindicar nuestros derechos más que a renunciar a ellos. Sin embargo, "insistir en los propios derechos, incluso en los que tenemos como cristianos, es una señal de que se está adorando algo que no es el único Dios verdadero".[25] 1 Corintios 10:25–30 aclara que hay lugar para que los "fuertes" ejerzan su libertad; sin embargo, aquí Pablo, que sin duda se cuenta entre ellos, ejemplifica la conducta que Aldrich designa como la del "hermano maduro que no participa".[26] Similar, hasta cierto punto, es la posición que apoya la abstinencia total de bebidas alcohólicas como una afirmación social contra el rampante abuso contemporáneo del alcohol.[27]

No obstante, Pablo se niega a proclamar esta perspectiva como absoluta e imponerla a todos los cristianos, y nosotros hemos de hacer lo mismo. Tristemente, la iglesia de nuestros días parece cada vez más polarizada sobre la cuestión de la permisividad frente al legalismo. Mientras que por un lado se toleran conductas claramente inmorales, por otro se prohíben otras que son claramente amorales. Hemos de educar a las personas y ofrecerles modelos de elecciones responsables en cada caso. Nuestra enseñanza y nuestro ejemplo deben basarse en la ética cristiana del amor y poner el bienestar de los demás por delante del propio, aunque sin permitir que se llame bueno a lo malo (Ro 14:16).

---

24. Una tendencia inspirada irónicamente por los libros de Frank Peretti, ¡que pretendían ser obras de ficción, no doctrinales! Quienes estén interesados en una equilibrada perspectiva sobre el tema pueden ver Clinton E. Arnold, *Powers of Darkness* (Downers Grove: InterVarsity Press, 1992).

25. N. T. Wright, "One God, One Lord, One People: Incarnational Christology for a Church in a Pagan Environment", *Ex Auditu* 7 (1991): 45–56.

26. Aldrich, *Evangelism*, 43.

27. P. ej. Norman L. Geisler, "A Christian Perspective on Wine-Drinking", *BSac* 139 (1982): 46–56.

1 Corintios 9:1–18

¿No soy libre? ¿No soy apóstol? ¿No he visto a Jesús nuestro Señor? ¿No son ustedes el fruto de mi trabajo en el Señor? ² Aunque otros no me reconozcan como apóstol, ¡para ustedes sí lo soy! Porque ustedes mismos son el sello de mi apostolado en el Señor.

³ Ésta es mi defensa contra los que me critican: ⁴ ¿Acaso no tenemos derecho a comer y a beber? ⁵ ¿No tenemos derecho a viajar acompañados por una esposa creyente, como hacen los demás apóstoles y Cefas y los hermanos del Señor? ⁶ ¿O es que sólo Bernabé y yo estamos obligados a ganarnos la vida con otros trabajos?

⁷ ¿Qué soldado presta servicio militar pagándose sus propios gastos? ¿Qué agricultor planta un viñedo y no come de sus uvas? ¿Qué pastor cuida un rebaño y no toma de la leche que ordeña? ⁸ No piensen que digo esto solamente desde un punto de vista humano. ¿No lo dice también la ley? ⁹ Porque en la ley de Moisés está escrito: «No le pongas bozal al buey mientras esté trillando.» ¿Acaso se preocupa Dios por los bueyes, ¹⁰ o lo dice más bien por nosotros? Por supuesto que lo dice por nosotros, porque cuando el labrador ara y el segador trilla, deben hacerlo con la esperanza de participar de la cosecha. ¹¹ Si hemos sembrado semilla espiritual entre ustedes, ¿será mucho pedir que cosechemos de ustedes lo material? ¹² Si otros tienen derecho a este sustento de parte de ustedes, ¿no lo tendremos aún más nosotros?

Sin embargo, no ejercimos este derecho, sino que lo soportamos todo con tal de no crear obstáculo al evangelio de Cristo. ¹³ ¿No saben que los que sirven en el templo reciben su alimento del templo, y que los que atienden el altar participan de lo que se ofrece en el altar? ¹⁴ Así también el Señor ha ordenado que quienes predican el evangelio vivan de este ministerio.

¹⁵ Pero no me he aprovechado de ninguno de estos derechos, ni escribo de esta manera porque quiera reclamarlos. Prefiero morir a que alguien me prive de este motivo de orgullo. ¹⁶ Sin embargo, cuando predico el evangelio, no tengo de qué enorgullecerme, ya que estoy bajo la obligación de hacerlo. ¡Ay de mí si no predico el evangelio! ¹⁷ En efecto, si lo hiciera por mi propia

voluntad, tendría recompensa; pero si lo hago por obligación, no hago más que cumplir la tarea que se me ha encomendado. [18] ¿Cuál es, entonces, mi recompensa? Pues que al predicar el evangelio pueda presentarlo gratuitamente, sin hacer valer mi derecho.

Sentido Original   Pablo pasa ahora a una segunda ilustración del principio de que la libertad cristiana debería equilibrarse mediante la voluntaria renuncia a los propios derechos. Pero la ilustración no es en absoluto arbitraria, sino que muestra una de las principales formas en que los corintios desafían a Pablo. Han llegado a dudar de su autoridad apostólica (vv. 2–3), precisamente porque no quiere su ayuda económica por el ministerio que realiza entre ellos (cf. 2Co 11:7). Los filósofos y maestros religiosos itinerantes del mundo grecorromano se sostenían de cuatro formas: cobrando a sus pupilos, alojándose en casa de la gente pudiente, mendigando o trabajando en algún negocio. La última forma era la menos común, pero se reconocía, en general, como la que daba al filósofo la mayor libertad para enseñar donde quisiera.[1]

No hay duda de que los poderosos patrones de la iglesia corintia habrían preferido que Pablo hubiera aceptado su dinero, pero que les hubiera dado como contrapartida su deferencia y apoyo político. Cuando se negó a hacerlo y siguió dependiendo de la fabricación de tiendas (cf. Hch 18:1–4) le acusaron de que su renuencia a aceptar el mecenazgo que le brindaban demostraba que no tenía la misma autoridad de otros apóstoles o predicadores itinerantes.[2]

Los versículos 1–12a presentan, pues, con cierto detalle los argumentos por los que Pablo tendría todo el derecho a pedir una compensación por sus servicios. Sin embargo en consonancia con su lógica "sí, pero", y en defensa de su conducta, los versículos 12b–18 explican a continuación la razón por la que el apóstol renunció en su día a este derecho. En los versículos 19–27 Pablo generaliza aún más, explicando el principio que subyace tras su conducta en los asuntos expresados tanto en 8:1–13 como en 9:1–18. Pero estos versículos están también estrechamente relacionados con el comienzo del capítulo nueve, completando

---

1. Ver Ronald F. Hock, *The Social Context of Paul's Ministry* (Filadelfia: Fortress, 1980). Sobre 1 Corintios 9:1–19 en particular, ver pp. 59–62.
2. Quienes deseen considerar una detallada reconstrucción de las acusaciones en contra de Pablo, pueden ver Marshall, *Enmity*, 282–340.

un quiasmo (un patrón ABBA). En el versículo 1a, Pablo plantea dos preguntas: "¿No soy libre?" (A) y "¿No soy apóstol?" (B). Los versículos 1b–18 dan a continuación respuesta a la segunda pregunta: por supuesto que es un apóstol (B); mientras que los versículos 19–27 explican cuál es la naturaleza de su libertad, en respuesta a la primera pregunta (A).

Las cuatro preguntas del versículo 1 están todas interrelacionadas. Si la respuesta a alguna de ellas resulta negativa, todas las afirmaciones de Pablo están, entonces, en peligro. Pero Pablo es sin duda libre, apóstol, ha visto a Jesús y es padre espiritual de los corintios. Las dos últimas cuestiones apoyan sus pretensiones apostólicas. Pablo ha visto al Señor resucitado (cf. 15:7–8, cumpliendo así el criterio de Hechos 1:22b), y ha recibido la comisión específica de predicar tanto a judíos como a gentiles (Hch 9:15–16). El versículo 2 es, por tanto, una consecuencia lógica. No importa la opinión que nadie tenga de Pablo; ¡Que los corintios cuestionen su apostolicidad pone en entredicho su propia existencia espiritual!

Los versículos 3–12a representan la defensa formal de Pablo, que este lleva a cabo mediante otro aluvión de preguntas retóricas, cuyas respuestas pretenden ser inequívocas. En primer lugar, Pablo reafirma su derecho a la provisión material para su ministerio, por medio de tres preguntas en los versículos 4–6. El derecho a "comer" que se menciona en el versículo 4 no alude ya a la carne sacrificada a los ídolos, puesto que se combina con "beber". Estos verbos tienen que ver, más bien, con la provisión de alimento físico, que era una de las principales maneras en que los primeros cristianos se hacían cargo de los predicadores itinerantes que ministraban entre ellos (cf. Lc 10:7a). El versículo 5 da a entender que la mayoría de estos hombres estaban casados y sus esposas les acompañaban en sus viajes. De nuevo, era natural y apropiado que los cristianos de la ciudad cuidaran también de las necesidades de las esposas. Sobre la expresión "los hermanos del Señor" (probablemente los hijos naturales de José y María), ver Marcos 6:3. Marcos 1:30 confirma que Pedro (Cefas) estaba casado. Se le menciona aparte de los "otros apóstoles" por su relación con una de las facciones corintias (recuérdese 1:12), no porque Pablo cuestionara su apostolicidad. El modo en que Pablo expresa la pregunta del versículo 5 ("¿No tenemos derecho a viajar acompañados por una esposa creyente [...]?") nos lleva a preguntarnos si el apóstol podía haber estado casado (recuérdese la exposición de 7:8) al comienzo de su ministerio itinerante y si su esposa había muerto.[3] Con el versículo 6, Pablo expresa la esencia de su queja. El texto dice literalmente: "¿O solo Bernabé y yo no tenemos el derecho de no trabajar?"

En los versículos 7–12a, Pablo comienza recopilando una serie de razones por las que tiene derecho a pedir el pago de sus servicios. Estas siguen en los versículos 13–14. Dicho esto, el argumento sigue cinco líneas: "la práctica común, el precepto bíblico, la justicia en sí, la costumbre judía y el mandamiento de Cristo".[4] El versículo 7 presenta tres analogías a partir de la práctica común de la experiencia humana en las áreas de la guerra, la agricultura y el pastoreo. En el tiempo de Pablo, pocas personas habrían cuestionado la lógica de estos ejemplos.

Los versículos 8–11 argumentan a partir del texto de Deuteronomio 25:4, que el versículo 9 cita explícitamente. El término "solamente" es una justificada interpolación en el versículo 8 y podría fácilmente añadirse también en el versículo 9b ("¿es que Dios se preocupa solamente de los bueyes?"). El versículo 10a debería, pues, decir: "por supuesto que lo dice [también] por nosotros". Pablo no está afirmando que esta cita de la ley mosaica nunca tuvo nada que ver con los bueyes, sino solo que su aplicación no puede limitarse a los animales. Los versículos 10–11 clarifican, utilizando la imaginería preferida por Jesús en sus parábolas de la semilla y la siembra, que la predicación del evangelio es como sembrar y hacer discípulos, como cosechar. De modo que, si los bueyes no han de llevar bozal cuando trillan, tampoco hay que impedir que los predicadores puedan comer, por la falta de apoyo de aquellos entre quienes ministran (cf. Gá 6:6; Ro 15:27).

El versículo 12a redondea la parte formal de la defensa de Pablo con un tercer tipo de argumento. Los corintios han concedido ya la lógica de todo lo que Pablo ha dicho hasta ahora con respecto a los otros dirigentes y obreros cristianos itinerantes. Sería el colmo de la ironía y la injusticia que le negaran estos mismos derechos a quien era especialmente responsable de su nuevo nacimiento espiritual.

El versículo 12b comienza como si Pablo fuera a pasar al "pero" de su argumento. Sin embargo, los versículos 13–14 siguen desarrollando los dos últimos argumentos en defensa del derecho de Pablo a recibir una remuneración por su trabajo: la analogía de los sacerdotes y levitas en el templo judío (cf. Nm 18:8–31) y las expresas palabras de Jesús durante su vida terrenal (Lc 10:7b). No obstante, estos dos ejem-

---

3. Así lo ve Snyder, *First Corinthians*, 132.
4. Prior, *1 Corinthians*, 153.

plos preparan también el terreno para los versículos 15–18 insinuando una recompensa espiritual para el ministerio, así como otra puramente material.[5] El ejemplo del templo habría tenido también mucha lógica para los expaganos, puesto que las sectas grecorromanas daban también a los sacerdotes una parte de la carne que sacrificaban. Esta ilustración regresa al tema del capítulo 8 y prepara el terreno para la exposición de 10:14–22.

Tras la "interrupción" de los versículos 13–14, Pablo replantea el tema del versículo 12b ("Sin embargo, no he ejercido este derecho", v. 15a) y sigue explicando la razón por la que se negó a ser remunerado por su ministerio. El versículo 12b ha dado ya la razón esencial: el apóstol quiere eludir cualquier posible acusación de segundas motivaciones o de malversación de fondos (cf. 2Co 2:17). El versículo 15b clarifica que su "defensa" no ha sido un sutil indicio de que ahora desea invertir su política. El texto griego del versículo 15c se sirve de un anacoluto (una oración gramatical incompleta) para expresar un arranque emocional, literalmente: "¡Porque preferiría morir antes de que nadie me despojara de mi jactancia!" La palabra "jactancia" tiene aquí el sentido de un orgullo apropiado por lo que el Señor ha hecho a pesar de la debilidad de Pablo (cf. 1:31; 2Co 10:12–12:10).

Pero Pablo no puede solo jactarse legítimamente en su ministerio de predicación (v. 16). Dios le ha llamado a predicar con un llamamiento irresistible (cf. Jer 20:9). El versículo 17a ("si lo hiciera por mi propia voluntad") representa, por tanto, una hipótesis; el versículo 17b ("si lo hago por obligación") expresa la verdad en el caso de Pablo (cf. Lc 17:7–10). El versículo 18a va probablemente junto al 17 para crear un paralelismo más estrecho; una útil traducción de ambos textos juntos podría ser: "Porque si lo hago voluntariamente tengo una recompensa, pero si de manera involuntaria, he recibido entonces una comisión de parte de Dios, ¿cuál es, entonces, mi recompensa?".[6]

El resto del versículo 18 responde esta pregunta. El pago de Pablo "resulta ser su total libertad de todas las imposiciones meramente humanas sobre su ministerio", que la aceptación de un pago habría traído invariablemente.[7] La palabra que se traduce como "hacer valer"

---

5. Harry P. Nasuti, "The Woes of the Prophets and the Rights of the Apostles: The Internal Dynamics of 1 Corinthians 9", *CBQ* 50 (1968): 251–54. En otras palabras, las analogías de los versículos 7–11 son puramente seculares, mientras que las de los versículos 13–14 son sagradas.

6. Ellingworth y Hatton, *First Corinthians*, 180.

7. Fee, *First Corinthians*, 421.

en este versículo (*katachraomai*) es un término más fuerte que el que se usa normalmente (*chraomai*) y es mejor traducirlo como "hacer valer plenamente", o incluso "abusar de". En ocasiones, Pablo sí aceptó dinero de iglesias a las que en aquel momento no estaba ministrando (cf. Fil 4:10–19), sin embargo, aun en estos casos nunca lo exigió.

Construyendo Puentes Si estamos dispuestos a escuchar, las razones por las que Pablo anima o no a aceptar dinero para el ministerio hablan alto y claro a nuestro mundo materialista. Tristemente, esta es una de las instrucciones de Pablo que muchos cristianos no están dispuestos a obedecer, incluso más, quizá, que las relativas a la moral sexual. Los principios subyacentes trascienden a su cultura, aunque su decisión concreta en una situación determinada depende de los pormenores de tal situación. Una vez más, no es difícil detectar su "principio evangelizador" (v. 12b), en su preocupación por no hacer pecar a los creyentes relacionando la obra cristiana con las recompensas económicas.

Los creyentes que de manera individual y colectiva se benefician del ministerio a todo tiempo de los obreros cristianos tienen que examinar cuidadosamente el llamamiento de Pablo en los versículos 1–12a y atender a sus palabras. Estos ministros no deberían estar tan preocupados por cubrir sus necesidades básicas que no puedan dedicarse plenamente a su trabajo. Sin embargo, las congregaciones no deberían pensar que sus ofrendas son el salario, de manera que les tienten a exigir que se satisfagan sus antojos personales. "La iglesia no paga a sus ministros; sino que más bien les proporciona recursos para que puedan servir libremente".[8]

Por otra parte, quienes son llamados al ministerio cristiano de plena dedicación deberían considerar siempre los versículos 12b–18. Siempre que pedir una remuneración o incluso aceptarla pueda obstaculizar la propagación del evangelio, han de dar preferencia a "fabricar tiendas". El ministerio bivocacional tiene numerosas ventajas, como la libertad de las ataduras humanas, la no imposición de una carga económica sobre algún grupo de creyentes y la libertad de las acusaciones de administrar mal los recursos o de servir principalmente por la ganancia económica.

---

8. D. A. Carson, *When Jesus Confronts the World* (Grand Rapids: Baker, 1987), 125.

Aunque el capítulo 9 trata principalmente de los derechos de los após- toles, el versículo 14 nos permite aplicar estos principios a cualquier ministerio cristiano de plena dedicación. Los versículos 9–11, con sus metáforas de la siembra y la siega, sugieren que dicho ministerio no tiene ni siquiera que ser de plena dedicación. No hay nada en las analo- gías agrícolas que sugiera cuánto tiempo trabaja el obrero, y la activi- dad de Pablo como fabricante de tiendas permite que le consideremos como obrero de tiempo parcial. Por tanto, en ocasiones es apropiado remunerar a una gran variedad de obreros cristianos por la realización de tareas especializadas, igual que lo es que los trabajadores ofrezcan sus horas libres para suplir las necesidades de la iglesia.

El modelo de Pablo de aceptar ayuda de otras iglesias pero no de la congregación a la que ministraba en aquel momento encuentra un para- lelismo parcial en la práctica común de cristianos itinerantes que minis- tran libremente en sus congregaciones de origen pero reciben ayuda económica u ofrendas de otras iglesias o grupos. Hay un paralelismo todavía más estrecho en la práctica de misioneros que reciben apoyo de una o varias congregaciones de una localidad determinada que les permite servir a todo tiempo en otro lugar. Sin embargo, ninguno de estos modelos puede presentarse como absoluto, puesto que ya los pri- meros cristianos utilizaron diferentes métodos en distintos lugares.[9] Ningún modelo debería, pues, presentarse como la única práctica legí- tima para cierta organización o grupo de creyentes.

Las personas pueden derivar su autoridad de su carisma personal, su conocimiento y pericia en una materia específica, un oficio en parti- cular, o de que se hayan ganado el respeto de otras personas que les asignan autoridad por propia iniciativa. La última de estas formas es la más legítima desde un punto de vista espiritual y es, precisamente, la que Pablo afirma que debería haber recibido de los corintios (v. 2). Sin embargo, el apóstol se ve tristemente obligado a explicar que lo normal sería que ellos mismos le profesaran espontáneamente este tipo de respeto. Aun así, todos los ministros pueden aprender del ejemplo de Pablo. Independientemente del respeto que hayan merecido por su oficio, educación o personalidad, deben realizar una fiel labor y desa- rrollar un generoso amor por sus congregaciones que lo refuerce.

---

9. Cf. además Dean S. Gilliland, *Pauline Theology and Mission Practice* (Grand Rapids: Baker, 1983), 246–56. El único principio que se descarta es el de una iglesia establecida que permanece económicamente dependiente de quienes la establecieron.

Los versículos 4–6 nos recuerdan que la provisión para quienes nos ministran no debe ser puramente monetaria. A lo largo de la historia, las congregaciones han proporcionado a menudo alojamiento, alimentos y otras provisiones materiales a sus pastores y familias. Este planteamiento tiene sus puntos fuertes y débiles. Por una parte, permite que quienes dan sepan con seguridad dónde va a parar su ayuda, pero por otra puede impedir que los ministros decidan la manera más apropiada de disponer de sus recursos. El versículo 5 ofrece un saludable recordatorio de que el ministerio itinerante realizado por personas casadas debe incluir, cuando sea posible, a miembros de su familia (recuérdese lo dicho en el comentario de 7:35). Hablar de viudas (o viudos) en el ministerio es casi por definición un oxímoron. El adjetivo "creyente" que se consigna en este versículo refuerza 7:39; cuando tienen ocasión, los cristianos han de casarse con otros cristianos.

La hermenéutica que Pablo adopta en los versículos 8–11 ha inquietado a muchos. ¿Cómo puede sostener que un mandamiento sobre bueyes se aplica realmente a los predicadores? Una buena parte de nuestra incomodidad se disipa cuando entendemos que Pablo no está afirmando que el texto original de Deuteronomio 25:4 habla de personas. La tradición rabínica, que probablemente existía ya en el tiempo de Pablo, aplicaba normalmente este pasaje y las imágenes literarias similares de otros pasajes del Antiguo Testamento a seres humanos. Como en el versículo 12, la lógica va "de menor a mayor". Si Dios se preocupa de recompensar a los animales por su trabajo, ¿cuánto más debe preocuparse por unos obreros a quienes ha creado a su imagen?[10]

Curiosamente, en 1 Timoteo 5:18, Pablo relaciona de nuevo Deuteronomio 25:4 con Lucas 10:7 en el contexto de dar doble honor (lo cual incluye remuneración económica) a los ancianos que dirigen bien los asuntos de la iglesia en el área de la predicación y la enseñanza. El versículo 12a señala una consistencia e imparcialidad en el tratamiento que tiene aplicaciones de gran amplitud. Tratar a todos los dirigentes —a todas las personas, de hecho— sin favoritismos o parcialidades (cf. Stg 2:1–4) es un elemento clave para preservar la unidad y vitalidad de cualquier congregación cristiana.

El versículo 12b nos da la clave para saber cuándo rechazar una remuneración por el trabajo espiritual, aunque este principio ha de aplicarse con sensibilidad. Es posible que la crítica de una pequeña minoría

---

10. Ver especialmente D. Instone Brewer, "1 Corinthians 9:9–11: A Literal Interpretation of 'Do Not Muzzle the Ox'", *NTS* 38 (1992): 554–65.

de creyentes sobre cómo administra su dinero un determinado obrero no compense el daño que supondría no tener recursos para desarrollar unos ministerios crucialmente necesarios. Por otra parte, cuando los no creyentes ridiculizan a algunos cristianos por la forma en que piden dinero, han de encenderse todas las alarmas y producirse una aplicación casi instantánea de este principio de Pablo de renunciar voluntariamente a nuestros derechos.

El tema de una inherente recompensa espiritual por el servicio espiritual, que permea los versículos 13–18, concuerda con las experiencias de incontables voluntarios y obreros cristianos mal retribuidos a lo largo de los siglos. Ocasionalmente, algunos ministerios cristianos han suscitado un insólito prestigio y cuantiosas retribuciones económicas, normalmente cuando la naturaleza del evangelio se ha rebajado en componendas políticas (ver la exposición anterior al respecto). Pero, en su mayor parte, los creyentes que han decidido entrar en un ministerio remunerado como vocación han renunciado a salarios más elevados y estilos de vida más cómodos que les hubieran brindado otros trabajos o profesiones. Sin embargo, quienes son verdaderamente llamados, con la misma compulsión que sentía Pablo, reconocerán que ninguna otra línea de trabajo podría haber sido tan satisfactoria, a pesar de todos los obstáculos que puedan haber experimentado.

Una buena prueba para los aspirantes a ministerios cristianos de plena dedicación es preguntarse si podrían imaginarse siendo más felices haciendo cualquier otra cosa. Si la respuesta es sí, probablemente no han sido llamados. Sin el sentido de compulsión de Pablo, será muy fácil abandonar cuando lleguen los momentos difíciles.[11] Incluso aquellos laicos que conocen sus dones espirituales y viven vidas de comunión y obediencia a Dios querrán, de manera natural, dedicar una gran parte de su tiempo libre y sus capacidades a la edificación de la iglesia y al desarrollo de su tarea en el mundo. De hecho, se esforzarán en su trabajo precisamente para conseguir este tiempo libre.

Naturalmente, la comisión personal de Pablo (vv. 15–18), no se aplica a todos los creyentes por igual, si bien todos han de estar dispuestos a dar fe de la esperanza que hay en su interior (1P 3:15). Sin embargo, todos hemos sido llamados a utilizar nuestros dones espirituales con

---

11. Las palabras de Pablo en los versículos 15–18 no pueden significar que quienes reciben un salario por su ministerio no puedan obtener ninguna recompensa espiritual, puesto que los versículos 13–14 acaban de insistir precisamente en que la remuneración material es apropiada en ciertas circunstancias. Los motivos personales y la respuesta de los demás son elementos clave (cf. Mt 6:1).

diligencia, generosidad y seriedad, en pocas palabras, a ir más allá de lo que exige el deber (Ro 12:3–8). Y aquellos que se encuentran en posiciones de autoridad harán bien en obedecer las palabras de Pedro a los demás ancianos: "… cuiden como pastores el rebaño de Dios que está a su cargo, no por obligación ni por ambición de dinero, sino con afán de servir, como Dios quiere. No sean tiranos con los que están a su cuidado, sino sean ejemplos para el rebaño" (1P 5:2–3).[12]

Significado Contemporáneo

En nuestro mundo se alternan grandes dosis de rebeldía con sentimentalismo, e igualmente putrefactas porciones de autoritarismo. No es de sorprender que la iglesia imite frecuentemente al mundo en estas oscilaciones pendulares. Las palabras de Pablo en 1 Corintios 9 sugieren un tercer camino. Los ministros cristianos conservan una auténtica autoridad espiritual sobre aquellos que les han sido confiados, a pesar de las fuerzas radicalmente igualitarias y democratizadoras de la sociedad moderna. Sin embargo, esta autoridad no debe utilizarse para el propio beneficio, sino para el de los demás, y hacerlo de la manera que mejor sirva al avance del evangelio en un mundo presto a ridiculizar y a rechazar las Buenas Nuevas. Las pesadas jerarquías piramidales de muchas organizaciones cristianas no cuentan con el apoyo de los modelos de ministerio servicial de Pablo o de Jesús (recuérdese exposición anterior al respecto).

La vuelta de ministerios financiados por el trabajo secular de los propios obreros es un síntoma saludable, especialmente en los círculos misioneros, aunque tiene que ser considerada todavía como una opción seria por un mayor número de obreros cristianos. No existen países "cerrados" al evangelio, a pesar del frecuente uso de esta expresión para aludir a aquellos países que no conceden visados misioneros. Aquellos cristianos dispuestos a utilizar en el extranjero sus capacidades para los negocios, la industria o la enseñanza del inglés como lengua extranjera, consiguen normalmente entrar en aquellos países especialmente hostiles al cristianismo. Su testimonio, de palabra y hecho, puede derribar barreras que los esfuerzos misioneros tradicionales nunca conseguirán superar. Y hasta en aquellos países que conceden visados misioneros,

---

12. Un excelente recurso para estas cuestiones y otras relacionadas es el libro de James E. Means, *Effective Pastors for a New Century: Helping Leaders Strategize for Success* (Grand Rapids: Baker, 1993).

quienes entran en ellos antes que nada como especialistas u hombres de negocios descubrirán que su más informal evangelización por amistad les abre puertas en muchos frentes.

Teniendo en cuenta el coste cada vez más elevado de enviar una familia occidental a vivir en el extranjero, y considerando también la creciente reticencia de las iglesias a apoyar misioneros que no conocen personalmente, parece más compasivo y eficiente que quienes aspiran a trabajar como misioneros y las organizaciones misioneras ya existentes consideren mucho más a menudo el modelo de fabricar tiendas.[13] No solo 1 Corintios, sino el ministerio y mensaje de Pablo en su conjunto, no muestran casi ningún interés en imperativos misioneros o evangelizadores formales, aunque están llenos de modelos de personas de toda condición social que proclaman y comparten voluntariamente que Cristo ha transformado sus vidas.[14] Naturalmente, en el Tercer Mundo muchos cristianos no tienen otra opción que buscarse algún trabajo para sostenerse y ministrar "extraoficialmente".

Incluso en nuestro mundo occidental, los ministerios "bivocacionales" son cada vez más necesarios. En muchos casos, no debería pedirse a congregaciones jóvenes y pequeñas en barrios obreros o necesitados que se esfuercen por apoyar económicamente a sus ministros. Aun cuando se les pide que lo hagan, muchas veces no están en condiciones de hacerlo. En un tiempo en que hay cada vez más personas que se jubilan anticipadamente o que disfrutan de años de buena salud después de jubilarse, las iglesias están contratando a personas en esta franja de edad (y deberían hacerlo cada vez más), por una remuneración simbólica, para que trabajen en ministerios de visitación, evangelización, cuidado y cosas de este tipo. En aquellos casos en que las pensiones son exiguas, la iglesia puede complementarlas, pero muchas veces las personas mayores disponen de unos medios que les permiten donar gratuitamente grandes cantidades de su tiempo.

En los suburbios acomodados no es tan fácil motivar a las personas para que participen de manera generosa en ministerios voluntarios, pero aquí es donde entra en juego el versículo 12. Grandes sectores de

---

13. En el trabajo de Don Hamilton, *Tentmakers Speak: Practical Advice from Over 400 Missionary Tentmakers* (Ventura: Regal, 1987) hay importantes sugerencias para la aplicación de este asunto. Cf. las alarmantes estadísticas del coste del trabajo misionero tradicional y las preguntas sobre la mayordomía planteadas por Roger S. Greenway, *Discipling the City* (Grand Rapids: Baker, 1992), 216–18.
14. Sobre este asunto, ver especialmente, Paul Bowers, "Church and Mission in Paul", *JSNT* 44 (1991): 89–111.

las clases acomodadas del mundo no cristiano, muy influenciadas por la educación y los medios de comunicación seculares, siguen estando convencidos de que la mayoría de los cristianos conservadores son timadores, que pretenden sacarles el dinero a los ricos para sus propios beneficios. Los ministerios radiofónicos y televisivos que arengan constantemente a sus audiencias para que ofrenden no hacen mucho para disipar este estereotipo. Muchos televangelistas dejan permanentemente en pantalla los números de teléfono, distrayéndoles de cualquier mensaje que puedan estar intentando predicar aparte de "queremos su dinero". A menudo, la cuestionable forma en que gastan el dinero que reciben agrava el problema.

Si este tipo de técnicas son de verdad necesarias para "seguir a flote", entonces se hace crucial que haya una rigurosa transparencia de la información financiera. Aun en este caso, uno se pregunta cuántos de los ministerios paraeclesiales que realizan tareas parecidas y que compiten por conseguir el dinero de los mismos donantes son realmente necesarios. ¿Por qué no trabajar juntos y esforzarnos por mantener una (y solo una) cadena de televisión o emisora de radio cristiana de calidad por cada segmento de audiencia? ¿Por qué no consolidar las abundantes organizaciones misioneras fundiéndolas en unas pocas que sean vibrantes y saludables? ¿Por qué no pueden las editoriales cristianas decidir conjuntamente lo que necesitan sus mercados, en lugar de duplicar esfuerzos constantemente para producir productos que, aun siendo rentables, son demasiado costosos?

Los ministerios financiados por el trabajo secular de los propios obreros cristianos tienen, no obstante, importantes debilidades, y una de las más notables es el poco tiempo que queda para dedicarse a la evangelización, el discipulado, la predicación, la enseñanza, etcétera. No es probable que el ministro profesional remunerado desaparezca del horizonte en el futuro inmediato. En algunos círculos persisten antiguos mitos, como la filosofía de ciertas congregaciones que mantienen a sus pastores en precariedad económica creyendo que, de este modo, estos serán más dependientes de Dios. Siguiendo Proverbios 30:8, deben evitarse, cuando sea posible, los extremos de la pobreza y la riqueza (definidas localmente), sin embargo, cuando esto no es posible, el ministro ha de aceptar su situación con gracia y contentamiento (Fil 4:11–13). Algunas iglesias han adoptado la política, útil hasta cierto punto, de pagar a sus pastores el salario medio de la congregación o la comunidad donde ministran. Aunque esto es mejor que conceder a los pastores privilegios económicos, esta política puede, sin embargo, desanimar la evangelización de quienes ganan menos del sueldo medio, ¡por miedo a que su salario se vea rebajado al año siguiente!

Puede que una mejor directriz sea proveer lo suficiente para cubrir las necesidades básicas de la familia pastoral, pero nunca tanto que los dirigentes se sientan tentados a entrar o permanecer en el ministerio por lo que puedan ganar. Los salarios que manejan los principales pastores de muchas megaiglesias, los consejeros cristianos bien establecidos en la práctica privada y, en especial, los cristianos famosos, están a menudo completamente desfasados según este criterio. Es frecuente oír hablar a los seminaristas del sueldo que tienen que ofrecerles para que consideren ministrar en una iglesia determinada. No es de extrañar que a las parroquias pequeñas o menos acomodadas les sea tan difícil encontrar pastores. Algunos comités para la búsqueda pastoral de iglesias locales se han comprometido a no contratar nunca a ningún candidato que quiere hablar de dinero en las primeras fases de la entrevista, o que hace inapropiadas peticiones salariales o de incentivos económicos. Esta precaución parece sabia.[15]

---

15. Quienes quieran considerar los fundamentos bíblicos de muchos de los pensamientos de esta última sección pueden ver Jouette M. Bassler, *God and Mammon: Asking for Money in the New Testament* (Nashville: Abingdon, 1991), esp. 65–69. David Neff, ed., *The Midas Trap* (Wheaton: Victor, 1990) nos ofrece reflexiones contemporáneas sobre "cómo Dios nos libera de las falsas promesas de prosperidad".

1 Corintios 9:19–27

Aunque soy libre respecto a todos, de todos me he hecho esclavo para ganar a tantos como sea posible. ²⁰ Entre los judíos me volví judío, a fin de ganarlos a ellos. Entre los que viven bajo la ley me volví como los que están sometidos a ella (aunque yo mismo no vivo bajo la ley), a fin de ganar a éstos. ²¹ Entre los que no tienen la ley me volví como los que están sin ley (aunque no estoy libre de la ley de Dios sino comprometido con la ley de Cristo), a fin de ganar a los que están sin ley. ²² Entre los débiles me hice débil, a fin de ganar a los débiles. Me hice todo para todos, a fin de salvar a algunos por todos los medios posibles. ²³ Todo esto lo hago por causa del evangelio, para participar de sus frutos.

²⁴ ¿No saben que en una carrera todos los corredores compiten, pero sólo uno obtiene el premio? Corran, pues, de tal modo que lo obtengan. ²⁵ Todos los deportistas se entrenan con mucha disciplina. Ellos lo hacen para obtener un premio que se echa a perder; nosotros, en cambio, por uno que dura para siempre. ²⁶ Así que yo no corro como quien no tiene meta; no lucho como quien da golpes al aire. ²⁷ Más bien, golpeo mi cuerpo y lo domino, no sea que, después de haber predicado a otros, yo mismo quede descalificado.

Sentido Original

En los versículos 19–27, Pablo deja claro el principio evangelizador que subyace tras su actitud hacia la comida ofrecida a los ídolos y al dinero para el ministerio. En todo cuanto hace, el apóstol desea allanar el camino quitando innecesarios obstáculos que puedan impedir que las personas se acerquen a Cristo. Los versículos 19–23 enuncian este principio con la frase: "me hice todo para todos". Los versículos 24–27 describen la disciplina espiritual que conlleva adaptarse a diversas situaciones culturales y morales.

El principal pensamiento de los versículos 19–23 se declara esencialmente seis veces: ganar o salvar "a tantos como sea posible" (v. 19), "a los judíos" (v. 20a), "a los que viven bajo la ley" (v. 20b), a "los que no tienen la ley" (v. 21), a "los débiles" (v. 22a), y a "algunos" (v. 22b).

Ser libre de ataduras o compromisos humanos le permite a Pablo servir mejor a un grupo más amplio de personas (v. 19. 19).

Los cuatro ejemplos de los versículos 20–22a presentan estrechos paralelismos. La expresión "los que viven bajo la ley" alude probablemente tanto a los gentiles temerosos de Dios como a los prosélitos del judaísmo y a los judíos étnicos. Con "los que no tienen la ley" Pablo se refiere obviamente a los gentiles aparte de cualquier influencia judía. Está menos clara la identidad de "los débiles". En el capítulo 8 esta expresión alude a cristianos, pero en este texto Pablo parece estar hablando de quienes necesitan la salvación. ¿Está acaso utilizando este término con el sentido que le da en 1:27 o en Romanos 5:6 para referirse a los que no cuentan para la sociedad? Este significado parece, no obstante, fuera de lugar en este contexto. Teniendo en cuenta la explícita secuencia de 10:32, con que Pablo concluye su exposición sobre la carne sacrificada a los ídolos ("no hagan tropezar a nadie, ni a judíos, ni a gentiles ni a la iglesia de Dios"), es probable que en este texto el apóstol tenga en mente a estos tres mismos grupos, en este mismo orden. Tras mencionar a los que viven bajo la ley y a los que no tienen ley, los "débiles" son probablemente los cristianos que tienen una conciencia débil, es decir, aquellos que tienen unos escrúpulos ligeramente legalistas. Por consiguiente, Pablo está seguramente utilizando "ganar" en el sentido más amplio de conseguir una forma más madura de fe cristiana.[1]

Pablo entiende que con la muerte de Cristo la etapa de la ley ha llegado a su fin (Gá 3:19–4:7). Aunque la Escritura sigue siendo relevante para los seguidores de Jesús (2Ti 3:16), lo es solo cuando se interpreta en vista de lo que Cristo ha hecho (Ro 10:4). No obstante, entre los judíos, prosélitos y temerosos de Dios, Pablo actúa en ocasiones como si todavía estuviera sujeto a todas leyes de Moisés (cf. Hch 16:1–3; 21:20–26), siempre que quede claro que sus acciones no son, de ningún modo, una prueba de la salvación o madurez espiritual. Por tanto, él no está realmente "bajo la ley", como creen los judíos no cristianos. Cuando está entre los gentiles, Pablo no impone sus escrúpulos judíos, ni sigue los rituales del judaísmo, pero evita, al tiempo, conductas antinomianas y tiene cuidado de no transgredir los principios morales intemporales de Dios.

---

1. Ver especialmente Kenneth V. Neller, "1 Corinthians 9:19–23: A Model for Those Who Seek to Win Souls", *RestQ* 29 (1987): 129–142.

Para los cristianos, la voluntad de Dios se resume ahora en la ley de Cristo (v. 21; cf. Gá 6:2) que, probablemente, incluye tanto las explícitas enseñanzas de Jesús como las leyes del Antiguo Testamento, aplicadas hoy en vista de la obra de Cristo.[2] Los versículos 22b–23 resumen el párrafo, repitiendo una última vez el principio de flexibilidad del apóstol y mostrando otra razón para su conducta. Como en los versículos 15–18, hay una bendición inherente en cumplir su comisión y ver el resultado de personas salvas de sus pecados.

A menudo se ha considerado que los versículos 24–27 forman más parte integral de 10:1–13 que de 9:19–23. Pero el tema de compartir las bendiciones del evangelio sigue adelante y las analogías de la disciplina estricta encajan con la pasión que Pablo ha expresado en los versículos 15–18. Es, pues, probable que Pablo no esté pensando en la vida cristiana en general como una carrera o un combate de boxeo (como sí es el caso, por ejemplo, en 2Ti 4:7), sino haciendo referencia a las tareas concretas de adaptarse a todas las personas y renunciar voluntariamente a sus derechos. Los corintios conocían bien todas estas analogías procedentes del mundo del entrenamiento y la competición atlética que rodeaban los Juegos Ístmicos celebrados cada dos años en la ciudad.[3]

En los versículos 24–26a, Pablo recuerda a los corintios que no todos los que corren en una carrera reciben el premio del vencedor, a saber, una "corona" (realmente una lauréola de pino) que "se echa a perder" (literalmente, "corruptible"). El apóstol no quiere que ningún miembro de la iglesia se pierda su corona espiritual e incorruptible. Teniendo en cuenta que se trata de una analogía, no debemos llevar la correspondencia demasiado lejos. ¡Pablo no piensa que el día del juicio solo vaya a haber un cristiano fiel! Sin embargo, el apóstol sabe que algunos de los que comienzan la carrera (el cumplimiento de la propia comisión) pueden no acabarla y serán por ello descalificados (v. 27). Por tanto, compara también su lucha con la de un boxeador que se propone noquear a su oponente y no quiere, por tanto, enfrentarse a un adversario imaginario ni errar muchos golpes (v. 26b).

El versículo 27 explica, pues, el valor espiritual de estas dos analogías. La primera parte del texto no indica que Pablo esté promoviendo

---

2. La teología de la ley de Pablo es un tema muy polémico. Probablemente, el mejor estudio desde un punto de vista exegético y que también tiene en cuenta una buena parte del debate contemporáneo es la obra de Thomas R. Schreiner, *The Law and Its Fulfillment: A Pauline Theology of Law* (Grand Rapids: Baker, 1993).

3. Para una explicación más detallada de este párrafo, ver Victor C. Pfitzner, *Paul and the Agon Motif* (Leiden: Brill, 1967), 82–98.

el ascetismo, más bien hace referencia al entrenamiento espiritual y al dominio propio que ejerce para que su ministerio no se convierta en una tarea sin sentido. Algunos han visto en el versículo 27b una preocupación por parte de Pablo por la posible pérdida de su salvación (una idea asombrosa en vista de Romanos 8:31–38) o han entendido que el "premio" alude a alguna forma de recompensa aparte de la propia vida eterna (una idea para la que no hay ningún apoyo contextual). La palabra "descalificado" (*adokimos*) debería, probablemente, interpretarse en consonancia con la otra referencia a la evaluación en el contexto del día del juicio y que encontramos en 1 Corintios 3:12–15. En el pasaje del capítulo 3 Pablo dice que Dios "pondrá a prueba" (*dokimasei*; v. 13) las obras de los creyentes y dará a cada uno la alabanza o censura que le corresponda (ver exposición al respecto). Sin embargo, no se pone en cuestión ni la salvación ni la posición eterna en el cielo.[4]

Construyendo Puentes La clave para aplicar los versículos 19–27 es tener siempre en mente el principio evangelizador de Pablo. Los versículos 19–23 tienen enormes implicaciones para las estrategias de evangelización y amistad con personas no creyentes, aunque estas pueden exagerarse. Pablo no está fomentando una ética puramente situacional. Estos versículos forman parte de su exposición sobre cuestiones moralmente indiferentes (8:1–11:1). No podemos, pues, aplicar su estrategia de "todo para todos" a cuestiones de moralidad o inmoralidad esenciales. Pablo nunca hubiera dicho "entre los ladrones me volví ladrón" o "entre los adúlteros me hice adúltero". Al contrario, él nunca hubiera dejado de practicar aquellas virtudes que son siempre correctas, por ejemplo, el fruto del Espíritu: amor, gozo, paz, paciencia, benignidad, bondad, fidelidad, mansedumbre, dominio propio (Gá 5:22–23).

Pero en las zonas moralmente grises de la vida, como comer comida sacrificada a los ídolos y sus numerosas equivalencias culturales en cualquier tiempo y civilización, Pablo hace lo imposible por ser sensible a las costumbres y convenciones no cristianas de la sociedad que le rodea a fin de no ser un obstáculo para que las personas acepten el evangelio. No asume que todos los aspectos de la cultura sean intrín-

---

4. Cf. Prior, *1 Corinthians*, 164; Morris, 1 Corinthians, 138; Judith M. Gundry Volf, *Paul and Perseverance: Staying in and Falling Away* (Louisville: Westminster/John Knox, 1991), 233–47.

secamente malos, sino que practica lo que se ha dado en llamar contextualización del evangelio, es decir, cambiar las formas del mensaje
precisamente para preservar su contenido. Es así como el cristianismo
tiene las mejores posibilidades de ser entendido y hasta aceptado.[5]
Tristemente, los cristianos de muchas épocas han tendido a ser más sensibles al legalismo de otros miembros de la iglesia y han censurado con
mucha rapidez las costumbres sociales de su tiempo, alejándose precisamente de las personas que deberían esforzarse por ganar para Cristo.

Es también instructivo comparar este pasaje con Gálatas 2:11–21.
Para algunos, el acercamiento de Pablo a Pedro en Antioquía está en
total conflicto con 1 Corintios 9:19–23. ¿Cómo puede reprender a Pedro
de un modo tan severo por retraerse de comer con los gentiles en presencia de los judaizantes, cuando en este texto él mismo admite que se
hizo judío a los judíos? Sin embargo, cuando analizamos el asunto con
más detalle, la respuesta se aclara con bastante rapidez. En Antioquía,
los judaizantes estaban insistiendo en la necesidad de observar la ley
ritual para la salvación (Hch 15:1). Ceder en esta cuestión habría con-
fundido a los creyentes gentiles y, por consiguiente, habría puesto en
peligro el fundamento mismo del evangelio: la salvación por gracia y
no por obras. Sin embargo, en Corinto, las personas a las que Pablo se
está adaptando no eran creyentes ni promovían una justicia basada en
las obras. Lo que explica la conducta diametralmente opuesta de Pablo
en Antioquía y en Corinto es, de hecho, su "principio evangelizador":
el deseo de que se salven el mayor número posible de personas. Aquí,
el apóstol se adapta a los paganos corintios en cuestiones moralmente
indiferentes precisamente con la esperanza de que ello coadyuve a que
un mayor número de ellos llegue a la fe en Cristo.[6]

En todas las religiones y culturas del mundo existen muchas de estas
prácticas que, en ocasiones, pueden estar vinculadas a formas anticristianas de espiritualidad, pero que no lo están en otros muchos escenarios. Por ejemplo, comidas ceremoniales, días, festividades, formas de
vestir y aseo, formas de recreo, funciones sociales, etcétera. Los cristianos deben abstenerse de participar en cualquiera de estas actividades

---

5. Uno de los estudios más equilibrados y útiles de este proceso es el de David J.
   Hesselgrave y Edward Rommen, *Contextualization: Meanings, Methods, and Models*
   (Grand Rapids: Baker, 1989). Cf. también John R. W. Stott y Robert Coote, eds. *Down
   to Earth: Studies in Christianity and Culture* (Londres: Hodder & Stoughton, 1981).
6. Sobre el contraste entre 1 Corintios 9 y Gálatas 2, ver especialmente, David [sic]
   Carson, "Pauline Inconsistency: Reflections on 1 Corinthians 9.19–23 and Galatians
   2.11–14", *Churchman* 100 (1986):6–45.

que comprometa intrínsecamente la verdad del evangelio. En aquellos casos en que abstenerse distancie de manera inapropiada a los creyentes de sus amigos y vecinos no cristianos, estos han de participar. Superar conceptos no cristianos sobre la naturaleza del cristianismo, que con mucha frecuencia entrañan más legalismo que permisividad, forma parte crucial del proceso evangelizador y hace que las afirmaciones cristianas de libertad y alegría sean más creíbles.

Como se ha dicho anteriormente, los versículos 24–27 no son inmediatamente aplicables a todos los aspectos del cristianismo. Aparecen en este contexto en que Pablo adopta voluntariamente patrones de flexibilidad y adaptación para conseguir una mayor audiencia para el evangelio. Aun así, en 11:1 el apóstol animará a todos los creyentes a imitarle en estos patrones. Podemos, pues, generalizar y aplicar estos versículos a la disciplina de evaluar las circunstancias de la vida, una por una, para saber cuándo es importante afirmar nuestras libertades y cuándo debemos renunciar voluntariamente a nuestros derechos.

Naturalmente, es mucho más fácil y requiere mucha menos reflexión adoptar sistemáticamente una de estas opciones: separatismo absoluto o pura indulgencia. Pero ninguna de estas decisiones será para el bien del evangelio. Las metáforas atléticas de Pablo alusivas al dominio propio dejan claro que, en las cuestiones moralmente indiferentes, el apóstol nos llama al acercamiento mucho más riguroso de analizar cada situación concreta.

Los sacrificios que realizan los atletas en sus entrenamientos recuerdan también que "el principio evangelizador" de Pablo ha de impregnar todas nuestras vidas y ordenar nuestras prioridades. De vez en cuando compartimos verbalmente nuestra fe con quienes no creen y les explicamos nuestros compromisos morales, pero toda nuestra vida ha de ser un ejemplo ante el mundo caído que nos rodea de este equilibrio entre la libertad y la moderación que Pablo expresa aquí. Nos encontremos en el trabajo o disfrutando del tiempo libre, en la iglesia o en el mundo, nunca descansamos de la tarea de exhibir los valores de una vida cristiana equilibrada o de identificarnos con nuestra cultura para redimirla.[7] El versículo 27 concluye esta sección con un oportuno recordatorio. Jamás hemos de minimizar la importancia de ninguna de estas áreas

---

7. Quienes deseen considerar un excelente ejemplo de este acercamiento a las artes, una esfera a menudo muy descuidada por los evangélicos, pueden ver Leland Ryken, *Culture in Christian Perspective: A Door to Understanding and Enjoying the Arts* (Portland: Multnomah, 1986).

ni "jubilarnos" de vivir una vida cristiana diligente y autocontrolada mientras Dios nos tenga en este mundo.

Significado Contemporáneo   En vista de los versículos 19–23, es difícil justificar los patrones más corrientes de evangelización por fórmula: usar idénticos tratados, series de preguntas o acercamientos con todas las personas con quienes queremos compartir a Cristo. El modelo de Pablo se acerca mucho más a lo que podríamos llamar "evangelización desde la amistad", es decir, acercarnos a las personas que no creen para conocerlas, valorarlas intrínsecamente como criaturas de Dios hechas a su imagen, y no solo como potenciales objetos de conversión.[8] A continuación y a medida que nos familiaricemos con las singulares esperanzas y temores de cada persona, podemos contextualizar el evangelio de tal manera que este pueda hablar más directamente a sus preocupaciones.

Naturalmente, la palabra contextualización está muy en boga entre misiólogos y misioneros. Cuando se quiere alcanzar a personas de distintas culturas, se hace evidente y urgente que hay que hacer algo más que ofrecerles una lata de verdades condensadas del evangelio. Afortunadamente, el cristianismo judío contemporáneo ha incorporado prácticas como la adoración sabática, versiones cristianizadas de las principales festividades judías, músicas y danzas populares, el uso de términos hebreos clave, etcétera, todo ello para hacer que el cristianismo parezca menos gentil y más coherente con sus raíces judías. En ocasiones, estas prácticas se deslizan hacia el legalismo, insistiendo en la observancia de varios rituales judíos, pero por regla general esto procura evitarse. El cristianismo palestino y árabe contemporáneo reconoce cada vez más la legitimidad de orar en momentos y posturas comunes al islam, utilizando casas de adoración con aspecto de mezquitas y subrayando la importancia de tener momentos habituales de reflexión y devoción frente a la frenética actividad que tantas veces caracteriza la fe y misiones occidentales. ¡No obstante, estos cristianos han de evitar adoptar hasta tal punto los rasgos peculiares del islam que, inconscientemente, comuniquen la idea de que se han convertido a la fe de sus vecinos musulmanes![9]

8. La obra *Evangelism*, de Aldrich, es nueva y especialmente útil en relación con este modelo.
9. Para una contextualización evangélica en países musulmanes, ver especialmente la obra de Phil Parshall, *New Paths in Muslin Evangelism* (Grand Rapids, Baker, 1980).

Para muchos cristianos occidentales que viven y trabajan en contextos relativamente homogéneos y seculares, es posible que la lección más importante de los versículos 19–27 tenga que ver con la elección de compañeros, con quienes cultivar la amistad y participar en actividades de recreo o tiempo libre. Muchos cristianos solo pueden compartir su fe de un modo muy superficial porque no tienen relaciones personales significativas con personas no cristianas. Muchas congregaciones insisten mucho en que sus miembros asistan a incontables actos de la iglesia y, por ello, a los fieles no les queda tiempo para atender a un mundo caído. Es mejor pasar menos tiempo en la iglesia y más en el mundo, siempre que esto no refleje una falta de compromiso con Cristo y de madurez cristiana.[10]

Por otra parte, como dice cáusticamente Michael Green: "[Pablo] no habría … tolerado la cautividad a la que la clase media ha sometido a la iglesia en el mundo occidental. El apóstol habría estado tan activo evangelizando a los cabezas rapadas como a los estudiantes. Se habría sentido tan cómodo hablando de Cristo en el bar o al aire libre como en una cena de evangelización en la iglesia".[11] Los ministerios dirigidos a los parias y marginados de nuestro tiempo —madres solteras, minorías étnicas y de los barrios bajos, reclusos, prostitutas, homosexuales y víctimas del SIDA— comienzan a poner en práctica la visión de "todo para todos" que Pablo presenta de manera tan desafiante.

Los versículos 24–27 caen en oídos sordos en una era de hedonismo, entretenimiento y tiempo libre. Casi todas las iglesias compiten cada domingo con la televisión, eventos deportivos locales o nacionales y actividades de ocio, por lo que los pastores se preguntan quién aparecerá por la iglesia esta semana. Conseguir que los creyentes se comprometan con ciertas actividades, en especial con ministerios de visitación y evangelización aparte del domingo por la mañana, es a menudo un desafío para la creatividad incluso de los líderes más innovadores.

Sin embargo, Pablo compara el estilo de vida evangelizador de los creyentes con el de aquellos atletas que sacrifican ocupaciones normales para someterse a estrictos entrenamientos y a la tensión competi-

---

10. Cf. Prior, *1 Corinthians*, 162: "La versatilidad de Pablo en su intento de ganar para Cristo a personas de todos los trasfondos nos desafía a salvar las diferencias culturales que hay entre la subcultura cristiana de cómodas reuniones y cháchara piadosa y la cultura pagana de nuestra comunidad local. La tarea de identificarnos con nuestro paganismo contemporáneo de todas clases y encarnarnos dentro de él es una de las tareas más importantes a que la iglesia ha de hacer frente".

11. Green, *Corinth*, 96.

tiva que requiere su participación en el mundo de la competición. En un tiempo en que son cada vez menos los cristianos que asumen pastorados o labores misioneras a largo plazo, o que se comprometen en un servicio indefinido como ancianos o diáconos, o en otros ministerios que impliquen un compromiso de muchos años, necesitamos a personas que contraigan esta clase de compromisos con Cristo y con un específico cuerpo local de creyentes. Lo mismo se aplica a la disciplina espiritual personal y a la santa obediencia a todos los mandamientos de Dios.

1 Corintios 10:1–22

No quiero que desconozcan, hermanos, que nuestros antepasados estuvieron todos bajo la nube y que todos atravesaron el mar. ² Todos ellos fueron bautizados en la nube y en el mar para unirse a Moisés. ³ Todos también comieron el mismo alimento espiritual ⁴ y tomaron la misma bebida espiritual, pues bebían de la roca espiritual que los acompañaba, y la roca era Cristo. ⁵ Sin embargo, la mayoría de ellos no agradaron a Dios, y sus cuerpos quedaron tendidos en el desierto.

⁶ Todo eso sucedió para servirnos de ejemplo, a fin de que no nos apasionemos por lo malo, como lo hicieron ellos. ⁷ No sean idólatras, como lo fueron algunos de ellos, según está escrito: «Se sentó el pueblo a comer y a beber, y se entregó al desenfreno.» ⁸ No cometamos inmoralidad sexual, como algunos lo hicieron, por lo que en un sólo día perecieron veintitrés mil. ⁹ Tampoco pongamos a prueba al Señor, como lo hicieron algunos y murieron víctimas de las serpientes. ¹⁰ Ni murmuren contra Dios, como lo hicieron algunos y sucumbieron a manos del ángel destructor. ¹¹ Todo eso les sucedió para servir de ejemplo, y quedó escrito para advertencia nuestra, pues a nosotros nos ha llegado el fin de los tiempos. ¹² Por lo tanto, si alguien piensa que está firme, tenga cuidado de no caer. ¹³ Ustedes no han sufrido ninguna tentación que no sea común al género humano. Pero Dios es fiel, y no permitirá que ustedes sean tentados más allá de lo que puedan aguantar. Más bien, cuando llegue la tentación, él les dará también una salida a fin de que puedan resistir.

¹⁴ Por tanto, mis queridos hermanos, huyan de la idolatría. ¹⁵ Me dirijo a personas sensatas; juzguen ustedes mismos lo que digo. ¹⁶ Esa copa de bendición por la cual damos gracias, ¿no significa que entramos en comunión con la sangre de Cristo? Ese pan que partimos, ¿no significa que entramos en comunión con el cuerpo de Cristo? ¹⁷ Hay un solo pan del cual todos participamos; por eso, aunque somos muchos, formamos un solo cuerpo. ¹⁸ Consideren al pueblo de Israel como tal: ¿No entran en comunión con el altar los que comen de lo sacrificado? ¹⁹ ¿Qué quiero decir con esta comparación? ¿Que el sacrificio que los gentiles ofrecen a los ídolos sea algo, o que el ídolo mismo sea algo? ²⁰ No, sino que cuando ellos ofrecen sacrificios, lo hacen para

los demonios, no para Dios, y no quiero que ustedes entren en comunión con los demonios. ²¹ No pueden beber de la copa del Señor y también de la copa de los demonios; no pueden participar de la mesa del Señor y también de la mesa de los demonios. ²² ¿O vamos a provocar a celos al Señor? ¿Somos acaso más fuertes que él?

Sentido Original   En este pasaje se ilustra el peligro de no ejercer un estricto dominio propio en la vida cristiana (9:24– 27). 1 Corintios 10:1–13 utiliza numerosos ejemplos de los pecados de los israelitas durante su deambular por el desierto para advertir a los corintios de los peligros de participar en las fiestas idolátricas (10:14–22). Los paralelismos resultan particularmente intrigantes, en parte porque los israelitas le pidieron a Moisés que les diera carne (Éx 16:3; Nm 11:4). Los versículos 1–5 describen cuatro privilegios que experimentaron los israelitas, pero que no garantizaron posteriores bendiciones: (a) dirección de Dios por medio de la nube, (b) cruce del mar Rojo, (c) provisión de maná y codornices en el desierto, y (d) provisión sobrenatural de agua. Los versículos 7–10 recuerdan cuatro maneras en que muchos de aquellos mismos israelitas manifestaron su incredulidad y deslealtad, y sufrieron por sus pecados: idolatría, inmoralidad, desafío al Señor y murmuración. Los versículos 6 y 11 subrayan estas dos secciones con recordatorios paralelos de que la experiencia de los israelitas ha de servir de advertencia a los corintios para que no se comporten del mismo modo. Los versículos 12–13 concluyen esta sección con una concisa advertencia (v. 12) y una promesa de que la historia no tiene por qué repetirse (v. 13).

Es posible que en el versículo 1 Pablo esté lanzando otro sutil reproche a las pretensiones corintias de *gnosis* (conocimiento) sugiriendo que, después de todo, puede que no sepan tanto. Para corregir este descuido, les recuerda la conducta de sus predecesores espirituales. Cuando Israel salió de Egipto, Dios les guió con una nube durante el día y una columna de fuego por la noche (Éx 13:21–22). Abrió las aguas del mar Rojo, permitiendo que el pueblo cruzara en seco hasta el otro lado (14:22–29). La relación del agua con la nube y el mar lleva a Pablo a concebir esta liberación como una forma de bautismo "en Moisés" (v. 2). Obviamente, los israelitas no fueron sumergidos literalmente en agua; el bautismo sugiere aquí una identificación con el dirigente de una comunidad espiritual y un compromiso de lealtad hacia él. Pablo utiliza la preposición "en" para equiparar este texto con la idea de bautismo "en Cristo" (Gá 3:27; Ro 6:3), un recordatorio de que ambos "bautismos" iniciaban a las personas en la comunión de un cuerpo de creyentes.

Los israelitas experimentaron otras bendiciones sobrenaturales cuando Dios les dio maná del cielo para que comieran (p. ej., Éx 16:4, 35) y agua de una roca para que bebieran (Éx 17:6; Nm 20:11), sin lo cual habrían muerto de hambre y sed. Desde un punto de vista cristiano, Pablo reconoce a Cristo como el preexistente Hijo de Dios, activo con el Padre en la creación y la redención, y que puede, por tanto, ser agente del sostenimiento físico y espiritual de su pueblo en el desierto (v. 4b).[1] Sin embargo, ninguno de estos milagros garantizaba que los hijos de Israel llegarían a la tierra prometida. De hecho, de la generación adulta solo Josué y Caleb llegaron a ella. La desobediencia hizo que la gran mayoría de ellos no alcanzaran la promesa y murieran en el desierto (v. 5).

En el versículo 6 Pablo exhorta a los corintios a aprender de este ejemplo. El texto que la NVI traduce: "a fin de que no nos apasionemos por lo malo" dice literalmente "para que no anhelemos cosas malas". Los otros cuatro ejemplos de los versículos 7–10 ilustran formas más específicas de estos deseos impropios. En primer lugar, Pablo cita Éxodo 32:6, que se enmarca en la adoración idolátrica del becerro de oro por parte de Israel mientras Moisés había ascendido al monte Sinaí para recibir la ley (v. 7). En el segundo ejemplo, el apóstol alude al episodio de Números 25:1–9, cuando los hombres israelitas mantuvieron relaciones sexuales con mujeres moabitas (v. 8).[2] El tercer caso hace referencia a Números 21:4–9, cuando el pueblo se quejó contra Moisés y contra Dios de las penalidades del desierto (v. 9).[3] En cuarto

---

1. Puesto que Dios proveyó agua de la roca tanto al comienzo como hacia el final del recorrido de los israelitas por el desierto, las tradiciones judías desarrollaron la idea de que, durante sus viajes, el pueblo de Dios era acompañado por arroyos o pozos de agua. Hay solo un paso de esta creencia al concepto de una roca itinerante que aporta corrientes de agua (E. Earle Ellis, *Prophecy and Hermeneutic* [Tubinga: Mohr, 1978], 209–12). Pero lo más probable es que Pablo esté contrastando estas leyendas con su creencia de "que, durante este periodo, Cristo acompañaba a su pueblo como una fuente de refrigerio espiritual". (Bruce, *1 and 2 Corinthians*, 91).

2. Números 25:9 alude a la muerte de 24.000, mientras que Pablo consigna 23.000. Morris, *1 Corinthians*, 141, explica: "Es evidente que ambas cifras son números redondos, y es además posible que Pablo no cuente a los que murieron a manos de los jueces (Nm 25:5)".

3. Algunos importantes manuscritos antiguos consignan: "No deberíamos poner a prueba a Cristo, como hicieron algunos de ellos". Si se acepta esta lectura como original (así lo consideran p. ej. los traductores de la NRSV), tenemos entonces otro ejemplo como el

lugar, el apóstol rememora las características quejas y murmuraciones del pueblo, especialmente en Números 16:41–50, cuando su oposición al juicio sobre la rebelión de Coré que Dios llevó a la muerte de otras 14.700 personas (v. 10. 10). Es, sin embargo, posible, que Pablo tenga también en mente el episodio de Números 14:26–35, ya que en este pasaje las quejas y murmuraciones del pueblo llevan a la predicción de la muerte en el desierto (sin entrar a la Tierra Prometida) de casi todos los mayores de veinte años. En ninguno de los dos pasajes se menciona ningún "ángel destructor", pero la deducción de Pablo es natural, teniendo en cuenta el lenguaje de Éxodo 12:23, donde Dios tomó la vida de los primogénitos egipcios.[4]

El versículo 11 repite la advertencia del versículo 6, más crucial, si cabe, puesto que los cristianos viven en la trascendental era de la historia humana, para la cual todas las etapas anteriores eran una preparación.

El versículo 12 resume la trascendencia de estas advertencias para los corintios: aun aquellos que piensan estar firmes y seguros han de prestar mucha atención, como Pablo en 9:27, no sea que caigan y sean descalificados. A fin de cuentas, las fiestas paganas que se celebraban en el templo corintio representaban un tipo parecido de idolatría, y en ellas se producían los mismos pecados sexuales y abuso de la paciencia de Dios. Por otra parte, las riñas de los corintios podían ciertamente calificarse de murmuraciones. Sin embargo, los versículos 1–12 están equilibrados por la maravillosa promesa del 13. Las circunstancias que nos tientan a pecar no son nunca cualitativamente distintas de las que el pueblo de Dios ha experimentado en cualquier etapa de la historia y nunca tenemos por qué ceder a ellas. Existe siempre una salida, definida como un modo de perseverar sin pecar por difícil que sea la situación en que nos encontramos.[5]

---

del versículo 4, donde Pablo ve a Cristo presente en la actividad de Dios en los tiempos del Antiguo Testamento.

4. Wayne A. Meeks, "'And Rose Up to Play': Midrash and Paraenesis in 1 Corinthians 10:1–22", *JSNT* 16 (1982): 64–78, analiza la posibilidad de que todas las ilustraciones de los versículos 6–10 aludan al papel de la idolatría en la rebeldía de los israelitas, como paralela al peligro de que los corintios participen en las fiestas idolátricas paganas,

5. David M. Ciocchi, "Understanding Our Ability to Endure Temptation: A Theological Watershed", *JETS* 35 (1992): 463–79 nos presenta un valioso estudio filosófico de las implicaciones de este versículo para el debate calvinista-arminiano. También nos ofrece un claro resumen del sentido de este versículo: "La fidelidad de Dios garantiza que los creyentes no experimentarán ninguna tentación sobrehumana y que todas las que experimenten serán acordes con su capacidad de soportarlas" (p. 471).

Los versículos 14–22 vuelven ahora de manera explícita al tema de la carne sacrificada a los ídolos, con que comenzó el capítulo 8. Aunque la comida es, en sí, moralmente neutral, Pablo plantea una prohibición absoluta: comer en el contexto de reuniones de adoración explícitamente paganas es siempre erróneo. En tales casos, participar de la comida es idolatría (v. 14). La inmoralidad sexual acompañaba a menudo este tipo de adoración, haciendo que el paralelismo con el versículo 7 sea todavía más claro. Pablo pide a los cristianos corintios que lleguen a la misma conclusión. A pesar de sus divisiones, el apóstol confía en que, en este caso, se impondrá el sentido común (v. 15).

A fin de consolidar su posición, Pablo ofrece otras dos analogías, a partir de las comidas sagradas del cristianismo (vv. 16–17) y del judaísmo (v. 18). Participar de los elementos de la Cena del Señor —el pan y el vino— conlleva una "participación" (*koinonia* en griego, [comunión]) con el Señor resucitado y una apropiación de los beneficios de su sangre derramada y de su cuerpo partido. La "participación" que se menciona en los versículos 15–16 incluye tanto la comunión con otros cristianos como la asociación en Cristo. La hogaza de pan que comparten los corintios les recuerda su unidad en Cristo, que debería también separarles de la religión falsa. Lo mismo sucedía en el judaísmo antiguo: aquellos que, en el templo, comían carne de los sacrificios tenían comunión con Yahvé y se apropiaban del perdón temporal vinculado a aquellos sacrificios de animales.[6]

Se sigue, de manera natural, la aplicación a las fiestas religiosas del templo en Corinto (vv. 19–22). También los paganos tienen comunión con los seres espirituales que adoran, de tal modo que se hace espantoso pensar que los cristianos puedan participar de ello. Al proponer este paralelismo, Pablo anticipa una objeción. El apóstol no está ahora contradiciendo sus anteriores afirmaciones en el sentido de que los ídolos no tienen una existencia espiritual objetiva (8:4). Sin embargo, él sabe por la ley que los demonios —ángeles caídos— son los verdaderos objetos de los rituales paganos, por muy inconscientemente que se les adore (cf. Dt 32:17). Como en el caso de los ejemplos veterotestamentarios citados anteriormente, los cristianos que participan de esta clase de idolatría corren el riesgo de incurrir en el severo juicio de Dios.[7]

---

6. Sobre el significado de los versículos 16–18 en este contexto, ver especialmente, W. A. Sebothoma, "Κοινωνία in 1 Corinthians 10:16", *Neot* 24 (1990): 63–69.

7. Brian S. Rosner, "'Stronger than He?' The Strength of 1 Corinthians 10:22b", *TynB* 43 (1992): 171–79, observa que tanto Números 14:13–19 como Deuteronomio 32:36–38 aluden a la fuerza de Dios y a la de Israel. Y teniendo en cuenta que estos textos sub-

Construyendo Puentes

1 Corintios 10:1–22 es el pasaje del que los protestantes derivamos la idea de que el bautismo y la Cena del Señor son los dos "sacramentos" u "ordenanzas" características de la adoración cristiana. Existen pruebas accesorias del sentido colectivo y práctica de estos dos ritos. El bautismo es esencialmente un rito de iniciación en una comunidad del pacto, basado en el compromiso de lealtad a Cristo del que se bautiza.[8] Los primeros cristianos seguían las prácticas de Jesús de partir en pedazos una hogaza de pan y pasar una copa común para subrayar también el sentido colectivo de la comunión, aunque ningún texto manda que tenga que ser siempre de este modo. Pero en general, 10:1–22 no trata en absoluto de los sacramentos u ordenanzas. Pablo no está presentando argumentos de las prácticas judías y paganas para sacar conclusiones sobre los ritos cristianos, sino que a partir de la comunión inherente en los ritos cristianos y judíos demuestra la comunión con los demonios que se produce en las fiestas idolátricas paganas.[9]

Las conclusiones doctrinales sobre la trascendencia de la Cena del Señor hay que derivarlas, por consiguiente, de 11:17–34 o de los tres pasajes de los Evangelios Sinópticos que describen la última cena de Jesús (Mt. 26:17–30; Mr 14:12–26; y Lc 22:7–38). Lo que probablemente sí puede deducirse de los versículos 1–22 es algo de la naturaleza de las erróneas convicciones de los corintios sobre la Cena del Señor y el bautismo. Lo más probable es que los cristianos "fuertes" sostuvieran que participar en estos ritos les hacía inmunes a cualquier peligro espiritual de modo que podían participar sin problema de las fiestas paganas del templo. Todo lo contrario, declara Pablo, con sus elaboradas analogías veterotestamentarias: "Participar de espectaculares experiencias espirituales no exime al pueblo de Dios de su responsabilidad ética".[10]

---

yacen tras los anteriores ejemplos de Pablo, su última pregunta retórica en el versículo 22 es una consecuencia natural. ¿Acaso creemos que somos más fuertes que Dios y que podemos poner a prueba su paciencia con impunidad? ¡Por supuesto que no!

8. Ver especialmente William B. Badke, "Baptised into Moses—Baptised into Christ: A Study in Doctrinal Development", *EvQ* 60 (1988): 23–29.

9. De ahí que las tradicionales inferencias catolicorromanas sobre la necesidad de pedir una bendición sobre la copa física de vino o sobre la Eucaristía como un sacrificio continuo del cuerpo y la sangre de Cristo invierten completamente la dirección del razonamiento de Pablo (y tiene problemas exegéticos por otros motivos).

10. Richard B. Hays, *Echoes of Scripture in the Epistles of Paul* (New Haven: Yale, 1989), 91.

Ni tampoco nos hace inmunes a los fracasos morales graves y al juicio de Dios. El significado de la descalificación de 9:27 debería probablemente determinar la naturaleza de la caída que se menciona en el versículo 12.[11] En 9:27 parecía improbable que Pablo temiera la pérdida de la salvación. Los ejemplos veterotestamentarios de los versículos 1–11 confirman esta sospecha. No hay ningún pasaje de la Escritura que enseñe que, durante los cuarenta años de la travesía por el desierto, Josué y Caleb fueran, espiritualmente hablando, los únicos israelitas "salvos".

Lo que se tiene en mente es, más bien, la muerte física y la pérdida de bendición en esta vida. De igual manera, Pablo afirmará también en el capítulo 11 que algunos corintios están enfermos o han muerto por profanar la Cena del Señor (v. 30), sin dar necesariamente a entender que tales personas fueran condenadas. Por otra parte, 3:16–17 nos recuerda que Pablo no da por sentado que todos los que asisten a la iglesia sean forzosamente salvos, de manera que algunos de quienes son objeto del juicio temporal de Dios pueden también incurrir en su ira eterna.

Los versículos 6 y 11 señalan una de las funciones clave de la narrativa veterotestamentaria (cf. Ro 15:14). Aunque se puede abusar de los estudios de personajes extrayendo excesivos elementos doctrinales de acciones secundarias y detalles circunstanciales, uno de los importantes propósitos de todos los relatos de la Biblia es ilustrar la conducta deseable y la que no lo es. La mayoría de los protagonistas de las principales narraciones pueden clasificarse en términos literarios como heroicos o trágicos, ejemplos a imitar o evitar.[12] Puesto que la palabra traducida como "ejemplo" en estos dos versículos podría también significar "tipo", algunos han entendido que Pablo está utilizando una forma de tipología que ve los acontecimientos veterotestamentarios como deliberadamente diseñados para prefigurar ciertos acontecimientos del Nuevo Testamento. Sin embargo, esto implicaría una forma de fatalismo —en el sentido de que los corintios *tenían* que caer necesariamente en estos mismos errores— que el versículo 13 refuta con la promesa específica de una salida de la tentación. Así pues, la expresión "advertencias paradigmáticas" sigue siendo una mejor manera de catalogar estas analogías.

Los lectores se han sentido muchas veces desconcertados por el sentido de lo que Pablo quiere decir en el versículo 4. ¿Está acaso uti-

---

11. Robertson y Plummer, *First Corinthians*, 208.
12. En este sentido, son especialmente valiosas las numerosas obras de Leland Ryken, en especial una de las más antiguas: *The Literature of the Bible* (Grand Rapids: Zondervan, 1974), 45–78, 95–106.

lizando alguna forma de hermenéutica judía que a nosotros nos cuesta aceptar? ¿Es que el apóstol cree en el contenido de cierto material extracanónico legendario? En vista de la incertidumbre, es mejor pecar de prudentes. Los escritores neotestamentarios utilizan constantemente el Antiguo Testamento de formas "creativas". Uno de los errores más comunes es ver alusiones a Cristo donde el Antiguo Testamento habla solo de Dios. Sin embargo, cuando se cree que Cristo forma parte de la Trinidad desde la eternidad pasada, esta ecuación se hace natural, especialmente en aquellos contextos en los que Dios provee salvación a su pueblo, que era precisamente la esencia de la misión de Jesús en el primer siglo. El propio Pablo responde de manera habitual a los métodos y tradiciones interpretativos judíos y los revisa. Aquí bien podría estar convirtiendo cierto relato de una "roca (o arroyo o pozo) itinerante" literal en una afirmación del poder espiritual que había tras la milagrosa provisión de Dios.[13]

El versículo 7 es especialmente conocido por su traducción en la KJV: "se sentó el pueblo a comer y a beber, y se levantó a jugar" [exactamente la misma que nuestra RV60. N. del T.] y en la LB, donde en lugar de "jugar" encontramos "bailar". La NIV ha captado mejor el sentido de la frase con la traducción "se entregó al desenfreno". Ni jugar ni bailar son cosas intrínsecamente inmorales, más de lo que pueda serlo comer o beber, sin embargo todas estas cosas están mal en el contexto de las reuniones de adoración idolátricas.

Aunque se trata de un texto breve en comparación con las advertencias más perentorias de los versículos 1–12, el versículo 13 aporta un crucial equilibrio con los versículos anteriores, en especial para quienes temen ser infieles en los tiempos difíciles. Teniendo en cuenta la severidad y la naturaleza de los ejemplos anteriores, este versículo también debería aplicarse de manera universal. Por singulares que parezcan nuestras tentaciones desde fuera, en realidad afrontamos las mismas luchas espirituales que el pueblo de Dios ha venido soportando a lo largo de la historia. Dios no permitirá que vivamos una situación que no podamos manejar, siempre que dependamos de su fortaleza, entregándonos al poder de su Espíritu Santo que mora en nosotros, en lugar de intentar resistir la tentación por nosotros mismos.

---

13. Quienes deseen considerar una idea general de cómo el Nuevo Testamento utiliza el Antiguo, con comentarios y sugerencias sobre cuándo pueden o no los creyentes de nuestro tiempo tratar el Antiguo Testamento de manera similar, ver William W. Klein, Robert L. Hubbard, Jr. y Craig L. Blomberg, *Introduction to Biblical Interpretation* (Dallas: Word, 1993), 120–32.

La capacidad de soportar la tentación varía mucho de una persona a otra. Es evidente que también podemos rechazar la "salida" y ceder a la tentación, pero es precisamente esta libertad la que nos hace responsables ante Dios cuando pecamos. Y es importante subrayar que la salida no implica necesariamente la desaparición de las circunstancias difíciles, sino la capacidad de mantenerse firme en medio de ellas. En este texto se reflejan también otras verdades teológicas clave. Dios no tienta a nadie (Stg 1:13), pero sí permite pruebas y tentaciones (Lc 4:1) para ayudarnos a madurar (Stg 1:2–4), aunque nos anima a orar pidiendo la fortaleza para no ceder y pecar (Mt 6:13).

En vista de lo expuesto en los versículos 1–13, en 14–22 Pablo expresa la verdad fundamental de que la adoración cristiana y la pagana son esencialmente incompatibles a causa de los seres espirituales diametralmente opuestos que se adoran en cada caso. Los cristianos "fuertes" que con rebeldía ignoran esta verdad se arriesgan a ser objeto del severo castigo de Dios. Los creyentes débiles que se sienten incapaces de resistir la atracción de lo pagano pueden contar con el hecho de que Dios les ayudará a vencer la tentación. En el Nuevo Testamento, la fuente principal para conocer el mundo de los demonios son los exorcismos que Jesús practicó a los poseídos. No obstante, en este texto encontramos un segundo ejemplo y quizá más característico de influencia diabólica, que es la verdadera fuerza espiritual que subyace tras todas las religiones anticristianas (cf. 2Co 4:4, donde se presenta a Satanás como "dios de este mundo" que ha cegado los corazones de las personas que no creen).

Significado Contemporáneo

1 Corintios 10:2 es uno de los versículos más cruciales de la Escritura para combatir la persistente herejía de la regeneración bautismal, que afirma la obligatoriedad del bautismo de una determinada comunidad religiosa como requisito o garantía de la salvación. En los círculos evangélicos, este punto de vista pervive en ciertas ramas de la Iglesia de Cristo y en varios grupos bautistas independientes. En Iglesias tradicionales como la Católica, la Episcopal y la Luterana, los dogmas oficiales sostienen por regla general que, para que el bautismo de infantes se haga efectivo, es necesaria una confirmación posterior, sin embargo, en estos círculos se utiliza a menudo un lenguaje menos exacto que equipara estar "bautizado" con ser "cristiano".

Cuando se habla de la salvación de niños demasiado pequeños para ser confirmados, con frecuencia, la cuestión esencial es si han sido o no bautizados. Por otra parte, la confirmación puede llegar a ser, en ocasiones, un ritual sin sentido que los adolescentes afrontan como una obligación para agradar a sus padres, pero sin experimentar genuinamente la fe que salva. En los círculos bautistas, algunas iglesias ofrecen cierto tipo de clases preparatorias para el bautismo que, sutilmente, presiona a los niños para que se sometan al rito aunque no estén dispuestos a tomarse en serio su profesión de fe. Asimismo, las dedicaciones de bebés se han planteado a veces como una forma de alternativa bautista al bautismo de infantes para aplacar a la familia que considera esencial que se celebre alguna forma de ceremonia. En todas las ramas de la iglesia hay que poner atención de que quienes se someten al bautismo o a la confirmación lo hacen voluntariamente, como una afirmación pública de una genuina fe salvífica en Cristo que los catecúmenos han profesado sinceramente.[14]

También la Cena del Señor ha llegado a considerarse como un rito casi "mágico" en numerosas tradiciones cristianas, de modo que los miembros de iglesias litúrgicas subrayan la necesidad de participar frecuentemente de esta ordenanza, especialmente en el caso de los moribundos, para apropiarse del perdón por los últimos pecados cometidos.

El cristianismo nominal puede caracterizarse acertadamente por la prioridad de la iglesia sobre Cristo y de los ritos sobre una relación con el Jesús vivo. Cada semana, millones de norteamericanos se reúnen en edificios con letreros que les identifican como cristianos, creyendo que al hacer esto se justifican ante Dios o van camino de hacerlo, sin haber nacido de nuevo. Algunos propugnan una espiritualidad más cercana al paganismo, especialmente en el movimiento de la Nueva Era y la fascinación por la otra vida, en la que la doctrina bíblica del infierno está completamente ausente.

1 Corintios 10:1–22 tiene mucho que decir contra todas estas prácticas. Lo que cuenta son las realidades espirituales interiores. Los ritos externos o incluso las experiencias de lo sobrenatural no son garantía de la salvación ni de la madurez cristiana (vv. 3–5). Pensemos, por

---

14. Una de las prácticas más estrambóticas y que refleja una grave tergiversación de este ritual es el bautismo de cadáveres que se lleva a cabo en ciertas funerarias como un modo de calmar la ansiedad de los parientes. En el mejor de los casos, esto deja a quienes solicitan esta práctica absolutamente confundidos sobre el significado del bautismo; en el peor, les da falsas esperanzas de que estas u otras personas pueden ir al cielo sin haber confiado en Cristo.

ejemplo, en el creciente número de experiencias cercanas a la muerte o fuera del cuerpo que "demuestran" la agradable naturaleza del mundo venidero sin tener en cuenta las decisiones de esta vida.[15]

En nuestra exposición de 5:10–11 ya hemos considerado un buen número de idolatrías contemporáneas similares a los ejemplos veterotestamentarios de los versículos 7–10. Tales prácticas rechazan la singular revelación de Dios a la humanidad a cambio de sustitutos de naturaleza sexual. Y, como en el caso de los israelitas que adoraron el becerro de oro, estas siguen girando en torno al materialismo y los principios de la falsa religión.

Las idolatrías contemporáneas se infiltran en la iglesia y en el mundo, cuando grandes números de cristianos aplican entusiamados las últimas modas seculares al crecimiento de la iglesia, la recaudación de fondos, la mercadotecnia, etcétera. Ciertas encuestas realizadas entre los estadounidenses, cristianos incluidos, han mostrado que las dos cosas más deseadas son conseguir más dinero y cuerpos más saludables y estilizados, que es precisamente lo que ofrece el falso evangelio de la "salud y la prosperidad".[16] Ojalá que más personas pudieran orar con el apóstol Juan pidiendo que la salud física de sus amigos se equiparara con su salud espiritual, sabiendo que, para ellos, esta última es mucho más importante (3Jn 2).

No podemos leer el versículo 12 sin pensar en los dirigentes caídos que en nuestros días salpican el paisaje cristiano, en especial, por pecados de índole sexual. Pero la advertencia de Pablo se extiende de un modo mucho más general. El cristianismo occidental de clase media tiende a caracterizarse por una engreída autocomplacencia y un arrogante etnocentrismo, mientras que, muchas veces, las congregaciones urbanas pobres del Tercer Mundo muestran una lealtad y devoción a Cristo mucho más profundas, aunque sus circunstancias externas las hagan más necesitadas. Hemos de guardarnos de cierta mentalidad formulista sobre la santificación, como si contestar las preguntas de un estudio bíblico del tipo: "Diez pasos esenciales hacia la madurez cristiana", nos permitiera, de algún modo, llegar rápidamente a nuestro destino espiritual.

---

15. Pienso especialmente en las experiencias que primero comentó Elisabeth Kübler-Ross en su obra *On Death and Dying* (Nueva York: Macmillan, 1969), donde Kübler-Ross daba lugar, a su vez, a toda una disciplina de literatura pseudocientífica de un género parecido.

16. James Patterson y Peter Kim, *The Day America Told the Truth* (Nueva York: Prentice Hall, 1991), 53.

Sin embargo, para que no nos volvamos demasiado cínicos, el versículo 13 debería ofrecer una gran esperanza a aquellos que son dolorosamente conscientes de su frágil condición espiritual. Vivimos en un tiempo de desarrollo tecnológico incomparable, en el que manejamos cantidades de información sin precedente, y en el que se ha disparado el número de nuevas enfermedades físicas y emocionales, los desastres naturales y la conflictividad humana. Cuando nos damos cuenta de que todos estos factores generan sufrimientos a una escala hasta ahora desconocida en la historia humana, es reconfortante saber que las tentaciones que afrontamos los creyentes no son nuevas. Las circunstancias externas pueden sufrir variaciones, pero las dinámicas espirituales siguen inalteradas. La tendencia humana a pensar que "mi problema" es distinto o peor que los que experimentan los demás queda decisivamente desacreditada. La tendencia contemporánea a culpabilizar a Dios, a los padres, a la sociedad o al diablo por ser como soy en lugar de reconocer que nuestra desobediencia se debe especialmente a nuestra naturaleza pecaminosa (Stg 1:14), va también en contra de este texto.

Nunca tenemos por qué ceder a la tentación; nadie nos "hace" pecar. Ciertos factores pueden generar tentaciones mayores para algunas personas que para otras, como sucede con el incremento exponencial en las familias disfuncionales en nuestros días, pero en última instancia somos responsables de nuestras propias decisiones. Y para los creyentes, una de tales decisiones sigue siendo la de aceptar la puerta de escape del pecado que ofrece Dios. A nuestra cultura le gustaría reescribir el final del versículo 13 para que dijera: "Más bien, cuando llegue la tentación, él les dará también una salida para que no tengan que resistir", pero esto es precisamente lo contrario de lo que, inspirado por Dios, escribió Pablo.

Resulta también irónico que el mismo ágape que pretendía demostrar la unidad de los creyentes (vv. 16–17) se haya convertido en una de las ceremonias más divisivas de la iglesia a lo largo de su historia.[17] La ironía es todavía mayor cuando nos damos cuenta de que algunas congregaciones se ponen de acuerdo para aparcar diferencias doctrinales tan fundamentales que permiten participar de la mesa del Señor a personas que, aunque miembros de la iglesia, no son creyentes, mientras que verdaderos cristianos renacidos pueden ser excluidos por pertenecer a otras denominaciones (cf. comentarios al respecto más adelante).

---

17. Ver especialmente David Bridge y David Phypers, *Communion: The Meal That Unites?* (Wheaton: Harold Shaw, 1983).

Si la mesa del Señor simboliza y promueve la comunión y la unidad con el Cristo resucitado, debería, entonces, estar abierta a todos los creyentes, pero solo a ellos. Posiblemente, siempre que la higiene lo permita, debe conservarse la práctica de compartir una sola hogaza de pan y una sola copa de vino como un importante símbolo de la unidad que ofrece la iglesia, especialmente en nuestra sociedad tan fracturada, dividida e individualista. Cuando las consideraciones de salud hacen que esta práctica sea arriesgada, puede preservarse una parte del simbolismo haciendo que los participantes tomen los elementos al mismo tiempo. Las celebraciones menos útiles son aquellas en que cada persona come y bebe por separado, en total aislamiento, teniendo solo, en el mejor de los casos, comunión con Dios, y sin pensar en los demás cristianos presentes.

La absoluta prohibición de Pablo en los versículos 19–22 de aquellas prácticas que son intrínsecamente idolátricas encuentra analogías contemporáneas para prácticamente todas las actividades, de otro modo neutrales, que se trataron en el capítulo 8 (ver exposición al respecto). Por supuesto, los rituales abiertamente paganos siguen estando fuera de los límites aceptables para los creyentes, como cualquier otra práctica que sea inherentemente inmoral, ilegal o destructiva.

No obstante, incluso aquellas cosas que son amorales pueden a menudo llevar a lo inmoral. De hecho, generalmente estos vínculos explican por qué se prohibieron en un principio prácticas que eran moralmente indiferentes. Beber con moderación puede dar paso a hacerlo en exceso, ser muy trabajador puede degenerar en una adicción al trabajo, relacionarse con delincuentes puede llevar a participar en sus actividades delictivas o a ser víctima de ellas, el respeto a los padres puede transformarse en adoración de los antepasados, un patriotismo excesivo puede mudarse en idolatría del estado, ver la televisión puede desplazar a actividades más importantes, un deseo legítimo de tener ciertas cosas puede envilecerse y convertirse en materialismo, tomar medicamentos de manera equilibrada puede llegar a ser una adicción; la lista podría ser interminable. La ética situacional no debe prevalecer en estas cuestiones. Al mismo tiempo, hemos de mantener frescos los acentos de 8:1–13 y 10:23–11:1, para que el legalismo que en su momento prohibió la bebida, el cine, los juegos de naipes, etcétera, no regrese.

El sincretismo que refleja el versículo 21 encuentra paralelismos en numerosos contextos contemporáneos. Han surgido nuevos sistemas religiosos, como la fe Ba'hai, que intenta combinar lo "mejor" de todas las ideologías del mundo. Más general es la creencia de que todas las religiones, o al menos la mayoría de ellas, contienen verdad salvífica, en otras palabras, que es posible conocer al verdadero Dios del universo y vivir eternamente con él por medio de distintos caminos religiosos.[18] El problema de ambos acercamientos es que no tienen en cuenta que, cuando se comparan entre sí, las principales religiones del mundo presentan afirmaciones esencialmente incompatibles o contradictorias desde un punto de vista lógico. Si el Corán es una verdadera revelación de Dios, entonces el Nuevo Testamento se ha corrompido tanto en su transmisión que el profeta Jesús se ha transformado en el Hijo de Dios y Alá, un ser indivisible, ha pasado a ser una Trinidad. Si el hinduismo o el budismo están en lo cierto, entonces la dicha perfecta es la disolución en la nada y no una existencia personal, eterna y consciente. Para tener una cosmovisión coherente, hemos de decidirnos entre afirmaciones contrapuestas.

Los versículos 14–22 cuestionan también la extendida idea en la cultura moderna en el sentido de que hemos de recuperar ciertas espiritualidades devaluadas como las del antiguo paganismo practicado por los indios americanos, la adoración de deidades femeninas, la adoración a la tierra, la magia blanca y cosas de este tipo. Aunque fuera políticamente incorrecto, si Pablo viviera en nuestros días diría que la devaluación de estas espiritualidades es correcta. Aunque podamos admirar las civilizaciones antiguas por su cultura y artefactos culturales (que en gran medida eran abiertamente religiosos) y los expongamos en incontables museos y exposiciones, cuando Pablo estuvo en Atenas se lamentó por los monumentos a dioses falsos que vio allí (Hch 17:16). Aunque buscara un terreno común con los atenienses, el apóstol se sentía claramente responsable de llevarles a un conocimiento del Dios vivo y verdadero que se ha revelado en Jesucristo de un modo único (vv. 21–33).[19]

---

18. La exposición contemporánea clásica de este punto de vista la encontramos en John Hick y Paul Knitter, eds., *The Myth of Christian Uniqueness: Toward a Pluralistic Theology of Religions* (Maryknoll, N.Y.: Orbis, 1987).

19. Terry Muck, *Alien Gods on American Turf* (Wheaton: Victor, 1990), esp. pp. 89–114 presenta una responsable exposición evangélica de este problema.

Todo está permitido», pero no todo es provechoso. «Todo está permitido», pero no todo es constructivo. [24] Que nadie busque sus propios intereses sino los del prójimo.

[25] Coman de todo lo que se vende en la carnicería, sin preguntar nada por motivos de conciencia, [26] porque «del Señor es la tierra y todo cuanto hay en ella».

[27] Si algún incrédulo los invita a comer, y ustedes aceptan la invitación, coman de todo lo que les sirvan sin preguntar nada por motivos de conciencia. [28] Ahora bien, si alguien les dice: «Esto ha sido ofrecido en sacrificio a los ídolos», entonces no lo coman, por consideración al que se lo mencionó, y por motivos de conciencia. [29] (Me refiero a la conciencia del otro, no a la de ustedes.) ¿Por qué se ha de juzgar mi libertad de acuerdo con la conciencia ajena? [30] Si con gratitud participo de la comida, ¿me van a condenar por comer algo por lo cual doy gracias a Dios?

[31] En conclusión, ya sea que coman o beban o hagan cualquier otra cosa, háganlo todo para la gloria de Dios. [32] No hagan tropezar a nadie, ni a judíos, ni a gentiles ni a la iglesia de Dios. [33] Hagan como yo, que procuro agradar a todos en todo. No busco mis propios intereses sino los de los demás, para que sean salvos. [1] Imítenme a mí, como yo imito a Cristo.

Sentido Original

Finalmente, Pablo regresa donde comenzó esta exposición sobre la carne sacrificada a los ídolos. Aparte del específico ejemplo de comer en los rituales de la adoración pagana, los creyentes tienen la libertad de participar mientras sea para la gloria de Dios y el bienestar de otras personas. El versículo 23 repite 6:12 de manera casi literal ("Todo está permitido"), solo que en este texto Pablo sustituye la frase final con las palabras "pero no todo es constructivo. Ahora piensa más en los efectos colectivos de ejercer la libertad en Cristo que en los individuales. Aun así, su acercamiento "sí, pero" a las consignas corintias sigue inalterado. El versículo 24 amplía el matiz. Los cristianos son libres para buscar los intereses de los demás por encima de los propios. Los versículos 25–30 aplican los principios de Pablo a los dos contextos específicos de comprar y consumir la carne que ofrecen los mercados corintios (vv. 25–26) y comerla en casa de los amigos (vv. 27–30). En ambos casos, había muchas probabilidades de que la carne en cuestión hubiera sido sacrificada a los ídolos.

En el caso de la compra en el mercado, el mandamiento de Pablo es incondicional: los corintios no tenían que tener reparos en comprar y comer lo que se ofrecía en sus puestos. La comida y la bebida forman parte de la buena creación de Dios (Sal 24:1) y son cosas que Dios ha dado a su pueblo para que las disfrute (vv 25–26). Ninguna comida es intrínsecamente impura (cf. Ro 14:14). En el caso de estar en casa de un amigo, aunque este no sea creyente y probablemente no tenga ningún escrúpulo con la comida, Pablo es casi igual de entusiasta. Su afirmación es igualmente general: en este caso el creyente ha de asistir, si así lo desea, comer lo que le pongan delante y no hacer preguntas (v. 27). Solo si alguno de los presentes pone algún reparo alegando que la comida ha sido sacrificada a los ídolos ha de considerarse la posibilidad de abstenerse de ella (v. 28a). Probablemente la persona en cuestión sea un hermano "débil" (recuérdese 8:7), puesto que un no creyente no tendría ningún escrúpulo en comer carne sacrificada a los ídolos.[1] En este caso, uno puede tomar la decisión de abstenerse de comer para no arriesgarse a hacer pecar a la otra persona o confundir su conciencia (vv. 28b–29a).

Los versículos 28–29a deberían probablemente considerarse un paréntesis, como hace la antigua RSV. Acto seguido, los versículos 29–30, retoman la principal línea de pensamiento de Pablo. El apóstol defiende su libertad de comer de la comida por la cual da gracias a Dios y a no ser paranoico con respecto a los pensamientos inexpresados de otras personas.[2]

---

1. En su comentario *First Corinthians*, p. 355, Kistemaker protesta: "¿Pero acaso los cristianos preguntan primero qué comida se les va a servir para luego quedarse o no a cenar? Por supuesto que no". Sin embargo, esto no está tan claro, y es concebible que los cristianos en cuestión se quedaran a cenar y solo se abstuvieran de los alimentos que eran objeto de ofensa.

2. Bruce, *1 and 2 Corinthians*, 99–100 explica esta interpretación de la interrelación de las tres partes principales de los versículos 25–30 (vv. 25–27, 28–29a, 29b–30). Quienes estén interesados en un resumen de los acercamientos a la estructura de este párrafo, pueden ver Duane F. Watson, "1 Corinthians 10:23–11:1 in the Light of Greco-Roman Rhetoric: The Role of Rhetorical Questions", *JBL* 108 (1989): 301–18. Probablemente, la solución más común, que Watson defiende con un nuevo giro, es que los versículos 29–30 reflejan otro eslogan corintio al que los versículos 31–33 responden luego de manera indirecta. Pero las conexiones son exiguas en el mejor de los casos. Watson rechaza la idea parentética que yo sostengo porque piensa que la preocupación de Pablo

1 Corintios 10:31–11:1 repite por última vez los principios gemelos de la libertad y la moderación, ahora en el contexto de la gloria de Dios: aquello que se ajusta a sus normas y prioridades (v. 31). Pablo se esfuerza por no ser motivo de pecado para nadie, ni fuera de la iglesia ni dentro de ella, sin embargo, su razón más esencial es la salvación del mayor número posible de personas (vv. 32–33; recuérdese 9:19–23). Y ha consignado esta exposición, un tanto extensa, de sus acciones y motivos, precisamente para que los corintios puedan imitarle cuidadosamente, al menos en la medida en que él mismo sigue el ejemplo de Cristo (11:1).

Construyendo Puentes

La mayor parte de los principios que hay tras 10:23–11:1 se han tratado en el capítulo 8. No cabe duda de que los dos principios fundamentales siguen inalterados. Esencialmente, los cristianos tienen libertad en los asuntos moralmente indiferentes, pero su conducta ha de tener también en cuenta los intereses de los demás. Los dos acentos paralelos del resumen (10:31–11:1) traen a la memoria el sumario que Jesús hace de la ley: amar a Dios con todo el corazón y al prójimo como a uno mismo (Mt 22:37–40). Solo aquí se expresa Pablo en términos de dar la gloria a Dios e intentar agradar a los demás. Como antes, es posible que el permiso implícito en los versículos 25–26 no se aplique a las acciones inherentemente inmorales o destructivas.

El principal elemento nuevo que aparece en esta sección es que en los versículos 25–30 Pablo subraya la libertad sobre la abstinencia.[3] Dios ha creado el mundo material para el disfrute humano, aunque ello requiere moderación (Gn 1:28). Toda la creación sigue estando bajo su soberanía, con propósitos potencialmente útiles para los creyentes (v. 26). Por encima de todo, Pablo desea que el mayor número posible de hombres y mujeres experimenten el poder salvador del Señor Jesús (v. 33b). En el mensaje del evangelio hay ciertos tropiezos que son innegociables, sobre todo la cruz de Cristo (1:18–2:5). Sin embargo, ha de aligerarse el camino de todo obstáculo innecesario y, durante la mayor

---

por los hermanos débiles parece más fuerte en 8:13; 9:19–23 y 10:24. Sin embargo, como explico más adelante, Pablo está de hecho inclinándose aquí por la libertad sobre la moderación, precisamente por su potencial evangelizador en grupos mixtos de creyentes y no creyentes.

3. Sobre este tema en los escritos de Pablo más en general, ver especialmente Peter Richardson, *Paul's Ethic of Freedom* (Filadelfia: Westminster, 1979).

parte de la historia de la iglesia, uno de los principales obstáculos para la fe de las gentes ha sido un estilo de vida legalista que presenta el cristianismo como una mera sumisión a una larga enumeración de mandamientos y prohibiciones.

Para Pablo, lo ideal sería no ofender nunca a nadie (v. 33a), sin embargo, como Abraham Lincoln comentaría correctamente siglos más tarde, "no es posible complacer siempre a todos".[4] De manera que, si el apóstol tuviera que escoger, preferiría ofender a un hermano, que ya ha encontrado su seguridad en los brazos del Salvador, que a un no creyente que podría apartarse de Cristo por razones del todo equivocadas. Esta preferencia es totalmente consistente con las denuncias que hace el apóstol de formas más severas de legalismo (Gá 2; Fil 3), y con el propio estilo de vida de Jesús, quien sistemáticamente se mezclaba con "recaudadores de impuestos y pecadores", causando de este modo las iras de los dirigentes religiosos conservadores.

1 Corintios 11:1 ofrece también un desafiante ejemplo, que hemos tratado en el comentario de 4:16. Es como si Pablo estuviera diciendo: "¿Quieren saber lo que significa vivir una vida cristiana consistente, con un buen equilibrio entre libertad y moderación? En ese caso, obsérvenme, síganme y vivan conmigo. Puede que no sea perfecto, pero intento imitar la vida desinteresada y abnegada que Cristo vivió y, en la medida en que lo consigo, ustedes han de hacer lo mismo". No es de extrañar que la conducta de los cristianos de aquellos tiempos se destacara a menudo por encima de la de los paganos. A partir de 10:32, los primeros creyentes coligieron a menudo la idea de que en Cristo nadie era ya judío o gentil, sino miembro de una "tercera raza", cualitativamente distinta de las otras dos.

> ### Significado
> ### Contemporáneo

Quiero remitir de nuevo a los lectores a las aplicaciones del capítulo 8. Aquí, sin embargo, puede decirse algo más. El versículo 25 contiene implicaciones para la ecología y la responsabilidad medioambiental que van más allá de la cuestión original de la comida aceptable.

---

4. Es más, el principio que Pablo propone en este texto no debe confundirse con su negación en Gálatas 1:10 de procurar agradar a las personas. En Gálatas "agradar a los hombres" es algo negativo porque "se hace para congraciarse con ellos, o para eludir la persecución"; aquí es bueno porque "el propósito es llevarles a la fe" (Barrett, *First Corinthians*, 245).

Como se ve también en la enseñanza bíblica más general sobre este tema, Pablo reconoce que el mundo creado es radicalmente distinto de la humanidad, que fue formada a imagen de Dios. Tenemos pues el derecho y la responsabilidad de servirnos de la creación para buenos propósitos (Gn 1:28). Imponer el vegetarianismo o elevar los derechos de los animales al nivel de los derechos humanos desdibuja, sin duda, esta distinción entre la humanidad y el resto de la creación, sin embargo, hay en nuestro tiempo un mal más frecuente y más aborrecible para Dios, y es el que supone la arrogante violación del medio ambiente.[5]

La preferencia que expresa el apóstol de la libertad sobre la moderación cuando se presenta el evangelio a quienes no creen es un rasgo fundamental de esta sección. Los estereotipos seculares de los cristianos conservadores nos presentan sistemáticamente como personas hoscas, legalistas y aguafiestas. Y hay que decir que una parte, al menos, de esta caricatura es merecida. Los evangélicos discuten a menudo dónde hay que poner los límites en las zonas moralmente grises. Fee observa correctamente que "en estas cuestiones, los conservadores no tienen en cuenta lo 'liberal' que es realmente el punto de vista de Pablo. Por ello a Pablo rara vez se le oye cuando se trata de justificar reglamentaciones tradicionales".[6]

Con frecuencia se producen agradables excepciones de esta tendencia en creativos grupos locales de jóvenes y ministerios paraeclesiales universitarios que, desafiando los estereotipos, organizan toda una serie de actividades divertidas que, por regla general, atraen a muchas personas a una fe genuina y soportan las críticas de los "hermanos débiles profesionales" de sus iglesias. Lamentablemente, no hay tantos ejemplos de una exuberancia, creatividad y libertad parecidas entre los sectores adultos, ni dentro ni fuera de la iglesia. Los proyectos de servicios y ministerios dirigidos a grupos específicos[7] pueden ser efectivos acercamientos alternativos para alcanzar a adultos de una gran variedad de trasfondos. Nuestras actividades evangelísticas pueden ser aun más efectivas si adoptamos actitudes y estilos de vida más rápidos en

---

5. En Richard D. Land y Louis Moore, eds., *The Earth is the Lord's: Christians and the Environment* (Nashville: Broadman, 1992). Encontramos una perspectiva esencialmente equilibrada sobre las responsabilidades ecológicas cristianas.

6. Fee, *First Corinthians*, 491.

7. Ver Frank R. Tillapaugh, *The Church Unleashed* (Ventura: Regal, 1982).

afirmar la verdad y bondad que hay en las vidas de quienes no creen, que en condenar sus pecados.[8]

Una vez más, se hacen claramente necesarios ejemplos a todos los niveles. Felizmente, algunos cristianos se oponen a las reinantes tendencias del individualismo y el aislacionismo. Hay familias que abren sus casas a invitados o inquilinos, líderes que se hacen acompañar de cristianos más jóvenes para formarles en el ministerio, maestros y consejeros que se dedican generosamente a sus estudiantes y clientes en su tiempo libre, y hombres y mujeres de negocios que se conducen de manera ética en su entorno laboral y en su casa. Pero este tipo de personas siguen siendo una minoría. Se necesitan muchos más mentores y directores espirituales en el mundo cristiano.[9]

---

8. Quienes deseen considerar una excelente y popular exposición de la exuberancia de la libertad cristiana, con sugerencias para poner en práctica las ideas que se han sugerido aquí, pueden ver el libro de Charles R. Swindoll, *El despertar de la gracia* (Nashville, TN.: Caribe, 1995).

9. Cf. además Paul D. Stanley y J. Robert Clinton, *Connecting: The Mentoring Relationships You Need to Succeed in Life* (Colorado Springs: NavPress, 1992); Ron C. Davis con James D. Denney, *Mentoring: The Strategy of the Master* (Nashville: Thomas Nelson, 1991).

1 Corintios 11:2–16

Los elogio porque se acuerdan de mí en todo y retienen las enseñanzas, tal como se las transmití.

³ Ahora bien, quiero que entiendan que Cristo es cabeza de todo hombre, mientras que el hombre es cabeza de la mujer y Dios es cabeza de Cristo. ⁴ Todo hombre que ora o profetiza con la cabeza cubierta deshonra al que es su cabeza. ⁵ En cambio, toda mujer que ora o profetiza con la cabeza descubierta deshonra al que es su cabeza; es como si estuviera rasurada. ⁶ Si la mujer no se cubre la cabeza, que se corte también el cabello; pero si es vergonzoso para la mujer tener el pelo corto o la cabeza rasurada, que se la cubra. ⁷ El hombre no debe cubrirse la cabeza, ya que él es imagen y gloria de Dios, mientras que la mujer es gloria del hombre. ⁸ De hecho, el hombre no procede de la mujer sino la mujer del hombre; ⁹ ni tampoco fue creado el hombre a causa de la mujer, sino la mujer a causa del hombre. ¹⁰ Por esta razón, y a causa de los ángeles, la mujer debe llevar sobre la cabeza señal de autoridad.

¹¹ Sin embargo, en el Señor, ni la mujer existe aparte del hombre ni el hombre aparte de la mujer. ¹² Porque así como la mujer procede del hombre, también el hombre nace de la mujer; pero todo proviene de Dios. ¹³ Juzguen ustedes mismos: ¿Es apropiado que la mujer ore a Dios sin cubrirse la cabeza? ¹⁴ ¿No les enseña el mismo orden natural de las cosas que es una vergüenza para el hombre dejarse crecer el cabello, ¹⁵ mientras que es una gloria para la mujer llevar cabello largo? Es que a ella se le ha dado su cabellera como velo. ¹⁶ Si alguien insiste en discutir este asunto, tenga en cuenta que nosotros no tenemos otra costumbre, ni tampoco las iglesias de Dios.

Sentido Original

Los tres siguientes temas que trata Pablo tienen que ver con la conducta en la adoración: qué podían o no podían hombres y mujeres llevar puesto en la cabeza (11:2–16), la conducta correcta en la Cena del Señor (11:17–34) y el uso y abuso de los dones espirituales (caps. 12–14). Solo el último de estos asuntos se introduce con la frase "en cuanto a", lo cual sugiere una respuesta directa a una de las cuestiones planteadas por los corintios en su carta. Sin embargo 11:2 parece un texto colocado de manera abrupta y extraña, a menos que sea la respuesta de Pablo a cierta afirmación de los corintios en el sentido de que estos "recordaban [a Pablo] en todo y retenían [sus] enseñanzas" (literalmente, "tradiciones"). Es bien posible que ellos hubieran desarrollado su enseñanza sobre la igualdad entre hombres y mujeres (cf. Gá 3:28) y la tradición de la práctica regular de la Cena del Señor (cf. v. 23).[1] Sea o no que los corintios hubieran desarrollado especificaciones sobre estas dos cuestiones, lo cierto es que Pablo tiene información (si no por su carta, sí claramente por otros informes personales [v. 18]) de que las cosas no van bien.

En el caso del velo de las mujeres, Pablo continúa su lógica "sí, pero". Es verdad que les alaba por su fidelidad a su enseñanza (probablemente sobre la libertad [v.2]), sin embargo, han llevado las cosas demasiado lejos (esto lo indica la expresión "ahora bien" del v. 3). Es cierto que hombres y mujeres son iguales en Cristo ante Dios, pero esto no significa que puedan borrarse todas las diferencias entre los sexos.

El trasfondo que subyace tras los versículos 3–16 parece ser el siguiente. Su nueva libertad en Cristo había llevado a las mujeres de la iglesia corintia a orar y profetizar (v. 5a). La tradición cristiana que se había desarrollado a partir de Pentecostés aprobaba estas prácticas (Hch 2:18) y armonizaba fácilmente con el acento de Pablo sobre la libertad. Sin embargo, estas mujeres no se limitaban a hablar en el culto, sino que lo hacían con una ostentación impropia de las convenciones sociales y del orden de la creación. Pablo tiene, pues, que animarlas a la moderación. Como en los capítulos 8–10, el conocimiento ha de templarse con el amor.[2]

Una de las claves para entender los versículos 3–10 es reconocer el juego de palabras que hace Pablo con el término "cabeza". La idea principal de este párrafo es la afirmación de que lo que uno pone o no sobre su cabeza física honra o deshonra a su cabeza espiritual. El versículo 3 establece tres relaciones de liderazgo o autoridad espiritual, pero el sentido del término cabeza (*kefalé*) en este texto es objeto de un acalorado debate. Esta palabra no se utilizaba a menudo con sentido figu-

---

1. Cf. Gail P. Corrington, "The 'Headless Woman': Paul and the Language of the Body in 1 Cor 11:2–16", *PRS* 18 (1991): 225.

2. La reconstrucción más detallada de los acontecimientos de Corinto es el trabajo de Antoinette Wire, *The Corinthian Women Prophets* (Minneapolis: Fortress, 1990). Se trata de una obra generalmente persuasiva en sus trazos más generales, pero muchas veces especulativa en las concreciones.

rado (i.e., para aludir a otra cosa que no fuera la cabeza física); en los casos en que se daba sentido figurado parece que sus dos significados más importantes eran "fuente" o "autoridad".[3] Pablo parece utilizar ambos significados en otros pasajes (p. ej., en Efesios 4:15 el sentido más natural parece "fuente", mientras que en Efesios 1:22 encaja mejor el de "autoridad"), de manera que, en última instancia, la decisión depende del contexto inmediato. Sin embargo, en este texto Pablo no da indicaciones muy precisas; por una parte plantea un argumento sobre el origen del hombre y la mujer en los versículos 8–9, 12, pero por otra, en el versículo 10, habla explícitamente de autoridad (*exousia* en griego). El otro pasaje en el que Pablo utiliza el término "cabeza" para aludir a la posición del hombre en relación con la mujer alude también a la subordinación de las esposas a sus maridos (Ef 5:22–24), por lo cual, también aquí parece encajar mejor la idea de autoridad.

El orden de las tres partes del versículo 3 también resulta significativo. Algunos comentaristas subrayan que la secuencia del texto no establece una cadena de mando, como sí lo haría si Pablo hubiera escrito: "la cabeza de la mujer es el hombre, la cabeza de cada hombre es Cristo y la cabeza de Cristo es Dios". Por otra parte, puesto que el problema de Corinto tenía que ver con el hecho de que tanto los hombres como las mujeres (pero no Cristo) deshonraban sus cabezas, es natural que el apóstol aluda primero a las cabezas del hombre y la mujer. Probablemente, la razón para situar la relación de Cristo con Dios al final de la serie es presentarla como una analogía de la relación entre los hombres, las mujeres y sus cabezas (la misma secuencia en el v. 12).

Las interpretaciones que niegan cualquier sentido de "autoridad" al término "cabeza" en el versículo 3 plantean al menos otros tres problemas. En primer lugar, si "cabeza" se considera meramente como "fuente", habría que interpretar necesariamente "la cabeza de Cristo es Dios" como una referencia a la encarnación, para eludir la antigua herejía arriana que afirma que Dios creó a Cristo. Pero no hay nada más en el pasaje que hable de la venida de Jesús a la tierra desde el cielo, aunque los argumentos teológicos de Pablo en los versículos 8–9 y

---

3. Hay buenas y breves presentaciones de los datos en Joseph A. Fitzmyer, "Another Look at ΚΕΦΑΛΗ in 1 Corinthians 11.3", *NTS* 35 (1989): 503–11; ídem, "Kephale in 1 Corinthians 11.3", *Int* 47 (1993): 52–59. Quienes tengan interés en profundizar en este debate pueden consultar Wayne Grudem, "The Meaning of Kephale ('Head'): A Response to Recent Studies", en Recovering *Biblical Manhood and Womanhood*, ed. John Piper y Wayne Grudem (Wheaton: Crossway, 1991), 425–68, y la literatura que se analiza en esta obra.

10–11 apelan explícitamente a la forma en que Dios formó las cosas en la creación. En segundo lugar, durante la mayor parte de su historia, la iglesia ha entendido "cabeza" como "autoridad". Naturalmente, el consenso tradicional no está inspirado, pero rebatirlo requiere argumentos de peso. En tercer lugar, hasta hace pocos años, casi todos los que defendían el sentido de "fuente" lo hacían dentro de un marco de referencia jerárquico. Es decir, aun si en el versículo 3 Pablo estuviera hablando solo de los orígenes, lo haría para fundamentar sus órdenes posteriores de honrar a quienes tienen autoridad sobre nosotros.[4] Afortunadamente, sin embargo, la idea general de este pasaje sigue estando clara aunque no se pueda estar de acuerdo sobre el significado exacto de "cabeza".

Otro asunto que se debate de este pasaje (3–10) tiene que ver con la traducción de las palabras que la NVI vierte sistemáticamente como "hombre" (*aner*) y "mujer" (*gune*). En todos los demás pasajes paulinos en que aparecen ambas palabras juntas, con la posible excepción de 1 Timoteo 2:8–15, estas aluden a marido y mujer. Es mucho más difícil entender que Pablo estuviera afirmando que todos los hombres tienen autoridad sobre todas las mujeres y mucho más fácil interpretar el pasaje si las palabras *aner* y *gune* se entienden de manera consistente como una referencia a marido y mujer (p. ej., v. 5). Comprensiblemente, las referencias a la creación del hombre y la mujer (vv. 8–9) suscitaron la antigua traducción, pero Adán y Eva no eran solo el hombre y la mujer prototípicos, sino también el primer "matrimonio". Teniendo en cuenta que en el capítulo 7 Pablo trata los problemas relativos a la soltería y a la viudedad, no tenemos que deducir necesariamente que cada mujer de la iglesia corintia, ni siquiera en una sociedad patriarcal como aquella, estuviera necesariamente bajo una autoridad masculina específica, es decir, tuviera un marido o un padre vivos. Por consiguiente, la NRSV podría tener una buena razón para traducir la segunda cláusula del versículo 3 como "el marido es cabeza de su esposa".

---

4. El artículo que más se cita en apoyo de κεφαλή como "fuente" (Stephen Bedale, "The Meaning of κεφαλή in the Pauline Epistles", *JTS* n.s. 5 [1984]: 211–15) establece esta cuestión de manera explícita ("Es decir, el hombre es κεφαλή en el sentido de ἀρχή [comienzo] en relación con la mujer; y, según el punto de vista de San Pablo, la mujer está en consecuencia 'subordinada' [cf. Ef v. 23]", 214), sin embargo, la perspectiva de Bedale es sistemáticamente tergiversada por los escritores y escritoras feministas que omiten sus conclusiones. Cf. también Elisabeth Schüssler Fiorenza, *In Memory of Her* (Nueva York: Crossroad, 1983), 229, quien explica la idea de Pablo como "una jerarquía descendente, Dios — Cristo — Hombre — Mujer, en la que cada miembro precedente, como 'cabeza' o 'fuente,' está por encima del otro 'en el sentido de que ha establecido el ser del otro'".

Los versículos 4–5a siguen desarrollando el juego de palabras de Pablo. En cada versículo, el primer uso de "cabeza" tiene un sentido físico, mientras que el segundo alude a la autoridad o fuente espiritual (dependiendo del modo en que uno interprete *kefalé*). La referencia a orar y profetizar muestra que estamos en un contexto de adoración pública, puesto que la profecía, sobre todo ella, requería una audiencia para ser efectiva. Los capítulos 12–14 explicarán la concepción que Pablo tiene de la profecía. Baste por ahora definirla a grandes rasgos como la proclamación de un mensaje dado por Dios a un portavoz cristiano para beneficio de una congregación específica. Los mensajes proféticos pueden ser espontáneos o cuidadosamente elaborados, pero en cualquier caso el profeta está convencido de que Dios le ha llevado a predicar un cierto mensaje (cf. pp. 244–45).

La frase que en el versículo 4 se traduce como "con la cabeza cubierta" dice literalmente: "hacia abajo desde la cabeza". Como explica la nota marginal de la NVI,[5] esto puede hacer referencia al pelo largo más que a un velo o mantilla externos. En los versículos 14–15, Pablo está sin duda hablando de la longitud relativa del pelo de hombres y mujeres, por lo que es, en cierto modo, más natural asumir que, desde el principio, ha estado hablando de este asunto. En los varones griegos, el pelo largo podía generar sospechas de conducta homosexual.[6] Si Pablo tiene en mente un velo, entonces está probablemente planteando objeciones a una práctica parecida a la de los sacerdotes romanos que se cubrían la cabeza con la toga cuando ofrecían los sacrificios o llevaban a cabo sus rituales religiosos.[7] Otra posibilidad es que los hombres que se dejaban crecer el pelo tuvieran un aspecto parecido al de los sofistas con sus elaborados peinados.[8]

Las esposas, no obstante, debían tener la cabeza cubierta (v. 5a). También aquí, el velo en cuestión podía aludir al pelo largo. Puede que Pablo les esté pidiendo que tengan el pelo "recogido", como era cos-

---

5. "Todo hombre que ora o profetiza con el pelo largo deshonra a su cabeza. Y toda mujer que ora o profetiza sin el manto de su cabello sobre su cabeza deshonra a su cabeza (es como una de esas 'mujeres rapadas). Si una mujer no lleva velo, que se corte el pelo, pero puesto que es una vergüenza que una mujer se corte el pelo o se afeite la cabeza, que se lo deje entonces crecer de nuevo. Los hombres no deben llevar el pelo largo".

6. Ver especialmente, Jerome Murphy-O'Connor, "Sex and Logic in 1 Corinthians 11:2–16", *CBQ* 42 (1980): 482–500.

7. Ver especialmente Richard E. Oster, "When Men Wore Veils to Worship: The Historical Context of 1 Corinthians 11.4", *NTS* 34 (1988): 481–505.

8. Ver Stanley K. Stowers, "Social Status, Public Speaking and Private Teaching: The Circumstances of Paul's Preaching Activity", *NovT* 26 (1984): 75.

tumbre entre las mujeres casadas, no suelto y en movimiento, algo que en ciertos círculos era señal de soltería o, peor aún, sospechoso de adulterio (entre los judíos) o de frenesí pagano (entre los griegos). O es también posible que llevaran el pelo demasiado corto, peligrosamente parecido, en los círculos judíos, a las cabezas afeitadas de las adúlteras o, en el mundo griego, al aspecto de las lesbianas activas. Por otra parte, si lo que Pablo tiene en mente es un velo, probablemente quiere que las mujeres casadas lleven algún tipo de chal sobre su cabello y hombros, como hacían muchas mujeres griegas en público, para que no se parecieran a las que se descubrían durante la adoración pagana para demostrar su temporal trascendencia de la sexualidad humana.[9]

En los versículos 5b–6, Pablo comenta irónicamente que si las mujeres quieren mandar señales ambiguas sobre su sexualidad o compromisos religiosos llevando el pelo de manera inapropiada o prescindiendo del velo, ¿por qué, entonces, no llegan hasta el final y se rapan (o abandonan definitivamente el uso de cualquier velo) y mandan así, de manera inequívoca, sus señales erróneas? Los versículos 7–10 declaran, no obstante, la verdadera preferencia de Pablo, a saber, que tanto los maridos corintios como sus esposas vuelvan atrás y utilicen los códigos culturales de la fidelidad matrimonial y de la adoración del único Dios verdadero. El versículo 7 hace esta afirmación refiriéndose a los maridos como "imagen y gloria de Dios" y a las esposas como "gloria del hombre [marido]". En los versículos 14–15, "gloria" es lo contrario de "vergüenza", de modo que, en ambos casos transmite, probablemente, el sentido de "honor". El que un hombre cristiano pareciera homosexual o pagano deshonraba a Dios, y el que una mujer pareciera lesbiana o infiel deshonraba a su marido. Es evidente que, al actuar de este modo, los maridos deshonraban también a sus esposas, y las esposas a Dios; sin embargo, si en este pasaje hay una estructura de autoridad implícita, se hace entonces comprensible que Pablo no matice todas las implicaciones en su redacción. La principal preocupación de cada cual es no deshonrar a la cabeza espiritual inmediata.

---

9. Para el posible trasfondo judío en cada uno de estos casos, ver especialmente. James B. Hurley, *Man and Woman in Biblical Perspective* (Leicester: InterVarsity Press; Grand Rapids: Zondervan, 1981), 162–84, 254–71; para los trasfondos grecorromanos, cf. Fee, *First Corinthians*, 508–12; con Dennis R. MacDonald, "Corinthian Veils and Gnostic Androgynes", en *Images of the Feminine in Gnosticism*, ed. Karen L. King (Filadelfia: Fortress, 1988), 276–92.

Los versículos 8–9 fundamentan los mandamientos de los versículos 4–7 en un doble argumento de la creación:[10] (1) Adán fue creado primero, y después Eva (v. 8); (2) la mujer fue creada para que fuera una ayuda idónea para el hombre (Gn 9). El versículo 10 culmina la primera parte del argumento de Pablo, pero lo hace con una afirmación notoriamente oscura. La expresión "por esta razón" sugiere que esta frase ofrece más razones para que las mujeres se cubran la cabeza (sea con mucho cabello o con un velo). Por consiguiente, la NVI traduce *exousia echein epi* (literalmente, "tener autoridad sobre") como "llevar sobre la cabeza señal de autoridad". Pero en el texto griego no aparece la palabra "señal", y lo más natural es entender la frase "tener autoridad" como algo que la mujer ejerce activamente. Por ello, un reciente y popular punto de vista propone que el velo de la mujer indica su autoridad para orar y profetizar.[11] No obstante todos los otros usos de esta construcción de tres palabras en el Nuevo Testamento significa "tener autoridad (o control) sobre" (Mt 9:6 [par. Mr 2:10; Lc 5:24]; Ap 11:6; 14:18; 16:9; 20:6; y cf. las similares construcciones con *epano* en lugar de *epi* en Lc 19:17, y con *peri* en lugar de *epi* en 1Co 7:37). Esto sugiere una traducción más en la línea de "Por esta razón [...] las esposas han de ejercer control sobre su cabeza [i.e., cubrirla de manera apropiada]".[12]

La expresión "por causa de los ángeles" resulta igualmente desconcertante. Las sugerencias de que se trata de ángeles caídos que pueden ser seducidos sexualmente o de mensajeros humanos o de dirigentes de la iglesia va contra el consistente significado del término *angeloi* que se utiliza sin este tipo de matices en todos los demás pasajes del Nuevo Testamento. Es mejor verlos como ángeles que siguen siendo siervos de Dios y que se encargan de cuidar la creación y proteger la adoración de su pueblo. Estos desean ver que tales reuniones se desarrollan con apropiada dignidad y decoro.[13]

Los versículos 11–12 introducen una importante salvedad en la exposición de Pablo. Comenzando con un fuerte contraste (*plen*, "no obstante"), Pablo recuerda a los corintios que, como cristianos, y a pesar de

---

10. Sobre este asunto, ver especialmente, L. Ann Jervis, "'But I Want You to Know...': Paul's Midrashic Intertextual Response to the Corinthian Worshipers (1 Cor 11:2–16)", *JBL* 112 (1993): 231–46.

11. Comenzando especialmente con Morna D. Hooker, "Authority on Her Head: An Examination of 1 Cor. xi.10", *NTS* 10 (1966): 410–16.

12. Ver especialmente Jerome Murphy-O'Connor, "1 Corinthians 11:2–16 Once Again", *CBQ* 50 (1988): 271.

13. Ver especialmente Joseph A. Fitzmyer, "A Feature of Qumran Angelology and the Angels of 1 Cor. xi.10", *NTS* 4 (1957): 48–58.

la creación, maridos y mujeres (o quizá hombres y mujeres en general) son esencialmente interdependientes. El orden de la creación se invierte con la posterior procreación, y sean cuales sean las jerarquías que perduran, son considerablemente equilibradas por el hecho de que Dios es el origen de todo lo que pertenece a la redención. Él es por consiguiente nuestra más decisiva e importante autoridad.

Los versículos 13–16 retoman con otros tres argumentos el problema específico del velo, aludiendo ahora explícitamente a la conveniencia o no de que hombres y mujeres se dejen crecer el cabello. Tras pedir encarecidamente a los corintios que concluyan que lo que está diciendo es cierto ("Juzguen ustedes mismos", v. 13a; cf. 10:15), Pablo presenta más argumentos apelando a lo que es apropiado (v. 13b), natural (vv. 14–15) y una práctica común entre los creyentes del primer siglo (v. 16).[14] El primero y el tercero aluden claramente al "statu quo" en el tiempo de Pablo. El argumento de lo "natural" suena a una invocación del modo en que Dios creó las cosas, pero, como buen judío, Pablo habría oído hablar de los nazareos, a quienes Dios bendecía precisamente porque no se cortaban el pelo (de los cuales Sansón era el ejemplo más famoso; Jue 13:5). En el mundo griego, los espartanos eran bien conocidos por llevar el pelo por los hombros. Pero es cierto que, tanto entonces como ahora, la mayoría de las culturas mantenían una relativa diferencia con respecto a la longitud del cabello entre hombres y mujeres. Así, probablemente, en este texto lo natural significa aquello que es "casi instintivo por un hábito de mucho tiempo", una "costumbre muy arraigada".[15]

El versículo 15b apoya también la idea de que el tema subyacente en los versículos 2–16 ha sido la longitud del cabello o la forma de llevarlo. La frase "se le ha dado su cabellera como velo" puede traducirse más literalmente como "en lugar de una prenda enrollada". Es

---

14. El versículo 16 dice literalmente: "Nosotros no tenemos tal costumbre, ni tampoco las iglesias de Dios". Algunos han defendido, por tanto, que Pablo está afirmando que los cristianos del primer siglo no tienen un patrón establecido de conducta en cuanto a la forma de llevar el pelo, exactamente lo contrario del significado sugerido por la frase de la NVI "nosotros no tenemos otra costumbre [...]". Pero esta traducción no tiene sentido en vista de los versículos 13–15, donde Pablo defiende una práctica específica. "Cuando Pablo afirma 'nosotros no tenemos otra costumbre', se refiere a la práctica de ciertas mujeres corintias que se niegan a ponerse el velo" (Thomas R. Schreiner, "Head Coverings, Prophecies and the Trinity: 1 Corinthians 11:2–16", en *Recovering Biblical Manhood and Womanhood*, 138).

15. John T. Bristow, *What Paul Really Said About Women* (San Francisco: Harper and Row, 1988), 84.

decir, en lugar de llevar el cabello suelto a modo de chal, como hacían las mujeres griegas, quizá para las mujeres cristianas bastara llevar el pelo recogido en un moño. Por otra parte, si en los versículos 3–10 Pablo tiene en mente algún tipo de prenda para que las mujeres se cubran la cabeza, el apóstol estaría entonces trazando una analogía. Del mismo modo que la naturaleza enseña que las mujeres han de llevar el cabello largo a modo de velo, es igualmente apropiado que las mujeres se cubran la cabeza de acuerdo con las arraigadas costumbres de aquel tiempo. Pero la transición es abrupta y parece un poco mejor seguir la nota de la NIV para los versículos 4–7 y ver el cabello como el tema principal de toda esta sección. Desde un punto de vista gramatical, las porciones menos probables de la traducción alternativa que la NIV hace del versículo 6 [una traducción que no ofrece la NVI. N. del T.] son las expresiones "que lleve el pelo corto, por ahora" y "debería dejárselo crecer de nuevo". Pero los problemas de traducción se resuelven si adoptamos la interpretación de que las mujeres no llevaban el cabello adecuadamente recogido. En tal caso, este versículo estaría diciendo: "si una mujer no se recoge el cabello de manera adecuada, que se lo corte. Pero si es deshonroso que una mujer lleve el pelo rapado o afeitado como los hombres, debería recogérselo de un modo femenino". El versículo 15 puede entonces traducirse: "Porque el cabello largo se les da para que puedan recogérselo alrededor de la cabeza".[16]

Construyendo Puentes Este pasaje es, probablemente, el más complejo, polémico y opaco de todos los textos de una extensión comparable en el Nuevo Testamento. Al compendiar la historia de su interpretación, se pone de relieve la gran cantidad de opciones exegéticas distintas que existen para miles de preguntas,[17] y este hecho debería inspirar una justa medida de flexibilidad por parte del intérprete. Aun así, hay varias cuestiones que nos permiten mantener una relativa confianza. Hay muy poco apoyo para las sugerencias de que Pablo no escribió este pasaje o de que las partes más inaceptables para muchos

---

16. Murphy-O'Connor, "Sex and Logic", 499.
17. La obra de Linda Mercadante, *From Hierarchy to Equality* (Vancouver: G-M-H, 1978), presenta una sinopsis selectiva de la interpretación desde Calvino hasta finales de la década de 1970. Wire actualiza brevemente este compendio en "Women's Head Covering", en *Prophets*, 220–23. Sanford D. Hull, "Exegetical Difficulties in the 'Hard Passages'", en Gretchen G. Hull, *Equal to Serve* (Old Tappan, N.J.: Revell, 1989), 252–57 provee una valiosa lista de las cuestiones clave, con representantes de las principales opciones exegéticas para cada una de ellas.

exégetas modernos (vv. 3–7 ó 3–10) son en realidad una posición de los corintios que Pablo refuta a continuación, en los versículos 11–16.[18] La primera propuesta se hunde en la completa carencia de datos textuales para demostrar que los versículos 2–16 son una añadidura posterior; la última descuida el hecho de que los versículos 13–16 apoyan también la posición esbozada en los versículos 3–10.

Desde una óptica más positiva, la mayoría de los comentaristas coinciden en que, de este pasaje puede colegirse un principio intemporal, y es que los cristianos no han de intentar desdibujar todas las distinciones entre los sexos. Es posible que el gnosticismo concibiera al ser humano andrógino como un retorno a cierto ideal prístino; sin embargo, el cristianismo entiende que Dios creó al hombre y a la mujer como seres sexuales y con diferencias sexuales. No hemos, pues, de difuminar estos distintivos vistiéndonos o arreglándonos de maneras que hagan imposible reconocer el género de la persona o, peor aún, cambiando nuestro aspecto sexual mediante una conducta travestida. Existe también un acuerdo general en que no hay nada intrínsecamente moral o inmoral en cubrirse la cabeza, ya sea mediante velos, chales, sombreros o cualquier otra cosa. Lo mismo se aplica esencialmente a la forma de llevar el pelo, pero hay que ser sensibles a las connotaciones sociales que pueden tener en algunas culturas ciertos cortes de pelo o peinados, e incluso otras prendas para cubrirse, tanto en hombres como en mujeres.

La naturaleza de la argumentación de Pablo en este pasaje, cuando la consideramos cuidadosamente, apoya el consenso alcanzado en estos puntos. Cuando habla explícitamente de la longitud del cabello, el apóstol basa sus argumentos en aquello que es apropiado (v. 13), en prácticas arraigadas (vv. 14–15) y en costumbres de aquel tiempo (v. 16). Como hemos visto al estudiar el sentido original de este pasaje, aun cuando las costumbres aludidas fueran ampliamente aceptadas en el siglo I y hayan sido a menudo imitadas en otras culturas y eras, en estos versículos no se presentan imperativos intemporales y transculturales. Cuando Pablo basa sus mandamientos en el orden y propósito de la creación (vv. 8–9), lo hace para apoyar sus afirmaciones de que los maridos son imagen y gloria de Dios y las esposas, gloria de sus maridos (v. 7). Cuando, en una cultura específica, la mujer no puede expresar una apropiada honra a Dios y al propio marido sin la utilización de alguna forma de velo, esta prenda ha de utilizarse. Cuando

---

18. Ver, respectivamente, William O. Walker, Jr., "The Vocabulary of 1 Corinthians 11.3–16: Pauline or Non-Pauline", *JSNT* 35 (1989): 75–88; y Thomas P. Shoemaker, "Unveiling of Equality: 1 Corinthians 11:2–16", *BTB* 17 (1987): 60–63.

cubrirse o no la cabeza y llevar el pelo largo o corto no dice nada sobre el propio compromiso religioso o la fidelidad matrimonial, se hace innecesario preocuparse por estos asuntos.

Este último comentario nos lleva a otra importante observación de carácter histórico y cultural. Aunque no podemos estar seguros de si el problema principal era la longitud del cabello o el uso del velo, y aunque hay numerosas posibilidades para explicar el sentido que tenía cubrirse o no la cabeza en aquel tiempo, todas las opciones se reducen a dos asuntos: el que las mujeres corintias llevaran el pelo de cierta forma o se cubrieran la cabeza era algo importante por sus implicaciones sexuales o religiosas (o ambas cosas).

En cualquier cultura, los creyentes han de evitar por todos los medios que su forma de vestir o su aspecto comunique potencialmente al mundo no cristiano una conducta sexual indebida o una adoración idolátrica. De hecho, Romanos 1:21–27 identifica el núcleo teológico de la incredulidad como idolatría y el núcleo ético como pecado sexual. Cualquier conducta, peculiaridad, forma de vestir o de llevar el pelo que sugiera que una persona es sexualmente infiel a su cónyuge, promiscua, homosexual o partidaria de alguna religión no cristiana o secta cúltica o esotérica es completamente inapropiada para los cristianos y especialmente en la iglesia.

Aparte de esto, el consenso entre los comentaristas comienza a fracturarse. Aparte del significado de la palabra "cabeza", se reconoce ampliamente que los versículos 8–9 presentan un argumento basado en la subordinación de las mujeres (o al menos las esposas) para apoyar el mandamiento de Pablo de que no avergüencen a los hombres (sus maridos).

No hay ningún acuerdo sobre el modo en que se relacionan entre sí los versículos 8–9 y 11–12. Algunos tratan los segundos como un simple paréntesis, por lo cual se presta poca atención a la reciprocidad que subrayan. Otros consideran que estos cancelan todo lo demás que ha dicho Pablo, aunque sean solo dos de los quince versículos del pasaje.

Parece mejor adoptar un punto de vista intermedio. "En el Señor", es decir entre los cristianos, la naturaleza de la creación admite ciertos matices pero nunca se borra por completo.[19] Varias observaciones sustancian este punto de vista: (1) En el Nuevo Testamento se utilizan a menudo las llamadas "ordenanzas de la creación" (argumentos basados en cómo Dios estableció las cosas antes de la caída de Génesis 3) como

---

19. Sobre 1 Pedro 3:1, cf. especialmente, Talbert, *Corinthians*, 70.

principios deseables e intemporales que todos los cristianos deberían seguir (p. ej., los argumentos de Jesús sobre la permanencia del matrimonio en Mateo 19:4–9). (2) El propio Pablo presenta los versículos 8–9 como fundamento de la conducta que ordena, no a quienes no creen, sino a los cristianos. (3) Los versículos 8–9 carecerían de sentido y serían innecesarios si los versículos 11–12 los cancelaran por completo. (4) Los intentos de traducir el término *plen* ("sin embargo", en el v. 11) como "la cuestión es" (para que los vv. 11–12 se conviertan en la idea que Pablo ha estado desarrollando desde el principio) dependen de un uso de este adverbio extraordinariamente raro. (5) La interdependencia que subrayan los versículos 11–12 refuerza, de hecho, la insistencia de Pablo en la primera mitad del pasaje en el sentido de que las mujeres no deshonren a sus maridos.

Algunos objetan que el versículo 8 presenta un argumento de la creación que es absurdo. El orden de la creación no tiene ninguna conexión lógica con jerarquías de autoridad; si la tuviera, los animales tendrían que estar por encima de los seres humanos, puesto que en Génesis 1 se dice que los primeros fueron creados antes. Pero Pablo no está presentando argumentos basados en Génesis 1, sino en Génesis 2. No está afirmando que orden implique siempre rango, sino solo que es así en el relato de la creación al que alude. En el mundo antiguo, donde los privilegios de los hijos primogénitos eran tan conocidos (sucesión dinástica, herencia, etc.), el argumento de Pablo no se habría considerado extraño.

Este argumento ha de analizarse en consonancia con el segundo (v. 9, que Eva fue creada para ser ayuda de Adán). El hecho de que la palabra hebrea "ayudador" se utilice con frecuencia, por todo el Antiguo Testamento, para aludir a Dios cuando ayuda a los humanos en toda una serie de circunstancias difíciles demuestra que el término no implica en sí subordinación, aunque ello no demuestra que no pueda tener este sentido o connotación. Algunos ayudantes son figuras de autoridad, otros son compañeros y muchos otros, subordinados. Y teniendo en cuenta el contexto de los versículos 3–7 es difícil eludir la sensación de que, en el versículo 9, Pablo pretendía también hablar de jerarquía.

Por otra parte, los versículos 3 y 11–12 redefinen tan radicalmente esta jerarquía que no admite objeción. Si el versículo 3 sugiere que la autoridad del marido sobre su esposa es paralela a la que Dios ejerce sobre Cristo, entonces la reciprocidad de la relación es, sin duda, mucho más sorprendente que cualquier acción de subordinación. Aun así, ambas realidades están presentes. A lo largo de la historia, el punto de vista ortodoxo de la Trinidad, apoyado por el Nuevo Testamento, presenta una igualdad ontológica (de esencia o ser) combinada con una subordinación funcional (sumisión dentro de una diferenciación de roles).[20] En la encarnación, Cristo se vació a sí mismo del ejercicio independiente de sus atributos divinos (Fil 2:6–8). Pero antes incluso de que tomara carne humana, el Padre hubo de enviarle. (Ningún texto dice que el Hijo enviara o mandara algo al Padre). Y después incluso de la resurrección y exaltación de Cristo, Pablo habla del día en que "el Hijo mismo se someterá a aquel que le sometió todo, para que Dios sea todo en todos" (1Co 15:28). El propio Jesús puede decir, sin sentir por ello ninguna contradicción: "el Padre es más grande que yo" (Jn 14:28) y: "el Padre y yo somos uno" (Jn 10:30). Y no hay evidencias de que alguna sociedad humana o comunidad cristiana haya funcionado con éxito sin la presencia de autoridades de facto o debidamente reconocidas a quienes los demás se someten. En ciertas situaciones, la mayoría de cristianos se sujetan, normalmente, a otras personas a quienes consideran esencialmente iguales.

Aun así, hay una legítima objeción a esta perspectiva. En la sociedad, la subordinación más aceptable no depende de impedir que ciertos grupos de personas ejerzan determinadas funciones por aspectos innatos como el género. Aquí es donde la interpretación de *aner* y *gune* como "marido" y "esposa" se hace atractiva. Parece injusto que todas las mujeres tengan que estar siempre subordinadas, al menos, a un hombre en sus vidas. No obstante, si en este pasaje la autoridad y la subordinación se limitan a la institución del matrimonio, aquellas personas que no pueden vivir en este tipo de relación no tienen por qué casarse.

No obstante, incluso la "jerarquía" del matrimonio tal como Pablo la define en Efesios 5:21–33 parece no solo inocua, sino maravillosa. Lo extraordinario de la autoridad que presenta este texto no son sus privilegios, sino sus responsabilidades. Ningún marido puede apelar legítimamente a estos versículos para apoyar un estilo de liderazgo autoritario. Todo lo contrario, Pablo ordena que los maridos amen a sus esposas sacrificadamente, con la muerte de Cristo por la humanidad como modelo esencial (v. 25). A diferencia de lo que se pide a los hijos y a los esclavos (6:1, 5), a las mujeres *no* se les ordena "obedecer" a sus maridos, sino "someterse" (vv. 22–24), un término que en ciertos contextos puede ser casi tan suave como nuestro concepto de "adherirse a/

---

20. Barrett, *First Corinthians*, 249.

ponerse del lado de".[21] Por otra parte, la jerarquía de Pablo está incluso más por el contexto de sumisión mutua (v. 21) en la que se introduce.

En la vida real, los matrimonios que funcionan según las directrices de Pablo se parecerán mucho al ideal de los/as feministas evangélicos/as (todos están interesados en buscar los intereses del otro por encima de los propios y a tomar decisiones por medio del diálogo y la oración conjunta). Sin embargo, la relación matrimonial que presenta Pablo está dotada de un mecanismo para superar los puntos muertos que se producen en ocasiones, cuando dos personas no consiguen consensuar una decisión. En estos casos le toca al marido ejercer su autoridad para resolver el problema; *ha de hacerlo*, no obstante, *pensando en lo que más conviene a su cónyuge (y a sus hijos, si los tienen)*, no en sus propios intereses.[22] Algunas personas se muestran disconformes con este punto de vista y afirman que si dos personas no consiguen consensuar una decisión igualmente satisfactoria para ambos, no deben entonces tomar ninguna, sino seguir orando y esforzándose por alcanzar un acuerdo. Este es un buen consejo, cuando es posible, pero no siempre lo es. Muchas culturas imponen sus plazos a la toma de decisiones y, a menudo, no tomar una decisión es optar por una de las alternativas.

Cuando los cónyuges de un matrimonio se convierten en "tradicionalistas liberados" en este sentido, Dios y el marido son debidamente honrados (v. 7). Dios es glorificado cuando el aspecto o conducta de hombres y mujeres en la iglesia no genera distracciones que dificultan darle el honor que solo él merece.

¿Pero, por qué llama Pablo al hombre "imagen y gloria de Dios", mientras que cuando alude a la mujer lo hace solo como "gloria" de su marido? El apóstol conoce demasiado bien la Biblia para que creamos que no sabía que la mujer fue también creada a imagen de Dios (Gn 1:27). Es, pues, precisamente porque las mujeres reflejan la imagen y semejanza de Dios conjuntamente con los hombres por lo que Pablo no repite el término "imagen", para no acabar dando la impresión de que las

---

21. J. Ramsey Michaels, *1 Peter* (Waco: Word, 1988), 154–58.
22. Cf. además los comentarios de Klyne Snodgrass, *Efesios* (Vida, Miami, Fla.) respecto a 5:21–33. Uno de los libros más equilibrados dentro de la avalancha de literatura publicada recientemente sobre el matrimonio cristiano, que expresa esencialmente la posición defendida aquí, es Ronald y Beverly Allen, *Liberated Traditionalism: Men and Women in Balance* (Portland: Multnomah, 1985). Son también generalmente útiles, aunque a veces inconsistentes en la aplicación, los artículos de la sección titulada, "Applications and Implications", en *Recovering Biblical Manhood and Womanhood*, 345–99.

mujeres son la imagen de sus maridos. ¿Pero por qué entonces introducir siquiera la idea de "imagen" en su exposición? Probablemente porque en el pensamiento judío los conceptos de "imagen" y "gloria" estaban ya estrechamente relacionados. Es especialmente provocativo el pasaje de Éxodo 33:18–34:7, donde Dios revela su naturaleza a Moisés, los atributos morales y relacionales de su imagen, bajo los auspicios de su "gloria". Es bien posible que Pablo esté pensando en los maridos como modelos de Dios precisamente en las esferas que se detallan en 34:6–7: "clemente y compasivo, lento para la ira y grande en amor y fidelidad, que mantiene su amor hasta mil generaciones después, y que perdona la iniquidad, la rebelión y el pecado; pero que no deja sin castigo al culpable".[23]

En toda esta exposición no debemos perder de vista el versículo 5. Pablo asume ciertamente que es apropiado que las mujeres oren y profeticen en la adoración pública. Es cierto que las únicas alusiones explícitas a la iglesia reunida se producen en las dos secciones siguientes de 11:2–14:40 (p. ej., 11:18, 20, 33; 14:26), sin embargo, en 11:3–16 todos los datos indican que nos encontramos en este mismo contexto: (1) Sigue al versículo 2, que junto con el 17 víncula estrechamente 11:3–16 con los versículos 18–34. (2) Aunque la profecía podría dársele a un individuo en su privacidad, la detallada preocupación por la apariencia externa es incompatible con un contexto privado, donde tales costumbres eran irrelevantes. (3) Las analogías con la conducta religiosa judía y grecorromana implican un entorno de adoración pública. (4) Normalmente, Pablo concibe el ejercicio de los dones espirituales en el marco de la iglesia (ver especialmente los capítulos 12–14). (5) Aun en los círculos cristianos, las mujeres no habrían tenido, probablemente, mucha ocasión de ministrar a hombres en escenarios "privados", teniendo en cuenta las equívocas impresiones que tales encuentros podían producir. (6) La presencia de ángeles preocupados por una específica conducta de género (v. 10) tiene más sentido cuando se entiende como análoga a las creencias judías sobre su papel en la adoración pública. (7) El versículo 16 se refiere a la práctica de otras "iglesias", que favorece una referencia a la congregación reunida.

¿Qué sucede entonces con 14:33–38? Hablaremos de las implicaciones de este texto con mayor detalle cuando lleguemos a este pasaje, basta por ahora decir que los comentaristas son casi unánimes en afirmar que Pablo no está silenciando toda comunicación verbal de las mujeres en la iglesia. Los indicadores contextuales del capítulo 14 hacen que esto

---

23. Cf. además R. Ward Wilson y Craig L. Blomberg, "The Image of God in Humanity: A Biblical-Psychological Perspective", *Themelios* 18 (1993): 8–15.

sea muy improbable. De hecho, entender que aquí permite el ejercicio de la oración y la profecía nos ayudará a decidir entre las opciones que se nos presentan cuando lleguemos a este pasaje. Y en la medida en que la profecía coincide con lo que más comúnmente se llama predicación, este pasaje sigue siendo uno de los textos más claros del Nuevo Testamento para apoyar la predicación de las mujeres.

Sin embargo, los capítulos 12–14 dejarán también claro que Pablo ve la profecía como un don espiritual, y los dones no son lo mismo que los oficios. Afirmar, pues, que Pablo permite y quizá hasta anima a las mujeres a predicar —de maneras, naturalmente, apropiadas dentro de sus culturas— no zanja la desconcertante cuestión de si ellas pueden ser pastoras o supervisoras. Para dilucidar este asunto debería concederse más valor a la exégesis de 1 Timoteo (especialmente de 2:8–15). Sin embargo, teniendo en cuenta el mayor interés de Pablo en los dones que en los oficios, nos afirmamos en lo dicho: las mujeres dotadas para ello deben tener amplia oportunidad, sea formalmente o de manera informal, de predicar la Palabra de Dios a su pueblo cuando él las llame y guíe a ello.

Si 14:33–38 tienta a veces a los comentaristas a aplicar 11:2–16 de un modo excesivamente estrecho de miras, con Gálatas 3:28 sucede lo contrario. Aunque a menudo se sostiene que cuando Pablo escribió: "Ya no hay [...] hombre ni mujer, sino que todos ustedes son uno solo en Cristo Jesús" no dejó espacio para la diferenciación de roles o para ningún tipo de jerarquía, esta contundente afirmación simplemente no se sostiene. Otros maestros judíos y grecorromanos hacían a menudo afirmaciones similares aun cuando propugnaban distinciones mucho más chauvinistas entre hombres y mujeres que ninguna de las que encontramos en la Biblia.

Por otra parte, hay que decir también que Pablo tenía probablemente en mente algo más que una simple igualdad ante Dios como objeto de la salvación, puesto que Gálatas 3:28 aparece en un contexto de bautismo. Con frecuencia se olvida que, en el primer siglo, el bautismo supuso una afirmación social radicalmente inclusiva, puesto que el rito de iniciación cristiano pasó a sustituir a la circuncisión judía, limitada exclusivamente a los hombres. Como mínimo, la iglesia de Jesucristo debería buscar señales externas y públicas en todas las culturas para afirmar la plena igualdad de los sexos (así como de razas y clases).[24]

---

24. Sobre estas dos cuestiones cf. especialmente, Ben Witherington III, "Rite and Rights for Women—Galatians 3.28", *NTS* 27 (1981): 593–604.

Especialmente en contextos en que las congregaciones locales creen que ciertos ministerios u oficios están reservados a los hombres, tales iglesias han de hacer un esfuerzo especial para animar a que las mujeres utilicen sus dones al máximo en todos los campos que les están abiertos.

En nuestro trayecto hacia la aplicación contemporánea, merece la pena plantearnos otra cuestión. Una de las razones fundamentales que subyacen en los mandamientos de Pablo en este pasaje es evitar ser un obstáculo para la propagación del evangelio mediante señales culturales equívocas. Sin embargo, si restringimos los roles de las mujeres en cualquier esfera de la vida eclesial o doméstica, ¿no estaremos acaso levantando innecesarias barreras para la extensión del cristianismo en culturas democráticas e igualitarias? Por otra parte, si la lógica de Pablo surge también de las ordenanzas creacionales, algunos de tales obstáculos pueden ser ineludibles y formar parte del escándalo de la cruz (la renuncia voluntaria a derechos que consideramos legítimos).

Significado Contemporáneo

Es evidente que, en las sociedades occidentales contemporáneas, el velo no transmite prácticamente ningún mensaje de índole sexual o religiosa. Puede que la única excepción esté en aquellas pocas iglesias extraordinariamente conservadoras que siguen insistiendo en que las mujeres han de llevar sombreros, chales o redecillas para el pelo. Y el mensaje que estas comunidades locales envían normalmente a la cultura en general es que ¡están irremediablemente desconectadas de la modernidad! Para tales iglesias, lo mejor sería abandonar de inmediato estas prácticas, para poder así poner mejor en práctica el principio de Pablo de ser todas las cosas a todas las personas para salvar a tantos como sea posible (9:19–23). En otras culturas, no obstante, el velo de las mujeres sigue teniendo mucho significado. Los obreros cristianos que trabajan en territorios musulmanes tendrán que considerar seriamente si será o no provechoso para el avance de su testimonio que en sus iglesias las mujeres lleven alguna forma de velo. Como mínimo, tendrán que evitar el escándalo que supone, de manera casi universal, que las mujeres no se cubran debidamente los hombros. Para muchos musulmanes, las mujeres que enseñan los hombros son promiscuas; la equivalencia cultural de esta práctica en la mayoría de los países occidentales sería casi que las mujeres muestren los senos.

En los círculos judíos, los hombres cristianos deben estar dispuestos a ponerse la *kipá* cuando entran en los lugares santos. Hacer esto no viola el versículo 4, precisamente porque cumple la misma función que en Corinto no cubrirse la cabeza, es decir, evita que la gente piense que alguien está adorando deliberadamente a un dios falso o deshonrando al Dios de Israel. Curiosamente, la práctica judía de que los hombres se cubran la cabeza para la adoración no se generalizó hasta el siglo IV d.C., aunque "según parece, en el tiempo de Pablo se llevó a cabo una innovadora prueba en las sinagogas judías", y es posible que surgiera, de hecho, en respuesta a los mandamientos paulinos de diferenciar a los judíos de los cristianos.[25]

Siempre que el cristianismo entra en una nueva cultura, han de tomarse en consideración los principios hermenéuticos pertinentes a la situación. Charles Kraft, por ejemplo, cuenta la historia de su trabajo misionero en Nigeria, donde los nuevos creyentes no entendían que los cristianos occidentales "obedecieran los mandamientos bíblicos contra el robo y no los referentes al velo".[26] El que una de las prácticas es intrínsecamente inmoral y la otra no, puede parecernos obvio a nosotros que nos regimos por leyes profundamente informadas por la tradición judeocristiana, sin embargo, para otros pueblos completamente distintos, esto puede no estar nada claro.

En estos días, la forma de llevar el pelo también se ve, generalmente, como algo moralmente neutro. Desde la década de 1960 hemos visto crecer y decrecer el pelo de los hombres, y a adolescentes de ambos sexos enamorarse y hastiarse, en pocos años, de los distintos estilos *punk*. Las nuevas generaciones traerán, sin duda, consigo modas completamente distintas y recuperarán otras que ya han sido populares en el pasado. En la medida en que la apariencia y forma de vestir de las personas desafíe deliberadamente a la autoridad y las convenciones sociales, los cristianos no pueden adoptar tales prácticas, puesto que ello nos da una mala reputación entre los no cristianos que es completamente innecesaria. No hay duda de que algo de esto ocurrió en los años 60 y con el posterior movimiento *punk*. Pero los cristianos y los padres sabios escogerán cuidadosamente sus batallas. No deberíamos disgustarnos excesivamente por la apariencia de las personas cuando en nuestra sociedad hay asuntos más fundamentales de índole teológica y ética por los que preocuparse.

---

25. Mare, "1 Corinthians", 255–56, y la literatura que se cita en esta obra.
26. Charles Kraft, *Christianity in Culture* (Maryknoll, N.Y.: Orbis, 1979), 138.

Las excepciones a este principio son aquellas formas de vestir o de llevar el pelo que en ciertos contextos pueden comunicar un equívoco mensaje sexual. Los hombres no deben llevar vestidos, puesto que esta práctica sugiere una conducta travestista a casi todo el mundo. Las mujeres no deben maquillarse excesivamente ni llevar prendas insinuantes, características de las prostitutas "en su entorno". A otro nivel, tanto hombres como mujeres deberían evitar cualquier prenda innecesariamente seductora, especialmente en ambientes de adoración en los que Dios debe ser el centro y los asistentes deberían estar libres de tales distracciones. Más en concreto, maridos y mujeres han de guardarse especialmente de mandar mensajes que sugieran que no están casados o que son desleales a sus cónyuges. En algunos contextos, sería equívoco e impropio no llevar una alianza si se está casado. Coquetear en conversación o conducta con alguien que no sea el propio cónyuge es también buscarse problemas.

Por regla general, la forma de vestir y el aspecto no suelen transmitir, en nuestro tiempo, mensajes confusos de tipo religioso, aunque hay casos en que esto puede suceder. Una aplicación poco juiciosa de 9:19–23 podría hacer pensar a la gente que uno se ha convertido a una religión o secta no cristiana. No sería sensato, por ejemplo, que un creyente adoptara la indumentaria color azafrán de los Hare Krishna y se afeitara la cabeza como ellos, solo para relacionarse con ellos. En algunos círculos, ciertas combinaciones de pelo largo y desaliñado, tatuajes y otras formas de automutilación podrían sugerir que uno es miembro de un grupo esotérico o hasta satánico. Se podría incluso defender que este pasaje desaconseja, por inapropiada, la característica indumentaria clerical, al menos en la medida en que esta promueve conceptos antibíblicos sobre el clero y el laicado como grupos cualitativamente distintos.[27] Y en aquellos lugares donde esta forma de vestir es válida, estaría sin duda fuera de lugar que alguien que no haya sido ordenado como ministro se vistiera de este modo, dando una imagen de su persona que no se corresponde con los hechos. En general, no deberíamos desafiar las modas y convenciones sociales como una mera expresión de la propia libertad; hacer esto es negar el interés que muestra Pablo por poner a los demás por encima de sí mismo.

Muchos cristianos de nuestro tiempo repudian esta actitud al situarse con intransigencia a uno u otro lado en el debate sobre el papel de la mujer en el hogar y la iglesia. En nuestros días, muchos se sienten comprensiblemente incómodos con las interpretaciones jerárquicas de las

---

27. Snyder, *First Corinthians*, 162.

palabras de Pablo, puesto que la sociedad moderna está intentando superar todas las estructuras patriarcales en todos los frentes. Los feministas evangélicos insisten en que Pablo nunca pretendió que las relaciones de autoridad y sumisión entre hombres y mujeres se preservaran como principios interculturales.[28] Pero es difícil creer que Pablo fuera realmente un igualitario moderno, teniendo en cuenta lo firmemente arraigado que estaba el patriarcado tanto en la sociedad que le rodeaba como en las Escrituras, y considerando también sus argumentos sobre la creación en los versículos 8–9.

Sorprendentemente, muchos feministas no evangélicos están de acuerdo con los evangélicos más tradicionalistas en el sentido de que Pablo está promoviendo aquí la subordinación de las esposas.[29] Pero, en general, niegan que podamos aceptar sus instrucciones, puesto que no están comprometidos con la autoridad de todas las Escrituras como lo están los evangélicos. No obstante, reconocen que Pablo habría querido que su patriarcado se preservara en todas las culturas. Por tanto, quienes están comprometidos con una idea más elevada de la Escritura tendrían al menos que proceder con cautela por lo que respecta a rechazar todas las formas de jerarquía que aparecen en este pasaje.

Una parte de nuestro problema es nuestra incapacidad de ver la sumisión y la igualdad como cosas simultáneamente posibles. Earle Ellis piensa de este modo, y sus palabras merecen una extensa cita precisamente porque son reflexiones que no se reconocen ampliamente en nuestros días:

> La mentalidad que sitúa en oposición "la igualdad y la subordinación" y que entiende las distinciones de clase y rango como algo intrínsecamente malo es, mayormente, un fenómeno moderno. Pueden reflejar un justificable resentimiento hacia actitudes de desdén y elitismo que muchas veces (y siempre en una sociedad pecaminosa) fluyen de

---

28. Ver especialmente Craig S. Keener, *Paul, Women and Wives* (Peabody, Mass.: Hendrickson, 1992), 19–69. Sin lugar a dudas, la obra de Keener es actualmente la más persuasiva de las que estudian a Pablo desde un punto de vista feminista evangélico, aunque en algunos aspectos este escritor solo llega a estar "casi convencido".

29. Y de manera consistente en sus escritos. Ver especialmente Clark H. Pinnock, "Biblical Authority and the Issues in Question", en *Women, Authority and the Bible*, ed. Alvera Mickelsen (Downers Grove, Ill.: InterVarsity Press, 1986), 55, sobre Col 3:18: "Tanto los feministas radicales como los tradicionalistas sostienen que el contenido de estos textos no es feminista, y tengo la sospecha de que su punto de vista, acorde como está con el sentido evidente del texto tan ampliamente difundido, prevalecerá y no será refutado por los feministas bíblicos".

tales distinciones, pero parece ser menos consciente de los males egoístas y antisociales inherentes en el igualitarismo y que a veces se expresa en los programas para la conformidad económica o social, en un libertario rechazo de la autoridad, y en un desprecio de la disposición a servir como algo "degradante".

En cualquier caso, tanto Pablo como el Nuevo Testamento en general sostienen de manera bastante armónica una igualdad de valor y diversidad de rango, y resuelve los problemas de diversidad de un modo completamente distinto del moderno igualitarismo. En este y otros asuntos, el apóstol encuentra la clave del problema en su cristología: Jesús el Hijo de Dios manifestó, precisamente, su igualdad con Dios el Padre asumiendo un papel de subordinación hacia él.[30]

Hay una gran necesidad de aplicar equilibradamente este "liberado tradicionalismo" a los matrimonios cristianos contemporáneos. Por un lado, hay demasiadas relaciones autoritarias en que los maridos siguen abusando de sus esposas, física, emocional o verbalmente, invocando el liderazgo cristiano del varón. Más trágico todavía es que muchas iglesias y pastores pidan a las mujeres que sigan sujetándose a sus maridos y tolerando este tipo de abusos. La Escritura deja claro que el pueblo de Dios no debe sujetarse a las autoridades cuando estas transgreden las leyes divinas (Dn 1, 3; Hch 5:29), y los malos tratos de una esposa son sin duda una muestra de este tipo de transgresión, si consideramos Efesios 5:25–29. Tristemente, una buena parte de la literatura editada en círculos conservadores sobre el papel del hombre y la mujer dentro del matrimonio enseña precisamente lo contrario.[31] Por otra parte, los sectores más liberales del feminismo cristiano promueven sistemáticamente la afirmación de los propios derechos y la autorrealización de maneras que minimizan o niegan completamente el dominante tema bíblico del servicio como modelo para todos los cristianos de cualquier género.[32]

---

30. Ellis, *Pauline Theology*, 57.

31. Un ejemplo extremista, pero, lamentablemente, muy popular es la enseñanza de Bill Gothard en sus numerosos seminarios y en sus notas no publicadas distribuidas en tales centros de estudios teológicos. Menos extremistas, pero en ocasiones igualmente estereotipados, son algunos puntos de vista procedentes del llamado "movimiento masculino". Un excelente recurso que sí refleja los valores bíblicos es Bill McCartney, et al., *What Makes a Man?* (Colorado Springs: NavPress, 1992).

32. Un tema que impregna también los escritos (e incluso los títulos) de algunos feministas evangélicos o bíblicos, p. ej., Letha Scanzoni y Nancy Hardesty, *All We're Meant*

Entre estos extremos del espectro hay mucho espacio para la diversidad individual. El liderazgo masculino, aun cuando se defina como "autoridad", no tiene ninguna implicación en asuntos como si una mujer debe o no trabajar fuera de casa, quién debe llevar a cabo distintas tareas domésticas, o cuál de los progenitores debe ser el principal cuidador de los niños pequeños. Sí habla mucho, sin embargo, sobre la responsabilidad del marido para conseguir que toda su familia participe de actividades que promuevan su crecimiento espiritual y de que se consiga un armónico acuerdo (¡siempre que sea posible!) sobre las principales decisiones que afectan a todos los miembros del núcleo familiar. Y, naturalmente, las esposas deben también perseguir estos mismos fines, no dejando toda la responsabilidad a sus maridos. Una vez más, los Allen parecen haber captado el correcto equilibrio: "En nuestros días, y sin caer en los excesos de ciertos autores feministas, es bueno subrayar el elemento de igualdad que representa este pasaje. En un contexto que depende de la jerarquía para que el argumento del apóstol funcione, nos impresiona de manera especial su acento sobre la reciprocidad".[33]

En el mismo sentido, muchas iglesias han de entender el imperativo implícito en este pasaje a permitir e incluso a animar a las mujeres a participar en las reuniones de adoración, en especial a través de la oración y la predicación. Muchas mujeres cristianas, con dones pero frustradas, se lamentan de su situación y afirman que no tendrían ningún problema en ponerse el velo, como decía Pablo, ¡si se les permitiera profetizar o predicar!

Por supuesto, cuando entendemos correctamente estos versículos, veremos probablemente que no es necesario que las mujeres de nuestro tiempo lleven velo cuando predican. E incluso iglesias que creen que las mujeres no deben ejercer ciertos oficios de liderazgo deberían, como mínimo, estimularles a que sirvan en el ministerio de bienvenida y acomodación, repartiendo la Santa Cena en la congregación, orando, leyendo la Escritura, dirigiendo el canto congregacional y realizando toda una serie de otros papeles que en estas iglesias se reservan general-

---

to Be: A Biblical Approach to Women's Liberation (Waco: Word, 1970); Patricia Gundry, *Woman Be Free!* (Grand Rapids: Zondervan, 1977). Sin embargo, muchos otros autores que defienden un punto de vista feminista bíblico son más humildes en el tono que emplean (y en el título de sus obras). Dos notables ejemplos son, Hull, *Equal to Serve*; y Mary S. van Leuween, *Gender and Grace* (Downers Grove: InterVarsity Press, 1990).

33. Allen y Allen, *Liberated Traditionalism*, 146.

mente a los hombres, aunque estos no tengan nada que ver con la enseñanza o el ejercicio de la autoridad sobre los hombres (1Ti 2:12).

Por otra parte, contra la reinante feminización de ciertas partes de la
sociedad y la iglesia, es al menos defendible que, para Pablo, la iglesia
debía edificarse conforme a las líneas de la familia y que en ambos contextos el liderazgo masculino debía estar presente. Si las mujeres pueden
y deben predicar, esto no implica necesariamente que puedan o deban
ser nombradas para ejercer el oficio de anciano o pastor principal de una
iglesia (ver los comentarios sobre 14:33–38). O si Pablo tiene exclusivamente en mente a maridos y mujeres, es entonces posible que el apóstol
vea solo problemas si a una mujer casada se le da un oficio de autoridad
en la iglesia que la pone en una posición "por encima de" su marido.[34]

Uno de los modelos ministeriales más persuasivos de nuestro tiempo,
que mantiene un equilibrio entre jerárquicos e igualitarios, es el que
practica John Stott, según el cual el equipo de liderazgo de la iglesia
esta formado por hombres y mujeres que funcionan como iguales, pero
el dirigente es un hombre. No obstante, aun en este caso, su liderazgo se
orienta a capacitar a los demás del equipo para el ministerio más que a
"enseñorearse" de ellos.[35]

Son mucho más comunes, tristemente, los modelos que, o bien prohíben cualquier rol pastoral a las mujeres, o asumen que ellas deben
hacer cualquier cosa que puedan hacer los hombres.[36] El asunto se com-
plica por regla general cuando se comienza el debate con la pregunta:
"¿Puede una mujer ser ordenada?". Sin embargo, esta pregunta solo
puede responderse una vez se ha contestado otra: "ser ordenada ¿para
qué?". Y aun en este caso se trata de una pregunta innecesariamente
digresiva, puesto que, en primer lugar, hay poco apoyo bíblico para un
concepto muy desarrollado de la ordenación.[37] Es mejor preguntarse
qué roles son apropiados para maridos y mujeres en vista del principio
de liderazgo masculino que presenta Pablo.

Un pasaje como 1 Corintios 11:2–16 descubre la necesidad de que
todos los creyentes tengan una comprensión relativamente sofisticada

---

34. Ver nuevamente Ellis, *Pauline Theology*, 71–77.
35. John Stott, *Involvement: Social and Sexual Relationships in the Modern World*, vol. 2 (Old Tappan, N.J.: Fleming Revell, 1985), 248–56.
36. Esto confunde, de nuevo, el don con el oficio (cf. Ef 4:11 con 1Co 12:11). El de pasto- rado es un don que el Espíritu imparte a quien quiere.
37. Ver especialmente E. Margaret Howe, *Women and Church Leadership* (Grand Rapids: Zondervan, 1982).

de los principios de hermenéutica bíblica, para que puedan examinar cuidadosamente el trasfondo histórico y cultural, entender el significado de las palabras clave y de las conexiones gramaticales dentro de un pasaje determinado y armonizar el pasaje en cuestión con el resto de la enseñanza de Pablo sobre el tema. Sin embargo, aun en este caso, ciertos comentaristas que muestran un gran sentido común exegético cuando se trata de otros pasajes hacen a menudo afirmaciones completamente absurdas o irresponsables cuando entran en juego asuntos tan emocionales o cambiantes como este.

Todos necesitamos frecuentes recordatorios sobre el papel que desempeñan las presuposiciones en nuestras interpretaciones y moderar nuestras opiniones con saludables dosis de humildad. En el estudio de un tema como el de los roles del hombre y la mujer, hemos de estudiar todos los pasajes pertinentes y llegar a una posición que haga adecuada justicia a todos los datos bíblicos. En pocas palabras, a veces hemos de estar de acuerdo en que no estamos de acuerdo.

Las posiciones de los feministas bíblicos y de los tradicionalistas moderados están generalmente más cerca en la práctica de lo que puede parecer a juzgar por la retórica de sus desacuerdos teóricos. Hemos de dejar lugar para los otros modelos contando con la posibilidad de que podamos estar equivocados. Pero también hemos de trazar una línea que excluya las formas más estridentes y peligrosas de jerarquización e igualitarismo. Cuando el grueso de los argumentos a favor de una posición jerárquica parecen los mismos que los que se utilizaban para apoyar la esclavitud en los días anteriores a la abolición, hemos de tener cuidado.[38] Cuando la mayor parte de los argumentos para apoyar una posición igualitaria se parecen mucho a los que sirven para refrendar la conducta homosexual, hemos de dar marcha atrás.[39] Pero entre estos dos extremos hay mucho margen para seguir estudiando juntos y en amor los textos relevantes, con la convicción de que ninguno de nosotros ha recibido todavía una iluminación definitiva.

---

38. Ver la valiosa exposición en Willard Swartley, *Slavery, Sabbath, War and Women* (Scottdale, Pa.: Herald, 1983), 198–202.
39. Como sucede con el Evangelical Women's Caucus (Comité Evangélico de la Mujer), cuya mera existencia llevó en parte al retraimiento de los participantes más conservadores y a la fundación Christians for Biblical Equality (Cristianos para la Igualdad Bíblica).

1 Corintios 11:17–34

Al darles las siguientes instrucciones, no puedo elogiarlos, ya que sus reuniones traen más perjuicio que beneficio. [18] En primer lugar, oigo decir que cuando se reúnen como iglesia hay divisiones entre ustedes, y hasta cierto punto lo creo. [19] Sin duda, tiene que haber grupos sectarios entre ustedes, para que se demuestre quiénes cuentan con la aprobación de Dios. [20] De hecho, cuando se reúnen, ya no es para comer la Cena del Señor, [21] porque cada uno se adelanta a comer su propia cena, de manera que unos se quedan con hambre mientras otros se emborrachan. [22] ¿Acaso no tienen casas donde comer y beber? ¿O es que menosprecian a la iglesia de Dios y quieren avergonzar a los que no tienen nada? ¿Qué les diré? ¿Voy a elogiarlos por esto? ¡Claro que no!

[23] Yo recibí del Señor lo mismo que les transmití a ustedes: Que el Señor Jesús, la noche en que fue traicionado, tomó pan, [24] y después de dar gracias, lo partió y dijo: «Este pan es mi cuerpo, que por ustedes entrego; hagan esto en memoria de mí.» [25] De la misma manera, después de cenar, tomó la copa y dijo: «Esta copa es el nuevo pacto en mi sangre; hagan esto, cada vez que beban de ella, en memoria de mí.» [26] Porque cada vez que comen este pan y beben de esta copa, proclaman la muerte del Señor hasta que él venga.

[27] Por lo tanto, cualquiera que coma el pan o beba de la copa del Señor de manera indigna, será culpable de pecar contra el cuerpo y la sangre del Señor. [28] Así que cada uno debe examinarse a sí mismo antes de comer el pan y beber de la copa. [29] Porque el que come y bebe sin discernir el cuerpo, come y bebe su propia condena. [30] Por eso hay entre ustedes muchos débiles y enfermos, e incluso varios han muerto. [31] Si nos examináramos a nosotros mismos, no se nos juzgaría; [32] pero si nos juzga el Señor, nos disciplina para que no seamos condenados con el mundo.

[33] Así que, hermanos míos, cuando se reúnan para comer, espérense unos a otros. [34] Si alguno tiene hambre, que coma en su casa, para que las reuniones de ustedes no resulten dignas de condenación.

Los demás asuntos los arreglaré cuando los visite.

Sentido Original

Por una vez, Pablo abandona su lógica de matizada aquiescencia ("sí, pero"). Aunque no sabemos lo que los corintios le habían dicho a Pablo por carta sobre su fiel celebración de la Cena del Señor (vv. 2, 22c), lo cierto es que Pablo ha oído otras noticias que le horrorizan (v. 18, de los de Cloé u otros). Sus comentarios son muy críticos, y subrayan la severidad de su "negligencia". El versículo 17b dice literalmente: "Porque no se reúnen para lo mejor sino para lo peor". Los versículos 18–22 explican el problema. Los versículos 23–26 apelan a una tradición cristiana fundamental que enseña una actitud bastante distinta hacia la mesa del Señor. Los versículos 27–34 explican las implicaciones resultantes para la iglesia de Corinto.

De nuevo, Pablo se refiere a las "divisiones" (*schismata* en griego, como en 1:10). Sin embargo, en este texto no tiene en mente a las partes rivales que posiblemente separaban varias congregaciones, sino al abismo entre ricos y pobres dentro de una determinada congregación doméstica. Posiblemente, la minoría de los creyentes acomodados (1:26), incluyendo a los principales benefactores económicos y propietarios de las casas en que se reunían los creyentes, tenían el tiempo libre y los recursos necesarios para llegar antes y aportar más y mejor comida que el resto de la congregación. Siguiendo la práctica de las festivas reuniones de la antigua Corinto, estos habrían llenado rápidamente el pequeño comedor privado. Los que llegaban tarde (probablemente la mayoría, que tenían que terminar su trabajo antes de poder asistir a la celebración el sábado o domingo por la noche [en aquel momento, todavía no se había legalizado ningún día libre en el Imperio romano]), se sentaban probablemente en el atrio o patio adyacente. Aquellos que no podían permitirse una comida completa, o muy elaborada, no tenían la oportunidad de compartir con el resto como demandaba la unidad cristiana.[1]

Los clientes de los patrones ricos estaban probablemente habituados a ser tratados de manera desigual. Las congregaciones domésticas se parecían en parte a otras asociaciones religiosas y organizaciones fraternales de Corinto, en las que era especialmente importante conocer el lugar de cada uno dentro de la jerarquía de los ágapes de comunión.[2]

---

1. Quienes deseen más detalles, cf. además Gerd Theissen, *The Social Setting of Pauline Christianity* (Filadelfia: Fortress, 1982), 145–74.
2. Ver especialmente Wayne A. Meeks, *The First Urban Christians* (New Haven: Yale University Press, 1983), 77–80.

"No hay duda de que en la iglesia de Corinto había cristianos acomodados que daban por sentado que tales diferenciaciones formaban parte normal de la vida".[3] Aunque Pablo asume que existe una cierta medida de prejuicios o de exageración en los informes que recibió, entiende que encajan lo suficiente en el resto de los problemas corintios como para ser esencialmente dignos de confianza (v. 18).

Irónicamente, Pablo se lamenta de que, ya que algunos se han desviado tanto del propósito de esta ceremonia, las divisiones pondrán al menos de relieve a aquellos que se han mantenido fieles (v. 19). La palabra que se traduce como "grupos sectarios" es la que más adelante suscitó el concepto de "herejías", pero en este texto solo significa "facciones". La desconsideración de los ricos hacia los menos favorecidos implica que los primeros no están celebrando la Cena del Señor en absoluto, sino "su propia cena". En lugar de poner en común toda la comida y bebida disponible en una especie de "bufé libre" y asegurarse de que se repartía entre todos, algunos se atiborraban y emborrachaban a expensas de quienes llegaban más tarde o disponían de menos recursos.

Judas 12 parece reflejar y tratar un problema parecido y se sirve de la popular expresión "fiestas de amor fraternal" con que los primeros cristianos aludían a estas comidas comunitarias. Estos ágapes culminaban probablemente en la Cena del Señor, basándose en el modelo que Jesús estableció en la última fiesta de la Pascua que celebró con sus discípulos (Mt 26:26–29; Mr 14:22–25; Lc 22:14–20). Pablo no se opone a que los creyentes de buena posición disfrutaran de comidas razonablemente abundantes o bien elaboradas en la privacidad de las familias (v. 22a). Sin embargo, en este contexto eclesial, su inmoderada manera de comer sin tener en cuenta a los hermanos más desafavorecidos es singularmente inapropiada (vv. 22b).

El relato de la Última Cena de Jesús está en marcado contraste con el informe de la conducta corintia. Los versículos 23b–26 siguen muy de cerca a los pasajes de los Sinópticos que antes hemos mencionado, especialmente a la versión de Lucas (Lc 22:17–20). Las palabras "recibir" y "transmitir" del versículo 23 forman parte del lenguaje habitual que se utilizaba en la transmisión de la tradición oral. Cuando Pablo dice, pues, que recibió esta información del Señor, no hemos de pensar en alguna forma de revelación directa. Con esta expresión, el apóstol hace más bien referencia a lo que dijo el Señor Jesús antes de

---

3. Watson, *First Corinthians*, 118.

su muerte, unas palabras recordadas por los discípulos, ampliamente repetidas y puede que hasta memorizadas entre los primeros cristianos (recuérdese el parecido fenómeno de 7:10). Las palabras "traicionado" y "transmitir" que aparecen en este versículo traducen ambas el mismo verbo griego *paradidomi*. Con este deliberado juego de palabras, Pablo evoca el posterior arresto y crucifixión de Jesús, lo cual es una apropiada introducción para reflexionar sobre un rito que conmemora la muerte de Cristo.

El enfoque de estas reflexiones se centra en las llamadas "palabras de institución" de Jesús sobre el significado del pan y el vino (vv. 24–26). Durante la Pascua, los judíos comían panes sin levadura para recordar su apresurada partida de Egipto cuando Dios les rescató de la mano de Faraón (Éx 12). El cabeza de familia iniciaba la comida con una oración y a continuación distribuía los pedazos de la hogaza que había partido (recuérdese 10:17).[4] Este escenario histórico hace que cualquier traducción literal de la afirmación de Jesús como "esto es mi cuerpo" sea incoherente. Ninguno de los que estaban sentados a la mesa con Cristo habría pensado que sus palabras significaban que el pan fuera, de algún modo, una extensión literal de su carne o espíritu. La hogaza partida simbolizaba o representaba más bien su próxima muerte corporal, un sacrificio expiatorio a favor de todo aquel que quisiera aceptar el perdón de los pecados que este obtenía.[5] Cada vez que los corintios tomaban del pan en la Cena del Señor, deberían haber recordado esta muerte y actuado en armonía con el inconmensurable y abnegado sacrificio de Cristo y la gracia que se les impartía. Sería, probablemente, mejor traducir la última línea del versículo 24 (y el v. 25) como "Hagan esto en mi memoria".[6]

Es posible que la que se bebía tras la cena fuera la tercera copa de vino de una serie de cuatro que se consumía durante la comida pascual, una vez más con implicaciones redentoras. Este era el momento de la

---

4. Por ello, varios manuscritos antiguos consignan: "Este es mi cuerpo, que es partido por vosotros", una lectura popularizada por la KJV (y la RV). Sin embargo, no hay suficiente evidencia textual para creer que esta sea probablemente la lectura original.

5. Cf. Morris, *First Corinthians*, 158, quien observa otras tres razones para esta interpretación: (1) el término "este" es neutro, mientras que "pan" es masculino, por lo tanto, el primero no puede modificar al último, sino que ha de aludir más bien a toda la acción de bendecir, partir y distribuir el pan; (2) Es evidente que el verbo "es" en 10:4 significa algo parecido a "representa" (y en el arameo en que Jesús hablaba, habría estado completamente ausente de la oración gramatical); (3) a la "copa" se la equipara con el nuevo pacto, no directamente con la sangre.

6. Fritz Chenderlin, "Do This As My Memorial" (Rome: BIP, 1982).

ceremonia en que se leían las palabras de Éxodo 6:6: "Yo les redimiré". No es posible que la bebida que contenía la copa fuera sin fermentar, puesto que quienes bebían más de la cuenta se emborrachaban (v. 21). La razón por la que tanto Pablo como los autores de los Evangelios se refieren a la "copa" en lugar de utilizar la palabra vino es que, de este modo, la expresión evocaría la frase veterotestamentaria que hacía referencia a sufrir la "copa" de la ira de Dios (p. ej., Sal 75:8; Is 51:17). La sangre derramada de Cristo demostraba que él aceptaba la ira que nosotros merecíamos y por ello hacía posible la paz con Dios. Al hacer esto inauguraba el nuevo pacto que había sido profetizado (ver esp. Jer 31:31–34). La expresión del versículo 25, "cada vez que beban de ella", puede indicar el hecho de que no en todas las comidas se tomaba vino, o que el pan y el vino han de formar el centro de la Cena del Señor siempre que esta se celebra. El mensaje que esta ceremonia comunica sobre el sentido de la muerte de Cristo debe proclamarse a lo largo de la historia de la iglesia. Únicamente cuando el Señor regrese (v. 26) será redundante un cristianismo centrado en la cruz, un hecho que los corintios todavía no habían aprendido (recordar los comentarios de 1:18–2:5).

En los versículos 27–34, Pablo extrae las implicaciones de su apelación a la tradición. El abnegado y sacrificado amor de Jesús por ellos hace que su conducta (descrita en el versículo 21) sea mucho más vergonzosa. La expresión "de manera indigna", del versículo 27a, traduce el adverbio griego *anaxios* ("indignamente"). Pablo no utiliza el adjetivo "indigna" que habría aludido al carácter de la persona, sino que pone de relieve la naturaleza de sus acciones. Así, su "advertencia no era para quienes vivían vidas indignas y anhelaban ser perdonados, sino para aquellos que, con su comportamiento en la comida, hacían escarnio de aquello que debería haber sido tenido por más sagrado y solemne".[7] La expresión del versículo 27b "el cuerpo y la sangre del Señor" alude de nuevo a la crucifixión de Jesús y su significado. En lugar de comer y beber sin tener en cuenta a los demás, los corintios deberían compartir sus alimentos y participar de ellos con moderación. La palabra "examinarse" (v. 28) significa "probarse y considerarse aprobado". Si su conducta hacia sus hermanos es apropiada, está entonces en condiciones de participar.

---

7. I. Howard Marshall, *Last Supper and Lord's Supper* (Grand Rapids: Eerdmans, 1980), 116. El libro de Marshall contiene en líneas generales el mejor resumen del trasfondo histórico de la Cena del Señor, la exégesis de los textos bíblicos relacionados y sugerencias para una aplicación contemporánea.

El versículo 29 (comer y beber "sin discernir el cuerpo"[8]) parece reflejar el mismo problema que se describe en el versículo 27 (comer indignamente), que a su vez hacía referencia al versículo 21 (comer y beber de un modo desordenado). De modo que, cuando el apóstol habla del "cuerpo" en el versículo 29, alude probablemente al cuerpo colectivo de Cristo, la iglesia, especialmente si tenemos en cuenta que Pablo no menciona el cuerpo y la sangre como en el versículo 26.[9] Aquellos que comen y beben haciendo caso omiso de las necesidades físicas de las demás personas de su propia congregación incurren en el castigo de Dios. Como alternativa, el término "cuerpo" en este versículo puede ser una referencia abreviada al "cuerpo y la sangre" (v. 27) y aludir de nuevo a la muerte expiatoria de Cristo. En ninguno de los dos casos, sin embargo, existe algún apoyo contextual para interpretar "discernir el cuerpo" en el sentido de "discernir que Cristo está, realmente, presente en el pan o en el vino".

El versículo 30 desarrolla las implicaciones de que Dios castigue a los corintios por profanar su Santa Mesa. Las palabras "débiles" y "enfermos" son dos términos relativamente sinónimos que aluden a dolencias de orden físico. El verbo "dormir" era un eufemismo corriente para referirse a la muerte. En el último caso, viene a la mente el trágico final de Ananías y Safira en Hechos 5:1–11. Para evitar este tipo de tragedias hemos de supervisar nuestra conducta (v. 31). Pablo concluye con una nota relativamente optimista recordando a sus lectores que aquellos que han muerto por sus acciones no están por ello condenados (en contra de la traducción original de la King James que vierte le término "juicio" en el versículo 29 como "condenación"). Dios disciplina a quienes ama (cf. Heb 12:5–11) para protegerles evitando que se causen más daño a sí mismos o a los demás (v. 32).

Los versículos 33–34 ponen fin a este capítulo declarando de nuevo y resumiendo la solución de Pablo a la profana conducta de los corintios durante la comunión. La palabra "esperar" (v. 33) puede traducirse también "acoger". Quienes tienen mucha hambre han de saciarse en

---

8. Algunos importantes manuscritos antiguos omiten la expresión "del Señor". Es posible que estas palabras sean la posterior añadidura de un copista para clarificar el significado del "cuerpo".

9. Cf. Talbert, *Corinthians*, 79: "No discernir el cuerpo solo puede significar la incapacidad de percibir la unidad cristiana arraigada en el sacrificio de Cristo y hecha realidad en la sagrada comida (1Co 10:16–17; cf. *Didajé* 14.2: 'Que nadie que tenga una disputa con su compañero participe en vuestra reunión hasta que se reconcilien, para que vuestro sacrificio no sea contaminado')".

privado (v. 34a), para que la esencia del ágape cristiano sea compartir los unos con los otros más que satisfacer las propias necesidades. Estas son las instrucciones básicas de Pablo; las demás cuestiones pueden esperar hasta que él llegue personalmente a Corinto (v. 34b).

Construyendo Puentes La Cena del Señor, creada precisamente para promover la unidad cristiana, no solo dividía a los corintios, sino que ha dividido también a los creyentes desde entonces. En el seno del catolicismo romano antiguo y medieval se desarrollaron las elaboradas doctrinas de la transubstanciación (el pan y el vino se convierten de manera literal pero invisible en el cuerpo y la sangre de Cristo) y el sacrificio incompleto (la eucaristía o misa completa la obra expiatoria que Cristo dejó incompleta), que iban mucho más allá de lo que decía la Escritura y contradecían incluso su enseñanza explícita. Aunque los reformadores protestantes rompieron decididamente con muchas prácticas católicas, las tradiciones luteranas y anglicanas permanecieron en una linea similar con respecto a la comunión. La doctrina de la consubstanciación de Lutero entendía que el cuerpo y la sangre de Cristo estaban "realmente presentes en, con y bajo el vino". Zwinglio y los llamados reformadores radicales movieron el péndulo hasta el otro extremo, sin ver en la Cena del Señor otra cosa que su aspecto conmemorativo. Es posible que el calvinismo y el metodismo sean las tradiciones que han captado la enseñanza de manera más equilibrada, percibiendo en la Santa Cena una especial presencia espiritual evocada por el poderoso simbolismo de los elementos, pero los teólogos de estas posiciones también han llevado a menudo el debate mucho más allá del terreno que cubren las Escrituras.[10]

No obstante, las cuestiones polémicas trascienden con mucho la relación del pan y el vino con el cuerpo y la sangre de Cristo y la extensión de la expiación, aunque estos han sido sin duda los asuntos más cruciales. Casi todas las denominaciones tienen sus propias tradiciones características para celebrar este ritual: qué tipo de liturgia hay que utilizar para acompañarlo, quiénes pueden participar de ella, quiénes pueden distribuir los elementos, qué tipo de comida y bebida son los adecua-

---

10. Hay una breve historia de las distintas corrientes de pensamiento sobre la Cena del Señor en la tradición cristiana en Donald Bridge y David Phypers, *Communion: The Meal That Unites?* (Wheaton: Harold Shaw, 1983); y Gary Macy, *The Banquet's Wisdom: A Short History of the Theologies of the Lord's Supper* (Nueva York: Paulist, 1992).

dos, etcétera. A menudo, las amenazas de juicio formuladas por Pablo se han dirigido sobre cualquiera que discrepe de las singulares tradiciones de la propia denominación. Al hacer esto, muchos cristianos han pasado completamente por alto el verdadero significado de estas amenazas, que, como ya hemos visto, se dirigen contra aquellos que no aman adecuadamente a sus hermanos o hermanas y no proveen para sus necesidades físicas o materiales.

Aun cuando las palabras de Pablo sean suplementadas con los relatos de los Evangelios, hay muy poco apoyo en la Escritura para insistir en que la Cena del Señor debe celebrarse de una forma específica. No hay texto alguno que limite a quienes pueden oficiar el rito o distribuir el pan y el vino. No hay ningún pasaje que disponga lo que hay que decir expresamente. Las acciones de gracias son apropiadas, pero esto es algo muy distinto de la "bendición" formal de los elementos que se ha conservado en ciertas tradiciones eclesiales. No se establece tampoco una frecuencia específica para su celebración, aunque las alusiones al "partimiento del pan" en Hechos 2:42 y 20:7 podrían sugerir que al principio los cristianos participaban de la Cena del Señor a diario y más adelante pasaron a hacerlo cada semana. Hechos 2:42 sugiere también que era uno de los cuatro elementos fundamentales de la antigua adoración cristiana, junto con la oración, la comunión y la instrucción. No hay pues nada malo en hacer que la comunión forme parte de todas las reuniones de adoración, aunque hay un elemento positivo en reservarla para ciertas ocasiones anunciadas, lo cual ayuda a evitar el peligro de que esta —diseñada para ser especial— pueda convertirse en mera rutina. Por otra parte, aquellas iglesias que celebran la Eucaristía solo trimestralmente o dos veces al año, y con frecuencia lo hacen muy discretamente, corren el riesgo de minimizar tanto su papel que se pase por alto su importancia esencial para la adoración.

En 1 Corintios 5:8 ha dejado ya claro que los cristianos se guardan de la levadura, no de manera literal, sino espiritualmente, purificando sus vidas de toda clase de mal. No hay, pues, necesidad de insistir en que el pan de la comunión sea sin levadura, aunque haciéndolo de este modo puede intensificarse la conexión con la comida pascual de los judíos. Por ello, algunas iglesias utilizan obleas, otras, galletas y otras, pan completamente leudado. Todas ellas son aceptables. No obstante, en la mayoría de las culturas, la hogaza de pan aporta un poderoso simbolismo sobre la unidad que este rito pretende expresar, y hay buenas razones para preservar este símbolo específico. En aquellos lugares en que, por cuestiones de salud, los participantes no se pasan una hogaza de pan y parten cada uno un pedazo, esperarse para comerlo al mismo tiempo, acompañándose quizá de alguna expresión externa de amistad con aquellos que están cerca, puede ser un sustituto adecuado.

No hay ninguna razón teológica para que el "vino" sea fermentado. Este puede sustituirse por zumos de uva u otras bebidas rojas que preserven el simbolismo de la sangre de Cristo. De nuevo, lo deseable es utilizar una copa común, quizá con un paño para limpiar la parte por donde se bebe tras cada uso, pero beber de manera simultánea en vasitos individuales resulta más higiénico. No hay tampoco ninguna razón por la que no puedan usarse pequeños vasos de vino; nadie va a emborracharse por beber un pequeño sorbo de vino. Sin embargo, por amor a quienes son abstemios, lo ideal sería utilizar bandejas con dos secciones distintas y bien diferenciadas de vasitos, unos con vino y otros con zumo de uva. Cada celebrante puede, en este caso, escoger la más conveniente para él.

¿Puede utilizarse otro tipo de comida o bebida? Si parte del propósito, tanto de la Pascua como de la última cena, fue utilizar aquellos elementos que mejor simbolizaban el sustento diario y la bebida corriente en el mundo antiguo, quizá la respuesta es sí. En algunas culturas, el alimento y la bebida básicos pueden ser otros como, por ejemplo, el arroz o el té.[11] Sin embargo, cuanto más nos alejamos de un alimento que pueda partirse, como el pan, o que sea rojo, como el vino, menos se conserva el simbolismo original. Preguntarnos cuánto podemos alejarnos del uso literal del pan y el vino será posiblemente plantearnos las cosas al revés, cuando parece que la pregunta debería ser: ¿qué podemos hacer para preservar al máximo lo que hacían los primeros cristianos, sin que ello implique un coste exorbitante y sin que preservar la forma original nos lleve a perder el verdadero significado?

La práctica de la Cena del Señor en el marco de una comida fraternal desapareció en una etapa temprana de la historia de la iglesia. Como ya hemos dicho, no hay ningún mandamiento de hacerlo de este modo, sin embargo, ha habido reiteradas controversias para reinstaurar esta práctica.[12] En la mayoría de las culturas, las comidas conjuntas representan una importante experiencia de comunión íntima entre las personas,

---

11. Cf. la similar exposición en Eugene E. Uzukwu, "Food and Drink in Africa, and the Christian Eucharist", *African Ecclesial Review* 22 (1980): 370–85, quien propone mijo y maringa (vino de palma) como los elementos para una subcultura africana específica.

12. Ver especialmente J. Timothy Coyle, "The Agape/Eucharist Relationship in 1 Corinthians 11", *GTJ* 6 (1985): 411–24.

aunque no siempre en la misma medida que en las sociedades bíblicas. Cuando en las comunidades cristianas hay personas necesitadas, servir comidas puede ser una oportunidad de compartir con los menos afortunados una cantidad y calidad de alimentos a los que no siempre tienen acceso. Algunas iglesias programan comidas semanales para todos los miembros aparte de la Cena del Señor, que se hacen más significativas cuando ambas se combinan.

En el contexto de la mesa del Señor es también apropiado recoger ofrendas para los pobres. Las palabras de Pablo en los versículos 22 y 34 le distancian tanto del ideal socialista como del capitalista. Por una parte, el apóstol no condena a los ricos por disfrutar más beneficios materiales en privado, pero, por otra, establece límites para la conducta cristiana pública que no deja espacio para los excesos y la indulgencia a expensas de los necesitados.

La Eucaristía debería ser un tiempo de autoexamen, no tanto en vista de los pecados pasados (aunque es siempre apropiado arrepentirse de ellos), sino pensando, más bien, en sus actitudes presentes hacia quienes tienen más necesidad que ellos. Esto daría lugar a un grupo de personas radicalmente distinto de quienes deben abstenerse de participar en la Cena del Señor. Todos los pecadores arrepentidos son bienvenidos, por lejos de Dios que se hayan sentido. Todos aquellos que profesan ser creyentes y no están dispuestos a dar con generosidad de lo que tienen para ayudar a los pobres que hay entre ellos, o que tratan a las personas de las clases inferiores como ciudadanos de segunda, o que simplemente no se han reconciliado con otros hermanos que se sientan también a la mesa del Señor, deben abstenerse. Las palabras de Jesús en relación con una situación en cierto modo semejante siguen siendo sorprendentemente relevantes también aquí: "Por lo tanto, si estás presentando tu ofrenda en el altar y allí recuerdas que tu hermano tiene algo contra ti, deja tu ofrenda allí delante del altar. Ve primero y reconcíliate con tu hermano; luego vuelve y presenta tu ofrenda" (Mt 5:23–24). Es especialmente importante que, aunque en la preparación para participar de la Santa Cena haya una cierta medida de introspección individual, esta no deje sin efecto el simbolismo dominante de la unidad.

Cualquiera de las interpretaciones del versículo 29 que hemos presentado apoya que solo participen en la Cena del Señor aquellos que son verdaderos creyentes. Quienes participan de ella han de discernir "el cuerpo del Señor", una expresión que alude, o bien a la iglesia, o a su muerte expiatoria. Las personas que no creen, por definición, no aceptan el significado bíblico de la muerte de Cristo ni se preocupan adecuadamente de su pueblo.

Por otra parte, las palabras de Pablo no contienen ninguna restricción que limite la celebración a los miembros de una iglesia local, denominación o tradición teológica. Los niños que tengan edad suficiente para profesar la fe deberían ser recibidos a la mesa del Señor, para que no se sientan excluidos de la comunión. No hay ningún texto bíblico que sugiera una conexión entre el bautismo y la comunión y que justifique, por tanto, impedir que los creyentes no bautizados participen de ella. No hay tampoco ninguna sugerencia de que las personas tengan necesariamente que someterse a la catequesis o confirmación, aunque es, obviamente, importante ser instruido acerca del significado del ritual, ya sea de manera formal o informal. Puede también impartirse una bendición a los niños que son demasiado pequeños para participar, imponiéndoles quizá las manos, igual que hacía Jesús (Mt 19:13–15). Esto haría que se sintieran aceptados, preservando al mismo tiempo la integridad de la Santa Cena.

El versículo 18 no puede aplicarse como fundamento para dividir la iglesia de manera deliberada. La intención de Pablo en el contexto más amplio es llamar a quienes se estaban conduciendo de manera pecaminosa a cambiar su conducta y restaurar la comunión unos con otros. Sin embargo, puede que en ocasiones las palabras de Pablo ayuden a explicar teológicamente lo que ha sucedido después de que un grupo haya salido de una iglesia. Sin embargo, las iglesias se dividen frecuentemente, no porque un grupo esté preservando la sana doctrina o práctica y el otro no. Normalmente, como sucedía con las divisiones corintias del capítulo 1, el ímpetu principal para tales discordias procede de cuestiones periféricas y de choques entre personalidades fuertes.

Los versículos 24–26 sugieren una teología de la Cena del Señor que equilibra el pasado y el futuro. Los debates sobre cuál de estos aspectos es más importante resultan inútiles, puesto que ambos son cruciales. Commemoramos la crucifixión, evocando la última cena de Cristo al tiempo que anticipamos su regreso, mirando expectantes hacia el banquete mesiánico que tenemos por delante (cf. Is 25:6–9; 65:13–14; Mt 22:1–14; Ap 19). Mientras tanto, hemos de disfrutar de nuestra actual comunión el uno con el otro y con el Señor resucitado (ver comentarios sobre 10:16–17) y esforzarnos por incorporar cada vez a un mayor número de personas a esta comunión mediante la función evangelizadora de la mesa del Señor. El versículo 26b hace que sea muy apropiado acompañar la comunión con un manifiesto mensaje explicativo y evangelizador. Pero esta proclamación no tiene por qué verbalizarse siempre. El lenguaje de Pablo sugiere que este rito es, de por sí, una proclamación de "la muerte del Señor".[13]

La amenaza del juicio de Dios como respuesta a una conducta desconsiderada entre su pueblo es algo insólito incluso dentro del Nuevo Testamento y rara vez se reconoce como una opción cuando la enfermedad y la muerte llegan a la iglesia. Es posible que si nos abriéramos más a la posibilidad del sufrimiento personal o colectivo como respuesta de Dios a la falta de amor cristiano viéramos esta conexión con más frecuencia. Pero Dios nos trata con gracia y, normalmente, no responde de un modo vengativo.

La pregunta que se plantean la mayoría de los creyentes de todos los tiempos es: "¿Por qué trata Dios a su pueblo tan duramente, aunque sea solo de vez en cuando?". La respuesta de Pablo en el versículo 32 es que, en este contexto, los creyentes corintios están siendo disciplinados. Pero la pregunta en sí no está bien planteada. Todas las personas merecen ser disciplinadas por sus pecados. Lo que los cristianos debemos preguntarnos es más bien: "¿Por qué no nos castiga Dios de manera más directa y con más frecuencia?". Desde este punto de vista, la gracia de Dios —su inmerecido favor derramado abundantemente sobre su pueblo— es en gran manera ensalzada.

Michael Green da un excelente resumen de seis puntos sobre la teología de la Cena del Señor que Pablo presenta en los versículos 17–34. La Cena del Señor: mira hacia atrás (a la muerte de Cristo), hacia adentro (en un autoexamen), hacia arriba (comunión con Dios), alrededor (comunión del uno con el otro), hacia adelante (al regreso de Cristo) y hacia afuera (para proclamar la Palabra de Dios a otras personas).[14]

Significado Contemporáneo

Una de las ironías del moderno movimiento ecuménico es que muchas denominaciones o ramas de la iglesia han estado dispuestas a abandonar doctrinas fundamentales de la fe (la deidad de Cristo, la creencia en los milagros bíblicos, la veracidad histórica de la Escritura, etcétera) para conseguir una cierta unidad en torno al libera-

---

13. Ver especialmente Beverly R. Gaventa, "'You Proclaim the Lord's Death': 1 Corinthians 11:26 and Paul's Understanding of Worship", *RevExp* 80 (1983): 377–87.
14. Green, *Corinth*, 46–49.

lismo teológico, al tiempo que no han querido ponerse de acuerdo sobre cuestiones que emanan de ciertas tradiciones puramente humanas que les dividen. Una de estas cuestiones que les separan es el significado de la Cena del Señor y el modo de celebrarla. El documento ecuménico más importante sobre este tema que se ha redactado en los últimos años observa que todavía hay que encontrar áreas de acuerdo sobre los asuntos de la Eucaristía como sacrificio, la verdadera presencia de Cristo en los elementos, la *epiklesis* (invocación de la presencia del Señor), la relación entre comunión y bautismo y si los elementos pueden o no cambiarse.[15] ¡Sin embargo, ninguna de estas cuestiones se trata de manera manifiesta en la Escritura!

En otros ámbitos se ha avanzado de manera significativa. Hoy, se invita ocasionalmente a los protestantes a participar en celebraciones católicas u ortodoxas, especialmente en Occidente. Y las reinterpretaciones teológicas de algunos teólogos de estas iglesias han hecho posible que los protestantes participen, en ocasiones, con buena conciencia. La mayoría de los evangélicos invitan a todos los cristianos "nacidos de nuevo" a participar sea cual sea su denominación. Tanto en las iglesias conservadoras como en las liberales, hay una creciente conciencia de que los ministros ordenados no son los únicos que pueden presidir la Cena del Señor. Algunas tradiciones teológicas están cada vez más dispuestas a dejar sin precisar la naturaleza de la presencia de Cristo en la Santa Cena,[16] o a expresarla simplemente por analogía.[17] Pero, tristemente, sigue habiendo muchas excepciones a todas estas tendencias.

Siguen produciéndose encendidos debates sobre si la Cena del Señor debe considerarse como una ordenanza o como un sacramento. Los sacramentalistas han sugerido históricamente la noción ajena a la Biblia de un "medio de gracia" casi mecánico. Quienes abogan por la primera opción parecen limitar el sentido de este a un mero acto de obediencia a Cristo. Nuestra cultura es una de las pocas de la historia de la humanidad que ha perdido el respeto por el inmenso valor de la tradición, los

---

15. *Baptism, Eucharist and Ministry*, Faith and Order Paper #111 (Ginebra: Consejo Mundial de iglesias, 1982), pp. 10–17 de la edición en inglés.
16. Cf. Robertson y Plummer, *First Corinthians*, 245: "Felizmente, no es necesaria ninguna teoría sobre la manera en que Cristo se hace presente en la Eucaristía para que pueda participarse provechosamente de ella".
17. Cf. esp. Marshall, *Supper*, 152, quien observa que Cristo está siempre presente entre su pueblo, pero lo está de un modo especial en la comunión, igual que los padres aman siempre a sus hijos pero en ocasiones les toman en brazos y les dan un abrazo especial.

ritos, simbolismos y representaciones religiosas. No es de extrañar que las iglesias evangélicas litúrgicas resulten muy atractivas para muchos de quienes están cada vez más frustrados por esta pérdida. Algunos evangélicos que no consiguen encontrar este tipo de iglesias dentro de sus propias tradiciones se han vuelto cada vez más hacia el anglicanismo, el catolicismo o incluso la ortodoxia griega para recuperar estos acentos litúrgicos. Lo que necesitamos es encontrar un equilibrio entre liturgia y espontaneidad en la Eucaristía y en la adoración en general; lo necesitamos igualmente para conseguir una planeada semejanza que subraye nuestra conexión con el pasado y oportunidades para que la creatividad aporte frescura y significado a las reuniones de las distintas subculturas que viven dentro de nuestra sociedad. Asimismo, hemos de evitar el error de las iglesias muy formales, que limitan la gracia de Dios a las ceremonias llevadas a cabo según patrones debidamente autorizados, y el de las congregaciones muy informales que miden la gracia de Dios por el exotismo de sus experiencias.[18] Las primeras parecen hoy acentuarse en contextos católicos, episcopales y luteranos muy conservadores o tradicionales, mientras que el segundo tipo se da más en los círculos carismáticos. Pero en una u otra medida, ambos problemas suelen aparecer tarde o temprano en todas las tradiciones.

Por lo que respecta a los acentos temporales de la Cena del Señor, la iglesia de nuestro tiempo parece, en general, subrayar el aspecto pasado de la cruz, y descuidar más el futuro, a saber, nuestra anticipación del banquete celestial. En algún lugar intermedio se sitúa nuestra actual comunión con Dios y con los demás. La celebración de la Cena del Señor en casas y congregaciones domésticas podría mejorar este último aspecto de la comunión fraternal y esta forma de celebración va en aumento, especialmente en círculos carismáticos. Otras iglesias sientan a los celebrantes en pequeños grupos alrededor de numerosas mesas en una misma sala, lo cual también ha demostrado ser provechoso. Este formato puede combinarse fácilmente con una cena o comida informal, lo cual da oportunidad tanto para la conversación informal como para los aspectos más formales de la celebración. Las conmemoraciones cristianas de la Pascua, en especial cuando se celebran en congregaciones judías mesiánicas, pueden resultar especialmente significativas para mejorar la apreciación del marco original de la Cena del Señor.[19]

---

18. Bridge y Phypers, *Meal*, 181.
19. Roger Lovette, *Come to Worship* (Nashville: Broadman, 1990), 128–41 presenta modestas sugerencias para asegurar variedad y creatividad en la celebración de la Cena del Señor.

Muchas iglesias de nuestro tiempo incorporan a la celebración una ofrenda para un fondo de diaconía reservado para los necesitados dentro de la congregación. Este acento podría ser subrayado considerablemente sin caer en el peligro de una "obediencia extremista". Los mensajes que acompañan a la Eucaristía, y que tienden a ser innecesariamente repetitivos en su contenido, podrían subrayar la desesperada situación de los cristianos pobres por todo el mundo y la necesidad de que los cristianos occidentales sean, en general, mucho más generosos en la ofrenda de su dinero y otras ayudas para auxilio de los marginados tanto del propio país como del extranjero.

Una de las formas de expresar esta preocupación dentro de la propia celebración es pedir deliberadamente a mujeres (y personas representativas de otras minorías) que oren y distribuyan los elementos. Ni siquiera las interpretaciones más conservadoras de los pasajes problemáticos de la Biblia sobre las mujeres pueden descartar lógicamente que desempeñen este papel. Es también deseable la utilización de símbolos culturalmente apropiados de la comunión cristiana, como besos de paz, cálidos abrazos o apretones de manos y otras muestras semejantes de afecto.

Las advertencias de Pablo sobre profanar la Cena del Señor e incurrir en el juicio de Dios se aplican sistemáticamente a todo tipo de situaciones erróneas. La enseñanza que suele darse al respecto hace pensar a las personas que han de abstenerse de participar de la Santa Cena si no se han sentido cerca de Dios recientemente, o si han sido especialmente desobedientes, o si no han logrado alcanzar cierto nivel de madurez cristiana, por más que estén dispuestos a arrepentirse o a crecer. Los pastores deberían, más bien, advertir a sus congregaciones de la conveniencia de abstenerse si no están dispuestos a ser generosos en la ayuda a los pobres que hay entre ellos, o si no se han reconciliado con un hermano tras una disputa o contienda.

Aquellas iglesias que limitan la comunión a quienes se han bautizado o confirmado, deberían cambiar el acento y recibir a aquellos que tienen verdaderamente a Cristo como Señor y Salvador. La analogía más cercana al problema corintio es, por supuesto, la que presentan aquellos creyentes con actitudes divisorias; estos son los menos aptos para participar de la mesa del Señor. Irónicamente, estas son las personas que, cuando se niegan a cambiar su conducta, deberían ser objeto de excomunión (Tit 3:10). No obstante, en muchas congregaciones de nuestro tiempo, los más facciosos son también personas influyentes que, en lugar de ser debidamente disciplinados, intimidan o despiden a los miembros disconformes.[20]

Normalmente, la conexión entre pecado y enfermedad o muerte suele ignorarse, excepto en ciertos círculos carismáticos donde tal relación puede muchas veces subrayarse en exceso. Pablo sabe bien que el sufrimiento no es con frecuencia fruto del propio pecado (2Co 4:7–12; 6:4–10; 12:7–10). Pero las iglesias no carismáticas de nuestro tiempo, en general, harían bien en considerar que a veces tales vínculos pueden estar presentes. La debilidad y la enfermedad pueden ser "parte de la sabia y amorosa disciplina de un Padre perfecto: dolorosa, pero productiva".[21]

La visión que Pablo tiene de una iglesia unida que supera todas las divisiones sociológicas cuestiona también lo lícito de ciertos planteamientos del iglecrecimiento que subrayan excesivamente el valor de la agrupación homogénea. No hay duda de que los corintios estaban preservando este tipo de agrupación durante la Cena del Señor, ¡y esto es precisamente lo que Pablo condena! Hoy no nos limitamos a separar el lugar en que se sientan las personas de distintos grupos socioeconómicos y formamos congregaciones completamente distintas según criterios étnicos, lingüísticos o geográficos. No es de extrañar que en la adoración sea difícil expresar una comunión real entre ricos y pobres. Las congregaciones urbanas tienden a tener pocos ricos capaces de compartir muchos recursos materiales, mientras que las de los barrios residenciales tienden a tener pocos pobres con quienes los ricos puedan compartir. Ambos modelos son una afrenta a Cristo.

Un escritor católico contemporáneo observa que tanto en la Escritura como en la iglesia primitiva, la Eucaristía era a menudo un tiempo de preparación para volver a un mundo cruel y acosador durante la semana.[22] También nosotros vivimos en un mundo donde la justicia social y los derechos humanos básicos se niegan cada vez a un número

---

20. Cf. Otfried Hofius, "The Lord's Supper and the Lord's Supper Tradition: Reflections on 1 Corinthians 11:23b–25", en *One Loaf, One Cup: Ecumenical Studies of 1 Corinthians 11 and Other Eucharistic Texts*, ed. Ben F. Meyer (Macon, Ga.: Mercer, 1993), 113–14: "La desconsideración, la indiferencia y la falta de amor hacia el 'hermano por el que Cristo murió' no son, pues, otra cosa que una negación de la ὑπὲρ ὑμῶν [por ustedes] … quien actúa de esta manera deja claro que no sabe o no entiende lo que significan estos actos".

21. Prior, *1 Corinthians*, 190.

22. Xavier León-Dufour, *Sharing the Eucharistic Bread: The Witness of the New Testament* (Nueva York: Paulist, 1987), 301.

mayor de personas. En este punto, las palabras de la comisión ecuménica a que antes hemos hecho referencia resultan muy pertinentes:

> La celebración eucarística presupone la reconciliación y la participación con todos, mirados como hermanos y hermanas de la única familia de Dios; viene a ser un reto constante en la búsqueda de relaciones normales en el seno de la vida social, económica y política [...] Todas las formas de injusticia, racismo, separación y carencia de libertad aparecen como reto radical cuando compartimos el cuerpo y sangre de Cristo [...] Como partícipes de la eucaristía, pues, nos mostramos inconsecuentes si no participamos activamente en esa continua restauración de la situación del mundo y de la condición humana [...] y en fin debido a la obstinación en unas oposiciones confesionales injustificables en el seno del Cuerpo de Cristo.[23]

---

23. *Bautismo, Eucaristía, Ministerio*, párrafo 20 del cap. "Eucaristía".

1 Corintios 12:1–31a

En cuanto a los dones espirituales, hermanos, quiero que entiendan bien este asunto. ² Ustedes saben que cuando eran paganos se dejaban arrastrar hacia los ídolos mudos. ³ Por eso les advierto que nadie que esté hablando por el Espíritu de Dios puede maldecir a Jesús; ni nadie puede decir: «Jesús es el Señor» sino por el Espíritu Santo.

⁴ Ahora bien, hay diversos dones, pero un mismo Espíritu. ⁵ Hay diversas maneras de servir, pero un mismo Señor. ⁶ Hay diversas funciones, pero es un mismo Dios el que hace todas las cosas en todos.

⁷ A cada uno se le da una manifestación especial del Espíritu para el bien de los demás. ⁸ A unos Dios les da por el Espíritu palabra de sabiduría; a otros, por el mismo Espíritu, palabra de conocimiento; ⁹ a otros, fe por medio del mismo Espíritu; a otros, y por ese mismo Espíritu, dones para sanar enfermos; ¹⁰ a otros, poderes milagrosos; a otros, profecía; a otros, el discernir espíritus; a otros, el hablar en diversas lenguas; y a otros, el interpretar lenguas. ¹¹ Todo esto lo hace un mismo y único Espíritu, quien reparte a cada uno según él lo determina.

¹² De hecho, aunque el cuerpo es uno solo, tiene muchos miembros, y todos los miembros, no obstante ser muchos, forman un solo cuerpo. Así sucede con Cristo. ¹³ Todos fuimos bautizados por un solo Espíritu para constituir un solo cuerpo —ya seamos judíos o gentiles, esclavos o libres—, y a todos se nos dio a beber de un mismo Espíritu.

¹⁴ Ahora bien, el cuerpo no consta de un solo miembro sino de muchos. ¹⁵ Si el pie dijera: «Como no soy mano, no soy del cuerpo», no por eso dejaría de ser parte del cuerpo. ¹⁶ Y si la oreja dijera: «Como no soy ojo, no soy del cuerpo», no por eso dejaría de ser parte del cuerpo. ¹⁷ Si todo el cuerpo fuera ojo, ¿qué sería del oído? Si todo el cuerpo fuera oído, ¿qué sería del olfato? ¹⁸ En realidad, Dios colocó cada miembro del cuerpo como mejor le pareció. ¹⁹ Si todos ellos fueran un solo miembro, ¿qué sería del cuerpo? ²⁰ Lo cierto es que hay muchos miembros, pero el cuerpo es uno solo.

²¹ **El ojo no puede decirle a la mano: «No te necesito.» Ni puede la cabeza decirles a los pies: «No los necesito.»** ²² **Al contrario, los miembros del cuerpo que parecen más débiles son indispensables,** ²³ **y a los que nos parecen menos honrosos los tratamos con honra especial. Y se les trata con especial modestia a los miembros que nos parecen menos presentables,** ²⁴ **mientras que los más presentables no requieren trato especial. Así Dios ha dispuesto los miembros de nuestro cuerpo, dando mayor honra a los que menos tenían,** ²⁵ **a fin de que no haya división en el cuerpo, sino que sus miembros se preocupen por igual unos por otros.** ²⁶ **Si uno de los miembros sufre, los demás comparten su sufrimiento; y si uno de ellos recibe honor, los demás se alegran con él.**

²⁷ **Ahora bien, ustedes son el cuerpo de Cristo, y cada uno es miembro de ese cuerpo.** ²⁸ **En la iglesia Dios ha puesto, en primer lugar, apóstoles; en segundo lugar, profetas; en tercer lugar, maestros; luego los que hacen milagros; después los que tienen dones para sanar enfermos, los que ayudan a otros, los que administran y los que hablan en diversas lenguas.** ²⁹ **¿Son todos apóstoles? ¿Son todos profetas? ¿Son todos maestros? ¿Hacen todos milagros?** ³⁰ **¿Tienen todos dones para sanar enfermos? ¿Hablan todos en lenguas? ¿Acaso interpretan todos?** ³¹ **Ustedes, por su parte, ambicionen los mejores dones.**

Sentido Original Pablo vuelve ahora a tratar cuestiones suscitadas claramente por los corintios en su carta, sin embargo, el tema de la conducta en la reunión de adoración viene del capítulo 11. Las reuniones corintias eran un tanto caóticas y, según parece, el sector más libertino equiparaba la espiritualidad con el ejercicio de los dones más espectaculares. El capítulo 12 insiste, por tanto, en la necesidad de diversidad de dones dentro de la unidad del cuerpo. El capítulo 13 subraya que sin amor los dones carecen de valor. A continuación, el capítulo 14 trata de dos de los dones más controvertidos —la profecía y el don de lenguas— pidiendo a los corintios que den preferencia al primero por su más inmediata inteligibilidad (vv. 1–25) y dando directrices para su uso a fin de promover el orden en la iglesia (vv. 26–40).

Pablo da comienzo al capítulo 12, con una introducción que destaca el criterio esencial para distinguir la obra del Espíritu Santo de la de otros espíritus (vv. 1–3). Acto seguido, en los versículos 4–6, el apóstol fundamenta la diversidad de los dones espirituales en la unidad de la Trinidad. En los versículos 7–11 se nos muestran los distintos dones, subrayando, al tiempo, que todos ellos proceden del mismo Espíritu soberano. Los versículos 12–26 desarrollan con mayor detalle la metáfora del cuerpo de Cristo, mientras que los versículos 27–31 llevan el capítulo a su conclusión con una segunda y representativa enumeración de dones donde se subraya que ninguno de ellos se imparte a todos los cristianos. "Las sucesivas olas del argumento de Pablo pueden resumirse como sigue: (1) no desunión, sino (2) unidad; unidad, pero (3) no uniformidad, sino (4) preocupación y amor mutuos".[1]

La expresión "dones espirituales" del versículo 1 es una traducción del adjetivo espiritual de género neutro o masculino y podría por ello traducirse también como "cosas espirituales" o "personas espirituales". En 14:1 es sin duda neutro, pero el término "cosas" puede incluir a "personas". Este término refleja probablemente la arrogante forma en que los dirigentes corintios aludían a sí mismos. Por ello, Pablo hace de nuevo referencia a sus pretensiones de conocimiento y con un matiz de ironía afirma que va tener que disipar su "ignorancia" (recuérdese 10:1).

Parte de su problema es que no se habían distanciado suficientemente de sus trasfondos paganos, donde se practicaba el equivalente a los controvertidos dones que se tratan en este pasaje, especialmente el de lenguas y la profecía. No hay duda de que, en el marco de los ritos religiosos grecorromanos, algunos de ellos habían pronunciado oráculos supuestamente inspirados (v. 2).[2] Pero puede que, en tales escenarios, quienes conocían las pretensiones de Cristo le hubieran maldecido, y de ahí la observación de Pablo en el sentido de que nadie puede llamar sinceramente anatema a Jesús si es un verdadero creyente (v. 3a). Por otra parte, solo los cristianos —aquellos en quienes habita el Espíritu de Dios— pueden reconocer a Jesús como Señor (v. 3b). Esta es la confesión de fe fundamental del cristianismo primitivo (cf. Ro 10:9–10), que desafiaba tanto a las afirmaciones paganas de alguna otra deidad o emperador como dios y dueño como a la insistencia de los judíos en el sentido de que solo Yahvé merecía este título.

---

1. Ellingworth y Hatton, *First Corinthians*, 252.
2. Terence Paige, "1 Corinthians 12.2: A Pagan Pompe?", *JSNT* 44 (1991): 57–65, opina que lo que Pablo tiene en mente es la participación vocal en los desfiles religiosos y traduce: "… siempre que se les llevaba [en las procesiones] se les llevaba [en realidad] cautivos".

Los versículos 4–6 siguen con tres afirmaciones estrechamente paralelas. Pablo explica los dones espirituales desde tres ángulos distintos: son impartidos libremente por la gracia del Espíritu (v. 4), han de ser utilizados con una disposición a servir como la de Cristo (v. 5), y son fruto de la poderosa obra de Dios en la vida de la persona (v. 6). El versículo 7 utiliza un cuarto término, "manifestación", y subraya que todos los cristianos corintios tienen al menos uno de estos dones, que han de ser utilizados para la edificación mutua (cf. Ef 4:11–13).[3]

En los versículos 8–10, el texto griego cambia el adjetivo *allos*, "otro de la misma clase", por *heteros*, "otro de una clase distinta", de modo que estos versículos se dividen en tres secciones: sabiduría y conocimiento (v. 8); fe, sanidad, milagros, profecía y discernimiento de espíritus (vv. 9–10a); y lenguas y sus interpretaciones (v. 10b). Esto sugiere una estructura ABA que pasa de los dones de palabra a los de acción para volver de nuevo a los primeros, aunque es posible que la profecía caiga dentro de ambas categorías.[4] Pedro reconoce una doble clasificación similar de los dones: hablar y servir (1P 4:11). Los nueve dones que se enumeran son los más milagrosos, precisamente porque eran estos los que los corintios estaban subrayando de un modo excesivo y divisivo. Por otra parte, Pablo afirma repetidamente que todos ellos proceden de un mismo Espíritu. Y teniendo en cuenta que los dones los recibe quien determina el Espíritu Santo, no los méritos del individuo (v. 11), no pueden utilizarse para señalar a nadie para que ocupe una especial posición dentro de la iglesia de Corinto.

Una "palabra" de sabiduría o de conocimiento (v. 8) representa la capacidad de aportar discernimiento espiritual oportuno y provechoso a un contexto cristiano específico. Si Pablo pretende denotar alguna diferencia entre la palabra de sabiduría y la palabra de conocimiento, puede ser que la sabiduría es la aplicación práctica del conocimiento, especialmente en contextos morales (ver Pr 1:7). En 13:2, el conocimiento está relacionado con la comprensión de los misterios, de manera que puede haber también en él un elemento de explicación de lo inescrutable. La "fe" que se menciona en el versículo 9 no es la confianza que todas las personas han de tener en Cristo para ser salvos, sino una espe-

---

3. Barrett, *First Corinthians*, 284. El versículo 7 "resume el argumento hasta este momento", es decir, que "cada miembro de la iglesia tiene un don; no hay ninguna excepción". La palabra "manifestación" ha de verse, por tanto, como otro sinónimo de "don".
4. Cf. Ellis, *Pauline Theology*, 36. En el Nuevo Testamento, los términos *allos* y *heteros* no tienen siempre sentidos distintos, pero aquí y en 15:39–41 la distinción parece sostenerse bien.

cial medida de fe en que Dios puede obrar milagros (de nuevo cf. 13:2) o sostener a una persona cuando decide no obrarlos. "Los dones para sanar enfermos" (el griego es plural) hacen referencia a curas sobrenaturales de enfermedades físicas. Los plurales sugieren que el don puede ser temporal y estar operativo solo en determinadas ocasiones o que existan distintos dones para distintas clases de enfermedades. La expresión "poderes milagrosos" (v. 10, en griego, "operaciones de poderes") denota otras clases de milagros, como los que realizaban los apóstoles y otros cristianos de aquel tiempo y que incluían especialmente los exorcismos.

La profecía del Nuevo Testamento se fundamenta en el trasfondo de la actividad profética veterotestamentaria y de las religiones grecorromanas, aunque en algunos aspectos cruciales es completamente distinta. Tanto dentro como fuera del canon, la profecía tenía un elemento de pronóstico de acontecimientos futuros y otro, más predominante, de exhortación al pueblo de Dios, y en ocasiones a sus enemigos, sobre su voluntad para sus circunstancias presentes. Comparte el rasgo común por el que los profetas proclaman un mensaje que creen haber recibido de Dios, de manera relativamente directa (cf. 14:30).[5] La profecía del Nuevo Testamento comprende, pues, tanto la predicación convencional, en la que el predicador se sentía tomado y convencido por el Espíritu en la elaboración y proclamación de su mensaje, como alocuciones más espontáneas e improvisadas. Hill recoge ambos conceptos en su definición: los profetas cristianos son personas "que han entendido el sentido de la Escritura, percibido su poderosa relevancia para la vida del individuo, la iglesia y la sociedad y declaran valerosamente este mensaje".[6] Los mensajes proféticos no están al mismo nivel que la Escritura y el ejercicio de este don, como el de todos los demás, es susceptible de error e interpretaciones erróneas (cf. esp. Hch 21:4 con vv. 11, 13–14).[7]

La expresión "discernir espíritus" alude probablemente a la capacidad impartida por Dios para discernir si un determinado orador, supuestamente inspirado, está ministrando mediante el poder del Espíritu Santo

---

5. Ver especialmente David E. Aune, *Prophecy in Early Christianity and the Ancient Mediterranean World* (Grand Rapids: Eerdmans, 1983), cuyo estudio es también, sin lugar a dudas, el más concienzudo de este fenómeno en la antigüedad.

6. David Hill, *New Testament Prophecy* (Londres: Marshall, Morgan & Scott, 1979), 213.

7. Ver especialmente Wayne A. Grudem, *The Gift of Prophecy in 1 Corinthians* (Washington, D.C.: University Press of America, 1982); cf. ídem, *The Gift of Prophecy in the New Testament and Today* (Westchester, Ill.: Crossway, 1988).

o por la acción de un espíritu falsificador. El ejercicio de este don no puede ser lo mismo que evaluar el contenido de una presunta profecía, puesto que en 14:29 se asigna esta responsabilidad a otros profetas o a toda la congregación.

El "hablar en diversas lenguas" (glosolalia) no debe confundirse con la experiencia de los discípulos el día de Pentecostés. En aquella ocasión los oyentes entendían lo que se proclamaba sin la mediación de traductores (Hch 2:1–13), mientras que en el don que aquí se describe es necesaria una interpretación. En varias religiones grecorromanas se producían fenómenos comparables, por lo cual es mejor entender que en la experiencia corintia había alguna forma de declaración verbal inicialmente incomprensible. Es posible que tales lenguas tuvieran una estructura lingüística discernible, pero puede ser también que no fuera así; el significado de la palabra que se traduce como "lengua" es lo suficientemente amplio como para cubrir cualquier vocalización audible.[8]

La expresión "interpretar lenguas" alude, pues, a expresar un mensaje, que de otro modo sería incomprensible, en palabras que los presentes puedan entender.[9] El capítulo 14 dará más detalles sobre la profecía y las lenguas y sobre las respuestas apropiadas a cada uno de estos dones.

En los versículos 12–26, Pablo desarrolla la extensa metáfora de la iglesia como cuerpo de Cristo. Puede discernirse un claro patrón ABBA cuando observamos que, tras una afirmación inicial de la metáfora (v. 12), el apóstol pasa del tema de la unidad (v. 13) al de la diversidad (v. 14) para, a continuación, describir con mayor detalle, primero la diversidad (vv. 15–21) y después la unidad (vv. 22–26).[10]

Los versículos 13–14 ofrecen un doble fundamento para permitir la diversidad dentro de la unidad: (1) Las personas que están respondiendo al evangelio proceden de todos los trasfondos étnicos y socioeconómicos del mundo antiguo; y (2) así es como funciona el cuerpo humano. El versículo 13 hace referencia a la incorporación al cuerpo de Cristo como "bautismo por un Espíritu" (las preposiciones alternativas propuestas por la nota marginal de la NVI, "*con* o *en*", son una mejor opción

8. Watson E. Mills, *A Theological/Exegetical Approach to Glossolalia* (Grand Rapids: Eerdmans, 1986) presenta un tratamiento bien equilibrado de este fenómeno. Hay una guía para quienes deseen investigar más en ídem, ed., *Speaking in Tongues* (Lanham, Md.: University Press of America, 1985).

9. Anthony C. Thiselton, "The 'Interpretation' of Tongues: A New Suggestion in the Light of Greek Usage in Philo and Josephus", *JTS* 30 (1979): 15–36.

10. Cf. Thomas A. Jackson, "Concerning Spiritual Gifts: A Study of 1 Corinthians 12", *Faith and Mission* 7 (1989): 61–69.

que la consignada en el texto, ya que preservan la analogía con "el bautismo *en* agua"). Aunque el bautismo en el Espíritu no es lo mismo que el bautismo en agua, se produce, sin embargo, en el momento de la conversión (cf. Ro 8:9). Sin embargo, puede que Pablo relacionara estrechamente los conceptos, teniendo en cuenta que, en la iglesia primitiva, el bautismo en agua solía seguir inmediatamente a la conversión. La expresión "a todos se nos dio a beber de un mismo Espíritu" podría traducirse también "irrigados con el mismo Espíritu" (cf. la utilización que Pablo hace del mismo verbo en 3:6–7). En cualquier caso, las dos cláusulas del versículo 13 aluden a la misma acción espiritual de ser incorporados a la compañía de los redimidos y sugieren que el Espíritu nos habita y rodea al mismo tiempo.

Los versículos 15–20 subrayan cuestiones evidentes con respecto al cuerpo humano: todas las partes desempeñan una importante función, al margen de posibles afirmaciones en sentido contrario. Sin la diversidad que produce la especialización de funciones, no tenemos ya un organismo, sino solo un órgano gigante, incapaz de hacer nada.

Los versículos 21–26 continúan con la analogía, pero comienzan a aplicarla a la iglesia. Con el fin de preservar la igualdad relativa dentro del cuerpo, se produce una compensación en aquellas partes aparentemente menos valiosas, importantes u honrosas del cuerpo. De hecho, el valor verdadero de una determinada parte del cuerpo es muchas veces inversamente proporcional a su apariencia externa. Cuando Pablo habla de los miembros más débiles del cuerpo (v. 22) es posible que esté pensando en los dedos de las manos y los pies, o en los órganos menos protegidos, como los ojos. La expresión, los miembros "menos honrosos" (v. 23a) puede ser una alusión a aquellos órganos que normalmente cubrimos con ropa, puesto que el verbo que se traduce "tratamos" puede también significar "vestimos". Lo más natural es que los miembros "que nos parecen menos presentables" (v. 23b) sean los genitales y el aparato excretor. La preocupación fundamental de Pablo es que los dones y/o las personas que los corintios están degradando reciban el debido reconocimiento, mientras que aquellos a quienes están exaltando desmedidamente sean puestos en una perspectiva más equilibrada. Probablemente, el apóstol tiene en mente aquellos dones que son más visibles e impresionantes, pero es también posible que esté pensando en los miembros más ricos e influyentes de la iglesia (recuérdese 11:17–34). Así, el versículo 26 redondea la exposición de Pablo con otro recordatorio de la reciprocidad e interdependencia del cuerpo. Lo que la medicina moderna ha entendido últimamente, mejor aun que los pueblos de la antigüedad —que el cuerpo es una unidad psicoso-mática— debe aplicarse mucho más a la comunión de los creyentes. La alegría o pena de un miembro debería resultar contagiosa para los demás.[11]

Los versículos 27–31 completan este capítulo con una última reitera-ción de la metáfora del cuerpo y otro catálogo de dones. Pero en esta ocasión el punto principal de Pablo es que ninguno de los dones es para todos los creyentes. Todas las preguntas retóricas de los versícu-los 29–30 se formulan mediante la palabra *me*, lo cual demuestra que la respuesta implícita a cada pregunta es: "No".

Esta lista consigna algunos de los mismos dones que los versícu-los 8–10 y otros distintos. Pablo usa el término "apóstoles", no solo en referencia a los doce, sino también a sí mismo (1:1), Tito (2Co 8:23), Epafrodito (Fil 2:25), Jacobo, el hermano del Señor (Gá 1:19) y Andrónico y Junia (Ro 16:7), este último es probablemente un nombre de mujer. No cabe duda de que está utilizando el término en su sentido etimológico para aludir a los enviados en una misión, en este caso divi-namente comisionada. Más adelante, los cristianos llamarían a tales personas misioneros o plantadores de iglesias. En el mundo antiguo, los "maestros" se limitaban en gran medida a comunicar a sus estudian-tes un cuerpo establecido de información, que con frecuencia estos se limitaban a memorizar. La frase "los que ayudan a otros" es tan vaga en griego como en español, pero el don en cuestión consistía posiblemente en actos especiales de ayuda a los pobres y necesitados. "Los que admi-nistran" puede también traducirse "los que supervisan o dirigen" y tiene que ver con el aspecto gobernante del liderazgo de la iglesia.

En el versículo 28, entender las expresiones "en primer lugar", "en segundo lugar" y "en tercer lugar" como una graduación de importan-cia sería violar claramente el objetivo fundamental de la exposición hasta este momento. Es, pues, mejor ver en esta enumeración una prio-ridad cronológica (cf. Ef 2:20).[12] Establecer una congregación local requiere el ministerio de un plantador de iglesias. A continuación ha de seguir la regular proclamación de la Palabra de Dios. Los maestros deben, después, complementar la evangelización con el discipulado y la transmisión de las verdades cardinales de la fe. Solo cuando llega-

---

11. Sobre el "cuerpo de Cristo" en el pensamiento de Pablo más en general, cf. Andrew Perriman, "'His body, which is the church...': Coming to Terms with Metaphor", *EvQ* 62 (1988): 123–42.

12. Cf. Talbert, *Corinthians*, 85; Watson, *First Corinthians*, 137.

mos a este punto existe una congregación cristiana capaz de movilizar la acción de todos los dones. Es posible que el don de lenguas sea el último de la lista porque los corintios estuvieran sobreestimando su valor, pero no puede demostrarse que Pablo le asignara ninguna inferioridad inherente.

Después de todo esto, el versículo 31a parece fuera de lugar. ¿Cómo puede ahora Pablo animar a los creyentes a desear los mayores dones? Por ello, algunos han traducido sus palabras como una afirmación ("Pero ustedes ambicionan los [llamados] mayores dones") o como una pregunta ("¿Pero ambicionan ustedes los mayores dones?"). Sin embargo, estas traducciones no son compatibles con la afirmación paralela de 14:1, y requieren una lectura irónica de este versículo, para la cual no hay evidencia contextual. Es, pues, mejor traducir el texto como lo hace la NVI y entender "mayores" como una referencia a dones menos visibles que reciben un especial trato y honor (v. 23) o a la profecía en contraste con el don de lenguas (cap 14). Este versículo recuerda también a los corintios que el versículo 11 no tiene por qué llevar necesariamente al fatalismo. Es completamente apropiado que oren pidiendo ciertos dones e incluso que intenten cultivarlos, siempre que dejen espacio para que el Espíritu pueda no concederles sus deseos, si así lo decide.

Construyendo Puentes

La práctica de los dones espirituales puede resultar tan divisoria fuera de la Corinto del primer siglo como lo fue en esta ciudad del periodo neotestamentario. Pero esto es exactamente lo que hemos de esforzarnos por evitar. De hecho, los paralelismos entre las disputas de los cristianos corintios y los debates contemporáneos sobre el movimiento carismático son sorprendentemente estrechos. Es, pues, fácil trasladar la mayor parte de la enseñanza de Pablo a nuestro mundo moderno, si estamos dispuestos a escuchar y seguir lo que dice.

Cualquier estudio de los dones espirituales debería contar no solo con 1 Corintios 12–14, sino también con Romanos 12:3–8 y Efesios 4:7–13. Ninguna de las listas de dones que Pablo consigna en estos capítulos es exactamente igual a las demás, lo cual sugiere que no pretenden ser completas, ni de manera individual ni juntas. La utilización que en otros pasajes hace Pablo del término *charisma* (p. ej., para hablar de la soltería y el matrimonio en 7:7), unida al uso que el apóstol hace en 12:1–6 de una serie de términos para aludir a los dones espirituales, sugiere que el concepto no está tan establecido ni la expresión es tan técnica como algunos han pretendido.[13] La gama de funciones que cubren las distintas listas de dones de Pablo permite que cualquier combinación de habilidades, capacidades y dotaciones, impartidas de manera repentina o cultivadas en un mayor espacio de tiempo, puedan convertirse en dones espirituales, si quien las posee las utiliza para la gloria de Dios y para el desarrollo de su obra en el mundo.[14] La singular preparación de Pablo para el ministerio cristiano como judío helenista y ciudadano romano hace difícil creer que hubiera considerado todos sus dones espirituales, incluida la predicación y la enseñanza (Hch 13:1), como una capacitación que este adquirió íntegramente después de su conversión. Sin embargo, precisamente porque todos los dones tienen sus equivalentes no cristianos, un talento o capacidad se convierte en *charisma* solo cuando lo utiliza un creyente para el "bien común" (v. 7).

El versículo 3 no puede ser el único criterio para distinguir la verdadera comunicación espiritual de la falsa; ¡en la mayoría de contextos no servirá de gran cosa! Sin embargo, sigue siendo la prueba más fundamental. Otras ayudas bíblicas al respecto consisten en comprobar más aspectos de la ortodoxia doctrinal, especialmente sobre la persona de Cristo (1Jn 4:1) y la observación de los "frutos" o resultados del ministerio del que habla (Mt 7:15–20). Si una determinada profecía es predictiva y verdaderamente inspirada por Dios, se cumplirá (Dt 18:22). Sin embargo, aun después de aplicar estos criterios, puede seguir habiendo ambigüedades, lo cual es una de las razones por las que nunca hay que conceder a una supuesta expresión de los dones del Espíritu la categoría de "divina" o inerrante.

Los versículos 4–6 contienen importantes implicaciones trinitarias, tanto más significativas por cuanto no son la principal idea del párrafo. La función principal de la palabra de Pablo aquí es defender una legítima diversidad de dones, que los corintios no reconocían, basados en la propia naturaleza de Dios.

---

13. Así lo ve, correctamente, Enrique Nardoni, "The Concept of Charism in Paul", *CBQ* 55 (1993): 68–80.

14. Cf. Ralph P. Martin, *The Spirit and the Congregation* (Grand Rapids: Eerdmans, 1984), 37: "Cualquier condición de la vida puede convertirse en el *charisma* que Dios otorga a una persona, 'solo cuando reconozco que el Señor me lo ha dado y que he de aceptar este don como su llamamiento y mandamiento para mí'". De nuevo, "ningún 'don' es intrínsecamente carismático, pero puede llegar a serlo si se reivindica y utiliza bajo el dominio de Cristo. De este modo el orden natural se 'sacraliza' cuando Cristo lo hace suyo".

El versículo 7a enseña el importante principio de que todos los cristianos reciben al menos un don espiritual. Es posible que algunos reciban más de uno, ya sea en un mismo momento o en diferentes periodos de la vida. Es incluso posible que algunos dones individuales sean rescindidos (p. ej., por no utilizarlos; compárese, no obstante, Ro 11:29, aunque se trata de un contexto distinto), sin embargo, nunca hasta el punto de que un creyente se quede sin ningún don. Como 1:7, este versículo desanima un acercamiento a la vida cristiana que está siempre buscando nuevos dones o experiencias, o que afirma que la conversión por sí sola es insuficiente para equipar a los creyentes para prestar inmediato servicio a la iglesia. La repetición de la expresión "mismo Espíritu" a lo largo de los versículos 8–11 deja claro que la diversidad no amenaza necesariamente la unidad. Teniendo en cuenta las conjunciones de sabiduría y conocimiento, sanaciones y otros milagros, hemos de ser cautos en trazar una distinción excesivamente fina entre cualquier par de dones espirituales. En otros pasajes, Pablo relaciona estrechamente la profecía con el conocimiento (13:2) y a los pastores con los maestros (Ef 4:11) y, asimismo, Lucas empareja a profetas y maestros (Hch 13:1).

En general, tanto los acercamientos que limitan un determinado don a una manifestación exclusivamente sobrenatural como los que entienden los dones como capacidades prácticamente indistinguibles de los talentos naturales, son poco recomendables. Las palabras de Carolyn Osiek sobre la profecía resultan particularmente valiosas: "Lo que impulsa a la acción constructiva es la palabra viva, que quebranta nuestros corazones y nos empuja a una conexión más profunda con la vida, de modo que nos atrevemos a acercarnos a los demás con un amor y una fe mayores". Osiek sigue diciendo: "Si en muchos de nuestros contextos la profecía no adopta hoy la misma forma que en las iglesias fundadas por Pablo, es solo porque el Espíritu profético es lo suficientemente ágil como para adaptarse a las distintas suposiciones y éticas de otras culturas".[15] Lo que es cierto de la profecía se aplica también a la enseñanza, la ayuda, la administración, etcétera. Dios puede utilizar y cultivar capacidades innatas o impartir a las personas capacidades completamente nuevas. Es algo que le corresponde del todo a él.[16]

Por regla general, las clasificaciones de los dones corren también el riesgo de imponer categorías artificiales a los datos textuales que Pablo

---

15. Carolyn Osiek, "Christian Prophecy: Once Upon a Time?", *CTM* 17 (1990): 296–97.
16. Cf. Prior, *1 Corinthians*, 198: "Da la impresión de que sería erróneo tanto confinar los dones del Espíritu a capacidades naturales que Dios controla y libera como afirmar que los verdaderos dones del Espíritu son únicamente los ostensiblemente sobrenaturales".

no habría, probablemente, refrendado. Cabe observar, sin embargo, que ciertos dones sí parecen requerir una capacitación sobrenatural más directa que otros (p. ej., lenguas e interpretación, sanaciones y milagros). Otros dones parecen impartir a sus poseedores una medida adicional de cierta virtud que, en uno u otro grado, han de practicar todos los cristianos (p. ej., sabiduría, conocimiento, fe, ayuda, dar, servicio, exhortación y misericordia). Un tercer grupo estaría íntimamente relacionado con los papeles de liderazgo en la iglesia (p. ej., apóstoles, maestros, administradores), y otros compartirían elementos de dos o más de estas categorías (p. ej., la profecía, que se situaría entre la primera y la tercera; o la evangelización, entre la segunda y la tercera).

Esta clase de clasificación plantea la importante cuestión de la relación entre dones y oficios. Pablo reconoce sistemáticamente dos oficios establecidos de los dirigentes de la iglesia: supervisores, también conocidos como ancianos y diáconos (cf., p. ej., Hch 20:17–28; Fil 1:1; 1Ti 3:1–13). Sin embargo, los criterios para el desempeño de estos oficios no se expresan en términos de ciertos dones, sino como una madurez espiritual más en general (1Ti 3:2–12; Tit 1:6–9). De manera que, aunque determinados dones son sin duda más apropiados que otros para desarrollar ciertos oficios (profecía o enseñanza para los ancianos; ayuda para los diáconos, etc.) estas dos categorías no deben confundirse. Es posible que alguien ejerza el don de pastorear sin convertirse en el pastor de una determinada iglesia. Es posible ejercer el don de profecía, incluyendo la predicación guiada por el Espíritu, sin ser necesariamente "el predicador" de una determinada congregación. Algunos tienen la capacidad de efectuar curaciones milagrosas en virtud de sus dones. A otros se les pide que impongan las manos a los enfermos y oren por ellos en virtud de su oficio de ancianos (Stg 5:14). Dios imparte dones indistintamente y sin tener en cuenta el género de los receptores (cf. Hch 2:17–18), sin embargo, cada congregación local debe determinar quiénes han de ser sus dirigentes de acuerdo con su comprensión de los criterios bíblicos.[17]

En Romanos 12:3–8 se sugiere que identificar los propios dones espirituales para, a continuación, utilizarlos fielmente es la tarea más importante de la vida del cristiano después de la crucial transformación cognitiva y moral que acompaña a la conversión (Ro 12:1–2). Ya hemos visto que 1 Corintios 1:7 señalaba los dones como la expresión característica de cada ministerio cristiano durante la era de la iglesia.

---

17. Sobre el traslape y la diferenciación entre dones y oficios, ver especialmente. Ronald Y. K. Fung, "Ministry, Community and Spiritual Gifts", *EvQ* 56 (1984): 3–20.

No hay, pues, duda de que una pregunta crucial que deben hacerse los creyentes de todos los tiempos y culturas es cómo determinan cuáles son sus dones. Se han desarrollado distintas herramientas de diagnóstico, algunas relativamente simples y otras bastante sofisticadas, que pueden ser útiles para confirmar sospechas y sugerir nuevas posibilidades.[18] Sin embargo, durante la mayor parte de su historia, la iglesia no ha tenido acceso a estas herramientas, y Dios puede no sujetarse estrictamente a los deseos o capacidades naturales que revelan estas distintas pruebas diagnósticas. Todos los cristianos siguen siendo, pues, responsables de orar, analizar sus corazones, probar ministerios y sondear la opinión amorosa pero sincera de creyentes maduros que les ayuden a precisar cuáles son exactamente sus dones.

Una vez que la persona está razonablemente segura de los dones que ha recibido, necesita una salida para el servicio. Este hecho tiene implicaciones asombrosas para la forma en que han de organizarse las iglesias. Han de crearse oportunidades dentro de la adoración —tanto en grupos numerosos como reducidos— para que cada miembro pueda participar según la guía del Espíritu, aunque dicha participación no haya sido planeada con anterioridad (cf. comentarios sobre 14:26). El liderazgo ha de animar a cada miembro a que ejerza sus dones, ayudándole también a encontrar maneras de utilizarlos dentro del cuerpo local de creyentes. Cuando llega el momento de cubrir los puestos de responsabilidad de la iglesia, deberían asignarse las tareas según los puntos fuertes de las personas y no según sus debilidades. Y los miembros deberían ofrecerse gustosamente para realizar tales trabajos sin esperar a que se les pida.[19]

El versículo 11 aporta una crucial advertencia contra la tendencia natural de querer o esperar que los demás tengan los mismos dones que nosotros. Esta actitud refuta totalmente cualquier afirmación en

---

18. Quienes estén interesados en un sencillo cuestionario de una página pueden ver Eddie Gibbs, *I Believe in Church Growth* (Grand Rapids: Eerdmans, 1983), 452–53. Clyde B. McDowell, *How to Discover Your Spiritual Gifts* (Littleton, Col.: Lay Action Ministry Program, 1988; Elgin, Ill: David C. Cook, 1988), ofrece algunas afirmaciones para responder a cada uno de los distintos dones. Don y Katie Fortune, *Discover Your God-Given Gifts* (Old Tappan, N.J.: Fleming Revell, 1987) han elaborado inventarios de siete categorías principales de dones en tres formas distintas, hechos a medida para adultos, adolescentes y niños. Ver también los materiales Network (Grand Rapids: Zondervan, 1994), escritos por Bruce Bugbee, Bill Hybels y Don Cousins.

19. Hay numerosas sugerencias prácticas sobre poner en práctica las ideas de este párrafo en Paul Stevens, "Equipping for Spiritual Gifts", en George Mallone, ed., *Those Controversial Gifts* (Downers Grove, Ill.: InterVarsity Press, 1983), 121–43.

el sentido de que se requiere un determinado don para constatar que alguien es realmente convertido, maduro, o está en el centro de la actividad de Dios en alguna parte del mundo. Igual que "no existen iglesias de un solo miembro", tampoco hay "¡dones de todos los miembros!".[20]

El bautismo del Espíritu que se menciona en el versículo 13 no debe confundirse con el bautismo con agua. La expresión "bautizar con [en/por] el Espíritu" aparece siete veces en el Nuevo Testamento. Las otras seis referencias son alusiones a la profecía de Juan el Bautista en el sentido de que Jesús bautizaría con o en el Espíritu Santo (Mt 3:11; Mr 1:8; Lc 3:16; Jn 1:33; Hch 1:5; 11:16), lo cual se cumplió el día de Pentecostés, como clarifica la referencia de Hechos 1:5. Tanto la palabra bautismo como su práctica en el mundo antiguo sugieren que lo que Pablo tiene en mente en este texto es una experiencia iniciática que sumerge a la persona en la esfera del Espíritu. Puesto que Pablo afirma que todos los creyentes corintios han sido bautizados de este modo, y teniendo en cuenta el nivel de inmadurez de algunos de ellos, es imposible que el bautismo del Espíritu sea alguna clase de segunda bendición o posterior experiencia de Dios aparte de la conversión y de la llegada inicial del Espíritu a la vida de una persona. Sea cual sea el sentido del relato de los samaritanos en Hechos 8 y el de los discípulos de Juan en Hechos 19, está claro que en cada caso Lucas describe la primera y única llegada del Espíritu, una llegada que Pablo equipara a hacerse cristiano (Ro 8:9).[21]

Como Gálatas 3:28, el versículo 13 nos recuerda también la crucial necesidad de que, en todos los tiempos, la iglesia sea un ejemplo de agrupaciones heterogéneas que lleve al mundo a sorprenderse de nuestra unidad dentro de la diversidad (cf. Ef 4:4–11). La iglesia debería ser un lugar en el que personas que no tienen razones humanas para caminar juntas se reúnen y se llevan bien.

Los versículos 14–26 se explican a sí mismos y los principios generales que presentan son claros. Los miembros del cuerpo no son independientes sino interdependientes. El Nuevo Testamento no reconoce a

---

20. J. W. MacGorman, "Glossolalic Error and Its Correction: 1 Corinthians 12–14", *RevExp* 53 (1983): 394.

21. Sobre este asunto, tanto en el libro de los Hechos como en Pablo, ver especialmente, J. D. G. Dunn, *Baptism in the Holy Spirit* (Filadelfia: Westminster, 1970), 38–172. Howard M. Ervin, *Conversion-Initiation and the Baptism in the Holy Spirit* (Peabody, Mass.: Hendrickson, 1984) presenta una respuesta pentecostal a Dunn. Ervin señala ciertas debilidades en la exégesis de Dunn, pero en general no consigue refutar los puntos más importantes de su libro.

ningún cristiano individual o "llanero solitario" que no esté integrado en alguna comunidad cristiana local. Esto no significa que no se pueda ser salvo y vivir al margen de una iglesia local, simplemente que no es saludable. En aquellas sociedades donde el individualismo se valora por encima de la responsabilidad colectiva, la importancia de la metáfora de la iglesia como cuerpo es muy importante. El acento de Pablo en el hecho de que todos necesitamos mucho a los demás creyentes relativiza en gran manera cualquier jerarquía de categoría, rango o privilegio que pudiéramos intentar instaurar. Si hubiera que conceder necesariamente un mayor grado de honra a alguien por su ministerio serían entonces los dones menos visibles y menos reconocidos públicamente, como los de ayudar, servir o dar, los que merecerían un mayor reconocimiento.

Probablemente también habría que colocar en este apartado el don de la fe ejercido por personas especialmente efectivas en la oración. Quienes ejercen estos dones son el elemento cohesionador que mantiene la unidad de iglesias y ministerios, mientras dirigentes, programas y cargos públicos van y vienen. Animar a todos los creyentes a especializarse en el ámbito de sus puntos fuertes, pero en un contexto de íntima interdependencia, hace también posible la obediencia al versículo 26. Es difícil que las personas lloren o se alegren con aquellos a quienes no se sienten unidos.

En el versículo 28, Pablo modifica su lista de dones en relación con la de los versículos 8–10, y lo hace, aparentemente, para ampliar el alcance del enfoque de los corintios. En lugar de concentrarse solo en los dones más milagrosos, Pablo añade ejemplos de dones para los dirigentes de la iglesia, así como otros roles menos relacionados con la posición. No obstante, esta categorización sigue siendo, en cierto modo, anacrónica; los primeros cristianos consideraban, sin duda, que todos los dones eran milagrosos. No obstante, los actos diarios de servicio se ponen ahora al mismo nivel que los fenómenos del Espíritu reconocidos como sobrenaturales.[22] Los versículos 29–30 refuerzan los principios subrayados en relación con el versículo 11: todo creyente tiene al menos un don, pero no hay ninguno que se imparta necesariamente a todos los cristianos. Con el versículo 31a, Pablo concluye su exposición recordando a los creyentes que es normal y hasta deseable procurar ciertos dones, especialmente los menos proclives a producir soberbia y susceptibles de aplicación inmediata. Pero no seamos presuntuosos con respecto a la

---

22. Cf. Hans Conzelmann, *First Corinthians* (Filadelfia: Fortress, 1974), 215.

soberanía de Dios y pretendamos que, necesariamente, tiene que darnos lo que le pedimos.[23]

Significado Contemporáneo
La exposición de Pablo sobre los dones espirituales demuestra ser muy oportuna en nuestros días. Los dones, especialmente aquellos que parecen más sobrenaturales, tienden a ser tan polémicos y divisivos en nuestros días como en la Corinto del primer siglo. Tras años de descuidar los ministerios del Espíritu Santo, y debido mayormente al ímpetu del pentecostalismo moderno y del posterior movimiento carismático, casi todos los círculos cristianos se concentran ahora de manera cíclica, si no habitual, en los dones espirituales. Hay también prometedoras señales en muchos círculos de que las iglesias están recuperando los modelos bíblicos de la participación ministerial de todos los miembros, tanto por medio de un acento en los grupos pequeños dentro de las congregaciones como en virtud de grupos pequeños que se convierten en congregaciones (i.e., congregaciones domésticas).[24] Pero sigue siendo muy necesario progresar en muchos frentes.

Los versículos 2–3 advierten conjuntamente sobre el peligro de dar por sentado que todos los dones aparentemente espirituales proceden de Dios, una prudencia necesaria especialmente dentro del llamado movimiento neoprofético. Estos versículos señalan también el peligro de equiparar automáticamente los dones más sobrenaturales con fraudes humanos o diabólicos, una prudencia que se hace especialmente necesaria entre los cesacionistas. Hay que decir, por una parte, que los dones pueden falsificarse, y muchas sectas y religiones contemporáneas lo hacen. Sin embargo, el diablo no tiene, por otra parte, la costumbre de llevar personas a Cristo, promover la fe, la santificación, la unidad y la doctrina evangélica, como sí ha sucedido muchas veces en el cristianismo carismático del Tercer Mundo, en varias iglesias estatales de la

---

23. Sobre los principios relacionados con los dones espirituales en estos capítulos, ver además, especialmente, Kenneth Hemphill, *Spiritual Gifts: Empowering the New Testament Church* (Nashville: Broadman, 1988) y Siegfried Schatzmann, *A Pauline Theology of Charismata* (Peabody, Mass.: Hendrickson, 1987).

24. Ver especialmente Robert Banks, *Paul's Idea of Community* (Grand Rapids: Eerdmans, 1980); Christian Smith, *Going to the Root: 9 Proposals for Radical Church Renewal* (Scottdale, Pa.: Herald, 1992).

Europa protestante y en ciertas ramas de la Iglesia Católica de todo el mundo.

El marcado acento de Pablo en la diversidad dentro de la unidad contradice a los sectores extremistas del movimiento carismático que continúan afirmando que una persona tiene que hablar en lenguas (o experimentar profecía, sanación, o cualquier otra cosa) para ser salva o espiritualmente madura. Este mismo acento revela igualmente el desequilibrio de quienes defienden celosamente que la evangelización o las misiones son la tarea más esencial de la iglesia. Está asimismo fuera de lugar la elevación del clero sobre el laicado.

Todo este énfasis de Pablo sobre la unidad dentro de la diversidad pone en entredicho la conducta de un creciente número de norteamericanos que afirman ser religiosos, creer en Dios e incluso en Cristo, y, sin embargo, abandonan la vida eclesial organizada o se quedan en su periferia.[25] En una tierra que sigue estando fuertemente influenciada por una herencia de correoso individualismo, los creyentes siempre han de esforzarse para demostrar que el cristianismo no es una mera religión personal, sino esencialmente colectiva. Es una tendencia que se pone de relieve incluso en nuestro lenguaje evangélico cuando describimos la conversión como "una relación personal con Jesucristo". Este es el necesario punto de partida, pero no podemos detenernos hasta que esta relación conduce al desarrollo de íntimas relaciones interpersonales con otros cristianos.

Las definiciones de los dones individuales tienden a polarizarse en concepciones más sobrenaturales (entre los grupos carismáticos) y más naturalistas (entre los no carismáticos). Ambos extremos deben ampliar sus definiciones y no limitar tanto a Dios. Un valioso criterio para resolver los debates sobre dones que resultan polémicos en un contexto específico es ver si los mismos principios que se están aplicando se mantendrían en pie al evaluar dones menos polémicos. Por ejemplo, algunos afirman que los profetas contemporáneos han de mostrar una precisión del cien por cien en sus predicciones, como tenían que mostrarla los profetas del Antiguo Testamento. Pero, ¿quiénes exigen este nivel de inerrancia a los que tienen el don de enseñanza? Por otra parte, si alguien pretendiera tener el don de maestro, pero se equivocara sistemáticamente en lo que enseña, se vería rápidamente desacreditado. De igual modo, a quienes pretenden recibir palabras más directas de

---

25. Ver las tendencias que hemos comentado, especialmente, en Robert Bellah, et al., *Habits of the Heart* (Berkeley: University of California, 1985), esp. 219–49.

parte del Señor o tener un don de sanidad, pero demuestran una sistemática incapacidad para ejercer tales "dones" de manera fiel y efectiva,
debería hacérseles ver que posiblemente no los poseen.[26]

Otro criterio que también puede ayudar a separar los dones auténticos de las falsificaciones es considerar si promueven la unidad o la división. En muchos contextos, los carismáticos insisten en poner el valor
de sus dones por encima de otros menos sensacionales, lo cual divide
rápidamente las congregaciones. Sin embargo, en otros muchos contextos no carismáticos o anticarismáticos, estos piden de manera mucho
más educada que sus dones puedan encontrar expresión, y se producen
divisiones por la intransigencia del liderazgo de la iglesia o por otros
grupos de poder menos formales. A pesar de la discordia que se genera,
en estos casos parece más probable que sean los carismáticos quienes
practican los "verdaderos" dones. Lo ideal sería que fueran las propias
congregaciones quienes, en una actitud de unidad y amor, decidieran si
pueden o no tolerar el ejercicio de todos los dones y que, en caso negativo, acordaran abstenerse de cualquier práctica que demuestre ser divisiva. Mejor aún, las congregaciones deberían permitirlos todos, pero
negando que sean un criterio válido para determinar cualquier clase de
categoría o madurez.[27]

Nuestro análisis del versículo 13 ha demostrado que la expresión
"bautismo del Espíritu" no debe aplicarse a ninguna experiencia posterior a la conversión y que certifica la entrada a "la vida más profunda",
como se sigue enseñando en círculos pentecostales clásicos. Pero esto
no significa que los cristianos no puedan, o deban, buscar experiencias
frescas y estimulantes de Dios que lleven sus vidas a nuevos niveles de
madurez. Los no carismáticos han de reconocer esto con más frecuencia. No obstante, si queremos ser bíblicos, seguiremos la guía de Lucas
y nos referiremos a estos acontecimientos como ocasiones en que los
cristianos eran nuevamente "llenos" del Espíritu (cf., p. ej., Hch 4:8,
31; 9:17).

La diversidad dentro de la unidad pone seriamente en tela de juicio
unos modelos de iglecrecimiento ampliamente aceptados que subrayan
principios homogéneos de agrupación. Puede que, en ciertos niveles

---

26. Quienes estén interesados en una exposición relativamente equilibrada de este
asunto pueden ver Jack Deere, *Surprised by the Power of the Spirit* (Grand Rapids:
Zondervan, 1993), en especial p. 67, pero todo el libro en general.

27. Cf. esp. las reflexiones pastorales en D. A. Carson, *Showing the Spirit* (Grand Rapids:
Baker, 1987), 183–88. En términos generales, el libro de Carson es probablemente la
mejor exposición y aplicación semipopular de 1 Corintios 12–14 publicada.

fundamentales, las actividades evangelísticas y de comunión se desarrollen mejor entre aquellos que se parecen más a nosotros. Sin embargo, el poder evangelizador del evangelio más dinámico se produce cuando el mundo se ve forzado a reconocer asombrado una clase de amor que no puede explicarse desde presuposiciones meramente humanistas. En los Estados Unidos, esto se ve especialmente cuando negros y blancos adoran y trabajan juntos para el Señor.[28] No obstante, lo que observó Martin Luther King Jr. sigue siendo con frecuencia cierto en nuestros días, y es que el domingo a las 11 de la mañana se sigue produciendo el mayor índice de segregación en los Estados Unidos. Esta es una de las acusaciones más trágicas que puede hacerse a la cristiandad contemporánea dentro de casi todos los grupos étnicos.

Sin duda, una buena parte del cristianismo actual en el mundo occidental sufre, en general, la falta de una evangelización poderosa. Cuando Pablo anima a los creyentes a ambicionar los mejores dones, entendemos que se refiere a aquellos que, en Corinto, no reciben suficiente atención. Muchas congregaciones norteamericanas de las zonas residenciales tienen pocos miembros (o ninguno) que se destaquen en la evangelización. No hay, pues, duda de que hemos de esforzarnos por llenar este vacío pidiendo a Dios que imparta este don a algunos de nosotros y que traiga a nuestras congregaciones a otras personas que ya lo tengan.

No está tan claro que Dios desee que todas las iglesias locales tengan todos los dones más sobrenaturales. ¡El eslogan tan conocido en los círculos carismáticos de "¡busquen todos los dones" es precisamente lo que Pablo no dice! Pero al menos hemos de estar abiertos a ellos. Si cristianos de todas las persuasiones teológicas pudieran decirle a Dios: "Dame el don de lenguas (o el de sanidad, o cualquier otro don que pueda ser polémico en un determinado contexto), si así lo quieres y solo en ese caso", podría salvarse una parte importante del vacío que sigue separando a carismáticos y no carismáticos.

En una era de creciente especialización en el ámbito profesional y del conocimiento en general, se hace tanto más crucial que los cristianos tengan una visión de los dones espirituales del modo más amplio posible. Hemos de animar a los creyentes a considerar como dones espirituales muchas clases de capacidades dedicadas a la obra del Señor. La

---

28. Spencer Perkins y Chris Rice, *More Than Equals* (Downers Grove, Ill.: InterVarsity Press, 1993) ofrece una exposición reciente y poderosa de este tema. Cf. también Raleigh Washington y Glen Kehrien, *Breaking Down Walls* (Chicago: Moody, 1993).

música encaja, sin duda, en esta categoría (cf. Ef 5:18–19); y probablemente también las dotes comerciales (cf. Éx 31:1–5). Barclay observa acertadamente: "… albañiles, carpinteros, electricistas, pintores, ingenieros, fontaneros tienen todos sus dones especiales, que proceden de Dios y pueden utilizarse para él".[29] Sin duda, podrían añadirse a la lista muchos otros. La especialización merece tener su lugar dentro de los equipos pastorales como están reconociendo cada vez más las grandes iglesias. En lugar de dividir el trabajo tan solo en apartados de predicación, educación cristiana, juventud, música y evangelización, es también posible considerar la conveniencia de designar pastores administrativos, programadores informáticos y hasta directores de planificación espiritual, que ayuden a los creyentes a identificar sus dones y les movilicen para el servicio. El movimiento de ministerios por objetivos grupales, que primero popularizó Frank Tillapaugh, es una consecuencia lógica de animar a todos los miembros de la iglesia a descubrir sus dones y pasiones personales y a "liberarlas" trabajando en ministerios de carácter experimental en las áreas que más les motivan.[30]

En todo esto, no obstante, hemos de tener cuidado de no quitar importancia a las personas que se mueven "entre bastidores". Los nuestros son tiempos en que se exalta a los cristianos famosos, se pide a los pastores que diviertan a sus congregaciones, que tengan personalidades carismáticas ¡y que manifiesten más dones espirituales que cualquier personaje bíblico! No es de extrañar que los índices de agotamiento entre los ministros de plena dedicación estén alcanzando niveles sin precedentes o que el estrés que generan estas exigencias produzca numerosos fracasos morales. Hemos de aprender de nuevo el modelo del liderazgo servicial (recordemos los comentarios al respecto en el capítulo 4) y permitir que nuestros dirigentes inviertan la mayor parte de su tiempo haciendo aquellas cosas para las que están especialmente dotados,[31] (algo que también hemos de permitirnos a nosotros mismos).

Si queremos implementar el versículo 26, será necesario que cada creyente forme parte de una red de amigos cristianos, que se reúnen con regularidad y se comprometen a orar unos por otros y a aprender a sufrir y alegrarse con los demás de manera incondicional. Estos pequeños grupos de dos, tres o algunas personas más que, a ser posible, deben estar ubicados en el marco de una iglesia local más numerosa, pueden

---

29. Barclay, *Corinthians*, 109.

30. Frank R. Tillapaugh, *Unleashing the Church* (Ventura: Regal, 1982).

31. Ver especialmente John Bradley y Jay Carty, *Unlocking Your Sixth Suitcase: How to Love What You Do and Do What You Love* (Colorado Springs: NavPress, 1991).

entonces mirar más allá de sí mismos mediante listas de oración con motivos más amplios, comunicación entre congregaciones hermanas, redes de información sobre la iglesia de Jesucristo, tanto a nivel local como mundial y una activa preocupación misionera expresada en una correspondencia regular con obreros, llamadas telefónicas, correo electrónico y viajes a diferentes partes del mundo.[32]

El versículo 28 nos recuerda la necesidad actual de seguir extendiendo el evangelio en nuevas zonas y entre los pueblos inalcanzados. En una era que cuenta con una enorme abundancia y variedad de medios de comunicación, hay muchos métodos que resultan útiles, pero ninguno de ellos puede suplantar el ministerio de una constante proclamación profética y dirigida por el Espíritu de la Palabra y en el contexto de las congregaciones locales. A continuación, esta proclamación debe ser apoyada por una consistente enseñanza tanto del contenido como de la aplicación de todos los distintos géneros de la literatura bíblica. Las iglesias saludables se desarrollarán y producirán otras congregaciones que repetirán este proceso.

Cuando las "reuniones de adoración" se están convirtiendo cada vez más en una evangelización basada en la persuasión emocional, la necesidad de acompañar a "la escuela dominical" o equivalente con un sólido elemento de enseñanza, se hace aún más acuciante. Las iglesias más tradicionales que siguen especializándose en enseñanza interna han de animarse a complementar su trabajo con el establecimiento de nuevas iglesias y la proclamación evangelística.

---

32. Ver especialmente los valiosos modelos sugeridos en el trabajo de John Ronsvalle y Sylvia Ronsvalle, *The Poor Have Faces: Loving Your Neighbor in the 21st Century* (Grand Rapids: Baker, 1992).

1 Corintios 12:31b–13:13

Ahora les voy a mostrar un camino más excelente ¹ Si hablo en lenguas humanas y angelicales, pero no tengo amor, no soy más que un metal que resuena o un platillo que hace ruido. ² Si tengo el don de profecía y entiendo todos los misterios y poseo todo conocimiento, y si tengo una fe que logra trasladar montañas, pero me falta el amor, no soy nada. ³ Si reparto entre los pobres todo lo que poseo, y si entrego mi cuerpo para que lo consuman las llamas, pero no tengo amor, nada gano con eso.

⁴ El amor es paciente, es bondadoso. El amor no es envidioso ni jactancioso ni orgulloso. ⁵ No se comporta con rudeza, no es egoísta, no se enoja fácilmente, no guarda rencor. ⁶ El amor no se deleita en la maldad, sino que se regocija con la verdad. ⁷ Todo lo disculpa, todo lo cree, todo lo espera, todo lo soporta.

⁸ El amor jamás se extingue, mientras que el don de profecía cesará, el de lenguas será silenciado y el de conocimiento desaparecerá. ⁹ Porque conocemos y profetizamos de manera imperfecta; ¹⁰ pero cuando llegue lo perfecto, lo imperfecto desaparecerá. ¹¹ Cuando yo era niño, hablaba como niño, pensaba como niño, razonaba como niño; cuando llegué a ser adulto, dejé atrás las cosas de niño. ¹² Ahora vemos de manera indirecta y velada, como en un espejo; pero entonces veremos cara a cara. Ahora conozco de manera imperfecta, pero entonces conoceré tal y como soy conocido.

¹³ Ahora, pues, permanecen estas tres virtudes: la fe, la esperanza y el amor. Pero la más excelente de ellas es el amor.

Sentido Original

El amor es más importante que cualquier don (12:31b). 1 Corintios 13:1–3 deja claro que, sin amor, los dones carecen de valor. Los versículos 4–7 describen la naturaleza del amor, en un lenguaje que muestra lo poco que dan la talla los corintios. Los versículos 8–13 subrayan la naturaleza temporal de todos los dones, que contrasta con la permanencia del amor. Todo el pasaje es de naturaleza casi poética, con una elaborada estructura de simetría y paralelismo.[1]

Los versículos 1–3 nos muestran repetidamente la misma verdad utilizando cinco de los dones espirituales para ilustrar un mismo principio: sin amor, aun el ejercicio más ejemplar de un determinado don no le sirve de nada al creyente. En el versículo 1, Pablo hace esta afirmación sobre la glosolalia. La expresión "lenguas angelicales" alude probablemente a la opinión que tenían los corintios sobre este don. Es posible que la frase "un metal que resuena" aluda a un gran "tubo acústico" que se utilizaba en los teatros griegos para amplificar el sonido. Al combinarla con la expresión "un platillo que hace ruido", Pablo subraya de manera gráfica que el don de lenguas sin amor deja solo resonancias vacías.[2]

En el versículo 2, Pablo utiliza el ejemplo de los dones de discernimiento espiritual y de una fe que obra milagros. Es posible que aquí se esté haciendo eco de las palabras de Jesús en Mateo 21:21, aunque esta era una expresión proverbial y expresaba la confianza de que Dios realizaría grandes obras. El versículo 3 enfatiza de nuevo la misma cuestión con un ejemplo todavía más extremo, a saber, un abandono total en las manos de Dios en el ejercicio del don de dar. La nota marginal de la NVI ("si entrego mi cuerpo para tener de qué jactarme") puede ser, de hecho, la lectura más original, en lugar de "si entrego mi cuerpo para que lo consuman las llamas".[3] En este caso, la entrega del cuerpo podría ser una referencia al martirio asumido voluntariamente, pero podría asimismo aludir a la antigua práctica de venderse uno mismo como esclavo para distribuir el dinero entre los pobres.

En general, las traducciones que hace la NVI de los distintos términos consignados en los versículos 4–7 son buenas y claras. Pero podemos añadir algunas notas. La palabra "paciente" (v. 4) transmite el sentido de "sufrido". "Jactancioso" alude al sentido negativo de "alardear de uno mismo". El término "orgulloso" significa más literalmente "vanidoso". La palabra que se traduce con la expresión "no se comporta con

---

1. Quienes estén interesados en una buena exposición de esta estructura pueden ver Watson, *First Corinthians*, 140–41. Quienes deseen considerar una defensa del género del capítulo como un *encomium* (alabanza retórica) pueden ver James D. Sigountos, "The Genre of 1 Corinthians 13", *NTS* 40 (1994): 246–60.

2. William W. Klein, "Noisy Gong or Acoustic Vase? A Note on 1 Corinthians 13.1", *NTS* 32 (1986): 286–89.

3. Ver especialmente, J. H. Petzer, "Contextual Evidence in Favour of καυχήσωμαι in 1 Corinthians 13.3", *NTS* 35 (1989): 229–53.

rudeza" (v. 5) es la misma que en 12:23 se vierte como "menos presentables" y se refiere a una actividad "que desafía las normas sociales y morales, con el consecuente descrédito, incomodidad y vergüenza".[4] "No se enoja fácilmente" traduce un término del que se deriva nuestra palabra "paroxismo". "Todo lo disculpa" (v. 7) puede también significar "protege en todo momento" o "soporta todas las molestias"; parece más o menos un sinónimo de "todo lo resiste". "Todo lo cree" puede traducirse también como "siempre confía". El versículo 7 forma, pues, un pequeño quiasmo (un patrón ABBA), en que los pares de verbos 1-4 y 2-3 significan más o menos lo mismo. Considerados en su totalidad, los versículos 4–7 describen claramente el amor como una búsqueda desinteresada y prioritaria del bien del otro. "Amor es lo que Dios ha expresado y llevado a cabo en Cristo a favor de 'otros' en su difícil situación de impotencia y desdichado estado como pecadores. En el amor nos ponemos del lado de Dios, compartimos su perspectiva y ponemos en práctica sus propósitos, y tratamos a nuestro prójimo como sabemos que Dios nos ha tratado a nosotros (ver Ro 15:1–7)".[5]

El versículo 8 declara la tesis de los versículos 8–13. De nuevo, Pablo desarrolla su argumento con los dones que se consideraban particularmente importantes en Corinto. Mientras que la fe, la esperanza y el amor son realidades permanentes, los dones espirituales lo son menos. A lo largo de los versículos 8–11, la NVI traduce el mismo verbo *katargeo* ("destruir o abolir") de tres formas distintas ("cesar" [v. 8a], "desaparecer" [vv. 8c y 10] y "dejar atrás" [v. 11]), pero cada una de ellas recoge un importante matiz del término. Pablo se sirve de un verbo distinto (*pauomai*) cuando alude al don de lenguas (NVI "será silenciado", v. 8b), pero lo hace, probablemente, solo por razones estilísticas (crea un patrón ABA con los tres elementos paralelos del versículo 8). Aunque está en voz media (que a veces se traduce como una acción de la que uno mismo es el agente, objeto o beneficiario), en el texto griego del Nuevo Testamento este verbo se ha convertido prácticamente en deponente (un verbo sin terminaciones en voz activa), por lo cual es peligroso leer mucho más en esta específica forma gramatical.

¿Por qué cesarán los dones? La razón es que se trata de recursos imperfectos para un mundo imperfecto, que serán innecesarios cuando llegue lo perfecto (vv. 9–10). Pero ¿a qué se refiere la expresión "lo per-

---

4. Louw y Nida, *Lexicon*, 759.
5. Martin, *Spirit*, 56. Cf. Chafin, *1 and 2 Corinthians*, 161: el amor cristiano "entraña la preocupación por los demás, el perdón, ese amor espontáneo y redentor que es la esencia de la naturaleza de Dios".

fecto"? El otro principal significado bíblico del término griego (*teleios*) es "madurez/estado adulto" (cf. la metáfora de v. 11), sin embargo, la iglesia de Jesucristo no ha alcanzado todavía ni la perfección ni una madurez consistente.[6] Aunque algunos comentaristas de periodos posteriores han entendido a veces lo contrario, nada de lo que afirma Pablo permite pensar que el apóstol tenga conciencia de estar escribiendo al final de una era apostólica o a la conclusión de un canon bíblico. Y las metáforas del versículo 12 encajan mal con tales interpretaciones. Cuando se completaron los escritos bíblicos, los cristianos no veían a Dios "cara a cara" (¡solo "cara a libro"!) ni le conocían como él les conocía a ellos. Cuando recordamos que 1:7 señalaba el constante papel de los dones hasta el retorno de Cristo, solo puede haber una posible interpretación de "perfección", a saber, la vida en el mundo futuro cuando Jesús regrese a la tierra.

Pero el amor permanecerá por toda la eternidad. Y también, probablemente, permanecerán la fe y la esperanza (v. 13a), si entendemos la primera como creer en Jesús y rendirle un fiel servicio, y la segunda como la expectante anticipación de lo que Dios tiene reservado para nosotros en el futuro. Pablo añade estas otras dos virtudes porque la tríada "fe, esperanza y amor" es una de sus favoritas (cf. 1Ts 1:3; 5:8; Col 1:4–5; Ef 1:15–18).[7] Pero el amor sigue siendo el mayor (v. 13b) porque es el más fundamental, esencial y central para la concepción que Pablo tiene de la ética cristiana (cf., p. ej., Gá 5:6, 14, 22–23).

Construyendo Puentes Si el amor es más excelente que los mayores dones, no puede entonces ser un don espiritual. Por el contrario, representa la virtud cristiana cardinal, el primer elemento del "fruto" del Espíritu (Gá 5:22), que ha de estar presente con todos los dones para que se utilicen de un modo que complazca a Dios y tengan un valor eterno. La clave para entender el capítulo 13 es, entonces, mantenerlo en su contexto. Aunque este pasaje

---

6. Contra quienes no lo ven de este modo, Fee, *First Corinthians*, 645, n. 23, observa: "Es quizá una crítica contra el cristianismo del mundo occidental que consideremos 'madura' un tipo de fe como la nuestra, completamente cerebral y domesticada —pero insípida—, ¡con la simultánea ausencia de los dones sobrenaturales del Espíritu! No olvidemos que es el Espíritu, no el racionalismo occidental, el que señala el momento decisivo de las eras".

7. Wolfgang Weiss, "Glaube—Liebe—Hoffnung: Zu der Trias bei Paulus", *ZNW* 84 (1993): 196–217.

pueda ser inspirador como un poema independiente o un canto al amor, Pablo lo utiliza para resolver un problema específico y es que los corintios estaban utilizando sus dones espirituales de un modo destructivo. En el argumento de los versículos 1–3 y 8–9 es, pues, perfectamente legítimo sustituir el don de lenguas, la profecía, la fe, etcétera por otros dones. Hay también, sin duda, otras facetas del amor que podrían añadirse a la descripción de los versículos 4–7, pero estas son precisamente las áreas en que los corintios tenían más carencias y son, por ello, las que se consignan.

Decir que ciertos dones solo benefician a quienes los practican cuando lo hacen en amor ¡no significa que tengamos que esperar para utilizarlos hasta que podamos hacerlo de manera impecable! Comunicar la palabra de Dios a su pueblo le instruye aunque la manera en que esta se imparte no sea demasiado perfecta. ¡Por supuesto que dar nuestros bienes a los necesitados les ayuda, al margen de cuál sea nuestra actitud! Sin embargo, este capítulo presenta el ideal por el que siempre debemos esforzarnos, aun cuando seamos dolorosamente conscientes de lo lejos que estamos de dar la talla.

Naturalmente, el término "amor" que Pablo utiliza a lo largo de todo este capítulo es *agape*. Pero hemos de tener cuidado de no forzar la exégesis de este término. No es la palabra en sí la que transmite el sentido del amor de Dios, sino el contexto. En el griego del primer siglo, la palabra *agape* comenzó a usarse cada vez más, a medida que el término *filia* y sus derivados (que a menudo se utilizaban para aludir al amor "fraternal" o a la "amistad") adquirían el significado de "besar" en ciertos contextos. Por ello, el uso del verbo *agapao* puede alternarse indistintamente con el de *fileo* (p. ej., en Jn 21:15–17), ¡mientras que en la LXX el primer término puede incluso referirse al incestuoso amor/pasión de Amnón por su hermana Tamar (2S 13:1)![8] Pero la manera en que Pablo desarrolla este concepto en 1 Corintios es, obviamente, bastante distinta. También hemos de tener cuidado de no divorciar el "amor" de su contexto teológico más extenso. Este es la consecuencia natural de la fe en Jesús (Gá 5:6). En otros escenarios (como el de Gálatas, por ejemplo), Pablo está igualmente interesado en subrayar que el amor, como resumen de la ley, carece de valor sin la fe.

Se ha observado a menudo que, a lo largo de los versículos 4–7, podría sustituirse el término "amor" por "Jesús". De hecho, siendo como es el único ser humano sin pecado, Jesús proporciona el modelo perfecto

---

8. Cf. además D. A. Carson, Exegetical *Fallacies* (Grand Rapids: Baker, 1984), 30, 51–54.

para entender lo que es la paciencia, la bondad, la falta de envidia, etcétera. Al hacer esto, también evitamos el peligro de interpretar erróneamente estos atributos. Si Jesús era todo amor, pero purificó el templo movido por su justa indignación (Mr 11:15–18) o pronunció una airada invectiva contra la hipocresía de los líderes religiosos conservadores de su tiempo (Mt 23), entonces nuestro concepto de amor ha de dejar margen para la presencia de acciones similares.

Lewis Smedes perfila este acercamiento en su excelente estudio de este capítulo. Entre otras reflexiones, Smedes observa que la paciencia de Dios tiene sus límites; en consecuencia, también la nuestra debe de tenerlos, pero "cuando desconecto el sufrimiento pensando en mi placer, lo hago demasiado pronto".[9] Tener paciencia tampoco significa tolerar el mal. La bondad es tanto inteligente como firme; "sin sabiduría y honestidad" la bondad se convierte "fácilmente en mera compasión, que acaba perjudicando más que ayudando".[10] El amor ágape trasciende a los celos sin destruirlos; ¡es correcto, por ejemplo, enfadarse cuando tu cónyuge te deja por otra persona! "El amor no nos mueve a buscar justicia para nosotros mismos", pero sí debería "impulsarnos a mover cielo y tierra para que se haga justicia a otras personas".[11] El amor ágape no disfraza la ira ni le da libre expresión; no se deshace de los aspectos o personas molestas de nuestras vidas ni reduce la irritabilidad proscribiendo el enfado, sino que, más bien, satisface nuestras más profundas necesidades, capacitándonos para responder de manera distinta a las circunstancias exasperantes, reduce el potencial para la frustración, nos imparte el poder para expresar la indignación de manera apropiada y aumenta nuestra gratitud por la manera en que Dios ha obrado en nuestras vidas.[12]

La antítesis que presenta el versículo 6 entre el mal y la verdad es sorprendente. Cabría esperar que el mal se emparejara con el bien, o que la verdad se contrastara con la falsedad. Pero tanto la verdad como la bondad cristianas tienen un elemento cognitivo y volitivo. La pérdida de cualquiera de estos aspectos genera mucha falta de amor. En Efesios 4:15, Pablo nos manda hablar la verdad en amor. Los cristianos hacen un flaco favor a las personas cuando son agradables con ellas, pero dejan de comunicarles importantes verdades que, cuando se descuidan, ponen en peligro sus vidas. Sin embargo, toda la verdad del

9. Lewis B. Smedes, *Love Within Limits* (Grand Rapids: Eerdmans, 1978), 6.

10. *Ibíd.*, 18.

11. *Ibíd.*, 37.

12. *Ibíd.*, 61–65.

mundo, cuando no se transmite en un espíritu de sensibilidad y compasión, caerá posiblemente en oídos sordos.

Un importante error teológico que se desprende de interpretar erróneamente los versículos 8–13 es la creencia de que ya han cesado todos los dones del Espíritu. Como hemos visto, esto viola cualquier lectura razonable del versículo 12, y ha de distorsionar el verdadero registro de los acontecimientos de toda la historia de la iglesia. El don de lenguas, la profecía y los milagros no cesaron al final del primer siglo, sino que siguieron al menos hasta siglo III y han ido apareciendo desde entonces de manera esporádica, por no decir sistemática. La relativa desaparición de estos dones durante el posterior periodo patrístico puede atribuirse mayoritariamente a su abuso en ciertos círculos sectarios.[13] Peor aún, el punto de vista cesacionista se ve forzado a atribuir a la fabricación humana o a la falsificación diabólica muchas de las poderosas obras que el Espíritu ha llevado a cabo en los últimos siglos.

Es igualmente inapropiado, no obstante, ver la "reanudación" de estos dones durante los últimos cien años como una señal de algo que tenga que ver con con el tiempo del fin. Si los dones nunca cesaron del todo, sino que fueron más bien reprimidos a lo largo de los siglos por una institucionalización de la iglesia abrumadora y antibíblica, entonces su avivamiento puede ser, en general, una señal de que el cristianismo está recuperando una cierta medida de salud y equilibrio, pero no necesariamente que estemos viviendo en una última generación o periodo de la historia antes del regreso de Cristo. En todas las épocas de su historia, la iglesia ha visto "de manera indirecta y velada, como en un espejo"; solo cuando Cristo regrese veremos "cara a cara". Este recordatorio ha de inspirarnos humildad en nuestras relaciones personales, tareas intelectuales y pretensiones espirituales.

El amor como eje de la ética cristiana ha de seguir siendo el enfoque de los creyentes en todas las eras y culturas. Pero este ha de tomarse en conjunción con otros importantes temas bíblicos. Una correcta lectura del Antiguo y Nuevo Testamentos no permite un contraste radical entre

---

13. Ver Morton Kelsey, *Tongue Speaking: The History and Meaning of Charismatic Experience* (Nueva York: Crossroad, 1981) donde aparece una buena historia de la glosolalia. La obra de Cecil M. Robeck, Jr., *Prophecy in Carthage: Perpetua, Tertullian, Cyprian* (Cleveland: Pilgrim, 1992) es un buen estudio de la profecía en un influyente sector de la iglesia del tercer siglo. De manera más breve, pero también más general, cf. los catálogos de referencias a la continua presencia de los dones más sobrenaturales en los primeros siglos de la historia de la iglesia en Talbert, *Corinthians*, 82–83, 88–90.

ley en el Antiguo y amor en el Nuevo. El doble mandamiento del amor (Dt 6:4–5; Lv 19:18) es el resumen de la ley que hace Jesús (ver Mr 12:29–31 y pasajes paralelos), mientras que, en Gálatas 5:14, el propio Pablo se hace eco de la segunda parte de las palabras de Jesús. Y en esta carta, se nos ha recordado que la ética cristiana tiene también su propia "ley de Cristo" (9:21).

Asimismo, Juan enuncia tres pruebas paralelas de vida, cada una de las cuales se define en términos de las otras dos: la creencia en Jesús como Dios-hombre, la obediencia a los mandamientos y el amor (1Jn 3:23–24, y a lo largo de toda la carta). Los teólogos han subrayado acertadamente que el amor y la justicia engloban conjuntamente los "atributos comunicables" de Dios, es decir, aquellos que su pueblo ha de esforzarse por imitar. Pero en última instancia sigue habiendo una cierta asimetría incluso en esta idea, puesto que el amor, como la misericordia, triunfa sobre el juicio (Stg 2:13). Si esto no fuera cierto, nadie podría ser salvo.

Significado Contemporáneo La necesidad de un verdadero amor, como el de Cristo, sigue siendo tan grande en nuestros días como siempre. No obstante, uno de nuestros mayores problemas es definir el amor. La cultura popular — en la literatura, música, publicidad y las artes visuales— utiliza este término con toda clase de sentidos, excepto el que la Biblia le da. De manera que aun los cristianos cometemos fácilmente el error de pensar que el amor es principalmente un sentimiento, algo que va y viene un tanto caprichosamente. Lo equiparamos con la pasión o las propias relaciones sexuales, hablando del "amante" (un término que solo sería apropiado en alusión al propio cónyuge) o de "hacer el amor". Pero en este capítulo, igual que en toda la Escritura, el amor es en primer lugar una acción, un compromiso incondicional, una promesa inquebrantable.[14]

También nosotros afrontamos los mismos problemas que Pablo menciona en los versículos 1–3. Algunos de quienes hablan en lenguas insisten en que todos tienen que hacer lo mismo, algo que demuestra una gran desconsideración hacia aquellos a quienes Dios no ha dotado con este don. Muchos de los que proclaman la Palabra de Dios parecen pensar que predicar requiere un cambio de tono y de volumen más que

---

14. Cf. además Josh McDowell, *The Secret of Loving* (San Bernardino: Here's Life, 1985).

una rebosante expresión de compasión. Muchos intelectuales cristianos destruyen los argumentos de sus oponentes —verbalmente y por escrito— con el mismo estilo que el que utilizan los cínicos endurecidos. Algunos de nuestros mayores filántropos sustituyen con las aportaciones económicas la fe, como las organizaciones cívicas y fraternidades que se precian de participar en causas caritativas a las que con frecuencia entregan dinero sin pagar el costoso precio de la implicación personal de la mayoría de sus miembros. Algunos "cristianos" liberales y liberacionistas sustituyen a veces con la acción social el auténtico amor cristiano que fluye de la certeza de la salvación. En las guerras de nuestro tiempo se ha visto a miles de jóvenes sacrificar sus vidas en la lucha armada y en el terrorismo, a menudo en el nombre de la religión y, a veces, como en el islam, con la esperanza de un rápido tránsito al cielo. Trágicamente, sin el fundamento de un auténtico amor cristiano, cualquiera de estos mártires solo apresuran su viaje al infierno.

En una era en que la exigencia de los propios derechos se considera una virtud, hemos de leer una y otra vez que el amor "no es egoísta (no busca lo suyo)" (v. 5). Por otra parte, cuando entendemos los límites del amor, evitaremos la codependencia. La mayor expresión de amor hacia el marido alcohólico que abusa repetidamente de su mujer no es encubrirle o creer sus promesas vacías de reforma, sino insistir en que busque ayuda profesional y negarse a seguir "como si tal cosa" si no lo hace.[15]

Si no se fundamenta objetivamente en el Dios vivo y trino del universo, el "amor" se pervierte. La afirmación de Juan en el sentido de que Dios es amor (1Jn 4:16) se ha invertido en el popular eslogan de "Donde hay amor, allí está Dios". Mientras que Pablo insiste en que el amor "se regocija con la verdad" (v. 6), el pluralismo contemporáneo elude debatir las enfrentadas reivindicaciones de verdad de unas religiones e ideologías incompatibles, y ello en el nombre del "amor", para preservarlo. El hombre moderno "se deleita en el mal" de muchas maneras. Smedes observa cuatro formas en particular: las filosofías monistas que se ven abocadas a redefinir el mal como bien dentro de una estructura más amplia los sistemas teológicos que desdibujan la distinción entre tolerancia y agencia haciendo de Dios el autor del mal (en contra de lo que dice Santiago 1:13) la religión civil que concede al estado (o a una específica región, cultura o grupo étnico) un honor que solo Dios merece, a menudo en el nombre del patriotismo o de la lealtad a la familia y el regocijo personal que mostramos tan a menudo

---

15. Cf. esp. Margaret J. Rinck, *Can Christians Love Too Much?* (Grand Rapids: Zondervan, 1989).

cuando nuestros enemigos sufren, los dirigentes caen y a otras personas en general les va peor que a nosotros.[16] Podrían añadirse otros ejemplos, especialmente en el ámbito sexual, cuando los medios de comunicación presentan como deseable prácticamente cualquier forma concebible de pecado homo y heterosexual, al tiempo que se niegan, sistemáticamente, a representar o reconocer siquiera la existencia de vida matrimonial y relaciones familiares positivas, en especial aquellas que se basan en convicciones cristianas.

Los versículos 8–12 nos advierten del peligro de calificar irreflexivamente de otra cosa lo que son evidentes manifestaciones del Espíritu, alegando que ciertos dones no están ya presentes. Esto da especialmente que pensar cuando recordamos que el único pecado que Cristo consideró imperdonable se produjo cuando ciertos dirigentes judíos atribuyeron al diablo unas obras que indicaban claramente la presencia del Espíritu (Mr 3:29–30). Sin embargo, estos versículos dejan también clara la imperfección que es propia de cualquier ejercicio actual de los dones. Deberíamos, pues, rechazar rápidamente cualquier afirmación que exalte una supuesta profecía, mensaje en lenguas y este tipo de cosas, por encima de la Escritura, o que les atribuya el mismo valor. El llamado movimiento neoprofético parece muchas veces en peligro de cruzar estas líneas, aunque de vez en cuando se retracte públicamente de ciertas afirmaciones. El movimiento contemporáneo de señales y prodigios rara vez supera el cinco por ciento de éxito en sus intentos de realizar sanidades.[17] Da pues la impresión de que sus pretensiones de poseer dones espirituales son al menos sumamente exageradas.

Teniendo en cuenta que Pablo termina su capítulo relacionando el amor con la fe y la esperanza, y la presente inquietud de los creyentes por saber qué les deparará el porvenir, es apropiado concluir esta exposición con un comentario sobre el papel del amor en el futuro. Mientras vivamos entre la primera venida de Cristo y la segunda, entre la inauguración y el cumplimiento del reino de Dios, hemos de mantener un optimismo realista sobre nuestro potencial, por medio del Espíritu, para amar a nuestro prójimo y crear el bien en nuestro mundo. Tengan o no razón los expertos cuando afirman que nos encontramos en la última

---

16. Smedes, *Love*, 74–79.
17. John Wimber junto a Kevin Springer, *Power Healing* (San Francisco: Harper & Row, 1989), 158, cree que "en nuestros días, la razón más fundamental por la que las personas no son sanadas cuando se ora por ellas" es que "no buscan a Dios con suficiente sinceridad de corazón". El Señor resucitado le dio a Pablo una razón diametralmente contraria en 2 Corintios 12:8–9.

generación, y se esfuerzan constantemente en adaptar su interpretación de la profecía a los acontecimientos presentes, lo cierto es que podemos creer que la historia se dirige a algún lugar. Podemos creer que los sombríos acontecimientos de nuestro mundo de hoy —guerras, hambrunas, desastres ecológicos u hostilidad anticristiana— tienen sus límites ordenados por Dios. Con una actitud de cautela, podemos esperar, orar y trabajar para la aplicación de las normas de Dios en la sociedad, entendiendo que unas veces fracasaremos y otras tendremos éxito. No hay una firme justificación ni para el triunfalismo excesivamente optimista de ciertas formas de postmilenialismo (especialmente el reconstruccionismo) ni para el derrotismo excesivamente pesimista de ciertas formas de premilenialismo (especialmente, el dispensacionalismo clásico). Dios está obrando en la historia, por medio de seres humanos y gobiernos caídos. Nuestra generación ha asistido a acontecimientos impensables con la caída de grandes sectores del comunismo por todo el mundo y del *apartheid* en Sudáfrica, pero también ha visto avivarse los horrores de antiguas rivalidades étnicas con sus intentos de genocidio tanto en la Europa del este como en África oriental. Ninguna de estas cosas debería parecernos tan sorprendente cuando entendemos el poder de Dios y las profundidades de la maldad, sin embargo, lo que esperamos con expectación es el triunfo decisivo del poder de Dios en el amor de Cristo, que traerá su regreso a la tierra.[18]

---

18. Hay una buena aplicación de estos principios a la Hong Kong de nuestro tiempo que aguarda la reunificación con China en 1997 en Emily Wong, "1 Corinthians 13.7 and Christian Hope", *LouvStud* 17 (1992): 232–42.

Empéñense en seguir el amor y ambicionen los dones espirituales, sobre todo el de profecía. [2] Porque el que habla en lenguas no habla a los demás sino a Dios. En realidad, nadie le entiende lo que dice, pues habla misterios por el Espíritu. [3] En cambio, el que profetiza habla a los demás para edificarlos, animarlos y consolarlos. [4] El que habla en lenguas se edifica a sí mismo; en cambio, el que profetiza edifica a la iglesia. [5] Yo quisiera que todos ustedes hablaran en lenguas, pero mucho más que profetizaran. El que profetiza aventaja al que habla en lenguas, a menos que éste también interprete, para que la iglesia reciba edificación.

[6] Hermanos, si ahora fuera a visitarlos y les hablara en lenguas, ¿de qué les serviría, a menos que les presentara alguna revelación, conocimiento, profecía o enseñanza? [7] Aun en el caso de los instrumentos musicales, tales como la flauta o el arpa, ¿cómo se reconocerá lo que tocan si no dan distintamente sus sonidos? [8] Y si la trompeta no da un toque claro, ¿quién se va a preparar para la batalla? [9] Así sucede con ustedes. A menos que su lengua pronuncie palabras comprensibles, ¿cómo se sabrá lo que dicen? Será como si hablaran al aire. [10] ¡Quién sabe cuántos idiomas hay en el mundo, y ninguno carece de sentido! [11] Pero si no capto el sentido de lo que alguien dice, seré como un extranjero para el que me habla, y él lo será para mí. [12] Por eso ustedes, ya que tanto ambicionan dones espirituales, procuren que éstos abunden para la edificación de la iglesia.

[13] Por esta razón, el que habla en lenguas pida en oración el don de interpretar lo que diga. [14] Porque si yo oro en lenguas, mi espíritu ora, pero mi entendimiento no se beneficia en nada. [15] ¿Qué debo hacer entonces? Pues orar con el espíritu, pero también con el entendimiento; cantar con el espíritu, pero también con el entendimiento. [16] De otra manera, si alabas a Dios con el espíritu, ¿cómo puede quien no es instruido decir «amén» a tu acción de gracias, puesto que no entiende lo que dices? [17] En ese caso tu acción de gracias es admirable, pero no edifica al otro.

[18] Doy gracias a Dios porque hablo en lenguas más que todos ustedes. [19] Sin embargo, en la iglesia prefiero emplear cinco palabras comprensibles y que me sirvan para instruir a los demás,

que diez mil palabras en lenguas.

²⁰ Hermanos, no sean niños en su modo de pensar. Sean niños en cuanto a la malicia, pero adultos en su modo de pensar. ²¹ En la ley está escrito:

«Por medio de gente de lengua extraña
y por boca de extranjeros
hablaré a este pueblo,
pero ni aun así me escucharán», dice el Señor.

²² De modo que el hablar en lenguas es una señal, no para los creyentes sino para los incrédulos; en cambio, la profecía no es señal para los incrédulos sino para los creyentes. ²³ Así que, si toda la iglesia se reúne y todos hablan en lenguas, y entran algunos que no entienden o no creen, ¿no dirán que ustedes están locos? ²⁴ Pero si uno que no cree o uno que no entiende entra cuando todos están profetizando, se sentirá reprendido y juzgado por todos, ²⁵ y los secretos de su corazón quedarán al descubierto. Así que se postrará ante Dios y lo adorará, exclamando: «¡Realmente Dios está entre ustedes!».

Sentido Original   En el capítulo 14, Pablo culmina su exposición sobre los dones espirituales animando a los corintios a dar preferencia a la profecía sobre el don de lenguas. El apóstol reconoce, sin embargo, que ambos dones tienen su lugar, así como todos los demás, siempre que se hagan inteligibles (vv. 1–25) y se ejerzan de un modo ordenado (vv. 26–40). Los versículos 1–25 presentan un patrón ABBA. Pablo aporta en 1–6 las razones para preferir la profecía, en 6–12 bosqueja algunos de los problemas que plantea el don de lenguas, en los versículos 13–19 presenta una solución a tales problemas y en 20–25 se añaden nuevas razones para preferir la profecía.

El versículo 1 retoma en orden contrario el hilo de 12:31, recogiendo los dos temas de este versículo: el amor y el deseo de los dones mayores. Pablo especifica ahora uno de estos dones "mayores", a saber, la profecía. El versículo 2 deja razonablemente claro que la mala utilización del don de lenguas era uno de los principales problemas de los corintios en el ejercicio de sus dones espirituales durante la adoración. Al parecer, ejercían la glosolalia sin interpretación. El versículo 5b demuestra que los versículos 2–5a han de entenderse como una crítica del don de lenguas cuando los mensajes impartidos de este modo no se interpretan. Cuando reciben interpretación, tales mensajes, como la profecía, contienen un elemento esencialmente instructivo y exhortativo (vv. 3, 4b, 5b). Quienes deseen ahondar en la naturaleza de la profecía y las lenguas pueden ver las exposiciones de 12:8–10 y 27–31.

La palabra "misterios" (v. 2) alude simplemente a aquello que nadie entiende. Desde un punto de vista gramatical, la nota marginal de la NIV ("por el Espíritu" [Esta es la opción que presenta directamente la NVI en su texto. N. del T.]) refleja en cierto modo una traducción más probable que la que presenta en el texto ("con su espíritu"), ya que no hay ninguna palabra griega que corresponda al adjetivo posesivo "su".

A diferencia de las lenguas sin interpretación, que solo edifican al individuo que las habla, la profecía instruye a toda la congregación (vv. 3–4). Pablo precisa, pues, dos razones por las que la profecía es mayor: esta no se dirige solo a Dios, sino también a otras personas, que pueden ser afectadas de un modo más positivo. El versículo 5 no contradice las palabras de 12:30. Pablo no está ordenando de manera clandestina a todos los corintios que busquen el don de lenguas, admitiendo meramente que estaría bien que todos lo tuvieran, sino que, teniendo en cuenta los abusos de este don en la iglesia, el apóstol "contrasta decisivamente la importancia de buscar los dones que mejor sirven a la edificación (como la profecía)" con "aquellos que son más impresionantes pero menos edificantes (como el don de lenguas)".[1]

El versículo 6 presenta la tesis del siguiente párrafo (vv. 6–12), subrayando de nuevo la necesidad de inteligibilidad. Los cuatro elementos del versículo 6b ("revelación, conocimiento, profecía o enseñanza") comparten este mismo atributo, en contraste con las lenguas sin interpretar. Con el uso de estas cuatro palabras da la impresión de que Pablo está agrupando aquí los dones más y menos milagrosos para acentuar la importancia de una clara comunicación.

Los versículos 7–11 ofrecen, a continuación, tres ilustraciones de este principio. Para que pueda reconocerse o apreciarse lo que tocan, los instrumentos musicales han de interpretar una melodía discernible (v. 7). Los toques de corneta han de ser lo suficientemente claros como para que, en el campo de batalla, los soldados distingan "¡Adelante!" de "¡Retirada!" (v. 8). Y los idiomas extranjeros son incomprensibles para quienes no los han aprendido (vv. 9–11). La palabra que en el versículo 11 se traduce como "extranjero" es *barbaros* (de la que procede nuestro término "bárbaro"), que inicialmente tenía connotaciones despreciati-

---

1. Hemphill, *Spiritual Gifts*, 97.

vas, puesto que aludía a alguien que no era ni griego ni romano, y es posible que también aquí tenga un matiz peyorativo.

El versículo 12 termina con el mismo asunto que concluía el primer párrafo de este capítulo (v. 5). La traducción de la NIV se presta aquí a confusión; el texto de esta versión dice: "… despunten en los dones que edifican la iglesia", ¡como si algunos de ellos no la edificaran! Pero el texto griego solo dice: "Esfuércense en prodigarse para la edificación de la iglesia".

¿Qué, pues, ha de hacer una persona si Dios *le ha dado* el don de lenguas? Los versículos 13–19 tratan este problema. El versículo 13 aplica a esta situación el ánimo que da 12:31 con respecto a buscar ciertos dones. El que habla en lenguas ha de pedir a Dios la capacidad de interpretar lo que dice. Los versículos 14–15 muestran que recibir este don de interpretación beneficia, en primer lugar, a uno mismo. Sin esta capacidad, el que habla en lenguas no tiene forma de conocer el significado del mensaje que acaba de pronunciar (v. 14). El contraste entre orar con el espíritu y orar con la mente (v. 15a) es probablemente equivalente a la distinción de los versículos 13–14 entre hablar en lenguas e interpretarlas. Las lenguas y su interpretación pueden también adoptar la forma de canto (v. 15b). Es también posible que orar y cantar "con mi mente" aluda asimismo a la adoración más corriente.

En los versículos 16–17, Pablo pasa a considerar el efecto que tienen estos dones sobre los demás. Una vez más, la interpretación es crucial para que el resto de la congregación pueda expresar su acuerdo. La palabra "amén" (v. 16) es una interjección hebrea que equivale más o menos a "no hay ninguna duda de que esto es cierto". La expresión "no entiende" traduce una palabra griega que alude a alguien que no es un experto o no ha sido iniciado en una cierta esfera de actividad; de ahí la traducción alternativa que ofrece la NVI en su nota marginal ("quien no es instruido" o "indocto"). En algunos círculos paganos, tal persona era un *catechumen*, es decir, alguien que estaba siendo instruido en una determinada religión o filosofía antes de comprometerse completamente con ella. Pero en este contexto, la traducción de la NIV tiene más sentido (cf. la expresión "persona corriente" que usa la REB). Incluso los cristianos maduros desempeñan el papel de no iniciados cuando escuchan un mensaje en lenguas sin interpretar, que no entienden en absoluto.[2]

---

2. Cf. F. W. Grosheide, *Commentary on the First Epistle to the Corinthians* (Grand Rapids; Eerdmans, 1953), 326–27.

Es probable que los versículos 18–19 sorprendieran a los primeros lectores de Pablo, que posiblemente le habrían criticado por no utilizar la glosolalia. Si Pablo se inhibe casi por completo de su ejercicio público, estos versículos demuestran sin duda el amplio uso privado del don de lenguas como "lenguaje de oración" que hacía el apóstol. La palabra traducida como "comprensibles" (v. 19) es más literalmente "con mi mente". La expresión "diez mil" podría también traducirse como "una miríada"; ¡Pablo no pretende dar una proporción exacta cuando habla de cinco palabras por cada diez mil! En el versículo 27, el apóstol permite, sin duda, una cierta utilización del don de lenguas en cada reunión, lo cual demuestra que no espera que los demás se abstengan de la utilización pública de este don en la misma medida que lo hace él.

El versículo 20 representa la transición con el último párrafo de esta primera sección del capítulo 14. Es infantil obsesionarse con el don de lenguas sin preocuparse por los efectos que tiene su ejercicio sobre uno mismo y sobre otras personas. Hay formas en que los cristianos deberían ser como niños (p. ej., inocentes para el mal; cf. Mt 10:16), pero no en su utilización de los dones espirituales. La fe madura nunca subraya lo no cognitivo a expensas de lo cognitivo. La palabra "pensar" traduce el término (*fren*) que significa "la facultad psicológica de una juiciosa planificación, que a menudo implica ser sabio y previsor".[3]

Los versículos 21–25 siguen desarrollando razones para justificar la petición de Pablo en el sentido de que den preferencia a la profecía sobre el don de lenguas. El apóstol comienza citando algunas partes de Isaías 28:11–12, un pasaje en que Dios pronuncia juicio contra la rebelde Israel a manos del imperio extranjero de Asiria (v. 21). Los versículos de Isaías que enmarcan esta cita en su contexto original utilizan sílabas hebreas que reproducen sonidos sin sentido (vv. 10, 13: en hebreo: *sav lasav sav lasav; kav lakav kav lakav*). Pablo podría, pues, haberse inspirado en este contexto para aplicar la profecía de Isaías a la impresión similar que creaba la glosolalia.

Para que el versículo 22 tenga lógica, la señal a que Pablo hace referencia ha de ser nuevamente una señal de juicio. El versículo 23 explica, pues, el versículo 22a: las lenguas son una señal de juicio para los no creyentes. Como los israelitas incrédulos, los no cristianos de Corinto acabarán siendo condenados (aunque no se den cuenta) por aquellos que hablan en idiomas indescifrables. Seguirán perdidos en

---

3. Louw y Nida, *Lexicon*, 325.

sus pecados porque rechazan el evangelio como un producto de charlatanes dementes.

Los versículos 24–25 siguen desarrollando la explicación del versículo 22b. La profecía es una señal de juicio para los creyentes en el sentido positivo de que produce cristianos al convencer a los no creyentes de sus pecados y llevarles al arrepentimiento (el v. 25b se hace eco de Is 45:14). Los versículos 23–24 utilizan de nuevo el término que algunos traducirían como "investigadores" (ver la nota marginal de la NIV), y tiene un poco más de lógica en este contexto. Pero en vista de su utilización en el versículo 16, puede que lo mejor sea traducirlo sistemáticamente como lo hace el texto de la NIV. Los no cristianos son ciertamente una importante clase de personas que no entienden las lenguas.[4] Lo más natural es que en la expresión "se sentirá reprendido y juzgado por todo[s]" (v. 24) el término "todo[s]" aluda a "todo lo que se ha dicho", no a "todas las personas". Por otra parte, los versículos 24–25 no garantizan que todos los que oyen la profecía en lugar de las lenguas vayan a ser salvos. Solo subrayan que una proclamación comprensible del evangelio tiene muchas más posibilidades de convencer a las personas y regenerar sus corazones.[5]

Construyendo Puentes

Como en el capítulo 11, una buena aplicación de las partes más polémicas del capítulo 14 depende en gran medida de definir correctamente ciertos términos y de escoger bien entre una gran cantidad de interpretaciones enfrentadas. Si la profecía alude únicamente a la predicación expositiva o a una repentina y espontánea revelación, entonces las iglesias que no experimentan este tipo de prácticas habitualmente tendrán poco que aplicar en este pasaje. Si el don de lenguas era el mismo fenómeno que

---

4. Naturalmente, algunos habrían considerado que el don de lenguas, tal como lo practicaban, era comparable a ciertos fenómenos del paganismo. No obstante, los paralelismos más cercanos de la glosolalia cristiana proceden principalmente de una fecha posterior a la de esta carta; ver Christopher Forbes, "Early Christian Inspired Speech and Hellenistic Popular Religion", *NovT* 28 (1986): 257–70.

5. Sobre los versículos 21–25 y la línea de interpretación que aquí se adopta, ver además, David E. Lanier, "With Stammering Lips and Another Tongue: 1 Cor 14:20–22 and Isa 28:11–12", *CTR* 5 (1991): 259–85. La idea de que el versículo 22 refleja la posición de los oponentes de Pablo en Corinto, que refutan los versículos 23–25 (B. C. Johanson, "Tongues, A Sign for Unbelievers", *NTS* 25 [1979]: 180–203) no explica adecuadamente la conexión ("así que", o "por ello") entre los versículos 22 y 23. No se trata aquí de una lógica del tipo "Sí, pero", sino más bien "A y, por tanto, B".

en Pentecostés, entonces todo lo que Pablo dice sobre interpretación se convertirá en algo superfluo. Pero si la profecía y las lenguas son el tipo de dones espirituales que hemos descrito, entonces las aplicaciones contemporáneas son abundantes.

Si la profecía es la proclamación de un mensaje dado por Dios, independientemente del tiempo de oración o preparación que lo haya precedido, entonces el capítulo 14 se aplica significativamente en todos los círculos, sean carismáticos o no. Aquellos que generalmente predican solo tras un estudio y preparación exhaustivos han de asegurarse también de que predican únicamente aquellas cosas que Dios ha aplicado primero a sus propias vidas,[6] mientras que los habituados a hablar bajo el súbito impulso del Espíritu han de concentrarse en comunicar su mensaje de la manera más clara posible, para beneficio de los presentes. Los predicadores de cualquiera de estas dos clases no han de dar por sentado que sus palabras constituyen automáticamente profecía, a no ser que sigan estas directrices. Ambos tipos han de esforzarse al máximo para que sus mensajes "edifiquen, animen y consuelen" (v. 3).

El versículo 6 apoya la conclusión de que a Pablo le preocupa la inteligibilidad de los mensajes inspirados por el Espíritu, al margen del modo en que estos se obtengan. Puede, pues, combinar la "revelación" sobrenatural con la "enseñanza" más corriente pasando de la profecía al conocimiento, para ampliar el espectro entre ambas cosas. Las ilustraciones de los versículos 7–11 sobre la música y los idiomas extranjeros refuerzan esta petición de claridad. Muchos oradores cristianos estarán sin duda de acuerdo en que los límites entre lo que habían planeado decir y lo que acaban diciendo son muy inciertos, y que ello depende en última instancia de quiénes estén presentes en aquel momento y del flujo del pensamiento a medida que se habla.

Carismáticos y no carismáticos por igual pueden y deben considerar de manera inteligente lo que Dios quiere decir a una determinada congregación, en un momento específico, pero ser lo suficientemente sensibles al Espíritu para decir lo que parece especialmente apropiado y lúcido para la audiencia en cuestión, a medida que desarrollan su mensaje. De hecho, la preparación puede funcionar realmente como una ayuda a la espontaneidad, cuando el predicador escoge "en

---

6. Cf. Barclay, *Corinthians*, 129–30: "Ningún hombre puede hablar a los demás a menos que Dios le haya hablado primero a él", y "Nunca damos ni a hombres ni a eruditos verdad que hayamos producido ni descubierto; lo que hacemos es transmitir lo que se nos ha dado". Cf. John R. W. Stott, *I Believe in Preaching* (Londres: Hodder & Stoughton, 1982), 220–24.

el mismo momento" entre toda una serie de pensamientos ya considerados previamente. La falta de preparación puede, por el contrario, obstaculizar muchas veces la expresión de un mensaje, cuando uno no encuentra las palabras adecuadas o un flujo de pensamiento lógico y cae en una especie de "monólogo interior" sin orden ni concierto.

El versículo 5b ofrece una importante salvedad a la desestimación del don de lenguas por parte de Pablo. Cuando se les da una interpretación,[7] las lenguas se parecen mucho a la profecía en lo que a su función se refiere. ¿Por qué, entonces, Pablo sigue relativizando tanto este don, especialmente en su propia práctica, que no está limitada al problemático contexto de Corinto (vv. 18–19)? El versículo 23 responde, probablemente, esta pregunta. Aun con interpretación, el fenómeno de las lenguas les parece tan estrafalario a algunas personas que constituye un obstáculo para que se tomen en serio el evangelio. Sin embargo, aun con esta observación, Pablo se niega a prohibir el uso del don de lenguas, y se limita a regularlo para que no se descontrole (vv. 27–28).

El versículo 10 no implica que Pablo reconociera la glosolalia como la expresión de verdaderos idiomas humanos hablados por pueblos en algún lugar de la tierra, o que tengan una estructura lingüística comparable, como tampoco implican los versículos 7-8 que las lenguas suenen realmente como flautas, arpas o trompetas. En ambos casos, el apóstol utiliza más bien una analogía para establecer una sola comparación que no puede forzarse para que incluya detalles subordinados. Igual que los instrumentos musicales y los idiomas humanos, la glosolalia ha de ser comprensible para que sea efectiva. Varias religiones grecorromanas eran bien conocidas por sus arrebatados discursos extáticos y la incomprensible repetición de sílabas "sin sentido".[8] Esto es exactamente lo que Pablo quería evitar.

Como se ha dicho anteriormente, los versículos 14–19 subrayan un papel clave del don de lenguas en la oración y la alabanza, más que en la instrucción de la congregación a semejanza de la profecía. Estos versículos no descartan que las lenguas puedan comunicar un mensaje más didáctico, pero Pablo no destaca este aspecto de su utilización. Los versículos 18–19 subrayan el valor de las lenguas como un lenguaje

---

7. La traducción más natural es la que ofrece la NIV, que presenta al intérprete como la misma persona que habla. Pero es también posible entender esta cláusula como la NRSV: "a no ser que *alguien* interprete...".

8. Sobre la profecía, Terrence Callan, "Prophecy and Ecstasy in Greco-Roman Religion and 1 Corinthians", *NovT* 27 (1985): 125–40. Sobre el don de lenguas, cf. H. Wayne House, "Tongues and the Mystery Religions of Corinth", *BSac* 140 (1983): 134–50.

privado de oración, en la que no se contempla, por definición, la instrucción de otras personas. No queda claro si Pablo distinguiría o no este uso de las lenguas del "don espiritual" de la glosolalia. Por mi parte, sospecho que es posible que lo hiciera, puesto que los dones han de utilizarse para la edificación pública de la iglesia.

No obstante, cualquiera que sea la etiqueta que le pongamos, un lenguaje privado de oración puede resultar muy beneficioso y terapéutico para quienes lo utilizan. De hecho, utilizar las lenguas de este manera puede ofrecer una ilustración del modo en que "en nuestra debilidad el Espíritu acude a ayudarnos", cuando "no sabemos qué pedir, pero el Espíritu mismo intercede por nosotros con gemidos que no pueden expresarse con palabras" (Ro 8:26).[9] A lo largo de la historia, y especialmente en los últimos cien años, dondequiera que los cristianos han orado en lenguas, han dado siempre testimonio de experimentar cambios espirituales radicales en los que Dios ha vencido la creciente frustración que les producían los límites de una adoración meramente cognitiva.

El versículo 20 equilibra este acento, recordando, no obstante, a los creyentes que el aspecto cognitivo siempre ha de seguir desempeñando un importante papel en la vida cristiana, aunque este tenga que complementarse también con más elementos afectivos. Me vienen a la mente pasajes como Romanos 12:2 con su mandamiento esencial de que los cristianos sean "transformados por la renovación de su mente", y las posteriores palabras de Pablo a los corintios en el sentido de que derribamos "fortalezas. Destruimos argumentos y toda altivez que se levanta contra el conocimiento de Dios, y llevamos cautivo todo pensamiento para que se someta a Cristo" (2Co 10:4c–5).

Desde que Pablo pronunciara estas palabras, la psicología cognitiva ha recuperado el acento del apóstol sobre la mente: la conducta disfuncional surge muchas veces de una forma de pensar distorsionada. Cuando uno aprende a pensar correctamente, a menudo, la conducta piadosa se convierte en una consecuencia natural. Si este es el caso, es entonces imposible sobrevalorar la importancia de la oración inteligente, del estudio y de la educación cristiana, tanto de un modo formal como informal, en conversación con creyentes sabios y maduros, del pasado y del presente. Esta primera parte del capítulo 14 nos ofrece una lección "con una fuerza sobrecogedora. Aunque hay lugar para profun-

---

9. Pero el pasaje de Romanos no puede limitarse a este tipo de experiencia. Ver especialmente Enmanuel A. Obeng, "The Origins of the Spirit Intercession Motif in Romans 8:26", *NTS* 32 (1986): 621–32.

das experiencias personales y colectivas, la iglesia reunida es un lugar para la inteligibilidad. El nuestro es un Dios que piensa y habla; y para conocerle hemos de aprender a pensar a su manera".[10]

Los versículos 21–25 nos recuerdan que la adoración cristiana ha de relacionarse directamente, al menos de vez en cuando, con los no creyentes. Esto presupone por su parte que, normalmente, habrá personas no cristianas presentes en la adoración de la iglesia, a menudo, sin duda, porque habrán sido invitadas por sus amigos cristianos. Sin negar el escándalo esencial de la cruz (1:18–2:5), los líderes y participantes de la adoración han de reflexionar sobre la mejor manera de desarrollar su ministerio y mensaje para hacer que el cristianismo sea más atractivo que repulsivo para los no creyentes interesados. Pueden, entonces, esperar que algunos se entreguen a Cristo por lo que ven y oyen en sus servicios, aunque cuántos y con qué frecuencia depende completamente de la soberana acción del Espíritu que convence a las personas y regenera sus corazones. Y si las lenguas son una señal de juicio para los que no creen (v. 22), no podemos entonces aplicar este párrafo, como hacen algunos pentecostales, para pretender que el propósito de este don es el de convertir a los no creyentes.

Significado Contemporáneo

Los cristianos se esfuerzan a veces por encontrar importantes pasajes de la Escritura que hablen directamente y en detalle sobre los problemas contemporáneos. Esto es lo que sucede, por ejemplo, con el aborto, la ecología y la guerra nuclear. En el capítulo 14, no obstante, encontramos una enseñanza sorprendentemente clara y detallada con respecto a una de las cuestiones que ha causado más división en la iglesia de nuestro tiempo, a saber, el debate sobre los llamados dones carismáticos o más sobrenaturales.

Uno de los rasgos distintivos del movimiento carismático es su acento en el valor de hablar en lenguas. En nuestro tiempo, Pablo diría sin duda a muchas personas de este movimiento que es necesario poner un mayor acento en aquellos dones más inteligibles y de carácter más cognitivo. A muchos sermones pronunciados en los círculos carismáticos o pentecostales les faltan exposiciones claras y consistentes de textos bíblicos. El reciente movimiento neoprofético ha anunciado el comienzo de cierto cambio de énfasis en el don de lenguas y a favor de

---

10. Carson, *Spirit*, 106.

la profecía. Pero tiende a concebir esta última en un sentido muy limitado, altamente sobrenatural y, a menudo, sin someter sus revelaciones del Señor a la evaluación de una congregación y un grupo de dirigentes eclesiales debidamente reconocido. En el mundo carismático, la toma de decisiones parece con frecuencia un proceso altamente subjetivo, en el que las personas suelen explicar sus acciones con un razonamiento que no va más allá de afirmar: "El Señor me dijo que hiciera tal o cual cosa". ¿Pero cómo saben con seguridad que lo que oyeron venía realmente del Señor o si interpretaron correctamente todos los aspectos? Los dirigentes autoritarios dentro de este movimiento pueden gobernar a veces de manera implacable y sin temor de contradecirse, por cuanto quienes están bajo su liderazgo creen todo lo que se dice "en el nombre del Señor". Probablemente sería acertado que ningún cristiano de nuestro tiempo dijera: "el Señor me ha dicho...", para que no se culpe a Dios de errores humanos, sino que introdujera más bien su comentario sobre su convicción afirmando: 'Creo que el Señor me ha dicho...'".[11]

Asimismo, las iglesias no carismáticas se están alejando cada vez más de los sólidos mensajes instructivos basados en un contenido bíblico. Muchos favorecen un estilo de adoración más orientado hacia lo lúdico con mensajes basados en la persuasión emocional, a menudo con el digno motivo de atraer a los no creyentes que juzgan a las congregaciones locales por el valor de los servicios que ofrecen aparte de la predicación.[12] Esta clase de iglesias reconocen la necesidad de evitar la "jerga" cristiana, o el lenguaje teológico e interno que resulta extraño y difícil de comprender para quienes no pertenecen a la iglesia. Pero si las reuniones de adoración de las congregaciones grandes adoptan esta forma, se hace entonces crucial que insistan en que sus miembros se impliquen en otras actividades que ofrecen una instrucción detallada de la Biblia, doctrina y ética cristiana y este tipo de materias. Esta instrucción puede llevarse a cabo en escuelas dominicales, seminarios y talleres especiales o grupos pequeños.

Tanto en círculos carismáticos como no carismáticos, el valor de una clara proclamación de la Palabra de Dios además de fenómenos menos comunes como el don de lenguas sigue siendo indiscutible. En el mundo de Pablo, los fenómenos más exóticos recordaban a la gente

---

11. Aquellos que deseen considerar una perspectiva equilibrada desde un influyente sector del moderno movimiento carismático, pueden ver Wayne Grudem, *Power and Truth* (Anaheim, Calif.: The Association of Vineyard Churches, 1993).

12. Ver especialmente, Bruce Shelley y Marshall Shelley, *Consumer Church* (Downers Grove, Ill.: InterVarsity Press, 1992).

las prácticas semejantes que se llevaban a cabo en otras religiones, de modo que estas no eran del todo nuevas. En nuestros días, muchos no creyentes que presencian la glosolalia por primera vez quedarán aun más convencidos de que los cristianos "han perdido la cabeza" (v. 23). No hay duda de que los excesos del movimiento carismático, especialmente los que se han producido en las emisiones por televisión, son una de las razones principales de que todo el cristianismo conservador haya sido caricaturizado, estereotipado y rechazado como algo estrambótico y desconectado de la realidad por muchos occidentales contemporáneos, especialmente en los medios de comunicación.[13]

En aquellas ocasiones en que la iglesia carismática ha visto la conversión de grandes números, ello ha sucedido más a pesar de sus fenómenos exóticos que por causa de ellos, ya que a favor de este movimiento hay que decir que ha hecho más que ningún otro sector de la iglesia moderna por recuperar los patrones de adoración y comunión esbozados en 14:26, algo que ha venido acompañado a menudo de relaciones personales sinceramente cálidas y amorosas. Algunas de las iglesias carismáticas de nuestro tiempo que han crecido más rápido han comprendido la situación y han restado protagonismo al papel de las lenguas hasta el punto de que no están presentes en la mayoría de sus reuniones, y la mayoría de sus miembros nunca han expresado este don en público.

Se sigue dando una utilización mucho más positiva de las lenguas cuando los cristianos descubren este don como un lenguaje privado de oración. Sigue habiendo muchas personas que dan testimonio de la decisiva intervención del Espíritu librándoles de cierta frustración personal en la esterilidad de su tiempo devocional, una adoración sin vitalidad o una inconsistente vida con el Señor. Ciertamente, los vientos del movimiento carismático parecen haber soplado puros y refrescantes en medio de iglesias muertas, formales y tradicionales, llevando a muchas congregaciones ideas tan "radicales" como el canto de coros acompañados de palmas e instrumentos musicales (aparte del piano o el órgano), levantando las manos, así como compartir motivos de alabanza y peticiones de oración, que se presentan en una forma de oración más informal, cosas que no son, en modo alguno, distintivamente carismáticas.

---

13. Sobre el televangelismo y la cultura moderna, ver especialmente Quentin J. Schultze, *Televangelism and American Culture* (Grand Rapids: Baker, 1991).

¿**Q**ué concluimos, hermanos? Que cuando se reúnan, cada uno puede tener un himno, una enseñanza, una revelación, un mensaje en lenguas, o una interpretación. Todo esto debe hacerse para la edificación de la iglesia. [27] Si se habla en lenguas, que hablen dos —o cuando mucho tres—, cada uno por turno; y que alguien interprete. [28] Si no hay intérprete, que guarden silencio en la iglesia y cada uno hable para sí mismo y para Dios.

[29] En cuanto a los profetas, que hablen dos o tres, y que los demás examinen con cuidado lo dicho. [30] Si alguien que está sentado recibe una revelación, el que esté hablando ceda la palabra. [31] Así todos pueden profetizar por turno, para que todos reciban instrucción y aliento. [32] El don de profecía está bajo el control de los profetas, [33] porque Dios no es un Dios de desorden sino de paz.

Como es costumbre en las congregaciones de los creyentes, [34] guarden las mujeres silencio en la iglesia, pues no les está permitido hablar. Que estén sumisas, como lo establece la ley. [35] Si quieren saber algo, que se lo pregunten en casa a sus esposos; porque no está bien visto que una mujer hable en la iglesia.

[36] ¿Acaso la palabra de Dios procedió de ustedes? ¿O son ustedes los únicos que la han recibido? [37] Si alguno se cree profeta o espiritual, reconozca que esto que les escribo es mandato del Señor. [38] Si no lo reconoce, tampoco él será reconocido.

[39] Así que, hermanos míos, ambicionen el don de profetizar, y no prohíban que se hable en lenguas. [40] Pero todo debe hacerse de una manera apropiada y con orden.

Sentido Original

Si la inteligibilidad es una prioridad para la comunidad reunida, ¿Cómo, pues, ha de proceder la adoración? Los versículos 26–40 dan respuesta a esta cuestión y se subdividen en tres partes: la descripción de una ordenada espontaneidad en los versículos 26–33a, el silencio de las mujeres durante la evaluación de la profecía en los versículos 33b-38, y un resumen final en los versículos 39–40. El versículo 26 insiste en que los corintios sigan adorando de un modo participativo y

espontáneo: "cada uno puede tener un himno, una enseñanza, una revelación, un mensaje en lenguas, o una interpretación". Esto no significa
que todos los presentes vayan a ejercer todos los dones, ni siquiera que
todos vayan a practicar al menos uno en cada reunión. Pero se da la
oportunidad para que puedan participar todos aquellos a quienes el
Espíritu muestra que deben hacerlo.

Esta enumeración nos da varios ejemplos; en Hechos 2:42–47 se
detallan otros elementos normales de la antigua adoración cristiana. La
instrucción apostólica, la comunión, la Cena del Señor, la oración, los
milagros, la participación económica, la alabanza a Dios y la evangelización. No obstante, Pablo subraya de nuevo la necesidad de que todo
se haga a fin de edificar a otros cristianos. Es posible que el cambio
de evangelizar a los no cristianos en los versículos 22–25 a edificar a
los creyentes en el versículo 26, junto con los modelos más informales
y participativos del versículo 26, indique que este último es el patrón
para las reuniones habituales en las pequeñas congregaciones domésticas, mientras que los versículos anteriores reflejan las reuniones más
numerosas y públicas en un solo lugar de las múltiples congregaciones
domésticas.[1]

Los versículos 27–32 se centran de nuevo en los dos dones clave de
lenguas y profecía. En un estrecho paralelismo, los versículos 27–28 y
29–32 equilibran la espontaneidad que se describe en el versículo 26
regulando el ejercicio de estos dos dones específicos. En una determinada reunión no pueden hablar en lenguas más de dos o tres personas
(o, menos probablemente, no pueden hacerlo antes de que alguien interprete los primeros mensajes), han de hacerlo de manera consecutiva,
no al mismo tiempo, y ha de haber una interpretación (vv. 27–28). Si
esto no es posible, los que tienen un mensaje en lenguas deben, entonces, permanecer en silencio, o presentar su oración a Dios de manera
inaudible.

Los versículos 29–32 regulan la profecía de un modo parecido, para
evitar el mismo tipo de abusos, aunque intrínsecamente esta pueda ser
más valiosa. De nuevo, solo deberían hablar dos o tres, de uno en uno,
y sus mensajes deberían ser evaluados. Esta última restricción se aplica
también probablemente a las interpretaciones de las lenguas, puesto

---

1. Prior, *1 Corinthians*, 249–50. Este punto de vista, junto con un análisis del antiguo
   movimiento cristiano de las congregaciones domésticas más en general, lo explica en
   detalle Vincent Branick en su *The House Church in the Writings of Paul* (Wilmington:
   Glazier, 1989).

que, cuando va acompañado de su interpretación, este don cumple una función muy parecida a la de la profecía.

Es más natural asumir que la expresión "los demás" que se consigna en el versículo 29 alude al resto de la congregación, no exclusivamente a los otros profetas.[2] Si la frase "examinen con cuidado" significaba ejercer el don de discernimiento (12:10), está entonces claro que no habría ninguna garantía de que quienes tenían el don de profecía tuvieran también, necesariamente, el don de discernimiento. Sin embargo, aunque, como hemos propuesto, ejercer el don de discernimiento no es lo que Pablo quiere decir cuando habla de examinar con cuidado la profecía, sigue siendo improbable que los profetas fueran las mejores personas para evaluar los mensajes de sus compañeros. Ciertamente, cuando en el concepto de profecía se incluye la predicación llena del Espíritu, parece claro que el "laico" normal está a menudo en mejores condiciones para determinar lo bien o fielmente que se ha expresado un predicador en relación con otros colegas que han sido absorbidos en los pormenores de la teología o técnica del mensaje.[3]

El versículo 30 es paralelo al 27 en su insistencia de que los profetas, como los que hablan en lenguas, ejerzan sus dones uno por uno. El versículo 31 es análogo al 5 al ilustrar el deseo de Pablo de que todos puedan ejercer estos dones, sin implicar que todos vayan a hacerlo. Pablo se limita a dejar la puerta abierta para que el Espíritu capacite a quien quiera en una determinada ocasión. El versículo 32 demuestra que la profecía cristiana (y probablemente también las lenguas y su interpretación) no son "extáticas" en el sentido técnico del término. En otras palabras, cuando los creyentes ejercen sus dones espirituales no están nunca tan "fuera de control" que no puedan detenerse o regular su conducta. Con el versículo 33a se concluye la unidad de pensamiento que comenzó en el versículo 26 con las razones para la reglamentación de las lenguas y la profecía que acaba de estipular: orden y paz.

Los versículos 34–35 parecen bastante inoportunos en este punto. ¿Por qué parece Pablo interrumpir su exposición de estos dos dones espirituales para silenciar a las mujeres? En los versículos 37 y 39–40, el apóstol sigue tratando claramente el tema de las lenguas y la profecía. Es probable que, por esta misma razón, algunos manuscritos

---

2. Carson, *Spirit*, 120: "Si Pablo hubiera querido decir 'el resto (de los profetas)', la expresión griega debería probablemente haber sido οἱ λοιποί (*hoi loipoi*) en lugar de οἱ ἄλλοι (*hoi alloi*)".
3. Cf. además Grudem, *Prophecy*, 58–67.

tardíos sitúen los versículos 34–35 después del versículo 40. Al menos en esta posición podrían formar parte del comienzo de una nueva exposición. Un punto de vista popular en círculos teológicos más liberales es que Pablo no escribió estas palabras, sino que fueron añadidas más adelante por algún escriba mucho más conservador que el propio apóstol.[4] Pero no hay ni un solo manuscrito que no consigne estos versículos, y la reubicación textual que se produjo en algunos manuscritos es fácil de explicar siguiendo las líneas notadas anteriormente, sin recurrir a la conjetura de que los versículos 34–35 no eran lo que Pablo escribió inicialmente.

Otra popular propuesta que se ha presentado recientemente es que estos dos versículos representan otro eslogan corintio que Pablo cita solo para refutarlo en los versículos 36–38.[5] Este punto de vista demuestra ser también poco probable, por al menos siete razones: A diferencia de todas las otras consignas ampliamente reconocidas en 1 Corintios, estos versículos (1) no presentan un formato conciso o proverbial; (2) no reflejan situaciones del sector libertino de la iglesia; (3) requieren la suposición de que había un importante elemento judaizante en la iglesia, que en el resto de la carta cuenta con muy poco apoyo; (4) Pablo no matiza estas palabras, sino que las rechaza de manera categórica; y (5) hasta donde sabemos, esta representa una explicación que nunca se ha propuesto en la historia de la iglesia hasta el siglo XX. Además, (6) este punto de vista requiere que se considere la conjunción griega *e* ("o", que la NVI ha dejado sin traducir), consignada al principio del versículo 36 como un rechazo completo de lo anterior, aunque Pablo no utiliza la conjunción *e* con este sentido en ningún otro lugar. Finalmente, (7) esta perspectiva asume que la expresión "los únicos", que aparece en el versículo 36, un adjetivo masculino plural (*monous*), tiene un sentido genérico y no alude a hombres y mujeres, sino solo a los hombres, a

---

4. Ver, p. ej., Winsome Munro, "Women, Text and the Canon: The Strange Case of 1 Corinthians 14:33–35", *BTB* 18 (1988): 26–31. Pocos evangélicos se han detenido suficientemente en la consideración de este punto de vista, aunque, sorprendentemente, Fee, un excelente crítico textual, lo adopta y defiende con cierto detalle (*First Corinthians*, 699–708).

5. Dos importantes explicaciones antiguas de este acercamiento fueron las de Neal M. Flanagan y Edwina H. Snyder, "Did Paul Put Down Women in 1 Cor 14:34–36?", *BTB* 11 (1981): 10–12; y David W. Odell-Scott, "Let the Women Speak in Church: An Egalitarian Interpretation of 1 Cor 14:33b–36", *BTB* 13 (1983): 90–93. Cf. en más detalle Robert W. Allison, "Let Women Be Silent in the Churches (1 Cor. 14.33b–36)", *JSNT* 32 (1988): 27–60.

pesar de que no hay ninguna otra referencia en plural a los corintios que haga referencia a los varones sin decirlo explícitamente.

Carece igualmente de sólido fundamento la perspectiva extremadamente conservadora de que los versículos 34–35 son un mandamiento absoluto de que las mujeres guarden silencio durante las reuniones corintias de adoración. Este punto de vista debe asumir que 11:5 no implica de hecho la aprobación de Pablo de que las mujeres oren o profeticen en público, pero sin duda en tal caso el apóstol habría tenido que decirlo. De no ser así hay que asumir, sin ningún apoyo contextual, que en estos dos pasajes se habla de dos clases distintas de reuniones cristianas. O, si se tiene una idea extraordinariamente baja de Pablo, no solo como alguien que no está inspirado por el Espíritu, sino como incapaz de recordar lo que acaba de escribir, se puede entonces afirmar simplemente que se contradice. Sin embargo, estos acercamientos son, sin duda, recursos desesperados para apoyar una interpretación chovinista de 14:34–35.

Hay otro grupo de interpretaciones que parece más probable, aunque ninguna de ellas carece por completo de problemas. Ciertos elementos del trasfondo cultural podrían explicar estos mandamientos de Pablo.[6] Es posible que las mujeres de la congregación, que en su mayor parte carecían de estudios, interrumpieran la enseñanza con preguntas irrelevantes que sería mejor tratar en sus casas. Esto explicaría el lenguaje del versículo 35.[7] Puede que estuvieran "charlando", o hasta chismeando, como, según se cree, les gustaba hacer a algunas mujeres judías que se sentaban en el segregado anfiteatro de la sinagoga. O es posible que se les sorprendiera promoviendo sutilmente falsas doctrinas. Sin embargo, aunque desde un punto de vista histórico y contextual estos puntos de vista son verosímiles, ninguno de ellos consigue explicar por qué Pablo manda callar a las mujeres y no a los hombres, cuando según parece había al menos algunas mujeres cultivadas, educadas y ortodoxas y al menos algunos hombres sin estudios, poco educados y que sostenían doctrinas erróneas.[8]

---

6. Si se desea considerar un concienzudo muestreo de actitudes hacia las mujeres, así como costumbres sobre ellas, reflejado en los principales documentos del mundo grecorromano antiguo, pueden ver la obra de María R. Lefkowitz y Maureen B. Fant, *Women's Life in Greece and Rome* (Baltimore: Johns Hopkins, 1982).

7. Keener defiende hábilmente este punto de vista en el que es probablemente el mejor tratamiento igualitario de Pablo sobre las mujeres que ha aparecido hasta ahora (Keener, *Paul, Women, and Wives*, 70–100).

8. D. A. Carson se expresa con palabras más fuertes cuando califica las interpretaciones analizadas en este párrafo de "insoportablemente sexistas" ("'Silent in the Churches':

Algunos opinan también que el silencio que Pablo impone a las mujeres no es de carácter general, sino algo que solo tiene que ver con el ejercicio de las lenguas. Este punto de vista tiene a su favor su reconocimiento de que el verbo "hablar" del versículo 34 se utiliza de manera regular a lo largo de todo este capítulo para aludir a una forma de hablar carismática. Pero si el don de lenguas es un don espiritual, entonces no hay duda de que el Espíritu lo imparte soberanamente sin consideraciones de género (cf. 12:11; 11:15).

Puede, entonces, que la mejor interpretación sea considerar los mandamientos de Pablo como una prohibición a las mujeres de que participen en las decisiones finales de la iglesia sobre la legitimidad de una profecía determinada. En primer lugar, aparte de los vv. 34–35, en veinte de las veintiuna ocasiones en que la palabra "hablar" aparece en este capítulo, hace referencia, directamente o por analogía, a alguno de estos cuatro tipos de comunicación: el don de lenguas, su interpretación, la profecía o su evaluación. Los tres primeros son dones espirituales, distribuidos independientemente del género, sin embargo, la evaluación autorizada de la profecía, aunque necesitada de la participación de toda la congregación, habría sido en última instancia la responsabilidad de los líderes de la iglesia (aquellos a quienes Pablo llama en otros lugares ancianos o supervisores), y que, al menos en el siglo I, parecen haber sido exclusivamente hombres. Esta interpretación explica también por qué estos versículos aparecen en este lugar concreto. La secuencia de temas de los versículos 27–33 ha sido precisamente: el don de lenguas, su interpretación, la profecía y su evaluación, en este orden. El obvio inconveniente de este acercamiento es que ha de deducir un sentido de la palabra "hablar" que Pablo no aclara. Sin embargo, este problema afecta por igual a todos los puntos de vista que no dan a las palabras de Pablo un sentido absoluto en esta cuestión, y este parece ser el que presenta menos dificultades adicionales.[9]

¿Qué hacemos entonces con el versículo 33b? Lo entendamos como una conclusión de la oración gramatical comenzada en el versículo 33a o como una introducción de los versículos 34–35, es igualmente embarazoso. El acercamiento de la NIV parece un poco más probable. "Es difícil pensar que un principio de tanta trascendencia" como el orden de

---

On the Role of Women in 1 Corinthians 14:33b–36", en John Piper y Wayne Grudem, eds., *Recovering Biblical Manhood and Womanhood* [Wheaton: Crossway, 1991], 147).

9. Cf. además Grudem, *Prophecy*, 239–55; Hurley, *Man and Woman*, 185–94; Kistemaker, *First Corinthians*, 511–15.

Dios "se califique solo como una costumbre de las congregaciones".[10] La extraña repetición que se crea cuando se lee con el versículo 34 (literalmente, "como en todas las iglesias de los creyentes, que las mujeres en las iglesias guarden silencio") puede probablemente explicarse entendiendo que Pablo está pasando de las congregaciones no corintias a las distintas congregaciones domésticas corintias. Al parecer, estas creen tener una exclusiva de la verdad sobre una práctica que ninguna otra iglesia local ha adoptado (v. 36), por lo que Pablo les recuerda que lo que se hace en otros lugares debería también observarse en su asamblea.[11]

Como en 11:2–16, es posible que Pablo esté imponiendo el silencio solo a las mujeres casadas. Esto explicaría por qué no deben cuestionar públicamente la legitimidad de las profecías que se pronuncian en la iglesia, sino consultar a "sus propios hombres" en casa (v. 35, lo cual es sin duda una referencia a sus maridos, como lo expresa la NVI). Hacer lo contrario podría implicar un desafío público para sus maridos que contradeciría su sumisión a ellos ordenada por Dios (v. 34).[12] La "ley" de la que habla el versículo 34 no puede aludir a un específico pasaje del Antiguo Testamento que mande a las mujeres guardar silencio en la adoración pública, puesto que tal pasaje no existe. Tampoco es probable que aluda a Génesis 3:16, puesto que Pablo no cita en otros pasajes los resultados de la caída como fundamento para una deseable conducta cristiana.[13] Es más probable que esté pensando en el orden y propósito de la creación expresado en Génesis 2, como en 11:8–9, donde afirma que las mujeres han de honrar a sus cabezas.

Los versículos 36–38 desafían, pues, a los corintios a no rechazar el consejo de Pablo a la ligera. Si todas las otras iglesias cristianas practicaban lo que Pablo predicaba sobre este asunto, ¿Quiénes son ellos para pretender ser la única excepción (v. 36)? Sin duda, los que impugnaban la enseñanza de Pablo justificaban su rebeldía reivindicando la dirección del Espíritu (v. 37a). Pablo añade, por tanto, que si están siendo verdaderamente guiados por el Espíritu acabarán reconociendo que

---

10. Morris, *First Corinthians*, 196.

11. Cf. Bruce, *1 and 2 Corinthians*, 135.

12. Cf. E. Earle Ellis, "The Silenced Wives of Corinth (1 Cor. 14:34–5)", en *New Testament Textual Criticism*, ed. Eldon J. Epp and Gordon D. Fee (Oxford: Clarendon, 1981), 213–20.

13. 1 Timoteo 2:14 no es ninguna excepción, a pesar de frecuentes interpretaciones en sentido contrario. Ver Craig L. Blomberg, "Not Beyond What Is Written: A Review of Aida Spencer's *Beyond the Curse: Women Called to Ministry*", *CTR* 2 (1988): 413–14.

sus puntos de vista proceden del Señor (v. 37b). Si siguen haciendo las cosas a su manera, demuestran que no tienen conexión con el Espíritu, y el Señor continuará ignorándoles y realizando su obra sin ellos (v. 38). (La nota marginal de la NVI ["si no lo reconoce, que no lo reconozca"] se basa en una variante textual peor atestiguada, que probablemente intentaba suavizar el texto.)

Finalmente, con los versículos 39–40 Pablo concluye oportunamente los capítulos 12–14 (especialmente el último), equilibrando su doble preocupación por la libertad y la estructura. Cada don tiene su lugar, pero todos ellos han de ser utilizados para edificar la iglesia en unidad y amor.

Construyendo Puentes

Las diferencias entre las reuniones más modernas de la iglesia y el cuadro de la adoración corintia que se traza en el versículo 26 hacen que la aplicación de este versículo sea difícil. El controvertido asunto de por qué silencia Pablo a las mujeres en los versículos 34–35 ha de llevarnos a plantear aplicaciones provisionales y tentativas. No obstante, de este pasaje considerado en su conjunto surgen un buen número de importantes principios que tienen un valor transcultural.

Los versículos 26–33a ilustran facetas clave de la adoración cristiana. Como en el capítulo 12, Pablo anima firmemente la participación o uso de los dones de cada miembro. No es de extrañar que, desde un punto de vista histórico, la iglesia haya crecido, normalmente, con mayor rapidez, y haya demostrado ser más efectiva en la evangelización, cuando ha trabajado en comunidades pequeñas e informales. Puede tratarse de iglesias jóvenes, o de pequeños grupos dentro de congregaciones más extensas y establecidas.[14] Incluso las excepciones a esta tendencia, como en el caso de las respuestas masivas en grandes campañas de evangelización, tienden a no dar un fruto permanente a menos que los recién convertidos se vinculen a congregaciones locales donde puedan ser alimentados y discipulados.[15] Algo crucial para esta alimentación es conseguir que los nuevos creyentes se involucren en el ejercicio de sus dones. Como "titular" de este medio capítulo, el versículo 26 nos recuerda que los principios que Pablo aplica a la profecía y al don

---

14. Cf. Gibbs, *Church Growth*, 234–74.

15. Christopher Catherwood, *Five Evangelical Leaders* (Wheaton: Harold Shaw, 1985), 201–2.

de lenguas en los versículos 27–38 se hacen también extensivos a todos los demás dones. Y preeminente entre ellos es el de que Dios da dones para preparar a todos los miembros de la iglesia para que contribuyan al crecimiento del cuerpo (v. 12).

Los versículos 27–33a equilibran las palabras del v. 26 subrayando la necesidad de orden en la adoración. El hecho de que Pablo nunca mencione a los dirigentes de la iglesia no significa que no estén presentes. Hechos 14:23 describe a Pablo y Bernabé designando ancianos en todas las iglesias que evangelizaban. Nuestra reconstrucción del papel de los patrones en Corinto sugiere que en la iglesia tenía ciertamente poderosos dirigentes (ver Introducción, p. 20). Aunque el cristianismo, como los nuevos grupos religiosos en general, experimentó una creciente institucionalización durante los primeros siglos de su desarrollo, los datos sugieren que desde el principio tenía una estructura inherente. La exposición sobre los oficios de supervisor y diácono, con sus criterios para seleccionar a quienes han de desarrollar estos oficios (1 Ti 3:1–13; Tit 1:6–9), no puede simplemente relegarse a una fecha posterior a Pablo, sobre la mera presuposición de que él no escribió las cartas pastorales. No hay que olvidar que la carta a los Filipenses, innegablemente paulina, comienza con un saludo dirigido precisamente a estos dos tipos de servidores de la iglesia (Fil 1:1), no más tarde del año 62 d.C., solo siete años después de la redacción de 1 Corintios.[16]

El versículo 27 se combina con el 13 para mostrarnos dos formas en que puede producirse la interpretación del don de lenguas. Si un creyente sabe que tiene este último don, puede entonces proceder a hablar en lenguas con mayor confianza, sabiendo que posteriormente podrá aportar la interpretación de lo que ha dicho. Es interesante que el versículo 13 introduzca un párrafo sobre la glosolalia, en el que las lenguas no sirven para comunicar un mensaje a la iglesia, sino para orar y alabar a Dios. Es posible que en esta situación sea más natural esperar que la persona que habla en lenguas sea capaz de interpretar su propio mensaje. De este modo, tales personas podrían hablar en lenguas también en privado, aun entendiendo el significado de lo que están diciendo. El versículo 28, por otra parte, reconoce la verdad de 12:30, a saber, que no todos los que hablan en lenguas podrán necesariamente interpretar lo que dicen. Si tales personas están en asambleas cristia-

---

16. Si se desea considerar una buena exposición de la compatibilidad de estructuras de autoridad con el ejercicio espontáneo de los *charismata* en las iglesias fundadas por Pablo, ver Ellis, *Pauline Theology*, 87–121.

nas en las que no saben si alguien más tiene el don de la interpretación, deberían proceder con cautela.

En aquellos contextos en que la glosolalia se experimenta por primera vez, es probablemente apropiado que quienes creen que Dios les está llevando a hablar en lenguas "lancen un globo sonda" y tomen la iniciativa de hablar en un momento oportuno y que no interrumpa a otra persona. Sin embargo, lo mejor es, probablemente, que procedan con cautela, si no detectan una actitud abierta hacia las lenguas en aquella comunidad cristiana. Pero si no va a haber interpretación, tales personas deberían abstenerse de seguir hablando en lenguas en esa congregación hasta que no sepan que hay un intérprete. Esto puede suceder, por ejemplo, cuando otro miembro de la iglesia admite haber creído entender el mensaje pero no haberlo dicho públicamente por temor o timidez.

Teniendo en cuenta nuestra interpretación de los versículos 5a y 31, hemos de seguir insistiendo en que los creyentes nunca deben hacer de un determinado don un criterio de alguna forma de espiritualidad. No es correcto insistir en que todos los cristianos han de profetizar, hablar en lenguas o experimentar cualquier otro don espiritual determinado. Estos versículos sí muestran, no obstante, que todos los creyentes pueden, potencialmente, recibir un don específico, incluidos estos dos. Sigue, pues, siendo apropiado que oremos pidiendo un don si pensamos de todo corazón que su ejercicio beneficiaría a la iglesia; sin embargo, no podemos pretender que Dios tenga que dárnoslo necesariamente.

Estos versículos implican también, casi con toda seguridad, que Pablo anticipa una soberana distribución de dones, por parte del Espíritu, con independencia del género de los receptores, como en 12:11. Tampoco es necesario diferenciar estos versículos de 12:29 arguyendo que todos los creyentes pueden profetizar o hablar en lenguas de manera ocasional, mientras que solo algunos lo hacen lo suficientemente a menudo como para que los demás consideren que tienen dones en estas áreas. No hay ninguna indicación en la Escritura de que la posesión o no de un don se base en la frecuencia con que este se utiliza. Es cierto que, en algunos casos, esta misma terminología puede utilizarse para aludir a dones y oficios por igual (enseñanza/maestro, pastorear/pastor, y quizá profecía/profeta), sin embargo, en 1 Corintios 12–14 no hay indicios de que Pablo tenga en mente algún oficio.[17]

Los versículos 27–32 refutan también cualquier reivindicación de "éxtasis" en la práctica del don de lenguas, la interpretación y la profe-

---

17. Cf. además Grudem, *The Gift of Prophecy*, 234–38.

cía. Si alguien está "fuera de control" en el supuesto ejercicio de estos dones, ¡tal persona no está siendo controlada por el Espíritu Santo! Estos versículos demuestran también que ni siquiera los dones más sobrenaturales conllevan la misma autoridad que la Escritura, ya que, si se siguen cuidadosamente las directrices que establece Pablo, es concebible que una revelación pudiera quedar para siempre inexpresada. "No se llega a la verdad por una cuestión de cantidad".[18] Es más, sería temerario asumir que aun el verdadero don de lenguas o la profecía sean forzosamente comunicados o interpretados de manera inerrante, de otro modo no habría razón para que la congregación tuviera que ser exhortada a examinar "con cuidado lo dicho" (v. 29).

Un buen ejemplo de este problema lo tenemos en Hechos 21:4. En este texto, Lucas comenta que los cristianos de Tiro instaron a Pablo "por medio del Espíritu" (exactamente la misma expresión que se utiliza para describir las palabras proféticas de Agabo en Hechos 11:28) a que no subiera a Jerusalén. En 21:11, Agabo llega a Cesarea y declara en el nombre del Espíritu que Pablo será encarcelado si sigue adelante con sus planes de ir a Jerusalén. Sin embargo, el apóstol sigue sin estar convencido, y cuando decide seguir adelante con el viaje, sus colaboradores responden: "¡Que se haga la voluntad del Señor!". Alguien ha malentendido la voluntad del Señor ¡y no parece probable que haya sido Pablo! Lo más probable es que los cristianos de Tiro hubieran recibido el mismo mensaje que Agabo, pero interpretaron erróneamente la predicción de lo que le sucedería al apóstol como una orden de que no siguiera adelante con sus planes. Sin embargo, estos presentan el mensaje del Señor como si fuera el Espíritu el que decía a Pablo que no continuara.[19] No cabe duda de que los cristianos deben tener la libertad de probar y rechazar lo que otros creyentes afirman que Dios les ha revelado en privado, si ello no coincide con el modo en que, según creen, Dios les está guiando personalmente.

¿Qué criterios pueden, pues, aplicarse en la evaluación de la profecía cristiana? Michael Green propone siete preguntas: (1) ¿Glorifica a Dios más que al que habla, a la iglesia o a la denominación? (2) ¿Está de acuerdo con la Escritura? (3) ¿Edifica a la iglesia? (4) ¿Se expresa en amor? (5) ¿Se sujeta la persona que habla al juicio y consenso de otras personas con una actitud de humildad espiritual? (6) ¿Tiene la persona que habla control de sí misma? (7) ¿Hay una razonable cantidad de ins-

---

18. Harrisville, *1 Corinthians*, 242.
19. Sobre este ejemplo, ver especialmente Murray J. Harris, "Appendix: Prepositions and Theology in the Greek New Testament", en *NIDNTT*, vol. 3, 1183.

trucción, o parece un mensaje excesivamente detallado?[20] Aun después de utilizar este tipo de criterios, a menudo seguirá habiendo ambigüedades, que reforzarán nuestra convicción de que no puede confiarse de manera absoluta en este tipo de mensajes. Sin embargo, cuando claramente se violan varios de estos principios, la iglesia debería pedirle a la persona en cuestión, de manera amorosa pero firme, que deje de reivindicar el supuesto don de profecía, o como mínimo que trabaje con un mentor en un contexto más reducido y menos público para cultivar sus dones a fin de que pueda utilizarlos de un modo más fiel o apropiado.

Una aplicación válida de los versículos 34–35 depende obviamente de la opción adoptada sobre el sentido original de estos versículos. Si Pablo no los escribió o si reflejan un eslogan corintio que el apóstol refuta, es evidente que podemos ignorar las órdenes que contienen e incluso esforzarnos en combatir una mentalidad parecida en el cristianismo contemporáneo. Pero si expresan el pensamiento de Pablo, como parece muy probable, entonces, si los ignoramos nos exponemos a ciertos peligros (vv. 36–38). Aun así, esto no significaría necesariamente que estos versículos sigan siendo normativos en nuestros días, al menos no en todos los detalles. Si se acepta alguna de las explicaciones culturales para que Pablo imponga el silencio a las mujeres, los cristianos de hoy solo insistirán en este asunto cuando se manifiesten problemas comparables (falta de formación, charlas que molesten a los demás o la promoción de falsas doctrinas). E impondrán asimismo el silencio a aquellos hombres que caigan en estas mismas cuestiones.

Si lo que Pablo tiene en mente es la evaluación de la profecía, entonces hay otras varias opciones sobre la mesa. Para los comentaristas que limitan la profecía a sus manifestaciones más espontáneas, la aplicación de los versículos 34–35 se limitará a las congregaciones más carismáticas, allí donde se produzcan. Aquellos que adoptan una concepción más amplia de la profecía plantearán de nuevo la cuestión de las mujeres en los niveles más elevados del liderazgo cristiano. Si quienes ejercían el oficio de anciano/supervisor eran los únicos responsables de la enseñanza y el desempeño de la autoridad sobre la congregación (1Ti 3:2; 5:17), entonces es posible que Pablo esté excluyendo a las mujeres de ejercer este (y solo este) oficio. Esta interpretación, dicho sea de paso, tiene buenas probabilidades de explicar la combinación de verbos ("enseñar" y "ejercer autoridad") que aparece en 1 Timoteo 2:12. En este texto, Pablo hace referencia al oficio de supervisor, cuya natura-

---

20. Green, *Corinth*, 77–78.

leza y requisitos explica inmediatamente en los primeros versículos del capítulo 3.[21] Pero si el término "mujeres" se interpreta como "esposas", estas restricciones no impedirían que las mujeres solteras ejercieran como ancianos, ni que maridos y esposas desempeñaran juntos roles de liderazgo, ni privarían a las mujeres de ejercer este oficio en iglesias de las que sus maridos no son miembros (aunque este último supuesto no es muy deseable por otros motivos).[22] Y, como se ha observado al comentar 11:2–16, cuando se trata de temas sensibles, como el liderazgo de las mujeres, nuestras concepciones estarán en última instancia gobernadas por nuestra síntesis de todo el material bíblico pertinente a esta cuestión.

Curiosamente, Pablo ofrece los tres mismos argumentos para sus mandamientos en los versículos 33b–35 que en 11:2–16, cuando hablaba de honrar a la propia cabeza. Estos son el de la vergüenza por cuestiones culturales (v. 35), el de la práctica universal de las iglesias del tiempo de Pablo (v. 33b) y una apelación al orden de la creación (v. 34). Como en el capítulo 11, el mandamiento específico se apoya en argumentos basados en situaciones concretas, aunque el principio más amplio de la sumisión se apoya en una apelación a un imperativo intemporal.[23] Así, las mujeres casadas en otro tiempo y lugar deben sentirse libres para participar, aun en la evaluación de la profecía y más allá del nivel general ya implícito en el versículo 29, siempre que no lo hagan desde una posición de liderazgo que ponga en jaque la deferencia que, por mandato de Dios, deben a sus maridos.

En los versículos 39–40, Pablo redondea su exposición con unas conclusiones sorprendentemente equilibradas. No es prudente excluir ningún don espiritual asumiendo que su ejercicio estuvo limitado a un periodo anterior, o que este sea indicativo de la inmadurez de ciertos creyentes o congregaciones. Pero tampoco lo es hacer de ningún don determinado, en especial del don de lenguas y de profecía, un criterio para determinar ciertas realidades espirituales. La unidad y la edificación mutua son siempre las metas primordiales. Todo debe hacerse decentemente y en orden. Pero la última palabra de Pablo en este pasaje no avala una ortodoxia muerta. Las buenas costumbres están muy condicionadas por la cultura. El capítulo 14 subraya, aun así, la espontanei-

---

21. Ver Blomberg, "Not Beyond", 411–13.
22. Cf. Craig L. Blomberg, "The Globalization of Biblical Understanding", en *The Globalization of Theological Education*, ed. Robert A. Evans, Alice F. Evans y David Roozen (Maryknoll: Orbis, 1993), 219.
23. Cf. Stephen Clark, *Man and Woman in Christ* (Ann Arbor: Servant, 1980), 183–89.

dad y la libertad.[24] La iglesia debería ser un lugar que rebosa de gozo y vida, pero nunca de tal modo que los no creyentes se sientan repelidos, o los creyentes alienados entre sí.

Significado Contemporáneo Algunos importantes sectores del mundo cristiano siguen insistiendo en que quienes realmente desean estar en el centro de la actividad de Dios han de experimentar alguno de los dones aparentemente más sobrenaturales, una insistencia que contradice de plano la teología de Pablo en este medio capítulo. En otros casos, las iglesias no acaban de cumplir este mandato y siguen violando, semana tras semana, las reglas que presenta Pablo para regular el don de lenguas y el de profecía. Se pasa repetidamente por alto la necesidad de poner a prueba o cuestionar palabras que, presuntamente, ha inspirado el Señor; de hecho, no se prevé ningún mecanismo para poder hacerlo. En las reuniones de estos grupos, son muchas más de dos o tres las personas que hablan en lenguas. Se enseña a los creyentes a reclamar por fe un cierto don en oración, y en algunos casos a hacer esta petición mientras se les impone las manos, aunque Pablo deja claro que no puede tenerse la certeza de que Dios vaya a concederles lo que piden.

Más sutilmente, algunas iglesias dedican un periodo regular a la oración masiva en lenguas en el cual un gran número de creyentes se expresan de este modo en voz alta, justificando esta práctica como un ejercicio colectivo del lenguaje privado de oración. Sin embargo, los no creyentes pueden tener la misma reacción ante esta conducta que ante el uso normal del don de lenguas (recuérdese el versículo 23), de modo que esta prestidigitación teológica parece difícil de defender. Cuando Pablo dice "dos —o cuando mucho tres—", y "cada uno por turno" (v. 27), quiere decir exactamente esto. Y el lenguaje privado de oración es para la edificación personal y privada. "La edificación de la comunidad es la razón esencial para los encuentros colectivos de adoración. Probablemente, no deberían convertirse en una reunión colectiva de mil experiencias individuales de adoración."[25]

---

24. William Richardson, "Liturgical Order and Glossolalia in 1 Corinthians 14.26c–33a", *NTS* 32 (1986): 150: "Pablo dice poco que pudiera inhibir el elemento entusiasta; sus directrices tienen solo que ver con la manera de compartir esta experiencia con el grupo".
25. Fee, *First Corinthians*, 667.

La iglesia no carismática, por otra parte, tiene que aprender un buen número de lecciones del versículo 26. Si Dios imparte dones a cada creyente para la edificación colectiva de la comunidad reunida, deben proveerse oportunidades para que los miembros de la iglesia ejerzan tales dones en la adoración pública. Una de las pocas iglesias modernas que ha captado este acento han sido los Hermanos de Plymouth, sin embargo, aun sus "espontáneas" participaciones acaban siendo bastante previsibles.

Si Pablo se dirigiera a una congregación normal de nuestro tiempo, su consejo tendría que ir en dirección contraria. En lugar de una desestructurada espontaneidad generadora de algarabía, tendría que vérselas con un orden bien regulado de la adoración que a menudo fomenta el aburrimiento. Aun las iglesias más pequeñas a menudo ofrecen a sus miembros un programa impreso o fotocopiado que detalla, en orden, todo lo que va a suceder durante el servicio, y una vez ha sido impreso se convierte en algo sagrado para quienes lo han planeado. Y la probabilidad de que el Espíritu lleve a alguien a decir o hacer algo que no se previó el martes cuando se hicieron las copias del programa es muy remota.[26]

Los programas de culto no son necesariamente malos, pero si queremos utilizarlos han de ser en sí una oportunidad para que los congregantes puedan compartir de manera más espontánea el modo en que el Señor les ha guiado a contribuir a la adoración. Algunas iglesias han conseguido este propósito de manera efectiva incluyendo en el programa un periodo en el que cualquiera puede pedir o cantar un himno, compartir un breve mensaje, orar públicamente, compartir la respuesta a una petición, etcétera. Si las reuniones del domingo por la mañana son demasiado numerosas y la mayoría de las personas no se sienten cómodas para participar abiertamente de este modo, han de encontrarse otros escenarios en que sí puedan hacerlo (por ejemplo, en la escuela dominical, durante otras reuniones de adoración, o en reuniones domésticas de grupos pequeños). Aun más significativo podría ser el resurgimiento del movimiento de congregaciones domésticas, tanto en ambientes carismáticos como también, cada vez más, en círculos no carismáticos. En zonas donde hay varias congregaciones domésticas afines en un radio geográfico razonablemente próximo, estas pueden reunirse periódicamente para participar de la adoración y la instrucción

---

26. Chafin, *1 and 2 Corinthians*, 173.

en un grupo más numeroso y para disfrutar de los recursos que ninguna de ellas posee por sí sola.[27]

Los versículos 27–33 nos recuerdan, al mismo tiempo, que por creativa o flexible que sea la estructura de la reunión de adoración, los dirigentes debidamente reconocidos deben tener autoridad para intervenir y corregir cuando se contradice o desobedece la Escritura. Cuando en una reunión alguien habla en lenguas, si nadie procede a dar una interpretación del mensaje, el dirigente debe pedir que alguien la dé. Si aun así nadie lo hace, el dirigente ha de pedir que no haya más participaciones en lenguas en aquella reunión. Este es, de hecho, el procedimiento que hoy siguen muchas iglesias, sin embargo, otras veces se permite pasivamente que se hable públicamente en lenguas sin que haya interpretación.

En otros casos, si nadie responde a la petición de una interpretación, la ofrece el propio, o la propia, dirigente de la reunión. En tales casos, es difícil eludir la sospecha de que tal "interpretación" es inventada. Si Dios le hubiera dado realmente la interpretación, la persona en cuestión debería haberla expresado de inmediato. Lamentablemente, ofrecer una interpretación cuando nadie más la tiene, suena más bien a un recurso para "salvar las apariencias".

Una forma, un tanto atrevida pero confiable, sin duda, de poner a prueba la autenticidad de la práctica de interpretar lenguas en un determinado contexto es que alguien que conoce genuinamente un idioma extranjero desconocido para los demás de la congregación pronuncie un breve mensaje en esa lengua. Si alguien da una interpretación que no se ajusta al significado de lo que se ha dicho, como ha sucedido en ocasiones cuando se ha realizado esta prueba, podemos estar seguros de la supuesta "interpretación" no procedía del Espíritu.[28]

La comparación de los versículos 1–33a con la práctica cristiana contemporánea sugiere dos generalizaciones con muchas excepciones. En primer lugar, grandes sectores del cristianismo carismático hacen tanto hincapié en supuestas palabras del Señor, bajo varias etique-

---

27. A las últimas se las llama cada vez más "iglesias celulares"; a las primeras, "metaiglesias". Quienes deseen más información sobre iglesias celulares, pueden ver ahora la publicación *Cell Church Magazine*, que inició su andadura en 1992. Hay una detallada descripción de las metaiglesias en Carl F. George, *Prepare Your Church for the Future* (Old Tappan, N.J.: Fleming Revell, 1991).

28. Cf. Carson, *Spirit*, 87. ¡Uno se pregunta, sin embargo, si "falsear" una lengua es menos inaceptable que "falsear" una interpretación!

tas, tan manidas, repetitivas y de naturaleza tan previsible que uno no puede evitar la sensación de que la mayoría de ellas son de fabricación humana. Dios no se dedica de manera sistemática a utilizar medios milagrosos para llamar la atención de las personas sobre cuestiones que son obvias o corrientes. Es probable que, dentro de estos círculos, algunas personas experimentaran el auténtico don y que otros, queriendo tener el mismo éxito o siendo animados a hacer lo mismo, hayan imitado los verdaderos dones con sus propias fuerzas. Por otra parte, grandes sectores del cristianismo no carismático están tan esclavizados a los patrones tradicionales de adoración que el Espíritu no podría abrirse paso sin generar una importante alteración del orden establecido. Una considerable mayoría de los miembros de la iglesia están convencidos de que sus dones no cuentan. No es de extrañar que tales personas se queden relativamente al margen de la actividad eclesial. Generalmente, ambos grupos reproducen la adoración según el ejemplo de sus predecesores espirituales inmediatos en lugar de esforzarse genuinamente por reacondicionarla según el modelo de 1 Corintios 14.[29]

Cuando pasamos a los versículos 33b–38, entramos en otro laberinto de aplicaciones enfrentadas. No es de extrañar que muchos igualitarios salten rápidamente a respaldar alguna de las dos interpretaciones menos probables, a saber, que los versículos 34–35 son una interpolación o un eslogan corintio. Como era igualmente de esperar, algunos jerárquicos siguen intentando defender una interpretación absolutista de estos versículos, a pesar de 11:5, y en este proceso también ellos dejan el sentido común fuera de la exégesis. Es posible mantener una mayor credibilidad y seguir siendo igualitario o jerárquico, apoyando alguna de las otras posiciones que antes hemos analizado (ver comentarios pertinentes). Si Pablo está dando respuesta a una falta de educación, a un problema de charlas inoportunas o de falsas doctrinas, hay que buscar, en tal caso, analogías contemporáneas. En aquellos lugares en que los creyentes carecen hasta tal punto de formación que sus preguntas interrumpen excesivamente los procedimientos de una reunión o el desarrollo normal de un periodo de instrucción, ha de impartírseles más enseñanza en privado. Muchas iglesias suplen esta necesidad de manera efectiva con clases especiales para posibles o nuevos miembros y con un programa de estudios en varios niveles para aquellos adultos que han de aprender lo esencial de la fe antes de entrar en conocimientos más avanzados. Lamentablemente, en algunas congregaciones se

---

29. Para empezar con buen pie, ver Ronald Allen y Gordon Borror, *Worship: Rediscovering the Missing Jewel* (Portland: Multnomah, 1982).

tolera que ciertos adultos y adolescentes hablen sin cesar durante la reunión de adoración, o vayan y vengan a voluntad, de maneras que impiden a los demás concentrase por completo en la adoración. Puede resultar muy provechoso que desde el púlpito se hable con tacto para poner freno a este tipo de conductas.

Si el asunto que se trata en los versículos 34–35 es la evaluación de la profecía por parte del consejo de ancianos varones de Corinto, hemos de preguntarnos cuáles son en nuestros días los equivalentes de los ancianos. Normalmente, lo que más se acerca a este cargo, al menos en las iglesias de perfil congregacional, es el cargo de pastor principal, excepto en aquellos casos poco frecuentes en que hay un cuerpo de ancianos formado por individuos que comparten una responsabilidad igual en la enseñanza y la dirección de los asuntos de la congregación. En las formas de gobierno eclesial presbiterianas o episcopales, aun los pastores principales están sujetos a estructuras de autoridad más extensas, de manera que, probablemente, la subordinación de las mujeres podría preservarse aun cuando una mujer sea la pastora principal en el nivel congregacional. No debe impedirse a las mujeres el pleno ejercicio de sus dones espirituales asfixiando sus aportaciones al liderazgo de la iglesia en general, y a la evaluación de los supuestos mensajes de Dios en particular.

Es importante que tanto los hombres como las mujeres evalúen con mayor lógica y discernimiento los mensajes que sus dirigentes les proclaman semana tras semana. El nuestro es el tiempo del liderazgo cristiano profesional. Crédulas congregaciones engullen sermones aunque su contenido promueva claras herejías en muchas iglesias liberales, racismo y otras formas de discriminación en muchas iglesias conservadoras, y errores y banalidades menos serios en ambos contextos. Mejores son los modelos en que los mensajes del domingo por la mañana se debaten el domingo por la tarde (o en otro momento) en formatos participativos de pregunta y respuesta o coloquiales, o aquellos en que los pastores consultan con un grupo de cristianos con formación teológica antes y/o después de los sermones para ayudarle en la preparación y la evaluación.[30]

Se está produciendo un fenómeno igualmente perturbador que es el de los cristianos que dan más confianza a algún predicador itinerante famoso que a sus pastores locales. Es bueno invitar, de vez en cuando, a otros oradores que puedan aportar una nueva perspectiva y energía a

---

30. Cf., e.g., Roger E. van Harn, *Pew Rights* (Grand Rapids: Eerdmans, 1992), 149–59.

la iglesia, pero muchas iglesias dependen de maestros y predicadores de fuera de sus círculos para que proporcionen un nivel de competencia que deberían estar cultivando entre sus miembros. Un profesor de seminario, por ejemplo, puede ofrecer una amplitud de aprendizaje bíblico y teológico a la que pocas personas de cualquier congregación local han tenido acceso; sin embargo, con la gran cantidad de comentarios y otras herramientas de estudio bíblico que hoy tenemos a nuestro alcance en el mundo occidental, tendríamos que alentar a todos los miembros de la iglesia a que utilicen estos recursos con regularidad.

Los versículos 36–38 ponen en tela de juicio lo apropiado de la persistente vinculación a las distinciones denominacionales que impiden que la iglesia evangélica contemporánea consiga una unidad poderosa y visible. Si solo una pequeña rama del cristianismo contemporáneo sostiene una determinada doctrina o práctica, es probable que no esté claramente prescrita en la Escritura y, por consiguiente, no sea lo suficientemente importante como para dividir a los creyentes. La excepción más importante de este principio tiene que ver con cuestiones de discriminación por razones de raza, sexo, edad y cosas de este tipo, precisamente porque los grupos segregados son, por definición, minorías. Sin embargo, las iglesias han de imitar el amplio consenso sobre los fundamentos de la fe logrado por muchas organizaciones dentro del movimiento paraeclesial.[31] De ser así, los puntos de vista sobre el bautismo, las formas de gobierno de la iglesia, la escatología, etcétera, no impedirían que las iglesias trabajaran en proyectos conjuntos para la promoción de las prioridades del reino. Y no hay duda de que las ideas sobre el papel de la mujer se sitúan en esta categoría.

Necesitamos desesperadamente darnos unos a otros la libertad de disentir, de establecer modelos alternativos, de estimular a las congregaciones locales a decidir por sí mismas y de acuerdo con su mejor comprensión de la Escritura, lo que hombres y mujeres deben hacer o no en la familia y en la iglesia. Igualitarios y jerárquicos por igual deben dejar de acusarse unos a otros de no ser bíblicos y reconocer más humildemente que los datos de la Escritura no son lo suficientemente claros como para autorizar el dogmatismo de ninguna de las dos posiciones.

---

31. Pienso especialmente en las declaraciones doctrinales ampliamente reconocidas de la National Association of Evangelicals (Asociación Nacional Evangélica), la International Fellowship of Evangelical Students (Confraternidad Internacional de Estudiantes Evangélicos) y los diferentes documentos del Comité de Lausana para la Evangelización Mundial.

Esto mismo se aplica también a carismáticos y no carismáticos. Los versículos 39–40 terminan con palabras sorprendentemente claras que, no obstante, desobedecen grandes sectores de la iglesia contemporánea. Muchos no carismáticos prohíben de plano el ejercicio del don de lenguas, mientras que muchos carismáticos rara vez se acercan a adorar decentemente y con orden. Como comenta Fee:

> Es hasta cierto punto interesante que personas que creen de manera tan firme en la Biblia como Palabra de Dios inviertan al mismo tiempo tanta energía intentando soslayar el claro sentido de los versículos 39–40. Sin duda, es irónico. Para Pablo, sus afirmaciones en estos capítulos son mandamientos del Señor; uno se pregunta cómo aplicaría el versículo 38 a quienes rechazan totalmente este mandamiento.[32]

Por otra parte, si una mayoría de cristianos obedeciera los mandamientos de Pablo, la mayor parte de las divisiones producidas por los fenómenos carismáticos podría evitarse y el dominante deseo de Pablo por el mutuo fortalecimiento de los creyentes se vería cumplido en mayor grado. En ciertos círculos, la mejor ilustración del equilibrio que ordena Pablo aparece en el movimiento de renovación carismática dentro de las iglesias litúrgicas. Sin embargo, allí donde se consigue una ejemplar combinación de estructura y libertad, se entrometen, a veces, otro tipo de problemas, como por ejemplo los derivados de un liderazgo autoritario carismático que combina su dominación con el peso de una elaborada jerarquía denominacional por encima de ellos. El ideal de Pablo parece estar en una combinación de verdadero gobierno congregacionalista, con un buen equilibrio entre espontaneidad y estructura en la adoración. Sin embargo, este tipo de iglesias siguen siendo muy escasas.

---

32. Fee, *First Corinthians*, 713.

1 Corintios 15:1–34

Ahora, hermanos, quiero recordarles el evangelio que les prediqué, el mismo que recibieron y en el cual se mantienen firmes. ² Mediante este evangelio son salvos, si se aferran a la palabra que les prediqué. De otro modo, habrán creído en vano.

³ Porque ante todo les transmití a ustedes lo que yo mismo recibí: que Cristo murió por nuestros pecados según las Escrituras, ⁴ que fue sepultado, que resucitó al tercer día según las Escrituras, ⁵ y que se apareció a Cefas, y luego a los doce.

⁶ Después se apareció a más de quinientos hermanos a la vez, la mayoría de los cuales vive todavía, aunque algunos han muerto.

⁷ Luego se apareció a Jacobo, más tarde a todos los apóstoles, ⁸ y por último, como a uno nacido fuera de tiempo, se me apareció también a mí.

⁹ Admito que yo soy el más insignificante de los apóstoles y que ni siquiera merezco ser llamado apóstol, porque perseguí a la iglesia de Dios. ¹⁰ Pero por la gracia de Dios soy lo que soy, y la gracia que él me concedió no fue infructuosa. Al contrario, he trabajado con más tesón que todos ellos, aunque no yo sino la gracia de Dios que está conmigo. ¹¹ En fin, ya sea que se trate de mí o de ellos, esto es lo que predicamos, y esto es lo que ustedes han creído.

¹² Ahora bien, si se predica que Cristo ha sido levantado de entre los muertos, ¿cómo dicen algunos de ustedes que no hay resurrección? ¹³ Si no hay resurrección, entonces ni siquiera Cristo ha resucitado. ¹⁴ Y si Cristo no ha resucitado, nuestra predicación no sirve para nada, como tampoco la fe de ustedes. ¹⁵ Aún más, resultaríamos falsos testigos de Dios por haber testificado que Dios resucitó a Cristo, lo cual no habría sucedido, si en verdad los muertos no resucitan. ¹⁶ Porque si los muertos no resucitan, tampoco Cristo ha resucitado. ¹⁷ Y si Cristo no ha resucitado, la fe de ustedes es ilusoria y todavía están en sus pecados. ¹⁸ En este caso, también están perdidos los que murieron en Cristo. ¹⁹ Si la esperanza que tenemos en Cristo fuera sólo para esta vida, seríamos los más desdichados de todos los mortales.

²⁰ Lo cierto es que Cristo ha sido levantado de entre los muertos, como primicias de los que murieron. ²¹ De hecho, ya que la muerte

vino por medio de un hombre, también por medio de un hombre viene la resurrección de los muertos. ²² Pues así como en Adán todos mueren, también en Cristo todos volverán a vivir, ²³ pero cada uno en su debido orden: Cristo, las primicias; después, cuando él venga, los que le pertenecen. ²⁴ Entonces vendrá el fin, cuando él entregue el reino a Dios el Padre, luego de destruir todo dominio, autoridad y poder. ²⁵ Porque es necesario que Cristo reine hasta poner a todos sus enemigos debajo de sus pies. ²⁶ El último enemigo que será destruido es la muerte, ²⁷ pues Dios «ha sometido todo a su dominio». Al decir que «todo» ha quedado sometido a su dominio, es claro que no se incluye a Dios mismo, quien todo lo sometió a Cristo. ²⁸ Y cuando todo le sea sometido, entonces el Hijo mismo se someterá a aquel que le sometió todo, para que Dios sea todo en todos.

²⁹ Si no hay resurrección, ¿qué sacan los que se bautizan por los muertos? Si en definitiva los muertos no resucitan, ¿por qué se bautizan por ellos? ³⁰ Y nosotros, ¿por qué nos exponemos al peligro a todas horas? ³¹ Que cada día muero, hermanos, es tan cierto como el orgullo que siento por ustedes en Cristo Jesús nuestro Señor. ³² ¿Qué he ganado si, sólo por motivos humanos, en Éfeso luché contra las fieras? Si los muertos no resucitan, «comamos y bebamos, que mañana moriremos».

³³ No se dejen engañar: «Las malas compañías corrompen las buenas costumbres.» ³⁴ Vuelvan a su sano juicio, como conviene, y dejen de pecar. En efecto, hay algunos de ustedes que no tienen conocimiento de Dios; para vergüenza de ustedes lo digo.

Sentido Original | Este es el primer tema importante de la segunda mitad de la carta, que trata asuntos suscitados por la correspondencia corintia (7:1–16:4) y que no contiene ningún indicio de lo que habían escrito los corintios. Tampoco comienza con ninguna frase del estilo de "en cuanto a", como 7:1; 8:1 y 12:1. Puesto que en 1 Corintios 16:1 Pablo utilizará de nuevo esta expresión, es posible que la omita aquí por una cuestión de variedad estilística. O puede también que el apóstol diseñara esta sección para que estuviera más estrechamente vinculada a los capítulos 12–14, tratando algunas de las cosas que proclamaban los profetas corintios y los que hablaban en lenguas. Una tercera posibilidad es que el capítulo 15 trate la cuestión no expresada que subyace tras todos los otros problemas que enfrentaban los corintios.

En cualquier caso, está claro que Pablo responde al desafío que supone la posición de algunos miembros de la iglesia corintia especificada en el versículo 12 ("¿cómo dicen algunos de ustedes que no hay resurrección?"). Es casi seguro que esta negación de la resurrección por parte de los corintios no suponía una negación de la vida después de la muerte, que era una creencia prácticamente universal en el mundo antiguo. Lo que estos corintios disputaban era, probablemente, la doctrina judía y cristiana de la resurrección corporal, posicionándose a favor de una creencia más cercana a la idea griega, que limitaba la vida tras la muerte a una inmortalidad incorpórea del alma (cf. 2Ti 2:17–18). En consonancia con su escatología excesivamente consumada (ver p. 27), y con lo que afirmarían más adelante algunos gnósticos, es posible que tales personas estuvieran aplicando el lenguaje de la resurrección al estado de transformación espiritual que creían haber logrado ya en esta vida.[1]

El capítulo 15 se divide en dos secciones principales. En los versículos 1–34, el apóstol presenta los argumentos a favor de la resurrección corporal, mientras que en 35–58 analiza la naturaleza de los cuerpos de resurrección. La primera sección se divide también en dos partes. Los versículos 1–11 reiteran la resurrección corporal de Cristo. Los versículos 12–34 trazan las consecuencias de creer y no creer en este hecho. La primera de estas partes tiene a su vez tres elementos. Los versículos 1–2 representan una introducción del tratamiento de la resurrección de Pablo. Los versículos 3–8 repasan el antiguo credo o confesión cristianos sobre la muerte y resurrección de Cristo. Y en los versículos 9–11 Pablo subraya su singular papel como extemporáneo testigo del Señor resucitado.

Pablo comienza recordándoles a los corintios lo que no deberían haber olvidado. Con un amago de ironía, lo que realmente les dice es "les hago saber", utilizando su lenguaje preferido sobre el conocimiento (*gnosis*), como si nunca antes hubieran oído hablar de esta doctrina fundamental (v. 1). Sin embargo, esto fue lo que habían creído cuando se hicieron cristianos, y solo creyendo en un Jesús corporalmente resucitado pueden demostrar la realidad de su fe y perseverar hasta el fin (v.

---

1. Quienes deseen más detalles sobre este trasfondo, pueden ver especialmente Richard A. Horsley, "'How Can Some of You Say That There Is No Resurrection of the Dead?': Spiritual Elitism in Corinth", *NovT* 20 (1978): 203–11.

2). La expresión "en vano", consignada al final del versículo 2 podría también traducirse "a la ligera" o "de manera irreflexiva".[2]

En los versículos 3–7 Pablo repite la tradición fundamental que en un principio les había enseñado a los corintios. Aunque Pablo se había hecho cristiano y había revisado, por tanto, las doctrinas básicas (entre ellas, la resurrección de Cristo) tras su directo encuentro con el Señor resucitado en el camino de Damasco (Gá 1:12), no habría tenido noticia de todos los testigos presenciales a que se refiere en este texto hasta no haber hablado posteriormente con dos de ellos, Pedro y Jacobo (Gá 1:18–24).[3] La antigua tradición contenía sin duda referencias a la muerte, sepultura y resurrección de Cristo y, al menos, a una de las apariciones. Su inclusión aquí hace de este texto el testimonio más antiguo de la resurrección, oral o escrito, una tradición que es "de capital importancia" (v. 3; una lectura más probable que la que consigna la nota marginal de la NVI, "al principio").

La frase "que Cristo murió" (v. 3) refuta el pensamiento de los docetas, que creían que Cristo solo era humano en apariencia (puesto que creían también que la materia era intrínsecamente mala). El hecho de que muriera "por nuestros pecados" apunta a una expiación vicaria (pagar en nuestro lugar la pena que merecíamos nosotros). La expresión, "según las Escrituras" alude probablemente a pasajes como los de Isaías 52–53, que hablan del siervo sufriente de Dios. La sepultura de Jesús (v. 4) certifica de nuevo que murió realmente y también mira hacia adelante, al sepulcro vacío y a la realidad de la resurrección. Cuando Pablo utiliza la frase "al tercer día", está haciendo un cómputo inclusivo: el Viernes Santo es el primer día, el sábado, el segundo, y el Domingo de Resurrección, el tercero. No está tan claro cuáles son los textos bíblicos que apuntan a la resurrección al tercer día. Es posible que Pablo solo quisiera decir que las Escrituras daban testimonio de la resurrección de Cristo, pensando en pasajes como Salmos 16:8–11 y 110:1–4 (cf. Hch 2:24–36). En este caso, la expresión "según las Escrituras" modificaría solo al verbo "resucitó" y no la cláusula "al tercer día." Pero es posible

---

2. Robertson y Plummer, *First Corinthians*, 332.
3. Para una armonización de Gálatas 1 y 1 Corintios 15, ver especialmente, Ronald Y. K. Fung, "Revelation and Tradition: The Origin of Paul's Gospel", *EvQ* 57 (1985): 23–41. En el ámbito académico, se ha producido un considerable debate (con poco consenso) valorando hasta qué punto los versículos 3–7 reflejan lo que Pablo recibió de la tradición. Quienes deseen un resumen de este asunto, ver John Kloppenborg, "An Analysis of the Pre-Pauline Formula in 1 Cor 15:3b–5 in Light of Some Recent Literature", *CBQ* 40 (1978): 351–67.

que encontrara también algún significado tipológico en las referencias a las vindicaciones, por parte de Dios, al tercer día de su pueblo en textos como Génesis 42:18, Éxodo 19:16, Josué 2:22, Esdras 8:32, Ester 5:1, Jonás 1:17 (cf. Mt 12:40), y especialmente Oseas 6:2.[4]

Los versículos 5–7 proceden a consignar una lista de testigos clave para certificar la verdad de la resurrección de Jesús. El primer domingo de Pascua, Jesús se apareció a Pedro estando este solo (Lc 24:34). La expresión "los doce" (v. 5) se refiere probablemente al grupo apostólico original, aun cuando Judas y Tomás no estuvieran presentes (Jn 20:19–23). En la Escritura no hay ninguna otra referencia a una aparición a quinientas personas reunidas (v. 6), sin embargo, el que muchas de tales personas estuvieran vivas en aquel momento y que pudiera hablarse con una de ellas era una sólida corroboración de las afirmaciones de Pablo. Aunque tampoco hay otras referencias a la aparición de Jesús a Jacobo (v. 7 en referencia al hermano del Señor) es probable que esta produjera su conversión (contrástese su actitud hacia Jesús en Juan 7:5). La aparición a todos los apóstoles podría aludir a cualquiera de las varias ocasiones en que esto sucedió: el Domingo de Pascua por la noche (Jn 20:24–29), en la Gran Comisión (Mt 28:16–20) o el día de la ascensión de Cristo (Hch 1:1–11).

Después de su ascensión, que marcó el fin de las apariciones posteriores a la resurrección, nadie esperaba ver nuevamente a Jesús de este modo. La aparición personal a Pablo (v. 8; cf. Hch 9:1–31) fue, pues, una conmoción. La frase "nacido fuera de tiempo" traduce la palabra griega para "aborto". Pero, naturalmente, un aborto es un nacimiento prematuro, mientras que en este caso, la aparición de Jesús a Pablo fue anormalmente tardía. Por ello, la NVI entiende que la comparación solo pretende aludir a algo que fue anormal. Pero Pablo podría tener también en mente que, cuando Cristo se le apareció, los propósitos de Dios para su vida hasta aquel momento no se habían cumplido. Además, "en comparación con los demás apóstoles que habían acompañado a Jesús durante su ministerio, él había nacido sin el debido periodo de gestación".[5]

---

4. B. de Margerie, "Le troisième jour, selon les Ecritures, il est ressuscité", *RSR* 60 (1986): 158–88, quien demuestra también que los rabinos de la antigüedad relacionaban estrechamente estos textos en un antiguo *midrash* sobre Génesis 22:4.

5. Ver, respectivamente, George W. E. Nickelsburg, "An Ἐκτρωμα, though Appointed from the Womb: Paul's Apostolic Self-Description in 1 Corinthians 15 and Galatians 1", *HTR* 79 (1986): 198–205; Barrett, *First Corinthians*, 344.

En los versículos 9–11, Pablo reconoce su inferioridad como apóstol porque había perseguido a los primeros cristianos (v. 9; cf. Hch 8:1; 9:1–2). Pero el apóstol convierte esta admisión de debilidad en una oportunidad para enaltecer la gracia de Dios. Y esta gracia no le llevó a la pereza, sino a un mayor esfuerzo y a la consecución de frutos tangibles (v. 10). Sin embargo, para que sus comentarios no se vieran como una muestra de arrogancia o competitividad, el apóstol concluye este párrafo subrayando que todos los apóstoles concuerdan con el mensaje de la resurrección, y que esta creencia es la que inicialmente llevó también a la salvación de los corintios (v. 11). El versículo 11b repite los pensamientos del versículo 1 para concluir esta primera sección del capítulo 15.

Los versículos 12–34 forman un patrón ABA. Tanto los versículos 12–19 como 29–34 defienden lo absurdo de la fe y la práctica cristianas si la resurrección corporal no es un hecho. Entre estos dos bloques, los versículos 20–28 reiteran de modo magnificente que esto es cierto y apuntan a algunas de las consecuencias de esta grandiosa doctrina. La idea principal de los versículos 12–19 es que, si no hay una futura resurrección corporal de todos los cristianos, tampoco Jesús se levantó físicamente de los muertos, y esto hace que el cristianismo no tenga sentido. En estos versículos, Pablo repite constantemente este mismo pensamiento desde distintos punto de vista. El resultado final es que si no hay resurrección corporal: tanto la predicación apostólica como la fe de los corintios son inútiles (v. 14); Pablo y sus compañeros son mentirosos (v. 15); toda la humanidad sigue condenada por sus pecados (v. 17); y los que ya han muerto, incluidos los creyentes, están eternamente perdidos (v. 18). Por ello, los cristianos son los más dignos de lástima y conmiseración, puesto que han renunciado a las comodidades de este mundo y soportado la persecución (vv. 30–32) por una promesa sin fundamento (v. 19).[6]

Pero ninguna de estas cosas es cierta, replica Pablo. Cristo ha resucitado corporalmente, poniendo así en marcha una inexorable cadena de acontecimientos que culminará en la demostración universal de la absoluta soberanía de Dios (vv. 20–28). Los versículos 20–22 explican que la resurrección corporal de Cristo garantiza la futura resurrec-

---

6. La palabra griega "solo" del versículo 19, puede modificar toda la frase (como entiende la NIV) o únicamente al verbo de la esperanza que "tenemos". En el último ejemplo, el contraste del versículo 19 sería "entre tener *solo* fe [i.e., esperanza] y tener una fe apoyada por la realidad de la actual vida resucitada de Cristo". Nigel Turner, *Grammatical Insights into the New Testament* (Edimburgo: T & T Clark, 1965), 113.

ción de todos los creyentes, igual que las "primicias" de una cosecha (v. 20) anticipan la plena recolección que seguirá más adelante (cf. Lv 23:9–14). Pablo señala el paralelismo entre el pecado de Adán que lleva a la pecaminosidad de toda la humanidad (cf. Ro 5:12–21) y la resurrección de Cristo que lleva a la resurrección de todos sus seguidores (vv. 21–22). Puesto que Adán representaba a sus futuros descendientes, es decir, a toda la raza humana, el pecado pasó a todo el mundo. Si Cristo, siendo verdadera y completamente humano, representó a toda la raza humana cargando con sus pecados, puede entonces aplicar los beneficios de su muerte y resurrección a todos los que los acepten (cf. Heb 2:5–9, haciendo referencia al Salmo 8, como hará Pablo en el v. 26 de este capítulo). En la afirmación "todos mueren" (v. 22a), el término "todos" significa "todos los que están relacionados con Adán", mientras que en "todos volverán a vivir" (v. 22b) este hace referencia a "todos los que están relacionados con Cristo", como aclara el versículo 23 ("los que le pertenecen").

Pero la resurrección general de los creyentes al regreso de Cristo es solo el comienzo (v. 23). Los versículos 24–28 pasan a explicar lo que sucederá posteriormente. Después de cierto intervalo de tiempo sin especificar, llegará "el fin" o meta de la historia humana. Por este tiempo, Cristo habrá destruido toda oposición a su reino en el universo, tanto humana como angélica (i.e., diabólica [vv. 24–25]). Por último, será también destruida la propia muerte, de modo que el pueblo de Dios no tendrá nunca más nada que temer, por toda la eternidad (v. 26).[7] Pero la última palabra no la tiene Cristo, sino Dios (vv. 27–28).

El pronombre "él" del versículo 27a (NIV) se refiere a Dios [la NVI traduce directamente "Dios", aunque el texto griego presenta una construcción de sujeto elíptico con el verbo en tercera persona del singular. N. del T.], mientras que el término "su" se refiere a Cristo, como clarifica el versículo 27b. Como representante de la humanidad y haciendo lo que los humanos deberían haber hecho pero no hicieron (i.e., ejercer dominio sobre el cosmos [Gn 1:28]), Jesús sigue estando, en última instancia, subordinado a Dios. Ver también el Salmo 8:5, donde se dice que la humanidad, incluyendo a Jesús en su encarnación (Heb 2:9), fue hecha "poco menos que los ángeles". Aquí Pablo cita el Salmo 8:6 para acentuar también la correspondiente conquista de Cristo. El resultado

---

7. Para un concienzudo estudio de este tema, ver Martinus C. de Boer, *The Defeat of Death: Apocalyptic Eschatology in 1 Corinthians 15 and Romans 5* (Sheffield: JSOT, 1988).

es que Dios es "todo en todos", es decir, "penetrantemente soberano".[8] Aunque el Hijo es esencialmente igual al Padre, sigue estando funcionalmente subordinado a él, del mismo modo que su humanidad glorificada le hace distinto de lo que era antes de la encarnación.[9]

En los versículos 29–34, Pablo vuelve de nuevo a argumentar lo absurdo de negar la resurrección corporal. Aquí utiliza tres argumentos *ad hominem* y *ad hoc*[10] basados en lo que los corintios estaban experimentando (obsérvese las alusiones a "éstos" [NVI "los que" y "ellos", elíptico] en el v. 29, "nosotros" y "yo" [este último elíptico] en los vv. 30–32, y "ustedes" como sujeto elíptico de los mandamientos en los vv. 33–34).

El más enigmático de ellos es el primero. A pesar de las ingeniosas alternativas de toda clase que se han propuesto, el sencillo significado del versículo 29 sigue siendo el de alguna forma de bautismo por poderes. Los padres de la iglesia primitiva aluden a ciertas prácticas entre los grupos gnósticos del siglo II, que llevaban a creyentes vivos a bautizarse por aquellas personas de su secta que habían muerto sin bautizarse (cf. Tertuliano, *Contra Marción* 5.10; Crisóstomo, *Homilía sobre 1 Corintios* 40.1; Epifanio, *Herejías* 28; y Filastrio, *Herejías* 49). Teniendo en cuenta las tendencias de los corintios hacia las primeras creencias y prácticas gnósticas, no es difícil imaginar que algo parecido hubiera comenzado entre, al menos, algunos de Corinto ya en el siglo I. Pablo no condena ni excusa tal práctica, sino que explica su irrelevancia si Cristo resucitó de los muertos. En otras palabras, aquellos que se bautizan por los muertos contradicen su propia teología que niega la resurrección. Es bien posible que los corintios le hubieran contestado que llevaban a cabo tales bautismos a favor de las almas de los difuntos, pero Pablo está convencido de que sin cuerpo no hay más vida.

En los versículos 30–32, Pablo recurre a dos argumentos paralelos procedentes de su experiencia personal. ¿Por qué tiene que seguir tolerando la hostilidad de los demás y arriesgar su vida por el evangelio si no hay esperanza de resurrección? 2 Corintios 11:23b–29 arroja luz

---

8. Martin, *Spirit*, 107.

9. Sobre cómo se ha tratado este tema en la historia de la teología, que va más allá de la explícita exposición de Pablo en este texto, ver John F. Jensen "1 Cor. 15.24–28 and the Future of Jesus Christ", *SJT* 40 (1987): 543–70.

10. Los argumentos *ad hominem* apelan a las emociones de la persona y no utilizan necesariamente un razonamiento estrictamente lógico. Por otra parte, los argumentos *ad hoc* se desarrollan solo para situaciones específicas y no son extrapolables a todas las situaciones.

sobre la clase de pruebas que ha tenido que soportar. En el versículo 31, Pablo utiliza una palabra griega que sirve para introducir un juramento o declaración solemne de la verdad de una determinada afirmación. La frase: "es tan cierto como el orgullo que siento por ustedes" traduce las tres palabras griegas "por vuestra jactancia", y sería más natural entenderlas como la jactancia de los corintios en Pablo. Sin embargo, puesto que hay poca evidencia de que esta fuera realmente la situación, la traducción de la NVI podría ser correcta.[11]

Es casi seguro que el versículo 32 no ha de entenderse literalmente. Por una parte, la ley no permitía que los ciudadanos romanos fueran arrojados a los animales salvajes en los circos y, por otra, no habría sido fácil que Pablo sobreviviera a este tipo de experiencia. De hecho, la metáfora de la lucha contra animales salvajes se utilizaba habitualmente para aludir a la oposición humana (cf. esp. Ignacio, *Romanos* 5:1). Algunos piensan que el apóstol está haciendo referencia al disturbio acaecido en Éfeso y mencionado en Hechos 19:23–41, pero este parece haberse producido inmediatamente antes de abandonar la ciudad (Hch 20:1) y, por tanto, después de escribir esta carta (cf. 1Co 16:8). Pablo puede estar aludiendo a algún ataque personal o persecución que amenazó su vida y cuyos detalles desconocemos. En 2 Corintios 1:8–11 parece evocar un acontecimiento de este tipo. Una antigua tradición afirma que Pablo estuvo temporalmente encarcelado en Éfeso, y algunos eruditos modernos creen que el apóstol escribió Filipenses y/o las otras cartas desde la cárcel (Colosenses, Efesios y Filemón) durante un encarcelamiento de este tipo. No tenemos suficientes datos para poder precisar en qué consistía el peligro que el apóstol recuerda en este texto.

El versículo 32b refleja la otra cara de la lógica del versículo 19. Si esta vida es todo lo que hay, hay que "disfrutarla" al estilo de los epicúreos. Pablo cita su eslogan más famoso, como siglos atrás hicieran el profeta Isaías y el autor del Eclesiastés (Is 22:13; Ecl 2:24). Pero el apóstol procede inmediatamente a rechazar este tipo de lógica, porque Cristo ha resucitado. Pablo cita otro popular proverbio griego atribuido a Menandro, el comediógrafo del siglo IV a.C. (v. 33). Quienes niegan la resurrección son "malas compañías", y sus presuposiciones dualistas ("la materia no es importante") fomentan la conducta inmoral (como en los capítulos 5–6). Pablo pide a los corintios que rechacen este camino

---

11. En términos técnicos, este sería entonces el uso del pronombre posesivo como sustituto de un genitivo objetivo. Cf. además Donald S. Deer, "Whose Pride (Rejoicing/ Glorying) in 1 Corinthians 15.31?", *BT* 38 (1987): 126–28.

(v. 34) amonestándoles de nuevo por su falta de *gnosis* y procurando avergonzarles para que se arrepientan (cf. 6:5).

Construyendo Puentes
La resurrección nos lleva al centro mismo de la fe cristiana. Cuando Pablo fue solemnemente juzgado ante los dirigentes judíos, el apóstol resumió los cargos que se le imputaban como haber puesto su esperanza "en la resurrección de los muertos" (Hch 23:6; cf. 24:21; 26:6–8). Cuando enfocó el evangelio de un modo casi completamente distinto, siguió, no obstante, centrándose en "Jesús y la resurrección" (Hch 17:18). Su acento de 1 Corintios 15 en la resurrección no contradice en absoluto las palabras de 2:2: la muerte y resurrección de Cristo son inseparables. Sin esta última, la primera no tiene trascendencia eterna. Para contrarrestar a quienes subestiman la debilidad y disposición a servir de Jesús, Pablo debe subrayar la crucifixión; sin embargo, para refutar a quienes niegan una futura esperanza material para los creyentes y para el cosmos, ha de subrayar la resurrección corporal de Jesús. Desde un punto de vista histórico, la Iglesia Ortodoxa Oriental ha sabido poner mejor de relieve la resurrección, mientras que los católicos lo han hecho con la crucifixión. Los protestantes han magnificado de manera alternativa elementos de cada aspecto. Ambos acontecimientos son cruciales.

Aunque puede que los acentos sean distintos de una cultura a otra, especialmente según las objeciones a la fe en la resurrección que surgen en cada una, esta doctrina ha de ser siempre el núcleo de la teología cristiana. La aplicación de este capítulo requiere una comparación entre las creencias sobre la vida después de la muerte en el primer siglo y las creencias de este tipo en otras culturas. En este contexto pueden apreciarse con más claridad el carácter único de la doctrina cristiana de la resurrección y su trascendencia. En el tiempo de Pablo, casi todo el mundo tenía una concepción sobrenatural del mundo que como mínimo alentaba la creencia en la vida después de la muerte. La mayoría de los griegos y los romanos, sin embargo, no veían que esto demandase una resurrección corporal. En las culturas modernas, influenciadas por el escepticismo de la Ilustración, no se comparte esta concepción sobrenatural del mundo, de modo que hemos de defender tanto la posibilidad como la necesidad de una resurrección corporal.[12]

---

12. Sobre este aunto, ver especialmente, Gary Habermas, *The Resurrection of Jesus* (Grand Rapids: Baker, 1980).

Los versículos 1–2 subrayan algo que en este capítulo se repetirá constantemente, más especialmente en los versículos 12–19 y 29–32, y es que, sin la doctrina de la resurrección corporal, las creencias cristianas carecen de valor. Los versículos 3–7 ofrecen una sólida apologética para la realidad de la resurrección de Cristo. Teniendo en cuenta la temprana fecha de 1 Corintios (aproximadamente 55 d.C.) y la probabilidad de que Pablo se base en una tradición oral formalizada en un tiempo sustancialmente anterior a la carta, nos encontramos sin duda ante un testimonio muy antiguo.[13] Naturalmente, Pablo utilizó esta tradición para llamar a los creyentes descarriados a regresar a lo que en otro tiempo habían creído firmemente. Pero también podemos utilizar estos versículos para defender la resurrección con personas que no creen. Así pues, se nos recuerda también lo que ha de seguir siendo una doctrina fundamental aun para los creyentes maduros, tentados a distanciarse hacia cuestiones periféricas. Entre los fundamentos absolutos de la fe están la verdadera humanidad y deidad de Cristo (que hacen posible una verdadera muerte y resurrección), su expiación vicaria, su resurrección corporal y la autoridad de las Escrituras, a las que en los versículos 3–4 se apela dos veces para corroborar la trascendencia de los acontecimientos históricos descritos.

Estas invocaciones del Antiguo Testamento, como en otros pasajes del Nuevo Testamento, nos plantean preguntas y nos recuerdan que los primeros autores cristianos entendían que toda la Escritura apunta a Cristo. No hay duda de que, durante sus apariciones tras la resurrección, el propio Jesús consolidó esta hermenéutica en la mente de sus discípulos (Lc 24:25–27). Esto supuso la utilización de conocidas técnicas judías como la tipología, la *midrash*, el *pesher*, etcétera. Hoy, en nuestra búsqueda de textos específicos que "predicen" la resurrección, nos damos cuenta de que hemos entrado en un mundo en el que la profecía se convierte en mucho más que meras predicciones que se cumplieron de manera literal en un momento posterior de la historia.[14] Por otra parte, no debemos pasar por alto la trascendencia de Hechos 2:30–31, en que Pedro afirma que David (al menos) entendió más directamente la predicción de la resurrección del Mesías. Puesto que a David se le

---

13. P. ej. Peter J. Kearney ("He Appeared to 500 Brothers [1 Cor. xv 6]", *NovT* 22 [1980]: 264–84) reconstruye una confesión esencial que él conecta con la tradición judía helenista en la Jerusalén anterior al martirio de Esteban. Esto nos situaría probablemente a unos dos años de los acontecimientos que recoge la confesión.

14. La obra de Richard N. Longenecker, *Biblical Exegesis in the Apostolic Period* (Grand Rapids: Eerdmans, 1975) es un análisis introductorio normal del uso del Antiguo Testamento que hacen los autores neotestamentarios a partir de su contexto judío.

dijo que siempre se sentaría en su trono alguno de sus descendientes (2S 7:13–14), es posible que tuviera una comprensión más clara sobre el ministerio del futuro Cristo que la mayor parte de sus coetáneos.[15]

El contenido del antiguo "credo" cristiano integrado en los versículos 3–7 también refutan todas las sugerencias clásicas que se han hecho a lo largo de los siglos para explicar el origen de la fe en la resurrección aparte de una resurrección corporal literal. El hecho de que "Cristo murió" contradice la afirmación de que solo se desvaneció y se recuperó en el sepulcro. Las palabras "que fue sepultado" convierten en poco convincentes los puntos de vista de que los discípulos robaron el cuerpo o de que las mujeres se equivocaron de sepulcro. De haber sido así, las autoridades habrían podido mostrar el cadáver y acabar definitivamente con la historia de los discípulos.[16] El sentido más natural del verbo *ophthe* ("se apareció") es señalar una realidad objetiva que vieron los discípulos más que una visión subjetiva (como sí es el caso con el término *horama*, "visión"). El número de testigos que vieron a Cristo y las numerosas ocasiones en que se apareció parecen descartar una alucinación de carácter colectivo.[17] Al mencionar la aparición de Jesús a dos personas que antes no creían en él (Pablo y Jacobo), Pablo refuta la opinión de que las apariciones no fueron sino proyecciones de individuos que habían invertido tanto en Cristo que eran incapaces de imaginarle muerto.

No tenemos suficientes datos para demostrar que las diferentes apariciones que se citan en este pasaje encajan con todos los relatos de los cuatro Evangelios, pero es importante subrayar que ninguno de estos datos contradice necesariamente a ningún otro. Se han planteado armonizaciones perfectamente verosímiles.[18] Las acusaciones de que los autores del Nuevo Testamento no se ponen de acuerdo sobre los detalles siguen siendo falsas.

---

15. Cf. además Walter C. Kaiser, Jr., *The Uses of the Old Testament in the New* (Chicago: Moody, 1985), 25–41.

16. Sobre el valor apologético de esta cláusula más en general, ver especialmente William L. Craig, "The Empty Tomb of Jesus", en *Gospel Perspectives*, vol. 2, ed. R. T. France y David Wenham (Sheffield: JSOT, 1981), 173–200.

17. Aquellos que deseen más detalles y un mejor tratamiento general de la realidad y significado de la resurrección pueden ver George E. Ladd, *I Believe in the Resurrection* (Grand Rapids: Eerdmans, 1975).

18. Ver especialmente John Wenham, *Easter Enigma: Do the Resurrection Stories Contradict One Another?* (Grand Rapids: Zondervan, 1984).

El principal propósito de Pablo en su enumeración de testigos es, no obstante, preparar el camino para aludir finalmente a su propio encuentro personal con el Cristo resucitado. Es probable que el apóstol no mencione las apariciones de Jesús a las mujeres (Mt 28:8–10; Jn 20:10–18), porque en la mayor parte del mundo antiguo no se consideraba que estas fueran testigos legales autorizados o válidos. Al reseñar las apariciones privadas a Pedro y a Jacobo en los versículos 5 y 7a, Pablo anticipa su propia experiencia personal en el versículo 7b. Sea cual sea la autoridad que ser testigos de la resurrección les confiere (a ellos o a cualquiera de los otros apóstoles) Pablo puede reivindicar una autoridad igual. El hecho de que su experiencia de Jesús en el camino de Damasco pueda haber sido hasta cierto punto más subjetiva (cf. la diferente experiencia de sus compañeros en Hechos 9:7) no implica que las apariciones anteriores a la ascensión fueran también más subjetivas. Lo que Pablo reivindica es más bien que, a pesar de estos elementos característicos, su experiencia fue tan objetiva como los encuentros más antiguos de los apóstoles.

¡El versículo 10 nos recuerda que a Pablo no le desagradan las buenas obras! Como en Efesios 2:10, Pablo está de acuerdo con Santiago en que la fe sin obras está muerta; (cf. Stg 2:14–26); o, por decirlo en sus propias palabras, la fe se expresa necesariamente a través del amor (Gá 5:6). No hay aquí gracia barata. La misericordia de Dios produce en Pablo un esfuerzo más diligente que si hubiera merecido el favor de Dios.

Los versículos 12–19 vuelven al tema de la necesidad absoluta de una resurrección corporal, tanto para Cristo como para los creyentes, para que la fe cristiana sea genuina o válida. Pablo no autoriza una idea de Jesús como un mero maestro de moral o del cristianismo como una admirable recopilación de verdades éticas proverbiales. Si la resurrección no se produjo, el cristianismo carece de valor. Si Cristo no resucitó, la muerte no ha sido entonces vencida, ni saldado el castigo por el pecado. Y su crucifixión no podía ofrecernos el perdón de nuestros pecados, ya que la muerte no habría sido erradicada (cf. Ro 3:23–25; 4:25). Pero por encima de todo, si las creencias de Pablo estuvieran basadas en un mito, no tendría mucho sentido que este siguiera adelante con una vida de constante agitación y persecución en lugar de plantearse una existencia más placentera y autorrealizada.

Sin embargo, la realidad de la resurrección le imparte una gran esperanza (vv. 20–28). Ni esta vida es el fin de todo, ni la vida después de la muerte es mera inmortalidad del alma, aunque la incluye (cf. versículo

53).[19] Aunque en el mundo antiguo el término "dormir" (vv. 18, 20. [La NVI traduce "morir". N. del T.]) se utilizaba ampliamente para aludir a la muerte, se trata de un eufemismo especialmente apropiado en los círculos cristianos, puesto que esperamos con expectación "levantarnos del sueño" un día con nuestros nuevos cuerpos. Pero esta metáfora no implica necesariamente la doctrina del "sueño del alma", es decir, un estado entre la muerte y la resurrección en el que no se tiene conciencia de la presencia de Dios. Y la interpretación más natural de 2 Corintios 5:8 y Filipenses 1:23 presenta un estado intermedio entre estos dos acontecimientos que implica una existencia consciente e incorpórea.[20]

Tampoco puede considerarse el versículo 22 como apoyo para alguna forma de universalismo (la doctrina de que, finalmente, todas las personas serán salvas). En nuestra exposición anterior hemos ya observado que la expresión "todos volverán a vivir" ha de referirse a "todos los que están en Cristo", es decir, a los creyentes. En este pasaje, Pablo no trata la cuestión del destino de los no creyentes. Otros textos bíblicos, no obstante, indican una resurrección corporal también para ellos, no para ser glorificados, sino para recibir un castigo eterno (p. ej., Dn 12:2; Mt 25:46; Jn 5:29; 2Ts 1:9; Ap 20:11–15). Aunque el versículo 23 no apoya necesariamente una doctrina del milenio, sí, al menos, la permite. Los adverbios de los versículos 23b–24a, "después [...] entonces" (*epeita ... eita*, en griego), aluden a menudo, pero no siempre, a una secuencia de acontecimientos separados por un período de tiempo. Teniendo en cuenta el importante vacío que hay entre la resurrección de Cristo y su regreso (v. 23b), es natural asumir un vacío similar antes de la destrucción final de todos sus enemigos (v. 24a), como parece enseñar Apocalipsis 20. Pero no podemos estar seguros de ello, y antes de llegar a una posición con respecto al milenio hay que considerar un buen número de otros pasajes de la Escritura.[21]

Los versículos 24–28 nos recuerdan lo considerado en 11:2–16 sobre las mujeres. No cabe duda de que Pablo enseña aquí una decisiva subordinación del Hijo al Padre (funcional, no esencial). Por tanto, si el

---

19. Un tratamiento especialmente equilibrado de la resurrección como experiencia que incluye tanto inmortalidad como transformación corporal es el de Murray J. Harris, *Raised Immortal* (Grand Rapids: Eerdmans, 1985).

20. Ver especialmente Joseph Osei-Bonsu, "The Intermediate State in the New Testament", *SJT* 44 (1991): 169–94.

21. Ver los valiosos análisis al respecto en Robert G. Clouse, ed., *¿Qué es el milenio? Cuatro enfoques para una respuesta* (El Paso, Tx: Casa Bautista de Publicaciones, 1991); y Stanley J. Grenz, *The Millennial Maze* (Downers Grove: InterVarsity Press, 1992).

apóstol fundamenta las relaciones personales entre hombres y mujeres o maridos y esposas en la analogía de la Trinidad (11:3), la subordinación sigue siendo también apropiada en las esferas del hogar y ministerio. Es posible que Pablo no esté trazando esta analogía de un modo tan hermético, pero en el caso de que esta sea su intención, no será suficiente rechazar la subordinación de Cristo al Padre como algo limitado tan solo a su tiempo en la tierra. Por otra parte, no podemos descartar su igualdad de esencia sin caer en el error del arrianismo y abrir la puerta a la consideración de Cristo como un ser creado. Tampoco puede el versículo 28 entenderse desde una óptica panteísta, dándole a la expresión "para que Dios sea todo en todos" el sentido de que la deidad es indistinguible del orden creado, sino que más bien, como ya hemos observado, representa una afirmación absoluta de la soberanía y señorío de Dios.

Teniendo en cuenta la plétora de sugerencias presentadas para interpretar el versículo 29,[22] no es prudente ser un dogmático defensor de alguna de ellas. Sin embargo, dado el razonamiento paralelo de Pablo en los versículos 30–32, es probable que lo mejor sea darle una interpretación coyuntural. Pablo señala las implicaciones lógicas de la conducta de los corintios sin pronunciar sentencia en uno u otro sentido. No es necesario negar que, además de otros problemas, algunos corintios se estuvieran bautizando en el nombre de creyentes que habían muerto sin el bautismo o de personas que habían tenido interés en la fe. Cabe insistir, no obstante, que Pablo no está de ningún modo aprobando esta práctica, como tampoco aprueba el hecho de sufrir a diario situaciones adversas (vv. 30–31), o el de haber batallado "en Éfeso [...] contra las fieras" (v. 32). Se trata solo de desafortunadas realidades que Pablo utiliza como trampolín para el avance de la verdad de la resurrección. ¿Por qué seguir con ellos si no hay esperanza después de la muerte? No hay, pues, ninguna justificación para pensar que cualquiera de estas prácticas sea prescriptiva y no meramente descriptiva, ni, ciertamente, ninguna base para afirmar que los cristianos consideraran válido el bautismo en nombre de personas que ya habían muerto y eran completamente incrédulas. Ambas observaciones contradicen, por tanto, la creencia y práctica que los mormones han sostenido históricamente, aunque estos apelen al versículo 29 para justificarlas. Es más, ningún pasaje bíblico sugiere que la salvación sea transferible de un individuo a otro aparte de su fe personal en esta vida, y parece que Mateo 25:9 descarta directamente dicha transferencia.

---

22. Quienes quieran considerar un breve resumen pueden ver Fee, *First Corinthians*, 763–67.

Teniendo en cuenta la aparente prohibición de esta práctica por parte de Cristo en Mateo 5:33–37, a algunos lectores les sorprende que Pablo utilice un juramento en el versículo 31. Sin embargo, dicha prohibición no es tan radical como parece a primera vista. Pablo pronuncia también juramentos en otros pasajes (2Co 1:18 y Gá 1:20), mientras que las palabras de Jesús aluden a la abolición de la elaborada casuística que obstaculizaba las prácticas judías del primer siglo. Las palabras de sus seguidores debían caracterizarse hasta tal punto por su integridad que los demás no necesitaran ninguna certeza formal de su veracidad para confiar en ellas.[23] Sin embargo, al escribir a los corintios (igual que a los gálatas), Pablo tiene que recurrir a medidas extremas para responder a su creciente desconfianza en él.

El versículo 32b señala que la consecuencia natural de las filosofías materialistas que niegan la vida de resurrección es la indulgencia. Por regla general, los epicúreos de la antigüedad no interpretaban su eslogan como un llamamiento a la gula y la embriaguez, sino que más bien buscaban lo que ellos llamaban "la buena vida", cultivando el arte de la exquisitez culinaria, la música, el teatro y la amistad. Sin embargo, todo esto era en última instancia una búsqueda egoísta, puesto que los epicúreos no tenían ninguna expectativa de seguir experimentando placer alguno después de la muerte. El egocentrismo puede conducir incluso a las preocupaciones humanitarias y altruistas, aunque en última instancia no produce nada que sea permanentemente satisfactorio si esta vida es todo lo que existe.

Los cristianos deben tener una mentalidad radicalmente distinta. Entendiendo que les espera una existencia mucho mejor, pueden arriesgar su vida o su bienestar por el evangelio de formas que otras personas no estarían dispuestas a imitar. En la ética cristiana, la muerte física no puede ser la mayor tragedia humana que determina la conducta correcta. Hemos más bien de preguntarnos qué puede llevar a la salvación espiritual del mayor número de personas y a eludir la muerte física (y por tanto espiritual) del mayor número de no creyentes. Snyder lo expresa de manera acertada:

> La resurrección interpela a quienes insisten en la protección
> y seguridad del individuo, las instituciones y el país. Tales
> personas desarrollan mecanismos de defensa en el plano
> económico, racial y nacional.
>
> [...]

---

23. Cf. Craig L. Blomberg, *Matthew* (Nashville: Broadman, 1992), 112, 345.

En marcado contraste, la vida del Espíritu, con su esperanza en la resurrección, no hace hincapié (no puede, de hecho) en la preservación de la carne (la individualidad, las instituciones, las naciones). Por el contrario, la vida colectiva del cristiano se convierte en arriesgada. Un hospital cristiano puede aceptar más pacientes de lo que es aconsejable desde un punto de vista económico porque sabe que el amor de Dios por los pobres no depende de su permanencia como institución [...] Los cristianos pueden llamar a un completo desarme en medio de una guerra fría porque saben que el futuro del mundo no depende de la supervivencia de su nación. Los cristianos pueden arriesgar su vida porque saben que esta no es el final.[24]

El versículo 33 ofrece una amplia gama de aplicaciones y nos recuerda que los cristianos no se convierten automáticamente en sal de la tierra y luz del mundo (Mt 5:13–16). Nuestra tenaz naturaleza pecaminosa sigue intentando corrompernos en nuestra vida rodeados de personas que practican habitualmente el pecado, y la única opción para evitar que lo consiga es tomar medidas deliberadas y conscientes en sentido contrario. El versículo 34a pone de relieve que la inmoralidad es a menudo el fruto de una falsa teología. Recordemos, por ejemplo, el pecado sexual que fomentaba la dicotomía de los corintios entre cuerpo y espíritu (caps 5–6). El versículo 34b nos recuerda de nuevo que la vergüenza o la culpa pueden ser apropiadas motivaciones para que un creyente corrija su conducta cuando es ciertamente vergonzosa y su culpabilidad objetiva. Pero estas palabras pueden también aplicarse de un modo exagerado y erróneo.

Finalmente, hemos de considerar una importante objeción que puede plantearse al pensamiento que Pablo desarrolla a lo largo de este medio capítulo. Es posible que muchos griegos y romanos residentes en Corinto en el siglo I se preguntaran, como muchas personas de nuestro tiempo: ¿Por qué no es suficiente la inmortalidad del alma? ¿Por qué no afirmar simplemente que el Espíritu de Cristo sigue vivo y que nuestros espíritus pueden también vivir eternamente junto al suyo? 1 Corintios no responde directamente esta cuestión. Al parecer, Pablo confiaba que sus receptores entendían su trasfondo judío o recordaban su anterior enseñanza sobre este tema.

---

24. Snyder, *First Corinthians*, 211.

Pero la enseñanza de la Escritura en otros pasajes nos señala una respuesta. En contra del dualismo grecorromano que consideraba la materia intrínsecamente mala, la Biblia declara que Dios creó el mundo material, incluido el cuerpo humano, como algo bueno (Gn 1:10, 12, 18, 21, 25, 31). Los seres humanos fueron diseñados para vivir corporalmente en un mundo material. En Apocalipsis 21–22 se describe la recreación final de nuevos cielos y una nueva tierra en términos igualmente materiales. En otras palabras, Dios se ocupa de seguir adelante con sus propósitos creativos originales. Aunque una experiencia distinta de una plena resurrección corporal y una completa recreación del cosmos podría constituir una agradable experiencia para los creyentes, no vindicaría a Dios ante todos sus enemigos ni ofrecería la absoluta perfección que él se ha propuesto para su pueblo.[25]

Significado Contemporáneo

Negar la realidad de la resurrección sigue siendo un problema fundamental de nuestra cultura contemporánea. Por regla general, el ateísmo rechaza la posibilidad de la existencia de cualquier poder sobrenatural, reivindicando a menudo el apoyo de los "hallazgos" de la ciencia moderna. Sin embargo, con las revoluciones en el ámbito de la física moderna introducidas por Einstein y Heisenberg, los científicos que entienden su disciplina son, frecuentemente, más reacios a descartar a Dios y lo sobrenatural por razones científicas que los estudiantes de humanidades e incluso de religiones del mundo.[26] Los historiadores reconocen, por regla general, que la mayoría de las alternativas propuestas a la resurrección son absurdas: la hipótesis del desvanecimiento, la del cuerpo robado o depositado en otro sepulcro, la de la alucinación masiva, etcétera, aunque esto no impide que los autores de divulgación sigan perpetuando este tipo de teorías disparatadas.[27]

Es, sin embargo, mucho más común en los círculos académicos la idea de que el lenguaje de la resurrección expresa las verdades teológicas envueltas en una indumentaria mitológica y de que, con el paso del tiempo, la experiencia subjetiva de la fe de los discípulos se convirtió

---

25. Cf. la valiosa exposición en Eugene H. Peterson, *Reversed Thunder* (San Francisco: HarperCollins, 1988), 168–85.

26. Ver especialmente Peter Carnley, *The Structure of Resurrection Belief* (Oxford: Clarendon, 1987).

27. El ejemplo más famoso e influyente de la segunda mitad del siglo XX ha sido, sin duda, Hugh J. Schonfield, *Passover Plot* (Nueva York: Bantam, 1965).

en los relatos bíblicos que afirman estar describiendo realidades objetivas. Este acercamiento plantea numerosos problemas,[28] pero los más importantes son estos: (1) La atmósfera psicológica en que se movieron los discípulos no fue nunca favorable a la fe en una resurrección corporal (Jn 20:19). (2) Sin un sepulcro genuinamente vacío, no se concibe que los cristianos nunca llegaran a venerar un enclave en el que su fundador estuviese supuestamente sepultado, como lo hacen la mayoría de las otras religiones de ámbito mundial. (3) Al principio, los discípulos de Jesús dejaron de adorar en sábado, el último día de la semana, para hacerlo el domingo, es decir, el primero (p. ej., Hch 20:7). ¿Pero por qué habrían de estar dispuestos a abandonar, nada menos que uno de los Diez Mandamientos, tan fundamental para el judaísmo, si no fuera porque realmente se había producido un acontecimiento tan trascendental como la resurrección en otro día? (4) El paso de una resurrección espiritual a una corporal tendría sentido si el cristianismo se hubiera desarrollado desde los círculos griegos a los judíos, pero no cuando pensamos que lo hizo en la dirección contraria.

La muerte y resurrección de Cristo, en el tiempo y en el espacio, como auténticos acontecimientos históricos, distinguen de hecho al cristianismo de sus principales rivales. Las religiones occidentales posteriores que se desarrollaron en parte como una reacción al cristianismo no afirman la deidad o resurrección de sus fundadores, sino que únicamente les confieren un estatus profético (p. ej., Mahoma en el islam o José Smith en el mormonismo). Las religiones orientales más antiguas ni siquiera requieren la existencia real e histórica de sus fundadores para que sus creencias y prácticas tengan sentido. En cierto modo, estas están más cerca de las filosofías que de las afirmaciones de verdad histórica (p. ej., el hinduismo, el budismo, el confucionismo).[29] Sin embargo, el cristianismo está en pie o cae con la afirmación de la resurrección de Cristo. Naturalmente, es posible que alguien crea en la resurrección de Jesús y no se haga cristiano,[30] pero sin la resurrección corporal el cristianismo se desmorona. ¡Si se encontraran los huesos de Jesús, tal hallazgo refutaría nuestra religión!

---

28. Si se desea una presentación y análisis más detallados, ver Craig L. Blomberg, *The Historical Reliability of the Gospels* (Downers Grove, Ill.: InterVarsity Press, 1987), 100–110, y la literatura que se cita en esta obra.

29. Cf. además Norman Anderson, *Christianity and World Religions* (Downers Grove: InterVarsity Press, 1984).

30. Como en el notorio caso del rabino alemán contemporáneo, Pinchas Lapide (*The Resurrection of Jesus* [Minneapolis: Augsburgo, 1983]), quien señala que, aun así, Jesús no ha cumplido todas las profecías que acreditan al Mesías.

Hoy es, por tanto, apropiado insistir en la resurrección, no solo como centro de la fe, sino también como núcleo de la apologética contemporánea.[31] Sin embargo, la apologética evangélica reciente ha tenido en ocasiones un carácter demasiado racionalista. La apelación de Pablo a su propia experiencia personal del Cristo resucitado (v. 8) para equilibrar los hechos históricos que había conocido mediante el testimonio de otros (vv. 3–7) significa que también nosotros podemos considerar nuestros encuentros personales con Jesús como una parte igualmente legítima de la defensa de nuestra fe. Por otra parte, sin apelar a los hechos históricos, no tenemos forma de mediar entre las reivindicaciones encontradas de unas experiencias personales en gran medida paralelas. En nuestro tiempo, tanto mormones como budistas y cristianos dan a menudo testimonio de intensas experiencias emocionales o encuentros espirituales que "confirman" la verdad de su fe. Sin embargo, puesto que estas tres religiones se contradicen en importantes cuestiones, todas ellas no pueden ser verdaderas al mismo tiempo. Los cristianos deben apelar a algo más que un testimonio personal; han de conocer las pruebas históricas que están de su parte.

Los más tristes son los ejemplos de ciertos cristianos profesantes, especialmente dentro del liberalismo teológico que, relegando la resurrección a la categoría de anacronismo mitológico, creen estar apuntalando la fe en una era científica. Al hacer esto, resultan ser los más descaminados de todos, puesto que menoscaban el núcleo mismo de lo que pretenden apoyar.[32] Pero el evangelicalismo tiene también sus contrapartidas, como las de quienes subrayan los beneficios terrenales de la fe tanto que ofrecen el cristianismo como un estilo de vida deseable, haya o no vida después de la muerte.[33] Aquellos que promueven esta clase de ideas nunca se han puesto en la piel de Pablo, o en la de un considerable número de cristianos y mártires que, a lo largo de la historia de la iglesia, habrían abandonado rápidamente su fe si no fuera por

---

31. Como p. ej., en el ámbito académico, William L. Craig, *Assessing the New Testament Evidence for the Historicity of the Resurrection* (Lewiston, N.Y.: Mellen, 1989); o con una orientación más popular, Josh McDowell, *The Resurrection Factor* (San Bernardino: Here's Life, 1981).
32. La prolongada longevidad de este acercamiento se debe probablemente más a Rudolf Bultmann (ver, p. ej. su "New Testament and Mythology", en *Kerygma and Myth*, ed. H.–W. Bartsch [Londres: SPCK, 1953], 4, 7) que a ningún otro erudito o teólogo del siglo XX.
33. Pienso, por ejemplo, en el supuesto poder del pensamiento positivo (o posibilista) relacionado con los ministerios de Norman Vincent Peale y Robert Schuller.

la esperanza de la recompensa eterna por el sufrimiento que experimentaban en su vida terrenal (cf. vv. 19, 30–32).

El mundo occidental no cristiano de nuestro tiempo está implementando cada vez más el epicureísmo del versículo 32b. En las sociedades más cristianas, los no creyentes han imitado muchas veces, al menos externamente, los estilos de vida cristianos o han sentido la presión social que les ha inducido a controlar sus excesos. Sin embargo, lo que vemos es una cultura que, cada vez más, se niega a poner ningún tipo de freno. La generación de los nacidos durante la posguerra, y entre ellos muchos cristianos profesantes, vive completamente endeudada. Los anuncios publicitarios nos bombardean a diario con un montón de cosas que hemos de comprar de inmediato. La moral sexual sigue deteriorándose, y lo que era impensable para la mayoría de los no cristianos de otras épocas —como la adicción a la pornografía, el adulterio continuado o las prácticas incestuosas— es ahora ampliamente practicado, hasta en ocasiones entre quienes profesan haber nacido de nuevo. En el plano mundial, una sistemática indulgencia con conductas egoístas ha dado origen a formas de tribalismo y guerras étnicas que el comunismo ateo en otro tiempo era capaz de contener y que la evolución humanista no puede explicar.

Sin embargo, aun donde el industrialismo y el avance tecnológico dan lugar al concepto de naciones "desarrolladas", la filosofía materialista no satisface.[34] Esto ha propiciado el surgimiento del movimiento de la Nueva Era, en muchos sentidos una vuelta al panteísmo o a las antiguas religiones gnósticas y de la madre naturaleza. La reencarnación está en boga. El interés en las sectas y el ocultismo se ha disparado. A medida que se rechaza la auténtica espiritualidad cristiana, las falsificaciones van ocupando su lugar para llenar el "vacío en forma de Dios" que hay en cada corazón humano, por utilizar la famosa expresión de Pascal. La cultura popular y los medios de comunicación sienten una intensa fascinación por la vida después de la muerte, que se inició especialmente con los estudios de Kübler-Ross sobre experiencias cercanas

---

34. Cf. Kôshi Usami, "'How Are the Dead Raised?' (1 Cor 15, 35–58)", *Bib* 57 (1976): 493: "Existe el peligro de que la moderna sociedad industrializada aprisione nuestro cuerpo en la caja artificial de una prometida satisfacción y consumación de todos los deseos corporales. Nuestro 'cuerpo' se rebelará. Todo nuestro ser se opondrá al excesivo dominio de la fría razón. En 1 Corintios 15:35–58, Pablo explica la fe en la resurrección corporal mediante realidades que no son ajenas a la experiencia religiosa en muchas partes del mundo".

a la muerte.[35] En las películas más taquilleras se inventan relatos ficticios de personas que mueren pero siguen vivas, o siguen interactuando de distintas maneras con quienes viven en la tierra.

Sin embargo, casi sin excepción, esta fascinación por el más allá se parece más a las falsas doctrinas corintias que al cristianismo ortodoxo. Pocas veces se presenta a las personas con cuerpos completamente humanos en la vida siguiente. Raramente parece la otra vida muchísimo más deseable que la presente. Y prácticamente nunca se distingue apropiadamente el destino de los cristianos de los que no lo son. O se presenta un cuadro en que todas las personas van al "cielo", o se les distingue según el criterio de si han sido buenos o malos mientras estaban en la tierra.

Las distintas religiones del mundo se ven también acosadas por una teología de la resurrección incorrecta también en otros aspectos. Millones de jóvenes musulmanes se han prestado trágicamente a morir en guerras y acciones terroristas, creyendo que el martirio acelera su camino al cielo. Los mormones se esfuerzan por subir la escalera de los privilegios y poderes supraterrenales mediante sus obras. Los Testigos de Jehová confían que un grado suficiente de obediencia les permita estar entre los 144.000 que disfrutarán de los nuevos cielos y la nueva tierra. Los seguidores de las religiones orientales esperan el nirvana (ser absorbido en la conciencia cósmica, que es todo lo que en realidad es). En contra de todas estas ideas, el dogmatismo absoluto de Pablo desafía la tolerancia reinante en nuestra era pluralista. Si el cristianismo tiene razón, casi gritaría Pablo, todas estas ideas conducen a la condenación y es necesario advertir a la gente, con el lenguaje más contundente, sobre el peligro que suponen tales perspectivas. Pero si la esperanza cristiana de la resurrección es errónea, entonces lo son también todos los otros puntos de vista, puesto que la única alternativa consistente que queda es la total aniquilación tras la muerte. En este caso, solo nos queda comer, beber y divertirnos, porque mañana moriremos. La proliferación de cosmovisiones alternativas nos muestra que el instinto humano se retrae ante esta clase de nihilismo. Sin embargo, esto es en sí un testimonio indirecto de las verdades cristianas en el sentido de que los seres humanos hemos sido creados a imagen de Dios, pero hemos pecado y distorsionado tanto esta imagen que sistemáticamente buscamos sustitutos inadecuados.

No obstante, los cristianos evangélicos hemos de asumir una parte de la culpa por la impopularidad de la enseñanza bíblica sobre la vida

---

35. Elisabeth Kübler-Ross, *Sobre la muerte y los moribundos* (Barcelona: Grijalbo, 1975).

venidera. Muchos de quienes hoy se sientan en las iglesias conservadoras entienden y representan el cielo como una forma de existencia etérea y poco realista que realmente no ha suscitado su esperanzada expectativa. De hecho, referirse a la vida futura solo como el "cielo" indica un grave error de pensamiento. La esperanza bíblica es que los creyentes experimentarán todos los prodigios y glorias de unos cielos y una tierra completamente recreados (Ap 21–22). Disfrutaremos de la presencia de Dios y de la comunión unos con otros en una felicidad perfecta. ¡No nos sentaremos en nuestra nube particular con alas y arpas para disipar nuestro eterno aburrimiento! La nueva tierra se centra en la Nueva Jerusalén, una ciudad llena de bulliciosa actividad.

No es solo que los cristianos hayan tendido a presentar una vida venidera muy poco atractiva, sino que en Occidente vive actualmente una de las pocas generaciones de la historia humana que se ha esforzado sistemáticamente en crear el paraíso en la tierra, aquí y ahora. En generaciones anteriores solía ridiculizarse a cierta clase de cristianos por pensar tanto en el cielo que no servían para nada en la tierra. Es dudoso que en los Estados Unidos pueda, actualmente, aplicarse este tipo de crítica a muchas personas de menos de cincuenta años. La nuestra es más bien una generación en la que muchos cristianos han desarrollado una mentalidad tan terrenal que no son de ninguna utilidad en el reino celestial. Nuestra sociedad —y los cristianos no son una excepción— se ha obsesionado con la salud física, una alimentación sana, el esparcimiento y el ejercicio físico, y ello a expensas de cualquier preocupación comparable por la salud espiritual.

Sin embargo, las enfermedades incurables, los accidentes inesperados y el constante contacto con los horrores que sufren los menos favorecidos de nuestro mundo siguen poniendo de relieve que tales preocupaciones son claramente inadecuadas. Tarde o temprano todos moriremos y, antes, algunos sufriremos bastante. Hemos de recuperar el anhelo por la vida futura, un anhelo que le permitió decir confiadamente a Pablo, aun en los momentos más difíciles de su vida: "De hecho, considero que en nada se comparan los sufrimientos actuales con la gloria que habrá de revelarse en nosotros" (Ro 8:18). O también: "Los sufrimientos ligeros y efímeros que ahora padecemos producen una gloria eterna que vale muchísimo más que todo sufrimiento" (2Co 4:17). La mayoría de nosotros consideramos nuestras pequeñas molestias físicas como cosas mucho más serias que los catálogos de horribles sufrimientos consignados por Pablo, ¡y que él llamaba "ligeros y efímeros"!

Tener una idea apropiada de la vida venidera nos hará más capaces de asumir los serios riesgos de dar un valiente testimonio de Cristo en situaciones peligrosas, tanto en nuestro país como fuera de él. También nos dará una perspectiva equilibrada del evangelio que predicamos. Es crucial entender, con una buena parte de los teólogos de la liberación, que nuestra tarea incluye también un activismo social que se esfuerza por erradicar la pobreza y liberar a quienes son objeto de opresión por todo el mundo. Sin embargo, muchos mueren a diario antes de que podamos llegar a ellos, y esto seguirá sucediendo hasta que Cristo regrese. Así, a diferencia de lo que sucede en amplios sectores de la teología de la liberación, no nos atrevemos a recortar el evangelio para no ofrecer al mismo tiempo la liberación espiritual que solo Jesús puede impartir, la única que puede salvar a los seres humanos de una eternidad mucho más desagradable que cualquier cosa que hayan experimentado en esta vida.[36]

De manera más modesta, entender la teología paulina de la resurrección ha de afectar a nuestra vida de oración personal y colectiva. ¿Cuántas veces nuestras listas de peticiones contienen casi exclusivamente necesidades físicas o materiales? ¿Cuántos de nosotros podríamos elogiarnos unos a otros como hizo Juan con Gayo cuando le pidió a Dios que sus circunstancias en esta vida pudieran encontrarle con tanta salud física y material como la que gozaba ya desde un punto de vista espiritual (3Jn 2)?

La esperanza de la resurrección da propósito y significado a toda la historia humana. Los cristianos no tienen que tener miedo de que el mundo termine con un holocausto nuclear, porque la Escritura enseña que el fin de esta era se producirá con el regreso de Cristo. Y aunque a los ejércitos del mundo se les representa aprestándose para la batalla final, Cristo interviene antes de que su pueblo sufra una sola baja (Ap 19:17–19). Esto no significa, sin embargo, que no tengamos que tomar las precauciones necesarias para protegernos contra un limitado accidente nuclear que, aun siendo restringido en su alcance, podría producir más daño y sufrimiento en la tierra del que se ha experimentado en ella hasta este momento. Tampoco podemos considerar nunca el aborto o la eutanasia como una salida legítima al sufrimiento humano. Dios tiene siempre un propósito para las personas a quienes mantiene con vida.

---

36. En pocas palabras, necesitamos una "teología evangélica de la liberación". Cf. además Craig L. Blomberg, "'Your Faith Has Made You Whole': The Evangelical Liberation Theology of Jesus", en *Jesus of Nazareth: Lord and Christ*, ed. Joel B. Green y Max Turner (Grand Rapids: Eerdmans, 1994), 75–93.

Por otra parte, los últimos propósitos de Dios solo se llevarán a cabo con el regreso de Jesús. No hemos, pues, de engañarnos con el ingenuo optimismo que prevé la gradual cristianización de la tierra por parte de la iglesia antes del regreso de Cristo. Así, lo que esperamos no es un mundo que termina con explosiones y gemidos, sino con la venida de Cristo universal, pública y visible para inaugurar la serie de acontecimientos que culminará con el absoluto reconocimiento de la soberanía de Dios por parte de todo el cosmos (vv. 24–28).

En este sentido, no obstante, hemos de tener cuidado con la creciente fascinación evangélica con el universalismo y otras improbables alternativas en relación con el destino de los no creyentes (p. ej., una segunda oportunidad de salvación tras la muerte, aniquilacionismo o inmortalidad condicional).[37] Las personas no serán salvas al margen de cuál sea su actitud hacia Jesús. Aun así, los evangélicos han sido quizá demasiado estrechos de miras o miopes en las últimas generaciones por lo que respecta a esta cuestión del destino de quienes no han oído el evangelio. A lo largo de la historia, el cristianismo ortodoxo ha mantenido una mayor diversidad de perspectivas sobre el destino de los no evangelizados de la que hoy sostiene la teología conservadora.[38] Es posible que el punto realmente decisivo no sea si una determinada persona ha oído o no hablar de Jesús, sino si, hasta donde entiende, tal persona descansa únicamente en la gracia de Dios o confía en su propia justicia.[39] Según este principio, es posible que algunas personas que nunca han oído el evangelio entren en el reino (con la suposición de que si lo hubieran oído habrían respondido positivamente). Esto significa, casi con toda seguridad, que muchos de quienes creen estar en el reino no lo están, ¡incluidos algunos cristianos profesantes!

---

37. Cf. las perspectivas divergentes reflejadas en William V. Crockett, ed., *Four Views on Hell* (Grand Rapids: Zondervan, 1992).

38. Ver el concienzudo análisis en John Sanders, *No Other Name* (Grand Rapids: Eerdmans, 1992).

39. Ver especialmente Norman Anderson, *The World's Religions* (Grand Rapids: Eerdmans, 1976), 234–35.

1 Corintios 15:35–58

Tal vez alguien pregunte: «¿Cómo resucitarán los muertos? ¿Con qué clase de cuerpo vendrán?» ³⁶ ¡Qué tontería! Lo que tú siembras no cobra vida a menos que muera. ³⁷ No plantas el cuerpo que luego ha de nacer sino que siembras una simple semilla de trigo o de otro grano. ³⁸ Pero Dios le da el cuerpo que quiso darle, y a cada clase de semilla le da un cuerpo propio. ³⁹ No todos los cuerpos son iguales: hay cuerpos humanos; también los hay de animales terrestres, de aves y de peces. ⁴⁰ Así mismo hay cuerpos celestes y cuerpos terrestres; pero el esplendor de los cuerpos celestes es uno, y el de los cuerpos terrestres es otro. ⁴¹ Uno es el esplendor del sol, otro el de la luna y otro el de las estrellas. Cada estrella tiene su propio brillo.

⁴² Así sucederá también con la resurrección de los muertos. Lo que se siembra en corrupción, resucita en incorrupción; ⁴³ lo que se siembra en oprobio, resucita en gloria; lo que se siembra en debilidad, resucita en poder; ⁴⁴ se siembra un cuerpo natural, resucita un cuerpo espiritual.

Si hay un cuerpo natural, también hay un cuerpo espiritual. ⁴⁵ Así está escrito: «El primer hombre, Adán, se convirtió en un ser viviente»; el último Adán, en el Espíritu que da vida. ⁴⁶ No vino primero lo espiritual sino lo natural, y después lo espiritual. ⁴⁷ El primer hombre era del polvo de la tierra; el segundo hombre, del cielo. ⁴⁸ Como es aquel hombre terrenal, así son también los de la tierra; y como es el celestial, así son también los del cielo. ⁴⁹ Y así como hemos llevado la imagen de aquel hombre terrenal, llevaremos también la imagen del celestial.

⁵⁰ Les declaro, hermanos, que el cuerpo mortal no puede heredar el reino de Dios, ni lo corruptible puede heredar lo incorruptible. ⁵¹ Fíjense bien en el misterio que les voy a revelar: No todos moriremos, pero todos seremos transformados, ⁵² en un instante, en un abrir y cerrar de ojos, al toque final de la trompeta. Pues sonará la trompeta y los muertos resucitarán con un cuerpo incorruptible, y nosotros seremos transformados. ⁵³ Porque lo corruptible tiene que revestirse de lo incorruptible, y lo mortal, de inmortalidad. ⁵⁴ Cuando lo corruptible se revista de lo incorruptible, y lo mortal, de inmortalidad, entonces se cumplirá lo

que está escrito: «La muerte ha sido devorada por la victoria.»
⁵⁵ «¿Dónde está, oh muerte, tu victoria? ¿Dónde está, oh muerte, tu aguijón?»
⁵⁶ El aguijón de la muerte es el pecado, y el poder del pecado es la ley. ⁵⁷ ¡Pero gracias a Dios, que nos da la victoria por medio de nuestro Señor Jesucristo!
⁵⁸ Por lo tanto, mis queridos hermanos, manténganse firmes e inconmovibles, progresando siempre en la obra del Señor, conscientes de que su trabajo en el Señor no es en vano.

Sentido Original Los versículos 35–58 responden a la potencial objeción que plantea el versículo 35. "¿Cómo resucitarán los muertos?" no era probablemente una pregunta sincera, sino una expresión irónica que desafiaba toda la idea de la resurrección corporal. La respuesta de Pablo se divide de nuevo en tres partes. Los versículos 36–44a ofrecen analogías del mundo creado para describir el cuerpo de resurrección. Los versículos 44b–49 sostienen la necesidad de un cuerpo celestial a partir de la existencia del terrenal. Los versículos 50–57 explican por qué es necesaria esta transformación. A continuación, Pablo concluye el capítulo con el mandamiento de estar firme en una verdadera fe y acción (v. 58).

La primera analogía que Pablo utiliza para ilustrar el cuerpo de resurrección es la de una semilla y una planta (cf. Jn 12:24, aunque lo que Jesús está diciendo en este texto es un tanto distinto). Cuando la semilla se hunde en la tierra da la impresión de que muere y ciertamente se descompone. No obstante, en este mismo lugar surge una nueva vida, de aspecto completamente distinto al de la semilla y que, sin embargo, sigue siendo de algún modo la misma entidad (vv. 36–38). De hecho, el mundo está lleno de distintas clases de cuerpos (la palabra "carne" [v. 39] no significa aquí "naturaleza pecaminosa") creados por Dios. ¿Por qué, pues, ha de considerarse increíble que él pueda crear un cuerpo humano resucitado? También los cuerpos celestiales —sol, luna y estrellas— difieren en naturaleza y brillo (v. 41). Y existe una distancia aun mayor entre los cuerpos terrenales, que tienen todos ciertas características comunes e identificables, y los celestiales, que también se parecen el uno al otro en determinados aspectos (v. 40).[1]

---

1. En este texto tenemos una buena ilustración de la preservación de la clásica distinción griega entre *allos* ("otro de la misma clase") y *heteros* ("otro de clase distinta"). Pablo utiliza el primer término en los versículos 39 y 41 para distinguir *entre sí* tanto los

Los versículos 42–44a dejan claro el propósito de Pablo con todas estas analogías. Los corintios recibirán cuerpos de resurrección que serán mucho más gloriosos que los que tienen ahora. A diferencia de sus cuerpos actuales, los de resurrección serán nuevos organismos, apropiados para la eternidad, que nunca morirán ni estarán limitados por el pecado o la impotencia (vv. 42–43). Mientras que en este mundo los humanos están únicamente animados por vida física, los creyentes serán un día completamente vigorizados por el Espíritu (v. 44a). En el versículo 44 Pablo consigna los términos "natural" y "espiritual" que ya utiliza en 2:6–16 y que indican la diferencia entre los cristianos y los que no lo son. En este contexto, el contraste podría expresarse mejor traduciendo estos adjetivos como "natural" y "sobrenatural".[2]

Los versículos 44b–49 recogen una antigua y extendida especulación, tanto en los círculos judíos como griegos, en el sentido de que en un principio había dos seres humanos, uno terrenal y otro celestial. Platón, por ejemplo, consideraba toda la creación como una tenue sombra de ciertos arquetipos celestiales. Filón interpretaba Génesis 1–3 de manera alegórica y pensaba que Dios creó inicialmente a dos hombres, uno que vivía en la tierra y se rebeló (caps 2–3) y su perfecta contrapartida celestial (cap. 1). Pablo está de acuerdo en que la humanidad tiene dos progenitores (v. 44b). Pero hace de Jesús el perfecto "Adán" (sirviéndose de un juego de palabras en hebreo en el que Adán significa "hombre") y subraya que él vino después del primer Adán (i.e., en la encarnación de Cristo), no antes (vv. 46–47).

De este modo, también los creyentes que han compartido la semejanza caída y finita del primer Adán pueden anticipar con expectación compartir la perfecta humanidad que encarnó Jesús, pero solo después de esta vida, cuando Jesús regrese de nuevo (vv. 48–49; la nota que aquí presenta la NVI con la traducción alternativa ["llevemos también"] es menos probable que el sentido futuro del texto ["llevaremos también"]). Para explicar esto, Pablo cita Génesis 2:7, que después utiliza como punto de partida para compararlo con la humanidad mucho más gloriosa de Jesús, que no solo tiene el aliento de la vida humana, sino que puede también impartir sostenimiento eterno y espiritual a otros (v. 45).[3]

---

distintos cuerpos terrenales como los celestiales. Sin embargo, el apóstol utiliza el segundo en el versículo 40 para distinguir a los cuerpos celestiales de los terrenales.

2. William L. Craig, "The Bodily Resurrection of Jesus", en *Gospel Perspectives*, vol. 1, ed. R. T. France y David Wenham (Sheffield: JSOT, 1980), 58–59.

3. Sobre la intrincada lógica de los versículos 44b–49, ver especialmente, James D. G. Dunn, "1 Corinthians 15:45—Last Adam, Life-Giving Spirit", en *Christ and Spirit*

Los versículos 50–57 siguen desarrollando la necesidad de una transformación corporal. La frágil y mortal humanidad no puede sobrevivir ante la presencia eterna y perfectamente santa de Dios. La expresión "carne y sangre" del versículo 50 era un modismo que en los círculos judíos se usaba para aludir a "un simple mortal" y no contradice lo que Pablo ha subrayado ya, que la experiencia de la resurrección es de carácter corporal (cf. las palabras de Jesús en Lucas 24:39 en el sentido de tener "carne y huesos"). Pero ha de ser un cuerpo "incorruptible" e "inmortal" (vv. 52b–54a).

El versículo 51 aporta más información sobre el momento en que se producirá esta transformación. Sobre el término "misterio", ver los comentarios de 2:7. El secreto que Pablo revela en este texto es que la resurrección corporal de los creyentes se producirá con el regreso de Cristo. No todos los cristianos morirán primero, puesto que algunos estarán vivos cuando él regrese. Pero todos ellos experimentarán la transformación necesaria para impartirles un cuerpo nuevo y glorificado. Este cambio no se producirá de forma gradual, sino instantánea. La metáfora de la trompeta (v. 52a) es muy común en la literatura bíblica para anunciar el fin (cf. Jl 2:1; Zac 9:14; Mt 24:31; 1Ts 4:16; y las siete trompetas de Ap 8:2–9:14).

Cuando todo esto haya sucedido, el camino estará preparado para que se desarrollen los acontecimientos de los versículos 24–28. El clímax de esta serie de acontecimientos para los creyentes es la destrucción de la propia muerte, como pronosticó Isaías (v. 54b, citando Is 25:8). Ante la idea de esta maravillosa perspectiva, Pablo prorrumpe en una rapsodia, con una cita y ligera adaptación de Oseas 13:14 (v. 55). Y como en Romanos 6–8, el apóstol recuerda que el pecado es el principal responsable y productor de la muerte física y espiritual, mientras que la ley, aparte de indicar a las personas el camino a Cristo, solo sirve para promover el pecado, puesto que incrementa la consciente rebeldía contra las normas de Dios (v. 56; cf. Gá 3:19–24).[4] ¡Pero, gloria a Dios que esta secuencia mortal ha sido interrumpida por la victoria sobre la muerte que Dios ha elaborado a través de la muerte y resurrección de Jesús (v. 57)!

---

in the New Testament, eds. Barnabas Lindars y Stephen S. Smalley (Cambridge: Cambridge University Press, 1973), 127–41.

4. Respecto a la lógica del versículo 56 en este contexto, ver especialmente H. W. Hollander y J. Holleman, "The Relationship of Death, Sin, and Law in 1 Cor 15:56", *NovT* 35 (1993): 270–91.

En consecuencia, Pablo desciende de estos elevados vuelos de reflexión teológica a las implicaciones prácticas de estas cosas para los corintios (v. 58). Puesto que Cristo ha resucitado corporalmente, también ellos serán un día transformados físicamente. Por tanto, han de seguir firmemente comprometidos con la sana teología y completamente dedicados a la obra del evangelio (una vida pura y entregada al servicio que la caracteriza). Sea cual sea el coste en esta vida, los creyentes pueden contar con su triunfo final y el de todos los propósitos de Dios.

Construyendo Puentes

El tema clave que impregna los versículos 35–58 es la continuidad y discontinuidad que existe entre los cuerpos terrenales de los creyentes y los cuerpos que recibirán con su resurrección. No cabe duda, no obstante, de que el acento recae sobre este último. Hay una evidente continuidad molecular entre semilla y planta, ¿pero quién la habría adivinado de no ser por la recurrente relación de causa y efecto entre plantar una semilla y ver brotar una nueva vida en el mismo lugar en que esta se plantó? Puede, pues, hablarse de cierta forma de identidad personal permanente entre el cuerpo natural y el espiritual, pero, al mismo tiempo, se anticipa un cambio físico tangible.[5]

Aparte de esto, la Escritura ofrece pocas claves para responder nuestras preguntas más detalladas sobre cómo serán estos nuevos cuerpos. Podemos aventurar algunas suposiciones a partir de lo que sabemos del cuerpo resucitado de Cristo: era tangible y podía comer, aunque no le era necesario, y sin embargo podía también aparecer y desaparecer a voluntad, y pasar por puertas cerradas (Lc 24; Jn 20–21). No obstante, precisamente porque Jesús aún no había ascendido y sido completamente exaltado y glorificado, es posible que tampoco su cuerpo como lo describen los Evangelios fuera exactamente el definitivo. Puede asumirse, por ejemplo, que en su forma definitiva no tuviera cicatrices en las manos y el costado.[6]

---

5. Cf. Morris, *First Corinthians*, 220: "Es importante observar que aquello que muere no se parece nada a lo que después aparece"; y Bruce, *1 y 2 Corinthians*, 151: "La identidad personal no requiere esta clase de reconstitución material [...] Lo necesario para la analogía es la combinación de identidad con diferencia".

6. La obra de Robert Sloan, "Resurrection in 1 Corinthians", *SWJT* 26 (1983): 69–91, representa un valiente intento de batallar con estas continuidades y discontinuidades.

Algunos ven las alusiones a los cuerpos celestiales y terrenales del versículo 40 como algo distinto del ejemplo que se da en los versículos 39 y 41. De ser así, Pablo podría tener en mente otras analogías, por ejemplo, las diferencias entre diferentes tipos de terreno (montes, ríos, cañones, océanos) y varias clases de criaturas sobrenaturales (ángeles, demonios). Sin embargo, esto parece poco probable teniendo en cuenta los versículos que enmarcan estas declaraciones y que pretenden sin duda explicar este texto en concreto.

En cualquier caso, no hay aquí ningún apoyo para el punto de vista que defiende, por ejemplo, el mormonismo, y que distingue entre distintas clases de cuerpos celestiales que recibirán los creyentes. El propósito de contrastar al sol con la luna y las estrellas no es sugerir tres clases distintas de cuerpos de resurrección, sino dar otros ejemplos de que Dios puede crear distintas clases de entidades físicas en general.

Los versículos 42–44a dejan claro que Pablo está únicamente comparando y contrastando dos clases de cuerpos humanos: los que viven en este mundo y los que vivirán en el siguiente. Puede que los atributos que se describen en estos versículos se resuman mejor en Apocalipsis 21:4: "Él les enjugará toda lágrima de los ojos. Ya no habrá muerte, ni llanto, ni lamento ni dolor, porque las primeras cosas han dejado de existir".

Los versículos 44b–49 responden a ideas enfrentadas sobre la otra vida y afirman tres verdades cruciales que deben preservarse. En primer lugar, para experimentar el mundo futuro es necesario tener un nuevo cuerpo. No es una opción escapar a un estado eternamente incorpóreo. En segundo lugar, esta nueva forma de existencia no se producirá hasta el regreso de Cristo. Esto refuta cualquier afirmación que pueda hacer un creyente en el sentido de haber "llegado", espiritualmente hablando, en esta vida. En tercer lugar, este nuevo cuerpo celestial será mucho más glorioso que cualquier cosa que podamos experimentar o imaginar actualmente.

El versículo 50 nos recuerda que nuestros actuales cuerpos mortales y pecaminosos no pueden coexistir con un Dios infinito y santo, ni son dignos de ello.

El lenguaje y las imágenes literarias de los versículos 51–52 se parecen mucho a 1 Tesalonicenses 4:13–18, con su descripción de la muerte como dormir y de la resurrección en la última trompeta. Este último pasaje contiene el versículo que ha dado lugar a la noción de un "arrebatamiento" y ha generado incontables debates sobre "pretribulacionismo", "mediotribulacionismo" o "postribulacionismo" (v. 17). Considerando la estrecha correlación entre estos dos pasajes, y puesto que Pablo en 1 Corintios 15 ha estado hablando exclusivamente de unas transformaciones que se producirán con el regreso público de Cristo (v. 23), no es natural concebir el arrebatamiento de 1 Tesalonicenses como un acontecimiento separado y anterior. El uso de la imaginería de la trompeta en otras referencias bíblicas al día del Señor (ver exposición anterior al respecto) y en el pensamiento judío más en general, refuerza este análisis. Sin embargo, una vez más, este debate requiere la consideración de muchos textos de la Escritura; la sola exégesis de 1 Corintios no resolverá los problemas.[7] Y puesto que todas las partes concuerdan en que no hay ningún pasaje que hable al mismo tiempo del arrebatamiento y de la tribulación, parece excesivamente restrictivo insistir en una determinada posición como condición para ser miembro de una iglesia u organización cristiana.

Se ha dicho también que 1 Tesalonicenses 4:15 contradice 1 Corintios 15 al afirmar que Pablo creía al principio que viviría hasta el regreso de Cristo, algo que no se refleja en este texto y que se rechaza de manera más explícita en 2 Corintios 1:8–11. Otros no están tan seguros del grupo en el que se incluye Pablo en el versículo 51. A menudo se presentan elaboradas hipótesis del "desarrollo" de la teología de Pablo,[8] pero estas imponen conclusiones a estos textos que cuentan con muy poco fundamento. Desde un punto de vista gramatical, la frase "nosotros, los que estemos vivos y hayamos quedado hasta la venida del Señor" (1Ts 4:15) significa simplemente "los cristianos que estén vivos", y en ningún otro lugar afirma Pablo saber inequívocamente que él formará parte de este grupo de creyentes.

Por el modo tan incidental como aparece, el versículo 56 nos muestra que la teología de Pablo sobre el papel de la ley como productora de pecado y muerte no estaba limitada a los contextos más polémicos de Gálatas 3 o Filipenses 3 ni tampoco era simplemente el producto de su posterior pensamiento, como en Romanos 6–7. El hecho en sí de que surja de manera tan incidental es un testimonio de su papel antiguo y fundamental en el pensamiento de Pablo. Probablemente, el apóstol ya ha enseñado sobre este tema en Corinto y, por una vez, puede asumir que le entienden. Pero multiplicar las transgresiones no es el único pro-

---

7. Cf. además Richard Reiter, Paul D. Feinberg, Gleason L. Archer, y Douglas J. Moo, *The Rapture: Pre-, Mid-, or Post-Tribulational?* (Grand Rapids: Zondervan, 1984).
8. Ver Klein, Blomberg y Hubbard, *Biblical Interpretation*, 365–66, y la literatura que se cita en esta obra.

pósito de la ley. De hecho, la teología reformada ha reconocido tradicionalmente tres usos de la ley, y los otros dos son mucho más positivos: como elemento disuasorio de pecar y como instrucción moral para los cristianos.[9] Pero el primero de estos usos es importante y apoya hasta cierto punto la clásica dicotomía luterana entre ley y evangelio.

Teniendo en cuenta la tendencia de los corintios a separar la teología de la ética, la conclusión de Pablo (v. 58) sigue siendo acertada. Es muy propio de él concluir sus exposiciones con aplicaciones muy prácticas. Aquí nos recuerda que es la esperanza de la resurrección, y solo esta esperanza, lo que guarda de la desesperación a creyentes de todos los lugares y épocas y les ayuda a permanecer fieles en el servicio cristiano. De hecho, la resurrección demuestra cuatro principios generales que afectan a toda la vida: la verdad es más fuerte que la mentira, el bien es más fuerte que el mal, el amor es más fuerte que el odio y la vida es más fuerte que la muerte.[10]

Significado Contemporáneo

La naturaleza del cuerpo de la resurrección sigue siendo objeto de acalorado debate, puesto que se pretende colegir de las Escrituras más detalle del que contienen.

Una perspectiva minoritaria sostiene que el cuerpo resucitado de Cristo, como prototipo del que tendremos los cristianos tras la resurrección, era normalmente invisible e inmaterial, ya que durante la mayor parte de los cuarenta días que duraron las apariciones Cristo no estuvo corporalmente presente con los discípulos.[11] En otros círculos, algunos cristianos siguen oponiéndose a la incineración,[12] ¡como si el poder de

---

9. Ver F. F. Bruce, *Paul: Apostle of the Heart Set Free* (Grand Rapids: Eerdmans, 1977), 191.

10. Barclay, *Corinthians*, 146–48.

11. Murray J. Harris, *Raised Immortal* (Grand Rapids: Eerdmans, 1977), 53. Este punto de vista generó a su vez una reacción exagerada, repleta de acusaciones de herejía y enseñanza sectaria, especialmente por parte de Norman L. Geisler, *The Battle for the Resurrection* (Nashville: Thomas Nelson, 1989), y en la literatura más informal de varios ministerios contra las sectas. Harris ha respondido a estas acusaciones de un modo más que adecuado (ver ídem, *From Grave to Glory* [Grand Rapids: Zondervan, 1990]).

12. John J. Davis (*What About Cremation: A Christian Perspective* [Winona Lake, Ind.: BMH, 1989]) es más optimista que algunos, pero sigue pensando que sepultar es preferible siempre que sea posible.

Dios para reconstruir y transformar el cuerpo de un creyente estuviera de algún modo limitado a aquellas situaciones en que el cadáver se preserva relativamente intacto! Ambos debates desvían la atención de la principal preocupación de Pablo, que es evitar una escatología excesivamente consumada que produce una eclesiología excesivamente triunfalista, es decir, que reclama de manera excesiva para el tiempo presente las bendiciones y victorias de la era venidera.

Si estamos en lo cierto al sospechar que este triunfalismo reflejaba las actitudes y mensajes de los corintios cuando afirmaban hablar bajo la inspiración del Espíritu, entonces los peligros más parecidos en nuestro nuestro mundo de hoy son los que rodean a quienes, especialmente dentro del movimiento carismático, hacen afirmaciones exageradas sobre el grado de madurez espiritual que podemos alcanzar en esta vida. También en círculos no carismáticos se dan situaciones equivalentes con la enseñanza sobre la perfección cristiana y la posibilidad de pasar días, meses e incluso años sin pecar. El "evangelio de la prosperidad" lleva a algunos a creer erróneamente que merecen y pueden conseguir un altísimo grado de salud y prosperidad económica en esta vida. En contra de todas estas tendencias, Pablo insiste en que todavía no hemos "llegado", ni llegaremos, a este lado de la venida de Cristo.

Lamentablemente, entre los cristianos conservadores se siguen debatiendo las distintas posiciones sobre el milenio y el arrebatamiento con actitudes divisorias, aunque, afortunadamente, este tipo de talante va remitiendo. Muchas organizaciones paraeclesiales han reconocido que ninguna de estas doctrinas es lo suficientemente clara en la Escritura como para merecer su inclusión en una declaración de fe que sus empleados tengan que suscribir necesariamente. Las principales excepciones se dan, por regla general, en organizaciones educativas o misioneras, cuya inercia institucional absorbe los cambios de manera más lenta. La iglesia puede aprender una buena lección del movimiento paraeclesial y adoptar esta postura, negándose a hacer que cualquier posición sobre la tribulación o el milenio figure en sus declaraciones doctrinales, pruebas de ortodoxia o criterios de comunión o cooperación con otros creyentes. Una vez más, muchas de las iglesias más numerosas y florecientes ya han reconocido esto; otras, sin embargo, tienen que recorrer todavía un largo camino.

Aunque la nota que consigna la NVI en el versículo 49 ("llevemos") no es tan probable como el texto ("llevaremos"), esta nos recuerda que, puesto que un día llevaremos completamente la imagen de Cristo, que es el perfecto reflejo de Dios, hemos de estimularnos mutuamente a trabajar para la recreación de dicha imagen ya ahora. Efesios 4:24 describe este proceso como ponerse "el ropaje de la nueva naturaleza, creada a imagen de Dios, en verdadera justicia y santidad".

El cristianismo contemporáneo ha de recuperar este acento de la Reforma en la imagen de Dios como una realidad moral y relacional. Hemos sido cautivados por las psicologías populares que tienden a definir la imagen de Dios según una división tricotomista de la psique humana, o por la ecuación neo-ortodoxa de la imagen con la creación del hombre y la mujer, o incluso por una distorsión antiecológica del mandamiento de señorear sobre la tierra (en el contexto de la *imago dei* [Gn 1:27–28]).

Curiosamente, Pablo relaciona aquí la imagen de Dios ("semejanza") con su gloria (v. 43), como lo hace también en 11:7. Y 2 Corintios 3:7–18 vincula la gloria de Dios con su revelación a Moisés en Sinaí, una revelación que puso de relieve esa gloria en términos de sus atributos comunicables (Éx 33:18–34:7). En muchos círculos de nuestro tiempo que desean preservar la verdad de Dios, los cristianos tienen que esforzarse igualmente por mostrar su misericordia y ejemplificar las facetas de la imagen de Dios descritas en Éxodo 34:6–7a: "El Señor, el Señor, Dios clemente y compasivo, lento para la ira y grande en amor y fidelidad, que mantiene su amor hasta mil generaciones después, y que perdona la iniquidad, la rebelión y el pecado; pero que no deja sin castigo al culpable".[13]

La derrota final de la muerte con que culmina 1 Corintios 15 tiene, sin duda, mucho que decir a quienes, en nuestros días, siguen viviendo en el temor de la muerte. Sartre no es el único que ha elevado el espectro del suicidio como la única cuestión seria que los humanos han de someter a debate. Los temores existenciales y ecológicos dominan una buena parte del mundo no cristiano.[14] Los cristianos deben temer menos. Pueden llorar la pérdida de seres queridos y experimentar una cierta ansiedad relacionada con los factores desconocidos que rodean su propia muerte, pero ninguna de estas reacciones tiene que ser como la de quienes "no tienen esperanza" (1Ts 4:13). Para los cristianos, los funerales han de ser, antes que nada, celebraciones de su "marcha al

---

13. Cf. además R. Ward Wilson y Craig L. Blomberg, "The Image of God in Humanity: A Biblical-Psychological Perspective", *Themelios* 18 (1993): 8–15.

14. Cf. J. Davis McCaughey, "The Death of Death (1 Corinthians 15:26)", en *Reconciliation and Hope*, ed. Robert Banks (Grand Rapids: Eerdmans, 1974), 257.

hogar". Aunque es necesario preservar una solemnidad culturalmente apropiada, este tipo de ceremonias han de estar dominadas por un espíritu de gozo y un mensaje de esperanza, que puede incluso incluir una referencia evangelizadora de buen gusto dirigida a los no creyentes presentes. Y la esperanza de la resurrección ha de estimularnos a quienes seguimos vivos a perseverar en una "larga obediencia en la misma dirección" (v. 58).[15]

---

15. Friedrich Nietzche, *Beyond Good and Evil*, tr. R. J. Hollingdale (Nueva York: Penguin, 1973), 109; citada y aplicada en un contexto cristiano por Eugene Peterson, *A Long Obedience in the Same Direction* (Downers Grove, Ill.: InterVarsity Press, 1980) [en español, hay numerosas ediciones del libro de Nietzche, con el título *Más allá del bien y del mal*].

1 Corintios 16:1–4

En cuanto a la colecta para los creyentes, sigan las instrucciones que di a las iglesias de Galacia. ² El primer día de la
semana, cada uno de ustedes aparte y guarde algún dinero
conforme a sus ingresos, para que no se tengan que hacer
colectas cuando yo vaya. ³ Luego, cuando llegue, daré cartas de
presentación a los que ustedes hayan aprobado y los enviaré a
Jerusalén con los donativos que hayan recogido. ⁴ Si conviene
que yo también vaya, iremos juntos.

**Sentido
Original**
Pablo pasa a tratar el último tema del cuerpo de su
carta. Por penúltima vez, el apóstol introduce un
tema con la expresión "en cuanto a", reflejando probablemente la penúltima pregunta que los corintios
le habían planteado en su carta (cf. 7:1). (El último
de estos asuntos no es de orden teológico, sino personal; ver 16:12).
Puesto que los comentarios de Pablo son tan breves, una buena parte
del trasfondo hay que deducirlo a partir de otras informaciones que
aportan el libro de los Hechos, Romanos y 2 Corintios.[1]

La colecta a que Pablo hace referencia en el versículo 1 era una
importante iniciativa que el apóstol desarrolló durante su tercer viaje
misionero. Muchos de los cristianos judíos de Jerusalén estaban en
una situación de gran precariedad (v. 3; cf. Ro 15:26), y Pablo invir-
tió mucha de su energía recaudando fondos de varias iglesias gentiles en Asia y Europa para ayudar a suplir sus necesidades (Hch 20:4).
Pero, además de aliviar el sufrimiento físico, Pablo veía sin duda esta
colecta como una oportunidad para incrementar la unidad de la iglesia
entre los sectores judíos y gentiles, para pagar una especie de deuda
espiritual que las congregaciones gentiles tenían con su "iglesia madre"
de Jerusalén (Ro 15:27) y para demostrar la autenticidad del cristianismo gentil a los escépticos cristianos de origen judío (cf. Hch 24:17).
Además, aquella ofrenda sería un testimonio para el mundo no creyente

1. Verlyn D. Verbrugge, *Paul's Style of Church Leadership Illustrated by His Instructions
to the Corinthians on the Collection* (San Francisco: Mellen Research University Press,
1992), 25–94, compara los versículos 1–2 con una "carta", en que el autor utiliza al
menos una forma de segunda persona en imperativo, sin ninguna intención de justificar
sus demandas o motivar a los receptores más allá de apelar a su autoridad.

y para los cristianos de todas partes de la fe y el amor de quienes habían participado. Es posible que dicha ofrenda fuera la causa de que más personas fueran ganadas para Cristo, y que otros crecieran en su fe y en la expresión de su gratitud a Dios (2Co 9:12–15).

El rico sentido teológico de esta ofrenda queda ampliamente ilustrado por la diversidad de términos que Pablo aplica a este proyecto: "donativos" (v. 3; la palabra que se utiliza en este texto significa también "gracia"), "tomar parte" o "compartir" (2Co 8:4), un "generoso" donativo o colecta (8:20; 9:5), una presentación de "ofrendas" (Hch 24:17) y una "ayuda para los santos" (2Co 9:1) o incluso un "servicio sagrado" (9:12). Los propios corintios habían tomado la iniciativa de contribuir con generosidad y habían inspirado a otras iglesias a imitarles, pero ahora se estaban quedando atrás en el cumplimiento de sus compromisos (8:1–12; 9:1–5). Tristemente, estas breves palabras de Pablo no les motivaron adecuadamente, puesto que ha de volver al tema con mucho mayor detalle en 2 Corintios 8–9,[2] sin embargo, Romanos 15:26 demuestra que, finalmente, los corintios cumplieron con su obligación.

En el versículo 1a, "creyentes" traduce la palabra "santos" y se refiere a los cristianos en general (en este caso los de Jerusalén). A pesar del versículo 1b, no hay referencia a esta recaudación en la carta a los Gálatas, por lo que hemos de asumir que las instrucciones a las que Pablo hace referencia en este texto se habían dado tras la redacción de esta carta aproximadamente en el año 49 d.C. (unos seis años antes). Pero Gálatas 2:10 sí incluye la recomendación de "acordarse de los pobres" como un importante principio que Pablo, Pedro y Jacobo acordaron cuando se reunieron en Jerusalén para hablar del ministerio de Pablo. Por otra parte, uno de los representantes a los que Pablo envió con la colecta (ver Hch 20:4) era Gayo de Derbe, un hombre procedente de una de las ciudades del sur de Galacia.

La expresión "el primer día de la semana" (v. 2a) se refiere al domingo. Es natural, por tanto, considerar este versículo como la primera referencia conocida a una ofrenda semanal como parte de la adoración cristiana. No obstante, la expresión "aparte y guarde algún dinero" es más literalmente "guarde para sí [...] atesorando", como si cada creyente guardara en casa su aportación. Cuando Pablo expresa su deseo de no

---

2. Los dos estudios más importantes y detallados sobre la recaudación de Pablo son los de Dieter Georgi, *Remembering the Poor: The History of Paul's Collection for Jerusalem* (Nashville: Abingdon, 1992) y Keith F. Nickle, *The Collection* (Naperville, Ill.: Allenson, 1966).

tener que hacer colectas cuando llegue a Corinto, lo que probablemente quiere decir es, pues, que esperaba que "cada miembro tuviera preparada una determinada cantidad de dinero para hacer su aportación a un fondo central".[3] Sin embargo, aunque los corintios no llevaran necesariamente su dinero a una reunión semanal de adoración, el hecho de que esta reserva tuviera que llevarse a cabo el domingo sugiere firmemente que el primer día de la semana se había convertido ya en el día más especial de la semana para estos cristianos, en lugar del séptimo (sábado). En este día se celebraba probablemente un tiempo de adoración, como en Hechos 20:7, cuando Pablo predicó en Troas, un acontecimiento que debería fecharse solo uno o dos años después de la redacción de esta carta.

La expresión "conforme a sus ingresos" (v. 2b) traduce una frase cuyo sentido más exacto es: "según haya sido prosperado cada cual". Las instrucciones de Pablo sobre los representantes y cartas de presentación (v. 3) expresan su preocupación por la integridad y responsabilidad económica. Hechos 20:4 revela que estos representantes procedían de numerosas iglesias y territorios en los que Pablo había trabajado. La ausencia de cualquier delegado relacionado específicamente con Acaya (la provincia en la que estaba situada la ciudad de Corinto) se ha interpretado de distintas maneras. Probablemente no significa sino que la lista de Lucas, como la de Pablo en otros pasajes (Ro 15:26), era parcial. Es posible, aunque menos probable, entender que el término "cartas" modifica el verbo "hayan aprobado", en cuyo caso deberíamos leer: "cuando lleguen, enviaré a aquellos que ustedes hayan aprobado con sus cartas de presentación con su ofrenda [. . .]". ¿Qué es lo que haría "conveniente" (u "oportuno") que Pablo les acompañara (v. 4)? ¡Es probable que tenga en mente una adecuada suma de dinero para justificar el tiempo invertido y no sentirse mal ante los dirigentes de la iglesia de Jerusalén![4]

Construyendo Puentes — Pablo aporta poderosos principios para la ofrenda cristiana basados en sus instrucciones sobre la colecta para la iglesia de Jerusalén, aunque muchos de ellos solo aparecen en 2 Corintios 8–9 y han de dejarse a

---

3. Barrett, *First Corinthians*, 387.
4. Cf. Robertson y Plummer, *First Corinthians*, 387: "Él (Pablo) no podía abandonar otras tareas para presentar una suma insignificante; y un apóstol no podía tomar la iniciativa en una misión tan indigna. Sería como aprobar la tacañería".

un comentarista de ese libro. No obstante, de estos cuatro versículos surgen varios principios y un importante debate sobre el trasfondo del pasaje. Por empezar con el último, ¿por qué se había empobrecido la iglesia de Jerusalén? Hay quienes culpan de ello a un supuesto experimento de comunismo que fracasó (cf. Hch 2:44; 4:32–37). Naturalmente, no sabemos hasta cuándo siguió la iglesia primitiva practicando la comunidad de bienes, y la ausencia de comentarios al respecto puede sugerir que esta actividad había sido ya abandonada en los veinticinco años que median entre el nacimiento de la iglesia y la redacción de 1 Corintios. Por otra parte, Lucas indica que Dios bendijo este "experimento" (2:47; 5:11–16), por lo que no podemos quitarle importancia al hecho de dar a los pobres como si esto fuera simplemente una alternativa de segunda clase a la promoción del capitalismo. Entonces, como ha sucedido muchas veces desde entonces, muchos factores que están completamente fuera del control de los cristianos pueden llevar al empobrecimiento. Los cambios sistémicos pueden ser de ayuda, pero no son ningún sustituto para una participación generosa por parte de aquellos cristianos que están en una situación mejor.[5]

Probablemente, la necesidad de la iglesia de Jerusalén era producto de toda una serie de factores, entre los cuales estaba la hambruna de finales de los años 40, el relativo nivel de pobreza de Jerusalén, el gran número de personas pobres (p. ej., las viudas de Hch 6:1) que se incorporaron en masa a la iglesia primitiva y el hecho de que estos judíos, convertidos ahora en cristianos, habrían sido probablemente eliminados de las listas de distribución de alimentos y provisiones para los necesitados que practicaban sistemáticamente otros judíos. Podemos, pues, considerar los principios que Pablo presenta para las ofrendas de los cristianos como pautas ampliamente aplicables a situaciones comparables de necesidad, más que como una respuesta singular a un problema idiosincrásico que hubiera podido evitarse.

De hecho, las dos razones principales que Pablo presenta para esta colecta han influenciado la historia de la iglesia hasta tal punto que han llegado a constituir los dos principales focos de las ofrendas cristianas de casi todas las épocas, a saber, apoyar a aquellos que son nuestros padres o autoridades espirituales en un ministerio de plena dedicación y ayudar a suplir las necesidades físicas y espirituales de los más desfavorecidos, especialmente dentro del cuerpo de Cristo. Aunque otros detalles pueden ser más coyunturales, sugieren útiles directrices en esta

---

5. Ver la obra clásica sobre esta cuestión: Abraham Kuyper, *The Problem of Poverty* (Grand Rapids: Baker, repr. 1991), esp. pp. 59–79.

cuestión. Por ejemplo, dar según un criterio semanal desarrolla en las personas una generosidad sistemática, autodisciplinada y consistente. Aunque este dinero se aparte en privado, su conjunción con la regular adoración de la iglesia nos recuerda que la mayordomía forma parte de la obediencia y la devoción a Dios igual que la oración, la alabanza, la comunión, la instrucción y este tipo de cosas. Hace también menos probable que los dirigentes cristianos tengan que hacer llamamientos especiales o iniciar otras campañas para reducir déficits presupuestarios recurrentes.

La frase de Pablo "conforme a sus ingresos", (v. 2) nos recuerda que ni en este texto ni en ningún otro del Nuevo Testamento se enseña que los cristianos tengan la responsabilidad de dar el diezmo. De hecho, la única referencia del Nuevo Testamento a dar el diez por ciento de los ingresos aparece en un pasaje en el que Jesús instruye a los escribas y fariseos acerca de cómo han de vivir bajo el antiguo pacto, donde el Señor subordina drásticamente el diezmo a "los asuntos más importantes de la ley, tales como la justicia, la misericordia y la fidelidad" (Mt 23:23). El ideal de Pablo aparece más bien en 2 Corintios 8:13–15: a nadie se le permite enriquecerse o empobrecerse demasiado, puesto que los cristianos de mejor posición comparten de lo que les sobra con aquellos que tienen más necesidad. El problema del diezmo es que mientras supone una gran carga para muchos pobres, ¡se lo pone muy fácil a los cristianos de clase media y alta! Pablo se niega, pues, a legislar un porcentaje específico; de hecho, puede entenderse que el versículo 2 apoya el concepto de un "diezmo progresivo": cuánto más se gana, más elevado es el porcentaje que ha de darse normalmente.[6] Pablo subraya, sin embargo, que "cada uno" debe dar; esta tarea no puede dejarse exclusivamente a los ricos patrones, no sea que piensen que están nuevamente comprando poder con sus aportaciones económicas. Probablemente, Pablo estaba también al corriente de los modelos paralelos judíos y grecorromanos de atención a los pobres y quería que se considerara a los cristianos al menos igual de celosos en la atención de sus propios correligionarios.[7]

---

6. Sobre este asunto, ver especialmente. Ronald J. Sider, *Rich Christians in An Age of Hunger* (Downers Grove, Ill.: InterVarsity Press, 1984), 163–77, aunque sin suscribir necesariamente los porcentajes específicos que presenta.

7. Cf. Barclay, *Corinthians*, 162: "... en el mundo griego había ciertas asociaciones llamadas *eranoi*. Si una persona pasaba una mala racha o tenía una súbita necesidad, sus amigos se unían para pedir un crédito sin intereses para ayudarle. En la sinagoga había funcionarios que tenían el cometido de recolectar fondos de las personas que tenían dinero y compartir con los que no tenían [. . .] Pablo no quería que la iglesia

El versículo 3 deja clara la necesidad de transparencia en el manejo del dinero, una preocupación que Pablo se esforzará al máximo por subrayar en 2 Corintios 8:16–24. El apóstol quiere asegurarse de que la administración de la colecta no ofrece oportunidad para las irregularidades o para que se les acuse de una mala gestión de los fondos. Las famosas palabras de Jesús: "no se entere tu mano izquierda de lo que hace la derecha" (Mt 6:3) no contradicen estas instrucciones de Pablo. Estas son, más bien, una advertencia metafórica sobre el peligro de hacer alarde público de la propia devoción, en este caso mostrando lo que se está dando para los necesitados (vv. 1–2).

Significado Contemporáneo

Pueden presentarse toda clase de objeciones para argumentar que estas exhortaciones de Pablo sobre la colecta no deben aplicarse a las donaciones de los cristianos en nuestro tiempo (se trataba de un acontecimiento puntual, hoy tenemos un sistema económico distinto en el que algunos de nuestros impuestos ayudan a cubrir las prestaciones sociales, los pobres de nuestro tiempo han creado muchas veces sus propios problemas, etcétera). Pero ninguna de tales objeciones se sostiene cuando la analizamos cuidadosamente. El hecho es que el nivel de vida de la mayoría de los cristianos occidentales, aun aplicando las normas mundiales contemporáneas, es tan superior al de los creyentes de la mayoría de otros tiempos y culturas que nuestras excusas para no ayudar a millones de cristianos necesitados, por no hablar de los demás pobres del mundo, suenan muy huecas. Podemos no estar de acuerdo sobre cuáles son las mejores maneras de ofrecer esta ayuda,[8] pero dar con generosidad ha de seguir siendo una prioridad.

La iglesia del mundo occidental necesita urgentemente una mejor comprensión de los principios de mayordomía y una aplicación más consistente de ellos. La cantidad que los norteamericanos gastan anualmente en deportes, tiempo libre, entretenimiento, excedentes de comida y ropa, etcétera excede con mucho a la suma anual necesaria para

---

estuviera por debajo de los judíos y los paganos por lo que a generosidad se refiere". Hay detalladas descripciones de este y otros modelos en Verbrugge, *Church Leadership*, 145–83.

8. Ver, por ejemplo, John A. Bernbaum, ed., *Economic Justice and the State: A Debate Between Ronald H. Nash and Eric H. Beversluis* (Grand Rapids: Baker; Washington, D.C.: Christian College Coalition, 1986).

mitigar el sufrimiento de las dos terceras partes del mundo.[9] ¡Y un importante porcentaje tanto de los dos tercios de necesitados del mundo como de los occidentales acomodados son cristianos! Evidentemente, los gobiernos corruptos, las guerras civiles, los bloqueos y otros obstáculos seguirían estorbando el alivio del sufrimiento humano; sin embargo, está claro que en este ámbito podrían hacerse avances mucho más importantes. Es cierto que los gobiernos tienen, a veces, más recursos, pero a diferencia de las iglesias y los cristianos, estos no prestan normalmente su ayuda en el nombre de Cristo ni ofrecen alternativas para la persona integral pensando en sus necesidades espirituales y físicas.

Tristemente, sin embargo, los cristianos norteamericanos solo dan, de promedio, un tres por ciento de sus ingresos, contando todas las causas caritativas. Algunas iglesias siguen enseñando la necesidad de dar el diezmo y a veces lo reciben de un buen número de sus miembros. ¡No tenemos nada que objetar a esto, ya que tales donantes sobrepasan el promedio en un siete por ciento! Pero si fuéramos honestos, la mayoría de nosotros podríamos permitirnos dar mucho más sin grandes sacrificios. La lista de ideas es casi interminable: vivir en casas más pequeñas, comprar coches más baratos, comer menos, comer menos fuera de casa, comprar menos ropa, comprar artículos usados, viajar en transporte público, ahorrar agua, reciclar, ver vídeos en lugar de ir al cine, renunciar a la televisión de pago, comprar a granel o al por mayor, utilizar menos el auto cuando es posible desplazarse en bicicleta, viajar menos en avión cuando es posible hacerlo en automóvil, compartir herramientas y utillaje poco utilizado con otras familias del barrio, organizar el uso de *babysitter*, cultivar pequeños huertos, gastar menos dinero en mascotas, hacer un uso más racional de la energía en nuestras casas y edificios, planificar bodas y funerales más modestos, dar donativos a ministerios cristianos como regalos de cumpleaños o de Navidad, evitar los pañales desechables, regalar habitualmente la ropa, libros, juguetes y otros artículos que no utilizamos, etcétera.[10]

---

9. Ver las aleccionadoras estadísticas presentadas en John Ronsvalle y Sylvia Ronsvalle, *The Poor Have Faces: Loving Your Neighbor in the 21st Century* (Grand Rapids: Baker, 1992), 45–54.

10. Solo enumero aquí ideas que mi familia ha puesto en práctica en algún momento. Hay muchas sugerencias prácticas en obras como, Doris J. Longacre, *Living More with Less* (Scottdale, Pa.: Herald, 1980); y Ronald J. Sider, ed., *Living More Simply: Biblical Principles and Practical Models* (Downers Grove, Ill.: InterVarsity Press, 1980). Ninguno de estos trabajos está sustancialmente desfasado; ¡en todo caso, las sugerencias que contienen son *más* relevantes en nuestros días que hace quince años!

A veces, los creyentes pueden tener la posibilidad de redirigir sus ahorros de un modo más radical, liberándolos para utilizarlos en la obra del Señor. Tom Sine habla de un modelo de iglesia que consiste en crear un fondo para que aquellos miembros de la congregación que desean comprar una vivienda por primera vez puedan acceder a préstamos a un cero por cien de interés. Como contrapartida, los beneficiarios de tales préstamos pueden trabajar en varios ministerios para la iglesia o donar lo que habrían gastado en pagos hipotecarios al tipo de ministerio integral que Pablo tiene aquí en mente.[11] De este modo, una persona o familia que pudiera pagar 50.000 dólares en efectivo podrían ahorrar aproximadamente 150.000 dólares en una hipoteca a treinta años y dispondría de una enorme cantidad para reinvertirla en las prioridades del reino. Teniendo en cuenta las enormes sumas de dinero que con frecuencia se quedan atrapadas en los programas para la construcción de instalaciones más grandes y las grandes cuotas hipotecarias que suelen acompañar a tales programas, aquellas congregaciones que ven que sus instalaciones se les quedan pequeñas deberían considerar en serio las ventajas de comenzar otras iglesias, enviar a algunos de sus miembros a iglesias de la zona que atraviesan dificultades para que aporten nuevo ánimo, reunirse en locales vacíos de centros comerciales y otras muchas alternativas.[12]

En pocas palabras, tanto a los creyentes que nacen en épocas de crecimiento numérico como a los que lo han hecho en otros periodos, hay que enseñarles a dar. Si no aprenden a ser generosos, muchas iglesias y organizaciones cristianas tendrán que cerrar, como sucede actualmente en este país con las pesadas cargas económicas que se pide a los contribuyentes para cubrir los gastos de los jubilados.[13] Por otra parte, todos los cristianos han de aprender a dar a aquellas personas, organizaciones e iglesias que tienen claras sus prioridades, que maximizan sus ingresos para que los obreros cristianos de plena dedicación puedan tener un estilo de vida razonable, que no excesivo, y desarrollar una misión integral que supla las necesidades físicas y espirituales de personas por todo el mundo. Si no es poco común que las iglesias de Europa dediquen el cincuenta por ciento de sus presupuestos a esta clase de misión integral, nuestras iglesias más ricas en los Estados Unidos podrían dedicar

---

11. Tom Sine, *Wild Hope* (Dallas: Word, 1991), 274–76.
12. Para estas y otras aplicaciones prácticas, ver pp. 84–89 de mi artículo "On Wealth and Worry: Matt 6:19–34—Meaning and Significance", *CTR* 6 (1992): 73–89.
13. Quienes deseen considerar una incisiva valoración de las tendencias demográficas pueden ver Sine, *Wild Hope*, 136–70.

incluso algo más si estuviéramos dispuestos a dar unas prioridades sustancialmente distintas a nuestros presupuestos. Pablo tenía miedo de ser avergonzado por el modelo de solidaridad del mundo de su tiempo; del mismo modo, también hoy nosotros hemos de aprender de los mormones que diezman y hacen acopio de bienes para suplir las necesidades de los suyos mucho más fielmente que la mayoría de los cristianos. ¿Hemos de dejar que otros colectivos ejemplifiquen los principios del evangelio en esta área mejor que nosotros?

Ofrendar semanalmente sigue siendo un buen modelo, pero no debe imponerse de un modo legalista. Las ofrendas mensuales o hasta trimestrales pueden ayudar a mejorar la administración (menos cheques, una contabilidad más fácil y más transparencia). Pero hemos de tener cuidado de que esta práctica no llegue a hacer de la ofrenda algo tan infrecuente que pierda su valor como recordatorio habitual de nuestra mayordomía como parte de la adoración. Por otra parte, hemos de asegurarnos de que dar llega a ser algo natural al comienzo del periodo de pago, según lo que de antemano hemos decidido dar; no deberíamos permitir que la cantidad que damos fluctúe dependiendo de lo que nos queda después de haber gastado en otras necesidades y deseos.

La integridad y la responsabilidad en la administración de los fondos son hoy tan escasas como la generosidad y el sacrificio cuando se trata de dar. Las organizaciones que someten a sus iglesias y grupos paraeclesiales a principios de transparencia y responsabilidad económicas han sido de ayuda en ciertos círculos y deberían ser ampliamente apoyadas. Tanto en el plano individual como en el eclesial, hay que inculcar de nuevo una escrupulosa resistencia a contraer deudas, a no ser por razones excepcionales. (Una razón legítima para hacerlo puede ser cuando alguien tiene una cierta cantidad de dinero que no necesita y que podría rendir un mayor interés siendo invertido que el que obtendría financiando la deuda.) Teniendo en cuenta los exorbitantes índices de interés que se aplican a las tarjetas de crédito, hay pocas razones legítimas para gravar las propias compras, a no ser que la utilización de estas tarjetas no implique un incremento de la factura mensual.

No existen muchas situaciones en que los programas de construcción deban financiarse antes de contar con la mayor parte de los fondos. Los presupuestos de las iglesias deberían desglosarse en detalle y estar abiertos a un examen por parte de todos los miembros. En este desglose debería reflejarse también el salario pastoral, porque aunque puede ser uno de los temas más delicados, es también posible que se trate de una de las partidas en que se cometen más abusos, ya sea asignando a nuestros dirigentes salarios demasiado elevados o excesivamente bajos.

Los creyentes necesitan relacionarse con hermanos con quienes puedan compartir los detalles de su mayordomía a fin de ser mutuamente responsables de sus estilos de vida. Quienes tienen miedo de que este tipo de conversación les genere demasiada censura viven, frecuentemente, con prioridades desacertadas.[14]

---

14. Con respecto a la integridad económica en las iglesias, cf. Robert R. Thompson and Gerald R. Thompson, *Organizing for Accountability* (Wheaton, Ill.: Harold Shaw, 1991). Hay un buen número de sugerencias prácticas y bíblicas sobre las finanzas personales en: Malcolm MacGregor con Stanley G. Baldwin, *Your Money Matters* (Minneapolis: Bethany, 1977); y Howard L. Dayton, Jr., *Your Money: Frustration or Freedom* (Wheaton, Ill.: Tyndale House, 1979).

1 Corintios 16:5–12

Después de pasar por Macedonia, pues tengo que atravesar esa región, iré a verlos. [6] Es posible que me quede con ustedes algún tiempo, y tal vez pase allí el invierno, para que me ayuden a seguir el viaje a dondequiera que vaya. [7] Esta vez no quiero verlos sólo de paso; más bien, espero permanecer algún tiempo con ustedes, si el Señor así lo permite. [8] Pero me quedaré en Éfeso hasta Pentecostés, [9] porque se me ha presentado una gran oportunidad para un trabajo eficaz, a pesar de que hay muchos en mi contra.

[10] Si llega Timoteo, procuren que se sienta cómodo entre ustedes, porque él trabaja como yo en la obra del Señor. [11] Por tanto, que nadie lo menosprecie. Ayúdenlo a seguir su viaje en paz para que pueda volver a reunirse conmigo, pues estoy esperándolo junto con los hermanos.

[12] En cuanto a nuestro hermano Apolos, le rogué encarecidamente que en compañía de otros hermanos les hiciera una visita. No quiso de ninguna manera ir ahora, pero lo hará cuando se le presente la oportunidad.

Sentido Original

El cuerpo de la carta ha terminado. Pablo concluye ahora su carta con comentarios personales (vv. 5–12) y saludos de despedida (vv. 13–24).

Como sucede frecuentemente en sus cartas, los comentarios personales de Pablo aluden a su itinerario ministerial (o a sus colaboradores, cuando más adelante fue encarcelado); estas sirven de transición a su conclusión formal (p. ej., Ro 15:14–33; 2Co 13:1–10; Ef 6:19–22; Col 4:7–9; Flm 22). Su deseo de visitar Corinto después de pasar de nuevo por Macedonia (v. 5) se materializó finalmente (Hch 20:1–6), aunque no con tanta rapidez como esperaba en un principio. Los datos de 2 Corintios demuestran que Pablo hizo una visita intermedia a Corinto entre los dos viajes que se consignan en el libro de los Hechos (2Co 12:14; 13:1) y probablemente escribió otra carta entre 1 y 2 Corintios para hacer frente a un oponente de esta iglesia (2Co

1:15–17; 1:23–2:4).[1] En 2 Corintios 8:10 y 9:2 Pablo declara que las instrucciones sobre la colecta que acabamos de comentar se habían producido el "año pasado", sugiriendo que habían transcurrido algunos meses desde el envío de 1 Corintios. Aunque el apóstol prevé aquí salir en breve de Éfeso, el viaje que se describe en 2 Corintios 7:5 y que muestra por fin a Pablo camino de Corinto, debe de haberse producido al menos nueve meses más tarde. Si 1 Corintios fue escrita en la primavera del año 55 d.C., Pablo habría hecho planes para llegar a la ciudad durante aquel mismo año natural, aunque no lo habría conseguido hasta algún momento del año 56, cuando se habría quedado en la ciudad por un periodo prolongado.

Aun así, es posible que se cumpliera, con un año de retraso, su deseo inicial de pasar todo el invierno en Corinto (vv. 6a, 7a). (Probablemente es mejor fechar su carta a los Romanos desde la vecina ciudad de Cencrea en el año 57 d.C.). Pablo tenía al menos dos motivaciones para su visita a Corinto: (1) Quería pasar una buena temporada con los corintios con la esperanza de ver un cambio sustancial en la situación de la iglesia; y (2) esperaba no tener que viajar durante el periodo del año en que los barcos no podían hacerse a la mar y los viajes por tierra eran mucho más árduos. El verbo traducido como "me ayuden a seguir el viaje" (v. 6b) significa "me envíen", e implica probablemente el envío de ayuda material (comida, dinero y posiblemente incluso compañeros para su viaje). La expresión "dondequiera que vaya" refleja la misma incertidumbre que en el versículo 4; como se ha dicho anteriormente, está claro que Pablo decide más adelante acompañar a Jerusalén a los portadores de la ofrenda. No obstante, el apóstol sabe perfectamente que, en toda esta planificación, ha de dejar la puerta abierta para que el Señor cambie su itinerario (v. 7b).

Los versículos 8–9 nos informan de la ubicación de Pablo en aquel momento (Éfeso) y nos permiten fechar la redacción de esta carta en el tiempo de los acontecimientos de Hechos 19 (ver la introducción, p. 21). Allí vemos muchas ilustraciones de los dos principios del versículo 9: "... una gran oportunidad para un trabajo eficaz" y "muchos en mi contra". En el primer apartado vemos asombrosas conversio-

---

1. Aunque no está claro si este hombre es el mismo incestuoso de 1 Corintios 5, pueden presentarse buenos argumentos a favor de esta postura. Si se desea considerar una reconstrucción completa de los acontecimientos que median entre ambas cartas, ver especialmente Colin Kruse, *The Second Epistle of Paul to the Corinthians* (Grand Rapids; Eerdmans, 1987), 19–24. Sobre la oposición de Pablo, más en concreto, ver pp. 41–45.

nes y un radical abandono de los ídolos; en el segundo, la oposición desde el ámbito del ocultismo y los disturbios de la población. No obstante, el tumulto instigado por Demetrio probablemente no se ha producido todavía, ya que Pablo parece haber salido de la ciudad poco después de aquel suceso (Hch 20:1), mientras que aquí tiene en mente quedarse en ella durante cierto tiempo. El de "Pentecostés" (v. 8) era el festival anual de la cosecha (la Fiesta de las Semanas). Aquel día, cincuenta después de su resurrección, el Espíritu Santo descendió sobre 120 seguidores de Jesús, para inaugurar la era del Nuevo Pacto (ver Hch 2). Es imposible determinar a partir de esta referencia si los cristianos habían comenzado o no a celebrar ese día como una festividad; puede tratarse sencillamente de la forma natural de Pablo de aludir a este periodo de finales de primavera.

Traducir el versículo 10 como "si llega Timoteo" es darle probablemente un sentido demasiado indefinido, en vista de la afirmación anterior de Pablo de que le ha enviado (4:17). "Cuando llegue Timoteo" sería una mejor traducción.[2] La preocupación de Pablo por el modo en que los corintios recibirán a su colaborador está sin duda relacionada con su conflicto con el propio Pablo, y probablemente se acentúa por la juventud de Timoteo (1Ti 4:12), e incluso por su personalidad. En 2 Timoteo 1:7 parece sugerirse que Timoteo era una persona de naturaleza tímida, aunque esto podría ser inferir demasiado de este texto. En la expresión "ayúdenlo a seguir su viaje" se utiliza el mismo verbo que en el versículo 6 cuando se dice "para que me ayuden a seguir el viaje". Entre los "hermanos" que se mencionan estaba probablemente Erasto (Hch 19:22), el tesorero de la ciudad de Corinto (Ro 16:23) y, probablemente, los corintios les conocían.

El versículo 12 parece responder a la última pregunta que los corintios habían planteado en su carta a Pablo (cf. 7:1). No es solo que Pablo utilice de nuevo la expresión "en cuanto a", sino que es improbable que él hubiera tomado unilateralmente la iniciativa de instar a Apolos a que regresara a Corinto en vista del peligro de inflamar más las divisiones sectarias. ¿Sospechaban acaso los corintios que Pablo estaba impidiendo que Apolos les visitara cuando ellos en realidad querían verle?[3] La palabra "encarecidamente" podrían también traducirse "a menudo". Los "hermanos" son los mismos que en el versículo 11, más Timoteo. La reticencia de Apolos podría reflejar su deseo de esperar un momento más oportuno en que las cosas se hubieran ya asentado en Corinto. La

---

2. Watson, *First Corinthians*, 184.
3. Así lo entiende Talbert, *Corinthians*, 106.

expresión "no quiso de ninguna manera", dice más literalmente: "no era del todo la voluntad", por lo que algunos sugieren que se trata de la voluntad de Dios, no de la de Apolos. Probablemente, Pablo habría pensado que, en este caso, ambas cosas coincidían.

Construyendo Puentes   Los deseos de Pablo en los versículos 5–7 reflejan su interés por pasar, no solo tiempo de "calidad", sino también una buena "cantidad" de tiempo, con sus hijos espirituales. Como hacía sistemáticamente en su ministerio, el apóstol quiere visitar de nuevo esta iglesia fundada por él, para hacer un seguimiento de su desarrollo espiritual y formarles como discipulos. Pablo nunca se contentaba solo con evangelizar, hacer convertidos y seguir adelante, aun en aquellos casos en que regresar a las ciudades en las que había trabajado significaba arriesgar la vida. Compárese, especialmente, su ministerio en Listra según se consigna en Hechos 14:19–20; esta fue una región que visitó en cada uno de sus tres viajes misioneros.

La disposición de Pablo de pedir apoyo económico (implícita en el versículo 6) concuerda con su práctica de aceptar la ayuda de los filipenses mientras estaba ministrando en Corinto (ver comentarios sobre 9:1–18). Aunque el apóstol había ofendido o molestado a algunos corintios (entre ellos probablemente los poderosos patrones de la iglesia) al no aceptar su apoyo financiero para el ministerio mientras estaba en la ciudad, Pablo estaba dispuesto a recibir su ayuda para ministrar en otros lugares donde tenían menos posibilidades de ejercer controles y presiones indebidos sobre él.

La expresión "si el Señor así lo permite" (v. 7) es una cláusula clave que debería matizar todos los planes y oraciones de los cristianos (cf. Mt 6:10; Stg 4:13–15), aunque esto no significa que tengamos que expresarla necesariamente de manera formal en todas las situaciones en que se aplica. Las personas que en su conversación utilizan excesivamente "si Dios quiere" acaban diluyendo el sentido de estas palabras y convirtiéndolas en mero cliché. Pero tampoco hay ninguna justificación bíblica para excluir deliberadamente este complemento de ciertas oraciones, como si usarlo supusiera una vacilación en la fe.

Los dos aspectos que Pablo menciona en el versículo 9 como base lógica para quedarse en Corinto aportan un poderoso modelo para aquellos cristianos en distintas situaciones y lugares intentan decidir dónde ministrar o ejercer sus dones espirituales. Una puerta abierta y mucha oposición son cosas que a menudo van de la mano, y pueden expresar, consideradas conjuntamente, que el Espíritu de Dios está obrando poderosamente. Por supuesto, en ocasiones Dios trae bendición y prosperidad durante cortos intervalos sin un significativo antagonismo. En otros casos, él permite la presencia de una hostilidad aparentemente completa, puede que hasta durante periodos un tanto más extensos. Sin embargo, una prolongada falta de resultados en el ministerio sugiere frecuentemente que ha llegado el momento de seguir adelante, mientras que una dilatada prosperidad sin ninguna dificultad debe hacer que nos preguntemos si estamos predicando claramente el evangelio con todas sus demandas.

Los versículos 10–11 promueven el acento de Pablo sobre Timoteo como modelo en su ausencia (ver comentarios sobre 4:16–17 y 11:1). Sus palabras en este texto nos recuerdan que hemos de tratar a los representantes y subordinados de los dirigentes cristianos con el mismo respeto y consideración que les expresamos a ellos mismos.

El versículo 12 demuestra la notable disposición de Pablo a poner la unidad de la iglesia y los intereses de sus colaboradores por encima de sus deseos y temores personales. Viene a la mente la también notoria concesión del apóstol en Filipenses, que se alegraba de que algunos estuvieran predicando el evangelio aunque lo hicieran por rivalidad hacia él (Fil 1:15–18), al parecer porque la palabra se estaba extendiendo verdaderamente y había personas que se salvaban. La sensibilidad de Apolos nos recuerda, sin embargo, que no siempre conviene acceder a todas las peticiones de nuestras congregaciones, especialmente si hay muchas probabilidades de que exacerben las divisiones.

Significado Contemporáneo

El discipulado es hoy un arte perdido en muchos círculos cristianos. Tenemos numerosos evangelistas importantes cuyos mensajes llevan a muchas personas a Cristo, pero los mecanismos de seguimiento de estas personas hacen, lamentablemente, que muchas de ellas se queden por el camino. A menudo planteamos un tipo de programas de discipulado que dejan fuera los elementos del ejemplo y la intimidad personal. Como cristianos, también nosotros necesitamos pasar tiempo, no solo de calidad, sino también en cantidad unos con otros, particularmente en una sociedad tan acelerada, efímera y fracturada como la nuestra. En nuestro tiempo, la duración de los pastorados está decreciendo más que aumentando y los pastores de jóvenes suelen ministrar durante periodos muy breves a grupos que, por su edad, necesitan de manera especial ejemplos a largo plazo. Sin duda, hemos de recuperar un acento en ministerios pacientes y persistentes con un mismo grupo de cristianos, contra viento y marea y a largo plazo. Igualmente, los miembros de las iglesias han de resistirse a la inclinación de cambiar de congregación cuando las cosas se ponen difíciles y renovar su compromiso de quedarse y trabajar en las situaciones difíciles para conseguir una constructiva resolución de los problemas.[4]

El ministerio de ofrendar para los obreros cristianos itinerantes y ofrecerles hospitalidad cuando visitan nuestras congregaciones puede hacer mucho por avivar la familiar intimidad del Espíritu que Pablo intentaba infundir en sus iglesias. Ofrendar para las necesidades de las iglesias es bueno y debería hacerse con generosidad; sin embargo, debe complementarse con frecuentes ofrendas para aquellos obreros que tienen que levantar el sostenimiento económico de su propio ministerio y con el ofrecimiento de alojamiento y provisión para los misioneros que nos visitan.

Hemos de encontrar formas de evitar que los equipos ministeriales sean tratados con una actitud tan jerárquica que dispense menos respeto a los pastores auxiliares que a los principales. Hemos de tener cuidado de no tratar a los dirigentes más dinámicos o carismáticos como si fueran, de algún modo, mejores o más dignos de respeto que los de temperamento más tranquilo y humilde. Es triste observar las dificultades que tienen muchos graduados de seminarios dotados y consagrados para encontrar un trabajo de plena dedicación en el ministerio cristiano si son modestos y sencillos. Tampoco la edad debe considerarse necesariamente un criterio de madurez o efectividad en el ministerio, aunque es evidente que existe una cierta correlación en ciertas situaciones. Algunas veces, los pastores más jóvenes hacen un mejor trabajo en ciertos ministerios, especialmente en el juvenil.

La cláusula aparentemente inocua, "si el Señor quiere", tal vez deba desempeñar un papel más destacado del que ejerce en nuestro pensamiento y planificación. Sin duda, hemos de resistir la herejía que nos invita meramente a "nombrar y reclamar" bendiciones y que en ocasio-

---

4. En las obras de Billie Hanks, Jr., y William A. Shell, eds., *Discipleship* (Grand Rapids: Zondervan, 1993) y Alice Fryling, ed., *Disciple Makers' Handbook* (Downers Grove, Ill.: InterVarsity Press, 1989) se ofrecen excelentes y oportunas sugerencias para la práctica del discipulado.

nes llega incluso a afirmar que ¡cuando se añade la cláusula "si es tu voluntad", se está, de hecho, violando dicha voluntad![5]

Sería también maravilloso que más cristianos e iglesias se dieran cuenta de que una parte de la voluntad de Dios implica a menudo hacer la obra del ministerio por medio de sus "rivales". Aunque los motivos para el ministerio no sean siempre ejemplares (considérese, p. ej., lo importante que es para algunos ministros de nuestro tiempo la remuneración económica), si el auténtico evangelio se predica con resultados positivos, hemos de alegrarnos. La duplicación de esfuerzos, especialmente en Occidente, se ha disparado. Las iglesias compiten por conseguir la membresía de un mismo grupo de feligreses, las editoriales intentan superarse unas a otras con las ediciones más novedosas de Biblias o series de comentarios, las organizaciones misioneras se enfrentan por conseguir las mejores bases en los nuevos campos de misión, etcétera. Hemos de animarnos unos a otros a no duplicar tantos esfuerzos cuando quedan tantos sectores del mundo por alcanzar. Podemos, pues, alegrarnos por el éxito de otros, aunque tengan ideas teológicas ligeramente distintas de las nuestras. Por otra parte, hay que poner al descubierto, en amor, aquellas herejías que son claras, por muy bienintencionados que sean quienes las practican.[6]

---

5. Como p. ej., Kenneth Hagin, citado por Bruce Barron, *The Health and Wealth Gospel* (Downers Grove, Ill.: InterVarsity Press, 1987), 103.

6. Como lo hace, p. ej., Michael Horton en *The Agony of Deceit* (Chicago: Moody, 1990), aunque en ocasiones de manera un poco "exagerada".

1 Corintios 16:13–24

Manténganse alerta; permanezcan firmes en la fe; sean valientes y fuertes. [14] Hagan todo con amor. [15] Bien saben que los de la familia de Estéfanas fueron los primeros convertidos de Acaya, y que se han dedicado a servir a los creyentes. Les recomiendo, hermanos, [16] que se pongan a disposición de aquéllos y de todo el que colabore en este arduo trabajo. [17] Me alegré cuando llegaron Estéfanas, Fortunato y Acaico, porque ellos han suplido lo que ustedes no podían darme, [18] ya que han tranquilizado mi espíritu y también el de ustedes. Tales personas merecen que se les exprese reconocimiento.

[19] Las iglesias de la provincia de Asia les mandan saludos. Aquila y Priscila los saludan cordialmente en el Señor, como también la iglesia que se reúne en la casa de ellos. [20] Todos los hermanos les mandan saludos. Salúdense unos a otros con un beso santo.

[21] Yo, Pablo, escribo este saludo de mi puño y letra.

[22] Si alguno no ama al Señor, quede bajo maldición. ¡Marana ta!

[23] Que la gracia del Señor Jesús sea con ustedes.

[24] Los amo a todos ustedes en Cristo Jesús. Amén.

Sentido Original Pablo comienza su despedida y saludos finales con dos breves versículos de exhortación (13–14). Cuatro mandamientos paralelos utilizan metáforas del ámbito militar para estimular la determinación en la práctica de la fe (v. 13). Es probable que la expresión "sean valientes y fuertes" tenga que traducirse como "sean personas maduras", es decir, "pongan a un lado la inmadurez que ha provocado tantos de sus problemas y crezcan en el Señor". Equilibrar estos mandamientos de ser fuertes forma parte de nuestro llamamiento a amar consignado en el versículo 14. Como Pablo expresa también en su exposición sobre los dones espirituales de los capítulos 12–14, toda actividad cristiana ha de producirse dentro de la esfera de poner a otras personas por encima de uno mismo.

En los versículos 15–18, Pablo da gracias por tres cristianos corintios que le han visitado en Éfeso y le han animado. Sobre Estéfanas, ver comentarios sobre 1:16. No se sabe nada más sobre Fortunato o Acaico, aunque el primero era un nombre de origen heleno que adoptaban a menudo los esclavos libertos (y que significa "afortunado"). Es, pues, posible que ambos formaran parte de la familia de Estéfanas, y que se tratara de antiguos esclavos que ahora eran una especie de "empleados" domésticos, aunque no podemos estar seguros de ello.

La frase "los primeros convertidos de Acaya" (v. 15) traduce una expresión que significa "las primicias" y plantea una aparente contradicción con Hechos 17:34, donde se dice que varios atenienses creyeron el evangelio después del discurso de Pablo en la Colina de Marte y antes de su llegada a Corinto. Existen varias posibles soluciones a este problema. Una de ellas es que Pablo se había encontrado con estos hombres en algún lugar de las zonas rurales antes incluso de llegar a Atenas. Otra solución podría ser que el apóstol no estuviera hablando de la primera persona, sino de la primera "familia" convertida. También se ha propuesto que los pocos que respondieron en Atenas no parecían "primicias", es decir, la promesa de una cosecha mucho más abundante.[1] Pero lo más probable es que, con el término "Acaya", Pablo esté haciendo referencia —siguiendo el sentido que le dan algunos escritores de la antigüedad— al territorio más limitado de Corinto y sus inmediaciones (el Peloponeso), no a toda la mitad meridional de Grecia.[2]

La palabra "dedicado" del versículo 15 es literalmente "nombrado". El término "creyentes" es literalmente "santos" y no alude a los cristianos de Judea, como en el versículo 1, sino principalmente a los corintios (y quizá a otros) a quienes estos tres hombres habían ministrado. A pesar del acalorado debate que se ha suscitado en torno al sentido del verbo "ponerse a disposición de" que aparece en el versículo 16, en este texto se utiliza muy probablemente con el sentido de ponerse uno mismo voluntariamente bajo la autoridad de otra persona.[3] La NRSV expresa bien el juego de palabras de los versículos 15b y 16a: "se han dedicado al servicio de los creyentes; les insto a ponerse al servicio de tales personas". La frase "todo el que colabore en este arduo trabajo" (v. 16b) traduce el sustantivo griego "colaborador". La palabra

---

1. Aquellos que deseen considerar esta serie de opciones pueden ver Morris, *First Corinthians*, 239.
2. Fee, *First Corinthians*, 829, n. 19.
3. Ver, p. ej., George W. Knight III, "Husbands and Wives as Analogues of Christ and the Church", en *Recovering Biblical Manhood and Womanhood*, ed. John Piper y Wayne Grudem (Wheaton, Ill.: Crossway, 1991), esp. pp. 166–75. En su obra, *Paul, Women and Wives* (pp. 164–72), Keener nos ofrece una perspectiva equilibrada de este asunto.

"arduo trabajo" ("tareas" en la NIV) difiere de lo que sería un ministerio corriente. La expresión "han suplido lo que ustedes no podían darme" (v. 17) hace referencia en primer lugar al refrigerio y ánimo espiritual que Estéfanas y sus compañeros habían impartido a Pablo (v. 18a). Pero estos hombres no solo habían renovado el espíritu de Pablo, sino también el de los corintios. Es más natural considerar que esto subraya su anterior ministerio a los creyentes de Corinto, aunque podría significar que, alentando a Pablo, estos estaban alentando también a los creyentes corintios afines al apóstol. La frase "tales personas merecen que se les exprese reconocimiento" (v. 18b) suaviza el imperativo griego más contundente: "¡Reconozcan a tales personas!" Este reconocimiento implica gratitud por su servicio e iría acompañado del honor de ponerse a su disposición que se menciona en el versículo 16.

Los versículos 19–20 transmiten saludos a la iglesia corintia de parte de cuatro grupos de creyentes: (1) las diferentes iglesias de Asia Menor y, entre ellas, casi con toda seguridad Colosas, Éfeso y algunas de las otras siete iglesias establecidas en las inmediaciones (cf. Ap 2–3); (2) los buenos amigos de Pablo, Aquila y Priscila, colaboradores con él en Corinto (Hch 18:2–3) y más tarde en Éfeso (18:18–19); (3) la iglesia doméstica que se reunía en su casa; y (4) los demás compañeros de Pablo en su ministerio. Entre los judíos y gentiles de la antigüedad, el "beso santo" era probablemente una práctica común, tanto en el ámbito religioso como en el profano. Normalmente, los hombres saludaban a otros hombres y las mujeres a otras mujeres con un abrazo y un beso en la mejilla.[4]

Tras el versículo 20, Pablo deja de dictar la carta a su amanuense (o escribiente [¿era acaso el hermano Sóstenes que se menciona en 1:1])? Pablo toma ahora la pluma y se pone a escribir las palabras de despedida de su puño y letra (v. 21), como era su costumbre (cf. Gá 6:11; 2Ts 3:17; otros escritores de la antigüedad hacían a menudo lo mismo). La única carta en que se nos dice claramente el nombre del amanuense de Pablo es Romanos, cuando Tercio (así se llamaba) se identifica y envía sus saludos personales al final de la epístola (Ro 16:22).

Las dos partes del versículo 22 siguen de manera abrupta. Pueden ser un reflejo de mensajes litúrgicos convencionales de la iglesia primiti-

---

4. Es posible, aunque no seguro, que, en ocasiones, también se besaran los hombres y las mujeres. Quienes deseen saber más sobre esta práctica pueden ver William Klassen, "The Sacred Kiss in the New Testament: An Example of Social Boundary Lines", *NTS* 39 (1993): 122–35.

va.[5] La "maldición" de Pablo utiliza la expresión *anathema*, como en 12:3 (cf. también Gá 1:8). "Ven, oh Señor" es la más probable de las dos posibles traducciones del término arameo *Marana ta* (la otra es "el Señor ha venido"). La suma de ambas expresiones refleja la profunda seriedad con que la iglesia primitiva consideraba la fidelidad a Cristo en vista de su inminente regreso.

En el versículo 23, Pablo consigna su palabra preferida para referirse a la "gracia" (*charis*) en lugar del término griego más convencional "adiós" (*erroso*). Y, como hace en su saludo introductorio, Pablo deja clara la perspectiva cristiana de su despedida con una referencia al Señor Jesús. El versículo 24 termina en un tono optimista, con un recordatorio de su amor por estos cristianos de Corinto, a menudo irritantes. La palabra "amén" no aparece en algunos de los manuscritos más antiguos y bien podría ser la piadosa añadidura de un antiguo escriba.

Construyendo Puentes

Como en su introducción, la mejor manera de reconocer lo que Pablo subraya en su conclusión es ver aquello que es más distintivo. La parte final de las antiguas cartas grecorromanas no era tan convencional o formalizada como la sección inicial; sin embargo, sí tenían algunos elementos característicos como los "saludos, los deseos de salud, la fecha, una firma final y postdatas".[6] Casi siempre había al menos algún tipo de deseo final. Por regla general, Pablo suele consignar exhortaciones, deseos de paz, saludos a la iglesia a la que se dirige (también de algunos de sus compañeros) y una bendición. La divergencia más sorprendente de este patrón que encontramos en la conclusión de 1 Corintios es la añadidura de la maldición, combinada con la petición del regreso del Señor en el versículo 22. Por otra parte, si Pablo se basa aquí en alguna liturgia preexistente conocida por los corintios, la singularidad de este versículo se atenúa en cierto modo.

Las exhortaciones de los versículos 13–14 revelan una urgencia incluso en los comentarios finales de Pablo. La falta de conexión entre estos dos versículos pone de relieve su sorprendente yuxtaposición. El

---

5. Muchos eruditos han entendido que todos los elementos de la conclusión de Pablo son de carácter litúrgico (p. ej., Talbert, *Corinthians*, 106–7, y las referencias que se citan en esta obra); aunque es posible, esto no puede demostrarse fehacientemente.

6. Fee, *First Corinthians*, 825.

amor sin fuerza se deteriora hasta convertirse en simple sentimentalismo; la fuerza sin amor corre el riesgo de trocarse en algo tiránico.

Los versículos 15–18 contienen implicaciones clave para el concepto en desarrollo del ministerio cristiano en la iglesia primitiva. Seguimos estando lejos de la institucionalización del catolicismo antiguo del siglo II, pero vemos indicios de que Pablo tiene en mente la idea de ciertas autoridades que demandan el sometimiento de otros, un indicio que no habríamos detectado necesariamente leyendo 14:26.[7] Pero la clase de autoridad que Pablo apoya es la que por regla general se considera más legítima; se trata de una autoridad que se gana a través de un servicio humilde, no impuesta por el hecho de desempeñar un oficio o dependiente únicamente de una personalidad carismática o de un conocimiento especializado. Puede incluso hablarse aquí de una sumisión mutua; los corintios han de sujetarse a aquellos que han decidido servir (o sujetarse a) sus hermanos.

El lenguaje generalizador de Pablo ("estad en sujeción a los que son como ellos" en v. 16) nos permite aplicar ampliamente sus principios a todos aquellos que dirigen en un espíritu de servicio. "Lo importante en el ministerio de la iglesia era la función, no la posición: aquellos que hacían la obra tenían que recibir el reconocimiento y respeto apropiados".[8] Hebreos 13:17 generaliza un poco más ("Obedezcan a sus dirigentes y sométanse a ellos"), pero incluso este mandamiento depende de la anterior referencia del autor en el versículo 7: "Acuérdense de sus dirigentes, que les comunicaron la palabra de Dios […] Consideren cuál fue el resultado de su estilo de vida, e imiten su fe". Los cristianos de todos los tiempos y lugares han de cooperar con los dirigentes de la iglesia que se han ganado el respeto a través de un servicio fiel y respetarles, pero ningún texto del Nuevo Testamento impone una sumisión ciega a personas que desempeñan un oficio cristiano de un modo autoritario o incompetente. Aunque Pablo nunca suprime completamente la jerarquía, sí redefine radicalmente su autoridad en términos de servicio y no de privilegios.

Si en otro tiempo Fortunato y Acaico habían sido esclavos, el hecho de que Pablo pida a los corintios que se sometan también a ellos nos recuerda la función radicalmente igualadora del evangelio en los estra-

---

7. Cf. Andrew D. Clarke, *Secular and Christian Leadership in Corinth* (Leiden: Brill, 1993), 132. Está claro que en la iglesia corintia había dirigentes; de hecho, una de las mayores preocupaciones de Pablo era el modo en que estos ejercían el poder.

8. Bruce, *1 and 2 Corinthians*, 161.

tos socioeconómicos de la sociedad. En la familia de Estéfanas podría haber miembros jóvenes e incluso niños; esta posibilidad nos recuerda que los jóvenes se cuentan a menudo entre los que aplican más celo y energía en el servicio. Sin embargo, a falta de información más específica sobre tales personas, estas sugerencias deben mantenerse en el ámbito especulativo.

A veces, Pablo manda saludos de varios hermanos y hermanas, a quienes menciona por nombre, a la iglesia a la que se está dirigiendo; aquí solo hace referencia a Aquila y Priscila (v. 19). Puede que estos fueran los únicos de sus colaboradores más íntimos que conocían los corintios, además de los tres citados en los versículos 15–18. Pero estos desempeñan un papel destacado en el libro de los Hechos y las cartas de Pablo como colaboradores suyos. Curiosamente, en cuatro de las seis alusiones neotestamentarias a este equipo matrimonial, a Priscila se la nombra en primer lugar (Hch 18:18, 26; Ro 16:3; 2Ti 4:19; la otra referencia que preserva el orden que encontramos en este texto está en Hch 18:2). En las cartas de la antigüedad, nombrar a una esposa antes que al marido era algo insólito, y sugiere que Priscila podía haber sido, en algún sentido, el cónyuge más relevante. Es bien sabido que Pablo elevó el papel de la mujer dentro del trasfondo social de su tiempo, aunque no puede demostrarse que llegara a promover el pleno igualitarismo.[9]

Quienes quieran considerar las implicaciones del modelo de la adoración antigua en las congregaciones domésticas (v. 19), ver comentarios de 14:26–33a. El beso santo (v. 20) ha seguido formando parte de la liturgia de algunas tradiciones cristianas. El hecho de que esta práctica estuviera, mayormente, limitada a los miembros del mismo sexo dentro de unas comunidades cristianas heterosexuales impidió que el beso santo adquiriera connotaciones sexuales. A lo largo de la historia de la iglesia, muchas culturas han mantenido prácticas muy parecidas en los saludos públicos más en general. Cuando exista el peligro de que esta práctica suscite deseos o conductas fuera de lugar, deben buscarse formas de saludo análogas. La idea es que los cristianos han de demostrarse afecto unos a otros mediante cálidos gestos de intimidad interpersonal no sexual y esto puede conseguirse de muchas maneras.

El saludo del versículo 21 sigue una convención de la antigüedad, por ello no hay que darle un sentido excesivo a su contenido. Pero es pro-

---

9. Para un estudio especialmente equilibrado de esta cuestión, ver Ben Witherington III, *Women in the Earliest Churches* (Cambridge: Cambridge University Press, 1988), 24–127.

bablemente seguro concluir que Pablo consideraba que estas palabras añadían un toque personal, una garantía de la autenticidad de la carta (cf. su preocupación en 2Ts 2:1–2 de que circularan posibles falsificaciones de sus cartas) y una reiteración de su autoridad apostólica.

El versículo 22 nos recuerda lo extraños que le resultan ciertos aspectos del cristianismo del Nuevo Testamento a otras generaciones de la historia de la iglesia. Algo de la aspereza del lenguaje de Pablo hacia quienes no aman al Señor puede atribuirse a ciertas convenciones de carácter cultural; de hecho, los anatemas de Pablo son suaves en comparación con los que se han encontrado entre los rabinos, en Qumrán, o en círculos grecorromanos.[10] Hemos también de recordar que Pablo había depositado singulares emociones en las iglesias que había fundado y que aquí se dirige a personas que, mediante sus acciones y creencias, demuestran que, aunque profesan ser cristianos, en realidad no creen. Solo aquí y en Tito 3:15 utiliza Pablo el verbo *fileo* (que significa amor fraternal) y no *agapao* (el verbo que define más comúnmente el amor cristiano). Puede que la elección de esta palabra haya sido influenciada por el cognado *filema* ("beso") del versículo 20, pero es también posible que esté dando a entender: "si nadie tiene ni siquiera el cariño de φιλεῖν [i.e., el amor que se tienen los amigos o los hermanos]".[11] Sin embargo, aun habiendo dicho todo esto, el anatema de Pablo se destaca como un recordatorio de la exclusividad y el celo que caracterizaba la misión de la iglesia primitiva.

Por otra parte, la expresión *Marana ta* del versículo 22b (ver la nota de la NVI: "Expresión aramea que significa: 'Ven, Señor'") refleja un intenso anhelo de que Cristo regrese por parte de uno de sus siervos que había experimentado la suficiente hostilidad en su vida sobre la tierra como para no querer prolongarla de manera innecesaria (cf. Fil 1:21–24). Pablo anhelaba que llegara el día en que los sufrimientos presentes se convertirían en algo absolutamente insignificante (Ro 8:18; 2Co 4:17). Esta expresión utiliza también una palabra aramea para "Señor" usada en algunos círculos judíos en referencia a Yahvé (*mar*), un vívido recordatorio de que la alta cristología (la expresión de la plena deidad de Jesús) no fue únicamente el producto de una tendencia posterior y más helenista dentro de la iglesia, sino que formaba parte de la fe del cristianismo judío de lengua aramea desde sus días más tempranos.

---

10. Ver las referencias citadas en Hans Dieter Betz, *Galatians* (Filadelfia: Fortress, 1979), 50–52.
11. Robertson y Plummer, *First Corinthians*, 400.

A pesar del fuerte lenguaje del versículo 22, Pablo debe, no obstante, concluir con una positiva nota de ánimo. En ninguna otra carta concluye con esta clase de afirmación de su amor, pero esto es profundamente necesario en la fracturada ciudad de Corinto. "Pablo había sido severo con los creyentes corintios, pero concluyó su carta dándoles la ceteza de su amor. Al fin y al cabo, 'Fieles son las heridas del amigo' (Pr 27:6 [LBLA])."[12]

Significado Contemporáneo

El equilibrio que se expresa en los versículos 13–14 entre firmeza y benevolencia, entre poder y amor, sigue siendo sin duda crucial en nuestros días. Muchos predican amor sin juicio; algunos, juicio sin amor. La Escritura sostiene siempre ambas verdades al mismo tiempo.

Estéfanas y su dos compañeros (vv. 15–18) nos recuerdan que la forma más legítima de liderazgo o autoridad en la iglesia en nuestros días sigue siendo aquella que los propios hermanos reconocen como un dedicado servicio a los creyentes (v. 15). Aunque algunos quieren abolir cualquier jerarquía y otros utilizarla de un modo autoritario, los líderes que sirven dirigen mediante un amoroso ejemplo, al que deben someterse los creyentes (ver además, las aplicaciones del capítulo 4). El modelo de estos tres hombres supone un reto para que todos los cristianos de nuestro tiempo tomen la iniciativa ante aquellas necesidades no satisfechas que perciban, aunque no desempeñen un oficio formal o hayan sido primero invitados a participar. En nuestros días se están derribando algunas de las perniciosas barreras entre clero y laicado; un provechoso principio que puede derivarse de este texto es reconocer como dirigentes a aquellas personas que han surgido del seno de una congregación como sus más dedicados siervos. Es posible que las megaiglesias que están identificando cada vez más este tipo de compromiso entre sus miembros para, a continuación, formarles y capacitarles como líderes (o patrocinar dicha formación) hayan comprendido y asimilado bien la aplicación de este el principio.

Tanto las idas y venidas de Estéfanas, Fortunato y Acaico como los frecuentes viajes de Aquila y Priscila para establecer congregaciones domésticas en todas las comunidades en que vivían nos recuerdan que

---

12. Warren W. Wiersbe, *Be Wise* (Wheaton, Ill.: Victor, 1983), 172.

la iglesia primitiva era internacional y aun así interdependiente.[13] En un tiempo como el nuestro en que las posibilidades para los viajes y la comunicación hacen más fácil el trabajo en equipo y la cooperación entre distintas partes del cuerpo de Cristo, es aun más necesario que sepamos sacar partido de estas tecnologías. Y en la medida en que hay cada vez más cristianos cuyas vidas y trabajos giran alrededor de dichas tecnologías, la necesidad del toque singularmente personal e íntimo entre los creyentes, que tan hábilmente ejemplifican Pablo y sus colaboradores, está aumentando rápidamente.

Ambas partes del versículo 22 son una llamada a recuperar un sentido de santa indignación ante quienes hoy intentan, generalmente, destruir o corromper la iglesia, fingiendo ser creyentes. Al tiempo que advertimos a tales personas sobre el inminente juicio de Dios sobre sus vidas (el anatema de Pablo), la invocación *Marana ta* nos recuerda que hemos de dejar este juicio a Dios en Cristo a su regreso. Vienen a la mente las distintas sectas que, en el nombre de Jesús, llevan a las personas por otro camino; de manera directa o indirecta, el origen de muchos de estos grupos se remonta a la antigua filosofía helenista e incluso al gnosticismo (especialmente a las ciencias religiosas: la Ciencia Cristiana, la Escuela Unitaria del Cristianismo, etc.) Pero recordamos también que Pablo dirigió siempre sus palabras más duras a los legalistas de su tiempo, especialmente a las conservadoras facciones judaizantes (cf. Gá 1:6–10; Fil 3:2–4:1). En un caso, el apóstol llega a declarar que quienes causan divisiones son dignos de excomunión (Tit 3:10–11). Nuestras aplicaciones contemporáneas deben, pues, también ordenarse según las prioridades bíblicas, protegiéndonos y evitando escrupulosamente a los legalistas dentro de nuestros círculos cristianos evangélicos. Aquellos que imponen un estilo de vida cristiano mediante largas listas de mandamientos y prohibiciones que exceden por completo los mandamientos bíblicos, como algunos de los extremistas "cazadores de brujas", podrían, irónicamente, necesitar más de la diciplina eclesial que algunos de aquellos que son, sistemáticamente, objeto de sus ataques.[14]

El clamor *Marana ta* nos recuerda hasta qué punto nuestro mundo, incluso nuestro mundo cristiano, vive en el presente sin anhelar la era venidera. Ya hemos comentado que esta generación se esfuerza por crear el paraíso en la tierra en lugar de anhelar genuinamente el regreso

---

13. Prior, *1 Corinthians*, 279.
14. Cf. la sensata exposición y las precauciones que se detallan en Bob y Gretchen Passantino, *Witch Hunt* (Nashville: Thomas Nelson, 1990).

de Cristo y los nuevos cielos y la nueva tierra que el creará posteriormente (ver sección correspondiente). No es de extrañar que en 1978 se hiciera tan popular la película *El cielo puede esperar*, sobre un jugador profesional de fútbol americano que muere en un accidente de tránsito y se siente frustrado cuando se ve en el cielo, privado de la oportunidad de jugar la popular *Super Bowl*. La línea argumental de este film sigue siendo igual de oportuna e incisiva al comienzo de este nuevo siglo.

Pablo concluye, como corresponde, con un último recordatorio de la centralidad de la "gracia" y el "amor" (vv. 23–24). Seguimos necesitando ambas cosas; ciertamente, hemos de anhelar ambas cosas. Hay una detallada aplicación de este asunto en el capítulo 13. Aunque nuestra generación ha desvinculado muchas veces a Dios del concepto del amor, al menos ha captado correctamente la importancia esencial del amor para cualquier ética humana viable. Como dice la canción, el amor "hace que el mundo gire", pero el único amor que verdaderamente cambia las vidas —y el mundo— es aquel que se encuentra en una relación salvífica con Jesucristo.

Nos agradaría recibir noticias suyas.
Por favor, envíe sus comentarios sobre este libro
a la dirección que aparece a continuación.
Muchas gracias.

Vida

Vida@zondervan.com
www.editorialvida.com

www.ingramcontent.com/pod-product-compliance
Lightning Source LLC
Chambersburg PA
CBHW011154090426
42740CB00018B/3383

* 9 780829 771251 *